제10판

최신 기업신용분석

권성일 저

Corporate Credit Analysis

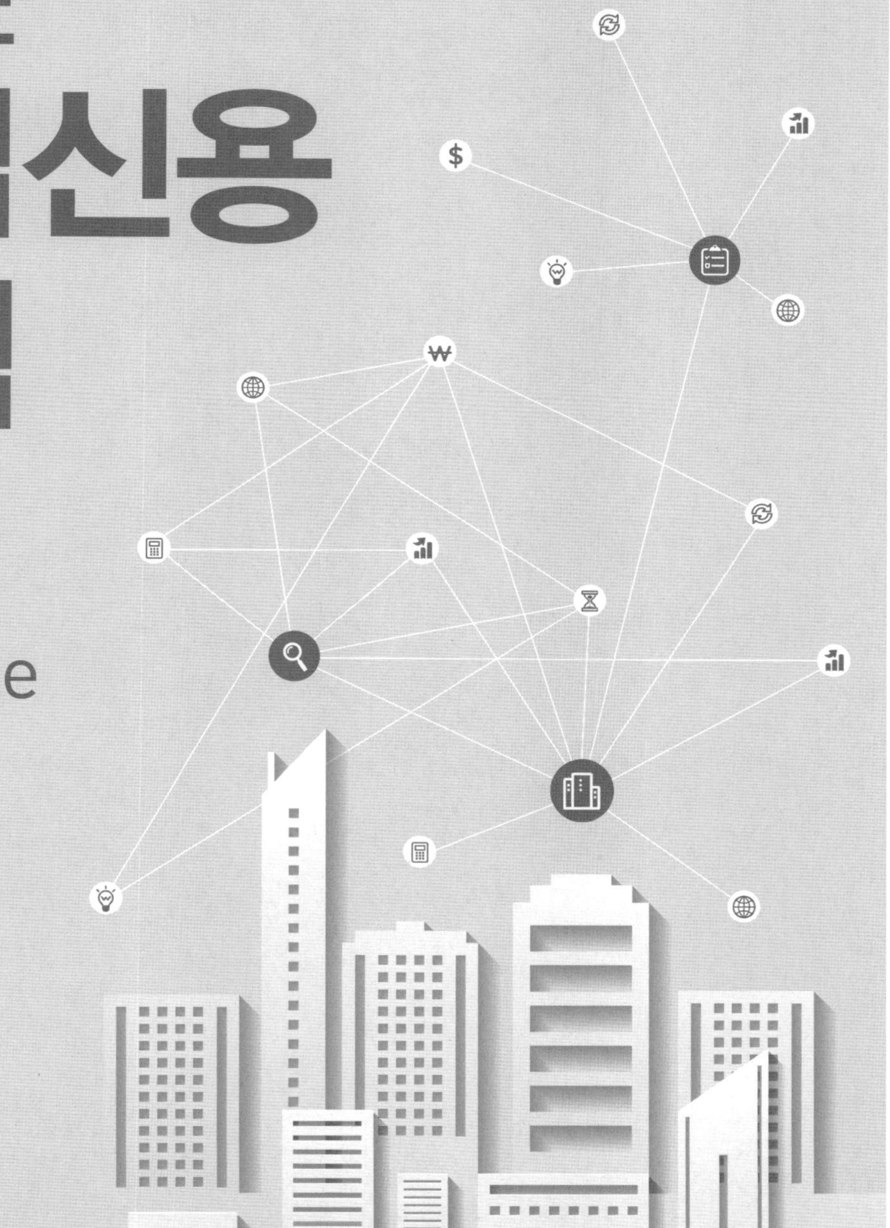

한국금융연수원
KOREA BANKING INSTITUTE

머리말 제9판 (제8차 개정판)을 내면서

본서가 한국금융연수원의 도움으로 2000년 10월 출판된 이래 제8판 10쇄를 거듭하면서 시중은행, 지방은행, 농 · 수협은행, 저축은행, 신용평가회사, 보험회사, 증권회사, 신용보증기관, 지역 농 · 축협 등 많은 금융기관의 심사역 및 대학의 교수님들께서 본서에 보내주신 큰 호응에 감사드립니다.

본서는 『기업신용분석』분야의 이론과 실무분석에 가장 유용한 서적이 되었습니다. 현재 한국금융연수원의 핵심교육과정이고, 여러 은행들의 예비심사역 과정인 『신용분석』과정에서 『기업신용분석 실무이론과 사례연구』과목의 교재로 사용되고 있고. 또한 한국금융연수원이 주관하는 국가공인자격인 『신용분석사』자격시험의 『종합신용평가』과목의 수험서로 사용되고 있습니다.

한편, 이번 개정으로 보충되었거나 변경된 주요 내용은 다음과 같습니다. 5장 현금흐름 분석에 [제3절 현금흐름표 분석과 기업의 자금사정 분석] 제목의 새로운 절을 추가하였습니다. 특히 기업의 당기 자금사정 분석은 심사역의 재무제표분석에 필요한 핵심내용이고, 또한 『신용분석사』자격시험의 『종합신용평가』과목에서 '기업의 당기와 전기 자금사정분석' 에 관한 문항이 매회 3~4문제는 출제되고 있습니다. 반면에 기존 [제1절 발생주의회계와 현금주의회계]와 [제4절 현금흐름표의 작성]을 삭제하였습니다. 이 외에, 7장의 [제4절 수주잔고 분석]과 [제5절 우발채무와 보험 분석] 내용을 각각 수정 및 보완하였습니다. 또한 8장 제6절에 [9. 기업의 현금보유전략과 인출가능금액]을 새로 추가 하였습니다.

끝으로 본서가 기업신용분석 및 여신심사 관련 업무를 하시는 동료 및 후배님들의 실무에 도움이 되길 바라며, 본서의 더욱 향상된 모습을 위하여 선후배님들의 많은 편달을 기대합니다. 아울러 본서를 출판해 주신 한국금융연수원에 감사드립니다.

2023년 2월
따뜻한 봄날을 기다리며
권 성 일

머리말 제7판 (제6차 개정판)을 내면서

본 서를 2000년 10월 출판한 이래 제6판 5쇄를 거듭하면서 여러 금융기관의 심사역, RM 및 교수님들께서 본 서에 보내주신 큰 호응에 감사드립니다. 본 서는 이제 『기업신용분석』분야의 이론과 실무분석에 가장 유용한 서적이 되었습니다. 한국금융연수원의 『신용분석과정』의 교재로도 사용되고 있습니다.

초판에서 '현금흐름분석을 이용한 기업부실사례연구' 를 소개하고 이를 이용하여 만든 '현금흐름분석을 이용한 기업부실예측모형(KSI모형I)' 을 소개하였습니다. 그 후 많은 심사역들이 이 모형을 사용하고 유용성과 한계에 관하여 조언을 하였습니다. 그 내용은 대기업부실예측에는 유용성이 있는데 중소기업부실예측에는 적용이 어렵다는 것이었습니다. 그 이유는 모형의 주요변수에 유동성장기부채가 중요한 역할을 하는데 중소기업들은 대부분 단기차입금의존도가 높기 때문에 유동성장기부채금액이 매우 작거나, 심지어 없는 경우도 많아 적용에 한계가 있다는 것이었습니다.

이러한 조언을 받아들여 중소기업부실예측모형 개발을 위하여 수년간 고민한 끝에 주요변수인 유동성장기부채를 총차입금으로 교체하고, 부실중소기업 사례연구를 통하여 이번 제7판 13장에 '현금흐름분석을 이용한 중소기업부실예측모형(KSI모형II)' 과 그 적용사례를 소개하였고, 또한 같은 업종의 부실대기업과 우량대기업을 대기업부실예측모형(KSI모형I)에 적용한 최근 사례를 소개하였습니다. 아울러, 각 장별로 일부 내용을 수정하고 보완하였습니다.

끝으로 본 서가 기업신용분석 및 여신심사와 관련한 업무에 근무하시는 많은 분들의 실무에 도움이 되길 바라며, 본 서의 보다 향상된 모습을 위하여 선후배님들의 많은 편달을 기대합니다. 아울러 본 서를 출판해 주신 한국금융연수원에 감사드립니다.

2015년 2월

권 성 일

머리말 제6판 (제5차 개정판)을 내면서

본 서를 2000년 10월 출판한 이래 제5판 2쇄를 거듭하면서 여러 금융기관의 심사역, RM 및 교수님들께서 본 서에 보내주신 큰 호응에 감사드립니다.

본 서는 이제 『기업신용분석』분야의 이론과 실무분석에 가장 유용한 서적이 되었습니다. 한국금융연수원의 『신용분석과정』의 교재로도 사용되고 있습니다.

이번 개정으로 오래된 사례를 최근사례로 교체하고, 분석에 중요한 이론을 보충하였습니다. 기존 14장을 일부 통폐합하여 12장으로 축소하고, 추가로 [12장 IFRS 재무제표분석]을 신설하여 총 13장으로 개편하였습니다. 전반적으로 개편된 중요한 내용은 다음과 같습니다.

- 1장 신용평가 ⇨ 일부삭제 및 보충
- 2장 신용분석 ⇨ 일부삭제 및 (2절 기업과 산업환경 등) 추가
- 3장 재무상태표분석 ⇨ 기존 11장 자산가치의 평가의 통합, 사례연구 교체 및 (2절 자산가치와 미래현금창출능력 등) 추가
- 4장 손익계산서분석 ⇨ 기존 8장 매출과 수익성의 통합, 사례연구 교체
- 5장 현금흐름분석 ⇨ 일부삭제, 최근 사례연구로 교체 및 (2절 기업활동과 현금흐름, 5절 기업잉여현금흐름 등) 추가
- 6장 산업분석 ⇨ 일부삭제 및 수정
- 7장 경영 및 영업위험분석 ⇨ 일부삭제 및 (6절 환위험관리기법 등) 추가
- 8장 단기지급능력분석 ⇨ (2절 운전자본구조이론, 8절 단기지급능력 핵심점검 등) 추가

- 9장 장기지급능력분석 ⇨ (지속가능성장율, 운전자본과 현금흐름사례, 수정부채비율, 기업과 미래현금창출능력 및 장기지급능력 핵심점검 등) 추가
- 10장 기업부실과 부도징후 ⇨ 일부삭제 및 (6절 기업부실유형 등) 추가
- 11장 회계분식과 기업부실예측 ⇨ 회계분식유형 수정 및 신용등급평가모형 등 보충
- 12장 IFRS 재무제표분석 (신설)
- 13장 현금흐름분석을 이용한 기업부실예측 ⇨ 일부삭제 및 최근 부실연구사례 보충

끝으로 본 서가 기업신용분석 및 여신심사와 관련된 업무에 근무하시는 동료 및 선후배님들의 실무에 도움이 되길 바라며, 본 서의 보다 향상된 모습을 위하여 선후배님들의 많은 편달을 기대합니다. 아울러 본 서를 출판해 주신 한국금융연수원에 감사드립니다.

2011년 2월

권 성 일

머리말 제5판 (제4차 개정판)을 내면서

본 서가 한국금융연수원의 도움으로 2000년 10월 출판된 이래 제4판 2쇄를 거듭하면서 시중은행, 신용평가회사, 보험회사, 증권회사 등 여러 금융기관의 심사역 및 교수님들께서 본 서에 보내주신 큰 호응에 대하여 감사드립니다.

본 서는 이제 『기업신용분석』분야의 이론과 실무분석에 가장 유용한 서적이 되었습니다. 현재 본서는 금융기관의 예비심사역 과정인 한국금융연수원 『신용분석과정』의 『종합신용평가과목』의 교재로 사용되고 있습니다.

한편, 이번 개정으로 보충되었거나 변경된 중요한 내용은 다음과 같습니다. 2007년부터 감사보고서에는 새로운 기업회계기준서가 반영되었습니다. 이를 반영하기 위하여 관련된 내용을 일부 삭제하거나 수정하였습니다. 또한, 오래된 사례는 일부 삭제하고 최근 연구사례를 추가하였습니다. 아울러, 각장 별로 일부 내용을 수정하고 보완하였습니다. 특히 바쁜 가운데 많은 교정과 조언을 해준 SC제일은행의 백봉선팀장, 외환은행의 변상문팀장, 농협중앙회의 윤원기심사역, 우리은행의 전수오 수석심사역께 감사드립니다.

끝으로 본 서가 기업신용분석 및 여신심사와 관련된 업무에 근무하시는 동료 및 선후배님들의 실무에 도움이 되길 바라며, 본 서의 보다 향상된 모습을 위하여 선후배님들의 많은 편달을 기대합니다. 아울러 본 서를 출판해 주신 한국금융연수원에 감사드립니다.

2008년 7월

권 성 일

머리말 제3판 (제2차 개정판)을 내면서

지난 2000년 10월 한국금융연수원의 도움으로 본 서를 막상 출판하게 되었을 때는 사실 기쁨보다는 걱정이 앞섰습니다. 다행히 본 서가 출판된 후 시중은행, 신용평가회사, 보험회사, 증권회사 등 여러 금융기관 및 몇몇 대학의 교수님들께서 본 서에 보나주신 큰 호응에 저는 무척 놀랐습니다. 이번 기회를 통하여 본 서에 성원을 보내주신 많은 분들께 감사드립니다.

본 서가 세상에 나온 이후 저에게는 항상 아쉬움이 있었습니다. 그 이유는 제가 기업의 신용위험분석(Corporate Credit Risk Analysis)을 위하여 제6장에서 산업분석의 중요성을 강조하면서 미처 〈산업분석의 방법론〉을 소개하지 못하였습니다. 제가 과거 HSBC은행과 현재 근무하고 있는 Credit Lyonnais은행에서 해외연수를 받을 때마다 그 연수과정에서는 산업분석의 방법론에 관한 이론과 사례들을 소개하였습니다. 그 주요 내용으로 ① 〈포터교수의 산업분석방법론〉, ② 산업환경(기업외부요인)과 기업내부요인을 종합적으로 분석하는 〈SWOT 분석법〉, ③ 보스톤컨설팅그룹의 사업포트폴리오분석을 위한 〈성장률과 시장점유율 매트릭스〉이었습니다.

이번 제3판을 기회로 ① 〈포터교수의 산업분석방법론〉에 대한 소개는 Michael E. Porter, "How Competitive Forces Shape Strategy, " Harvard Business Review (March-April 1979)과 Roger H. Hale, " Credit Analysis", John Wiley & Sons(SEA) Pte Ltd (1989)을 참고하였고, ② 〈SWOT분석법〉은 Brian Coyle, "Corporate Credit Analysis", Glenlake Publishing Company Ltd (2000)과 David J. Collis, Cynthia A. Montgomery, "Corporate Strategy", McGraw-Hill Book Co (1999)을 참고하였으며, ③ 보스톤컨설팅그룹의 사업포트폴리오분석을 위한 〈성장률과 시장점유율 매트릭스〉는 Philip Kotler, "Marketing Management", Prentice-Gall Inc (2000)을 참고하여 서술하였습니다.

지난번 제1차 개정판에 머리말이 없었음을 사과드리며 그 개정에서는 제14장 제7절 (KSI모형의 보완 및 KSI모형을 적용한 현금흐름분석표의 소개)의 보충만 있었습니다.

이번 제2차 개정(제3판)으로 보충되었거나 변경된 중요한 내용은 다음과 같습니다.

1. 기업신용위험 및 기업신용위험 분석구조 : 제1장 (추가분)
2. 한국은행의 부실예측 판별함수 : 제2장 (추가분)
3. 계정과목압축법 및 재무상태표와 재무위험 : 제3장 (추가분)
4. 재무제표분석을 통한 현금흐름분석 : 제5장 (추가분)
5. 산업분석방법론 : 제6장 (추가분)
6. SWOT분석법 및 산업분석에 신용분석의 3단계 적용 : 제6장 (추가분)
7. 사업포트폴리오분석법 : 제6장 (추가분)
8. 산업에 있어서 수요와 공급, 산업 및 시장의 특성 : 제6장(일부 수정 및 보충)
9. 매출과 수익성 분석 : 제8장(일부 보충)
10. 단기지급능력 분석 : 제9장(일부수정 및 보충)
11. 장기지급능력 분석 : 제10장(일부 보충)
12. 자산가치의 평가 : 제11장(일부 보충)
13. 현금수지분석표와 현금순환표의 양식 : 부록 (추가분)

이번 개정작업에 교정과 조언을 해준 크레디리요네은행 박범수차장, 조흥은행 기업고객부의 이기영차장님, 제일은행 여신지원부의 백운수차장님과 박두봉지점장님, 임명호회계사님께 감사드립니다. 특히 초판부터 제3판까지 바쁜 가운데 많은 시간을 내어 교정과 조언을 해준 크레디리요네은행 김윤찬부장과 제일은행 여신감리부의 백봉선차장님께 감사드리며, 이번 작업에서도 함께 고생한 사랑하는 아내에게도 고마운 마음을 전합니다.

끝으로 본 서가 기업신용분석 및 여신심사와 관련된 업무에 근무하시는 동료 및 선후배님들의 실무에 도움이 되시길 바라며, 본 서의 보다 향상된 모습을 위하여 선후배님들의 많은 편달을 기대합니다. 아울러 본 서를 출판해 주신 한국금융연수원 정보자료실에 감사드립니다.

2002년 3월

권 성 일

머리말

필자는 지금까지 16년 동안 여신심사역(애널리스트) 혹은 여신팀장으로서 기업의 재무적 위험요소(financial risks)와 비재무적 위험요소(operating risks)를 분석하고 평가하는 업무에 종사해 오고 있습니다. 이와 같이 기업의 신용상태를 분석하는 업무에 종사하면서 국내외의 많은 서적을 읽고 분석업무에 적용하고자 노력하였습니다. 그러나 어느 서적을 살펴봐도 필자가 마음속에 항상 품고 있었던 다음의 의문에 대한 해답을 발견하지 못하였습니다.

■ 기업의 현금흐름이 어느정도 악화되었을 때 혹은 그 악화가 얼마 동안 지속되었을 때 채권자로서 주의를 하고 또는 경영자로서 구조조정을 구상하거나 실행에 옮겨야 하는가?

■ 기업의 현금흐름을 분석하는 데 있어서 현금흐름표를 쉽게 읽고 분석하는 기법을 소개하거나 정리한 서적은 없는가?

■ 기업에 대한 많은 재무적 정보 또는 비재무적 정보 중에서 기업의 장 · 단기지급능력에 영향을 미치는 가장 중요한 요소는 어떤 것들인가?

■ 매출 · 수익성 · 운전자본 · 유동성 · 현금흐름의 상호 유기적 관계는 어떠한가? 또한 이들 요소의 변동이 기업의 장 · 단기 지급능력에 미치는 영향은 어떠한가?

이상의 4가지 큰 의문들은 필자의 마음속에 항상 자리잡고 있는 화두였습니다. 이 화두에 대한 대답을 구하기 위하여 필자는 해외 연수과정에서 배운 지식과 예제, 국내외 참고문헌, 실무경험을 토대로 사례를 조사하고 연구한 결과, 설령 정답은 아닐지라도 제 자신에게 주는 해답을 발견하였고 그것을 원고로 정리해 보았습니다.

본 서는 기업의 장 · 단기지급능력에 있어서 가장 중요한 현금창출능력에 대한 분석에 초점을 두고 있으며 3부로 나누어져 있습니다. 제1부에서는 신용분석을 하는 데 있어서 반드시 알고 있어야 할 현금흐름표 분석기법과 같은 기본적이며 필수적인 지식을 소개하고 정리하였으며, 제2부에서는 FLC(Forward Looking Criteria)방식에 의한 기업의 위험요소들(예를 들어 산업위험, 경영위험, 영업위험, 재무위험 및 현금흐름 분석)에 대한 주요 점검사항을 지적하고 분석하는 기법 및 기업의 현금창출능력에 초점을 두고 수익성, 장 · 단기지급능력, 자산가치 등을 평가하는 기법, 기업부실의 과정 및 그 원인 분석에 대한 연구사례를 소개하였습니다. 제3부에서는 첫번째 화두에 대한 답을 구하기 위하여 1997년과 1998년 사이에 도산(지급불능상태)한 부실기업 45개를 분석대상으로 하여 도산 3년전부터 도산 당해연도에 이르기까지 4년간의 현금흐름상태를 분석하고 그 결과를 정리한 현금흐름의 악화와 기업의 부실화 과정 6단계 및 현금흐름 분석을 이용한 부실기업 분석기법인 KSI 모형을 소개하였습니다.

본 서가 출판되기까지 많은 분들의 도움이 있었으며 그분들께 깊은 감사를 표합니다. 우선 바쁘신 가운데 감수를 맡아 주신 윤태화 교수님, 출판을 허락하신 한국금융연수원의 이강남 원장님, 책 제목에서 출판까지 많은 수고를 하신 김중열 선생님께 감사를 드립니다. 그리고 바쁜 업무 가운데 귀한 시간을 내어 조언을 해주신 노대섭 상무(안건회계법인), 정채영 이사(굿모닝증권), 하수동 부장(크레디리요네은행 서울지점), 윤영환 실장(한국신용정보), 원고 교정을 도와주신 신두식 과장(한빛은행), 김상현 과장(광주은행), 이준아 대리(크레디리요네은행), 양종배 계장(수출입은행), 특히 더운 날씨에 많은 분량의 원고를 처음부터 끝까지 세심하게 읽고 아낌없는 비판과 조언을 해주신 오화경 지배인(HSBC 서울지점), 김윤찬 차장(크레디리요네은행) 및 백봉선 과장(제일은행)님께 진심으로 감사드립니다.

또한 2년이라는 짧지 않은 집필기간 동안 필자가 쓴 원고를 여러 번에 걸쳐 수정 및 보완을 할 때 가끔 힘들다고 투정을 부린 적도 있지만 그래도 끝까지 참고 한 권의 책으로 만들어 준 사랑하는 아내, 그 동안 많이 함께 하지 못한 아빠를 이해하는 귀염둥이 민경과 민욱, 모든 일에 항상 따뜻하게 조언해 주시는 존경하는 형님 내외분께도 고마움을 전하며, 임종을 며칠 앞두고 병원 중환자실 병상에서 "그래, 책은 다 끝냈느냐?"하고 걱정해 주신 아버님의 영전에 이 책을 바칩니다.

끝으로 본 서에는 아직 부족한 부분이 많이 있음을 느낍니다. 앞으로 선후배님들의 비판과 조언을 겸허히 반영하여 본 서가 더욱 개선된 모습을 보일 수 있도록 노력하겠습니다. 본 서가 기업신용분석 및 여신심사와 관련된 업무 등에 종사하는 동료 및 후배들의 실무에 도움이 되길 바랍니다.

2000년 10월

권 성 일

목 차

제1부 신용분석의 필수

▶ 신용분석에 필요한 기본분석, 특수분석 기법 및 현금흐름표 분석기법을 중심으로

제1장 신용평가(Credit Evaluation)

목 차

제2장 신용분석 (Credit Analysis)

제3장 재무상태표분석 (Balance Sheet Analysis)

목 차

제4장 손익계산서 분석 (Income Statement Analysis)

제5장 현금흐름 분석 (Cash Flow Analysis)

목 차

제2부 실전 및 응용

▶ 산업위험, 경영위험, 영업위험, 재무위험 및 현금흐름 분석을 중심으로

제6장 산업위험 (Industrial Risks)

목 차

제7장 경영 및 영업위험 (Management & Operating Risks)

제8장 단기지급능력 분석 (Short-Term Solvency)

목 차

제9장 장기지급능력분석(Long-Term Solvency)

목 차

제10장 기업부실과 부도징후(Business Failure)

제11장 회계분식과 기업부실예측

목 차

제3부 K-IFRS 재무제표분석과 기업부실예측모형

제12장 K-IFRS 재무제표분석 (K-IFRS Financial Statements Analysis)

제13장 현금흐름분석을 이용한 기업부실예측모형(I & II)

목 차

제 1 부 신용분석의 필수

▶ 신용분석에 필요한 기본분석, 특수분석 기법 및 현금흐름표 분석기법을 중심으로

제 1 장 신용평가 (Credit Evaluation)

제1장 주요내용

- 용어의 개념
  ① 신용 ② 신용평가 ③ 신용분석 ④ 신용등급
  ⑤ 국가신용등급 ⑥ 국가한도
- 신용평가의 대상
- 신용등급에 있어서 통화기준
- 국가위험의 내용
- 신용등급체계의 이해
- 기업의 5가지 주요 활동
- 기업신용위험의 4분법
- 감사의견의 종류와 그 차이

제1절 신용평가 (Credit Evaluation)

1. 신용평가의 의미

신용평가의 의미를 파악하기에 앞서 '신용(credit)이란 무엇인가?'를 먼저 생각해 보자. 경제활동을 하다보면 우리는 흔히 ⓐ "그 사람은 신용이 좋아" 혹은 ⓑ "나는 신용 하나로 세상을 살아온 사람이야"라는 말을 종종 듣게 된다. 이때 ⓐ와 같이 말한 사람은 '그 사람의 지급능력을 신뢰한다'고 볼 수 있다. 왜냐하면, 본인이 그 사람에게 돈을 빌려 주었든지 아니면 다른 사람이 그 사람에게 돈을 빌려주었든지 그 사람은 갚기로 약속한 날에 잘 갚아 왔기 때문일 것이다. 만약 ⓑ와 같이 말한 사람이 있다면, 그 사람은 '지금 나는 돈이 없어서(혹은 부족해서) 돈을 빌리지만 향후 지급능력이 있을 뿐 아니라 지금까지 남의 돈을 빌렸어도 반드시 갚았었다'는 뜻을 나타내고자 한다고 생각된다. 즉 채무는 반드시 상환한다는 강한 의지를 보여 준 것이다.

어떤 경우에는 채무자가 채무상환능력이 있음에도 불구하고 도망을 가거나, 재산을 은닉한 후 일부러 자신의 기업을 부도내는 경우를 우리는 종종 본다. 그러므로 **신용(credit)이란 채무자의 채무상환능력(부채상환능력 및 비용지급능력)과 채무상환의지에 대한 채권자의 신뢰도**라고 압축해서 말할 수 있다. 따라서 **신용평가(credit evaluation)는 채무자의 채무상환능력과 상환의지를 평가하는 것**이라고 말할 수 있다.

이와 같이 채무자의 신용평가를 위하여 **채무자의 채무상환능력과 상환의지를 분석하**

는 것을 **신용분석**(credit analysis)이라고 할 수 있다. 신용분석의 결과 객관적인 분석대상인 채무상환능력이 우수하면 채무자의 신용도 우수하게 평가되고 채무상환능력이 불량하면 채무자의 신용도 불량하게 평가된다.

그러므로 **신용등급**(Credit rating)은 객관적인 분석대상인 채무상환능력(부채상환 능력 및 비용지급능력)에 초점을 두고 분석한 결과가 채무자의 신용이 우수하거나 혹은 불량한 것으로 평가된 경우에 그 평가 결과를 강 · 약의 정도에 따라 여러 등급으로 나누고, 그 나누어진 등급을 문자(A,B,C 등), 기호(+, − 등), 숫자(1,2,3 등)등으로 표시한 것이다.

2. 신용평가의 대상

신용평가의 대상은 이윤 추구를 위하여 제조 및 영업활동을 하는 기업만이 그 대상이 아니라 국가, 국가의 공공기관, 기업집단, 프로젝트파이낸스(Project finance)와 같은 특수사업, 자산유동화와 같은 특수채권(ABS) 등도 **신용평가의 대상**이 될 수 있다.

그러므로 앞으로 소개되는 신용분석(credit analysis)에 사용되는 분석기법들은 국가, 공공기관, 기업, 혹은 기업집단 등에 모두 적용할 수 있다. 그러나 지금부터는 신용평가의 주 대상을 기업으로 전제하고 신용분석에 사용되는 여러 가지 기법을 소개하고자 한다.

제2절 신용평가기관의 신용등급

1. 국내신용평가기관의 회사채 신용등급

회사채 신용등급은 기업이 직접금융시장에서 회사채 발행을 통하여 1년 이상인 장기자금을 조달하는 경우에 기업이 발행한 회사채에 대한 기업의 원리금상환능력을 신용평가기관이 평가하고 그 결과를 신용등급으로 표시한 것이다. 국내신용평가회사인 한국기업평가(KMCC), 한국신용정보(NICE), 한국신용평가(KIS)의 회사채등급의 표시체계는 S&P의 장기평가 등급체계와 같다.

[표 1-1] 국내신용평가기관의 회사채 신용등급

등 급	정 의
AAA	원리금 지급능력이 최상급임
AA	원리금 지급능력이 매우 우수하지만 AAA의 채권보다는 다소 열위임
A	원리금 지급능력은 우수하지만 상위등급보다 경제여건 및 환경악화에 따른 영향을 받기 쉬운 면이 있음
BBB	원리금 지급능력은 양호하지만 상위등급에 비해서 경제여건 및 환경악화에 따라 장래 원리금의 지급능력이 저하될 가능성을 내포하고 있음
BB	원리금 지급능력이 당장은 문제가 되지 않으나 장래 안전에 대해서는 단언할수 없는 투기적인 요소를 내포하고 있음
B	원리금 지급능력이 결핍되어 투기적이며 불황시에 이자지급이 확실하지 않음
CCC	원리금 지급능력에 관하여 현재에도 불안요소가 있으며 채무불이행의 위험이 커 매우 투기적임

등 급	정 의
CC	상위등급에 비하여 불안요소가 더욱 큼
C	채무불이행의 위험성이 높고 원리금 상환능력이 없음
D	상환 불능상태임

주) 상기 등급 중 AA부터 B등급까지는 +,− 부호를 부가하여 동일 등급내에서의 우열을 나타내고 있음.

※한국신용평가(주)의 신용등급정의

2. 등급전망(Rating Outlook)

등급전망(rating outlook)은 평가기관이 장기평가등급만을 대상으로 평가대상인 기업 혹은 채권에 대하여 미래에 새로운 등급을 공시하기 전에 미래의 신용등급변화에 대한 변화가능성, 즉 방향성을 표시한 것이다.

[표 1-2] 등급전망(Rating Outlook)

등급전망	정 의
Positive	중기적으로 등급의 상향 가능성이 있음
Negative	중기적으로 등급의 하향 가능성이 있음
Stable	등급의 중기적인 변동 가능성이 낮음, 사업의 안정성을 의미하는 것은 아님
Developing	불확실성이 높아 등급의 중간적인 변동방향을 단정하기 어려움

※한국신용평가(주)의 신용등급정의

예를 들어, A/Positive(긍정적)는 향후 신용등급이 A+로 상향조정의 가능성이 높음을 시사하고, A/Negative(부정적)는 향후 A−로 하향조정의 가능성을 시사한다.

3. 국내신용평가기관의 기업어음 신용등급

기업어음 신용등급은 기업이 기업어음 발행을 통하여 1년 미만 단기자금을 조달하는 경우에 원리금상환능력을 신용평가기관이 평가하고 그 결과를 신용등급으로 표시한 것이다.

[표 1-3] 국내신용평가기관의 기업어음 신용등급

등급	정 의
A1	적기상환능력이 최상이며 상환능력의 안정성 또한 최상임
A2	적기상환능력이 우수하나 그 안정성은 A1에 비해 다소 열위임
A3	적기상환능력이 양호하며 그 안정성도 양호하나 A2에 비해 열위임
B	적기상환능력은 적정 시 되나 단기적 여건변화에 따라 그 안정성에 투기적인 요소가 내포되어 있음
C	적기상환능력 및 안정성에 투기적인 요소가 큼
D	상환 불능상태임

주) 상기 등급 중 A2부터 B등급까지는 +, - 부호를 부가하여 동일등급내에서의 우열을 나타내고 있음.

※ 한국신용평가(주)의 신용등급정의

4. 외국신용평가기관의 신용등급체계

투자가들의 의사결정에 큰 영향을 미치는 세계 3대 신용평가기관(S&P, Moody's, Fitch)들의 장기평가 신용등급(credit rating)의 표시체계를 정리해 보면 다음과 같다.

[표 1-4] 신용등급(Credit Rating) 표시

	무디스	S&P	피치	채무이행능력	구 분
장기평가	Aaa	AAA	AAA	최우량	투자 적격
	Aa1 Aa2 Aa3	AA+ AA AA−	AA+ AA AA−	우 량	
	A1 A2 A3	A+ A A−	A+ A A−	비교적 우량	
	Baa1 Baa2 Baa3	BBB+ BBB BBB−	BBB+ BBB BBB−	적 정	
	Ba1 Ba2 Ba3	BB+ BB BB−	BB+ BB BB−	다소 불량	투자 부적격
	B1 B2 B3	B+ B B−	B+ B B−	불 량	
	Caa(1,2,3) Ca C D	CCC(+, −) CC C D	CCC(+, −) CC(+, −) C D	매 우 불 량	
단기평가	P1 P2 P3	A1 A2 A3	F1 F2 F3	최우량 우 량 적 격	투자 적격
	Np	B C R D	B C R D	다소 불량 불 량 매우 불량 부도상태	투자 부적격

참고 : 국내의 신용평가회사인 한국기업평가(KMCC), 한국신용정보(NICE), 한국신용평가(KIS), 3사의 회사채 등급체계는 S&P 및 피치사의 장기평가 등급체계와 같다.

이들 국제신용평가기관들은 국가신용등급을 결정하기 위하여 정부와 금융기관들의 외채상황, 수출입실적 및 전망과 같은 국가경제의 기초 자료 뿐만 아니라 정치, 산업구조, 경제상황, 노동계동향 및 사회상황까지지도 평가의 중요한 대상으로 취급한다. 또한 정부의 경제개입정도, 금융제도, 시장의 개방성, 통계자료의 투명성과 신뢰성, 외환관리제도와 같은 각종 경제관련 규정 및 제도 역시 평가를 위한 중요한 요소로 삼는다.

5. 국가신용등급과 통화기준(Sovereign Credit Rating)

국가신용등급(sovereign credit rating)이란 대상국가의 채무상환능력과 상환의지에 대한 평가를 등급으로 표시한 것이라 할 수 있다. 이 등급은 외국에 소재하는 채권자와 투자자들에게 있어서 중요한 **투자기준**이 된다. 외국에 있는 채권자들이나 투자자들은 대상국가의 신용상태를 파악하기가 어렵기 때문에 객관적인 신용평가기관의 신용등급에 의존하기 때문이다. 그러므로 해당국가의 경제력은 그 국가가 보유한 기업들의 생산력에서 나오므로 국가신용등급은 해당국가 기업들의 신용등급을 누적한 것과 같은 의미를 갖는다.

신용평가기관들의 신용등급(credit rating)에는 통화기준이 있다. 예를 들면, (1)국제통화기준 (예; 미국달러기준)의 신용등급이 있고, (2)해당국통화기준(예; 원화기준)의 신용등급이 있다.

예를 들면, 국제신용평가기관(예; 무디스 등)이 발표하는 국가신용등급은 국제통화에 기준을 두고 분석대상 국가에 대한 신용평가 결과를 신용등급으로 나타낸 것이다. 반면에 국내신용평가기관(예; 한국기업평가사 등)이 발표하는 신용등급은 해당국통화, 즉 원화에 기준을 두고 분석대상 기업에 대한 신용평가 결과를 신용등급으로 나타낸 것이다.

국제신용평가기관은 국제통화기준에서 기업에 대한 신용등급을 산정하기도 하고, 국가에 대한 신용등급을 산정한다. 그러므로 해당국의 외환보유고도 신용평가의 주요대상으로 삼으며, 물론 해당국의 외환보유고가 감소하면, 신용평가의 악화요인이 된다.

6. 신용평가등급의 활용

금융기관들은 자체 신용평가시스템에 의거하여 여신대상 기업들을 평가하고 그 결과로 기업별로 신용등급을 산정하다. 이렇게 산정된 금융기관의 신용등급은 분석대상기업에 대한 **투자기준**으로 금융기관에서 다음과 같은 용도로 많이 사용되고 있다.

(1) 여신한도관리 (total exposure management)
(2) 여신의사결정
(3) 신용위험관리 (등급별)
(4) 자산포트폴리오관리 (등급별)
(5) 이자율 및 수수료 결정
(6) 대손충당금설정기준

금융기관에서는 신용등급을 자산건전성분류 및 대손충당금 적립기준으로 다음과 같이 활용하고 있다.

[표 1-5] 신용평가등급과 자산건전성분류간의 연계 (10단계 운용 시)

은행신용평가시스템상 신용등급	자산건전성 분류단계	대손충당금 최저적립비율 (대출채권)
1~ 6등급	정상*	0.85% 이상
7 등급	요주의	7% 이상
8 등급	고정	20% 이상
9 등급	회수의문	50% 이상
10 등급	추정손실	100%

* 다만, 통계법에 따른 한국표준산업분류상 건설업, 도소매업, 숙박업, 음식점업, 부동산 및 임대업은 0.9%이상임

※ 은행업감독규정(2010.11) 제29조

제3절 국가위험과 국가한도 (Country Risk / Country Ceiling)

세계적인 상업은행들이나 투자은행들은 대부분 투자대상 국가에 대하여 국가한도(국가별 투자한도)를 설정하고 있다. 이는 대상 국가에 투자할 수 있는 최대금액(한도)을 설정한 것이다. 이 국가한도(country ceiling 혹은 country limit)는 투자대상 국가의 국가위험을 고려하고 그들이 보유하는 자산에 대한 국가별 자산 포트폴리오(portfolio)를 고려하여 산정한다. 국가위험과 관련된 사항들을 정리해 보면 다음과 같이 [그림 1-1]로 나타낼 수 있다.

[그림 1-1] 국가위험(country risk)의 분류

- 국가위험
  - 대외결제 불능 위험
    - ① 정치적위험 (Political Risk)
      - 정치 · 사회적 위험 (전쟁, 혁명, 내란 등)
    - ② 상업적위험 (Commercial Risk)
      - 채권회수의 위험 (정부, 정부 투자기관, 금융기관 및 민간기업)
      - 투자회수의 위험 (직접투자인 경우)
  - 경제적위험 (Economic Risk)
    - 투자 환경이 악화되는 위험 (외환시장, 금융시장, 증권시장 등과 관계된 관련 규정 및 제도의 악화 가능성 등)

제4절 기업신용위험 (Corporate Credit Risks)

1. 기업신용위험 (Corporate Credit Risks)

기업신용위험(corporate credit risks)을 크게 2분법으로 구분하면 a.영업위험(operating risks)과 재무위험(financial risks)으로 나뉘어진다. 3분법으로 구분하면 a.산업위험(industrial risks), b.영업위험(operating risks), c.재무위험(financial risks)으로 나눌 수 있다. 이때 영업위험을 경영위험과 영업위험으로 2분하면 기업의 신용위험을 a.산업위험, b.경영위험, c.영업위험, d.재무위험의 4분법으로 나눌수 있다. 이는 기업의 미래신용위험을 4가지 기준에 초점을 두고 분석하는 FLC(forward looking criteria) 분석 방식이 된다.

이와같이 기업신용위험과 기업신용위험 분석구도를 각각 [그림1-2]와 [그림1-3]으로 정리할 수 있다.

[그림 1-2] 기업신용위험 (Corporate Credit Risks)

기업의 신용위험
- 2분법 : ① 영업위험, ② 재무위험
- 3분법 : ① 산업위험, ② 영업위험, ③ 재무위험
- 4분법 : ① 산업위험, ② 경영위험, ③ 영업위험,
  ④ 재무위험(현금흐름분석을 중심으로)

[그림 1-3] 기업신용위험 분석구도 (Corporate Credit Analysis)

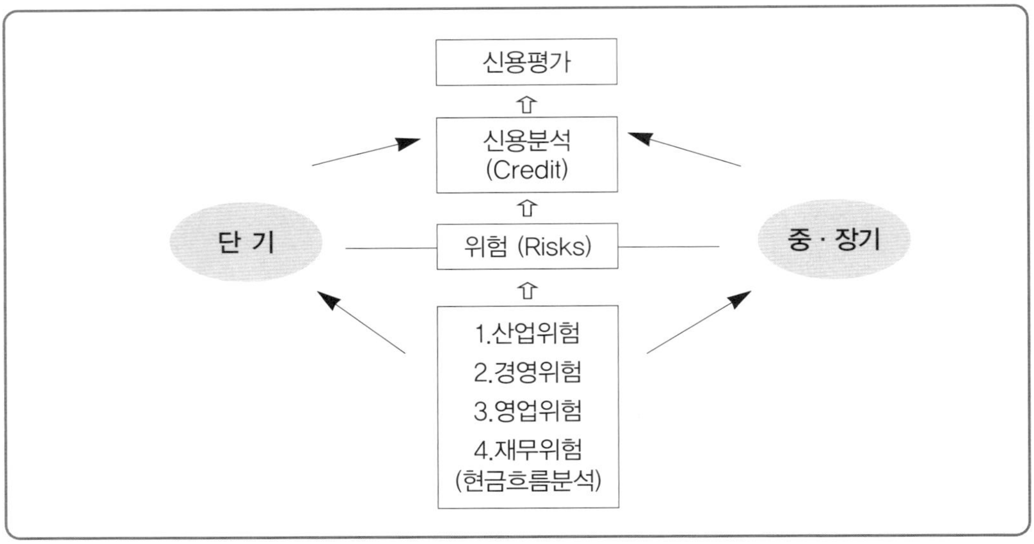

2. 기업활동과 위험요소 (Operating Risks/Financial Risks)

지금부터는 이윤추구를 위하여 영업활동을 하는 기업을 신용평가의 대상으로 보고 그 기업활동을 ① 구매활동(buying activities) ② 생산활동(manufacturing activities) ③ 판매활동(sales activities) ④ 재무활동(financial activities) ⑤ 경영활동(management activities) 등 5가지로 나눌 수 있다. 이 가운데 **① 구매활동, ② 성산활동, ③ 판매활동은 기업의 영업활동에 있어서 가장 중요한 부분**이다.

매출(판매활동)이 증가하면 원재료 구매활동과 제품생산 및 판대활동이 증가하게 되고 이를 지원하기 위한 재무활동과 이들 활동을 전반적으로 지휘하고 주도하는 경영활동도 증가하게 된다. 이러한 기업활동에는 각각 여러 가지 위험(risks)이 내재해 있다. 이들 각각의 활동은 유기적인 관계를 가지고 있으며 이것을 [그림 1-3]으로 나타낼 수 있다.

영업위험(operating risks)은 기업이 이윤 추구를 위하여 영업활동을 하는 가운데 발생하는 ① 구매활동, ② 생산활동, ③ 판매활동 및 이들을 지시 감독하는 경영활동으로부터 발생할 수 있는 여러 가지 위험을 말한다. 아울러 그 기업이 속해 있는 산업에서 발생할 수 있는 **산업위험**(industry risk)과 그 기업이 속해 있는 국가에서 발생할 수 있는 정치 · 경제 · 사회적 위험(즉 국가위험)을 들 수 있다.

[그림 1-4] 기업활동과 산업환경의 유기적 관계

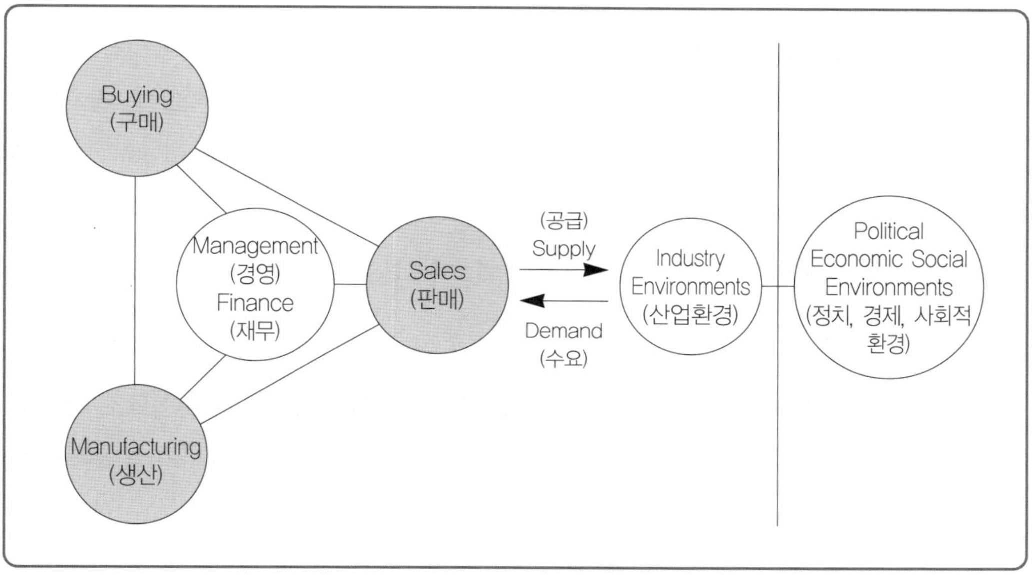

경영위험의 분석대상은 경영진과 대주주이다. 경영자는 원재료 구매활동, 생산활동, 판매활동에 내재해 있는 위험요소들을 파악하여 정기적으로 점검하고 지시 · 감독하여야 한다. 물론 채권자, 주주 · 투자자 집단도 마찬가지다. 한편, 국내시장에서 시장점유율이 높거나 해외시장에서 시장점유율이 높은 대기업들에게는 **산업의 수요 · 공급에 대한 예측과 같이 영업위험(operating risks)에 대한 정기적인 파악과 준비가 재무위험(financial risks)보다 더 중요**할 수 있다.

재무위험(financial risks)은 기업이 영업활동과 투자활동에서 유입되는 자금을 관리하거나 이들 활동으로부터 부족한 자금을 조달하거나 관리하면서 발생되는 위험, 예를 들어 차입금을 상환하고 각종 비용을 지급하는 등 제반 금융활동 과정에서 발생할 수 있는 여러 가지 위험들을 말한다. 즉 ① 영업활동에 필요한 운전자금과 투자자금을 조달하는 **자금조달활동**, ② 판매활동에서 유입되는 자금을 운용하는 **자금운용활동**, ③ 차입금의 상환스케줄에 따라 자금을 준비하는 **자금관리활동**과 같은 여러 가지 재무활동에서 발생할 수 있는 위험을 말한다.

이러한 재무활동 과정에서 중대한 결정을 잘못하는 경우에는 결국 그 기업을 일시적인 지급불능상태(insolvency)나 파산상태(bankruptcy)에 이르게 할 수 있다. 일시적인 지급불능상태는 대체로 그 기업의 유동성문제(liquidity problem)에서 발생한다. 예를 들면 대체로 유동자산(현금, 매출채권, 재고자산) 관리의 소홀, 혹은 유동부채(매입채무, 단기차입금, 만기 도래하는 중장기 채무 및 차입금)의 잘못된 파악과 이에 대처하는 준비 부족 등을 들 수가 있다.

한편, **중소기업과 신용도가 약한 일부 대기업들은 상대적으로 재무위험요소 때문에 어려움을 겪는 경우가 대부분**이라고 할 수 있다. 따라서 금융활동의 내용과 결과를 나타내는 기업의 재무제표를 분석함으로써 그 기업에 내재되어 있는 재무상 위험요소(financial risks)를 찾아내고 그 위험을 줄이거나 대비하는 기법을 앞으로 자세히 다루고자 한다.

제5절 분석에 필요한 자료 및 정보

1. 자료와 정보

영업상 위험요소와 재무상 위험요소를 파악하는 데는 여러 가지 많은 자료가 있지만 그 중에서 가장 중요한 것은 그 기업의 재산상태와 영업활동 결과를 나타내는 감사보고서와 결산서, 영업활동의 내용을 보여 주는 영업보고서나 사업보고서, 혹은 향후 사업계획서 등을 들 수가 있다. 따라서 감사보고서와 결산서 및 관련 명세서를 통하여 그 기업의 **재무상 위험요소**(financial risks)를 분석할 수 있으며, 영업보고서나 사업보고서를 통하여 그 기업의 **영업상 위험요소**(operating risks)를 파악할 수 있다.

이외에 다른 금융기관들의 분석대상 기업에 대한 신용분석 자료, 해당 산업에 대한 산업동향보고서, 산업분석보고서, 관련 잡지, 신문 및 통계자료 등에서도 필요한 정보를 얻을 수 있다. 그러나 이러한 **자료를 통하여 얻은 정보를 확인하고 추가적인 자료 및 정보를 얻을 수 있는 곳은 결국 분석대상 기업 그 자체**이다.

재무상 위험요소는 [그림 1-5]가 보여 주는 바와 같이 주로 기본재무제표와 주석, 부속명세서에서 중요한 정보를 구할 수 있으며, 영업상 위험요소는 그 기업에서 발행하는 영업보고서, 사업계획서, 산업동향(월보 등), 산업분석보고서, 정부정책, 정부 및 한국은행의 통계자료, 신문 및 잡지의 새로운 기사 등으로부터 얻을 수 있다.

[그림 1-5] 분석에 필요한 자료 및 정보

재무상 위험요소(Financial Risks)

영업상 위험요소(Operating Risks)

Ⅰ. 기본재무제표	Ⅲ. 주석 및 부속명세서	Ⅳ. 재무 및 영업정보	Ⅴ. 기타 정보
1. 재무상태표 2. 손익계산서 3. 자본변동표 4. 현금흐름표 Ⅱ. 연결재무제표	· 중요한 회계처리 방침(자산평가 및 상각, 충당부채설정, 감가상각 방법 등) · 우발채무 · 관계회사와 거래 등 1. 제조원가명세서 2. 기타명세서	· 영업보고서(생산, 판매, 투자 및 자금조달과 같은 주요 정보) · 사업계획서(향후 영업전망 및 투자와 자금조달에 대한 경영방침 및 계획)	· 산업동향(월보 등) · 산업분석보고서 · 경제통계 · 기업연감 · 정부정책 · 회사에 대한 새로운 정보 및 기사(신문, 잡지 등)

※ 실선 (——) : 해당 정보를 얻을 수 있는 필수적인 범위

※ 점선 (·······) : 해당 정보나 관련 정보를 얻을 수 있는 범위

2. 감사보고서와 외부감사

1) 외부감사의 신뢰성

신용분석의 자료로서 받아 보는 자료 중 가장 중요한 자료는 외부감사인(회계법인)의 감사보고서이다. 그 이유는 감사보고서는 기업이 작성한 각종 재무제표에 나타난 숫자들과 관련된 사항들을 외부감사인이 실사, 조회, 증빙 확인, 현장에서의 증거수집과 평가(물론 전부는 아닐 것임)를 통하여 만들기 때문에 기업에서 작성한 보고서보다는 훨씬 신뢰성이 있기 때문이다.

한편, 최근의 법원판례를 보면 감사한 내용이 사실과 다름으로 인하여 투자자들이 피해를 입은 사건들에 대하여 법원이 그 외부감사인에게 투자자의 손해를 배상하게 하는 판결을 내리고 있어 앞으로는 외부감사인에 의해 작성된 감사보고서의 신뢰성이 더욱 좋아질 것으로 전망된다.

2) 감사보고서의 내용

감사보고서에는 다음의 내용들이 수록된다.

- 외부감사인의 감사보고서(감사의견 및 자산재평가, 특수관계자와의 거래, 경제상황에 따른 불확실성 등에 관한 표명 등)
- 재무제표(재무상태표 · 손익계산서 · 자본변동표 · 현금흐름표)
- 부속명세서
- 주석(회사의 개요, 중요한 회계처리 방침, 자산의 평가방법, 장 · 단기 차입액 내역, 우발채무와 약정사항, 특수관계자와의 거래, 외화자산 · 부채 및 환산손익, 사업부문별 정보, 결산일 후에 발생한 주요 사항 등)
- 수정재무제표(한정의견 또는 부적정 의견의 경우)

3) 분기 및 반기보고서

상장법인의 경우에는 상반기 결산에 대한 반기보고서를 증권관리위원회 및 증권거래소에 제출하도록 되어 있으며 이 경우 외부 회계감사인의 검토를 받아야 한다(분기보고서는 회계감사인의 검토 의견이 불필요하다.) **검토**라는 용어를 쓰는 이유는 정규 회계감사에 비해 실사, 조회, 증빙 확인 등의 절차가 간소하게 수행되기 때문에 감사(audit)라는 용어 대신에 검토(review)라는 용어를 사용한다).[1]

1) 손기원, 『기업회계기준과 실무전략』, 경영베스트, pp 594.

3. 감사의견의 종류

감사인이 감사한 재무제표에 대하여 표명하는 감사의견은 적정의견, 한정의견, 부적정의견 및 의견거절 등 네 가지로 구분된다.

1) 적정의견

적정의견은 회사의 재무제표가 기업회계기준에 위배되지 않고 적정하게 작성되었다는 의견표시이다.

2) 한정의견

한정의견은 회사의 재무제표가 기업회계기준에 위배한 사항이 '중요' 하거나 감사인이 감사범위에 제한을 받을 경우에 표명되는 의견표시이다. 그리고 기업회계기준의 위배로 인해 한정의견이 표명되는 경우에는 감사보고서에 수정재무제표가 첨부된다. 기업회계기준의 위배 사항의 중요성 여부는 정보 이용자의 의사결정에 영향을 줄 수 있을 정도면 중요하다고 판정할 수 있고, 이는 회계감사기준과 감사인의 판단에 따른다.

3) 부적정의견

부적정의견은 회사의 재무제표가 기업회계기준을 위배한 사항이 '특히 중요' 하여 재무제표가 전반적으로 왜곡되어 있다고 판단할 때 표명되는 의견표시이다.

4) 의견거절

의견거절은 감사인이 감사하는 과정에서 감사범위의 제한이 '특히 중요' 한 경우와 감사인의 회사에 대한 독립성이 결여된 경우에 표명되는 의견표시이다.

제 2 장 신용분석 (Credit Analysis)

제2장 주요내용

- 주체(채권자, 투자자, 경영자)에 따른 신용분석 초점의 차이
- 상대분석과 절대분석의 비교
- 정태분석과 동태분석의 비교
- 추세분석법의 개념과 유용성
- 백분율법의 개념과 유용성
- 〈신용분석의 3단계〉이론의 개념과 유용성
- 시나리오분석의 방법과 목적
- 기업이 회계처리를 변경함으로서 경영진이 얻을 수 있는 효과
- 〈금융지원의 기본〉이론의 이해와 장기자금의 종류 및 특성

제1절 신용분석 (Credit Analysis)

제1장 제1절에서 신용평가의 주체 및 목적에 대하여 언급한 바와 같이 신용분석도 그 주체와 목적에 따라 분석의 초점이 조금씩 다를 수 있다.

1. 신용분석의 주체와 입장

기업에 대한 신용분석의 주체는 크게 세 가지로 나눌 수 있다. ① 그 기업에 자금을 공여해 준 금융회사, 은행, 보험회사 등의 **채권자 집단**, ② 그 기업에 투자를 한 주주와 투자에 관심을 갖고 있는 증권회사, 보험회사, 연기금 등의 기관투자자 및 개인투자자들과 같은 **주주 · 투자자 집단**, ③ 그 기업을 경영하는 **경영자 집단**으로 나눌 수 있다.

채권자 집단은 대상 기업에 대한 신용분석을 할 때 대상 기업의 안정성과 수익성에 초점을 둔다. 왜냐하면 그들은 대출 만기일에 대출금이 제대로 상환될 수 있느냐 여부가 최대 관심사이기 때문이다. 그러나 이들 채권자 사이에도 입장이 서로 다른 경우가 있다. 즉, 단기채권자들과 장기채권자들이다. 따라서 장기채권자들의 신용분석 태도는 단기채권자들에 비하여 훨씬 보수적이고 엄격한 입장이다. 단기채권자들은 대상 기업을 분석할 때 그 기업의 현재 영업상황과 단기지급능력에 초점을 둔다면, 장기채권자들은 그 기업의 지속적인 성장 가능성과 장기지급능력에 초점을 둔다.

투자자 집단은 투자대상 기업에 대한 신용분석을 할 때 그 기업의 성장성에 초점을 둔다. 이들 투자자 사이에도 서로 다른 입장을 견지하는 경우가 있다. 즉, 단기투자자와 장기투자자들이다. 단기투자자들은 증권회사와 같은 금융기관들과 개인투자자들이며, 장기투자자들은 보험회사나 정부 투자기관, 은행 및 경영권 확보를 위한 주주 집단과 관계회사들을 들 수가 있다. 단기투자자들은 자신들의 투자 목적에 따라 그 기업의 단기적인 관점에서 매출증가와 수익성에 관심이 있을 것이고, 장기투자자들은 장기적인 성장가능성과 안정적인 재무구조와 수익성 창출에 관심이 있을 것이다.

경영자 집단은 경영분석에 초점을 둔다. 즉, 비용절감을 통하여 수익성 향상을 목적으로 한다. 예를 들면, 이를 위하여 생산관리, 판매관리, 재고관리 혹은 자금관리에서 발생하는 문제들을 효율적으로 관리하기 위하여 회계담당, 재무담당 및 각각의 관리담당 책임자들로부터 보고를 받는다. 즉 경영자 집단은 그 기업의 영업상태와 영업성장을 항상 점검하고, 그에 소요되는 자금의 조달과 사용을 점검하고 관리하기 위해서 월별, 분기별, 반기별(6개월간) 등의 중간보고를 받고, 이러한 자료를 분석함으로써 기업의 성장과정에서 발생할 수 있는 문제점을 미리 파악하여 적절한 조치를 취할 수 있다.

2. 신용분석의 시기

상장회사들은 1년간의 영업결과를 주주들에게 보고하는 영업보고서와 감사보고서(12월 결산법인의 경우 대체로 그 다음 해 3월 초순에 열리는 주주총회에서 확정후 배포함), 1월부터 6월 말까지 6개월간의 영업결과를 나타내는 당해 연도 분기 및 반기보고서를(즉 반기결산보고서, 대체로 8월 초)공시하고 있다.

한편, 은행(대상 기업에 여신이 있는 경우)들은 대상 기업이 공시한 최근 영업보고서와 감사보고서를 가지고 **정기심사**(Annual Review ; 1년에 한 번씩 정기적으로 대상 기업의 신용분석을 실시)를 실시한다. 정기심사를 통하여 대상 기업의 영업위험과 재무위험에 대한 전반적인 분석이 이루어진다. 그리고 정기심사의 결과에 따라 그 기업에 대한 여신한도(credit line)의 확대, 유지 및 축소가 결정된다.

한편, 국내외 은행, 금융회사, 보험회사들은 대상 기업에 대한 신용분석을 채권자로서 내부자료 목적으로 실시한다. 이에 반하여 국내외 증권회사들은 내부자료 목적 및 투자유치 목적으로 자신들의 분석보고서를 대상 투자자들에게 제공한다. 달리 말하면 국내외 증권회사들이 만든 신용분석보고서는 자신들의 고객을 유치하기 위한 상품이라고 할 수 있다. 이와 같이 **투자자집단인 증권사의 신용분석 대상**에는 상장기업 중에서도 업종을 대표하는 최우량기업(blue chip company) 혹은 우량기업(yellow chip company)들이 주로 그 대상이 된다. 반면 **채권자집단인 은행권의 신용분석 대상**에는 대기업에서 중소기업까지 그 범위가 다양하다.

한계기업(영업상, 재무상의 어려움에 빠져 있는 기업, 즉 리스크가 큰 기업)에 대해서는 심도 있게 분석하게 되고 그 보고서의 분량 또한 늘어나게 된다. 향후 여신을 확대할 기업의 경우에도 자세히 분석하게 된다. 그리고 그 해 분기 및 반기보고서가 나오면 은행은 필요에 따라 약식심사(Review)를 한다.

은행의 분석목적이 한마디로 대기업이든 중소기업이든 채권회수를 위한 안정성에 있다면, 증권회사의 분석은 미래에 성장가능성이 큰 우량기업을 추천하거나, 영업전망이 밝은 중견기업을 발굴하여 추천하는 데 초점을 둔다.

제2절 기업과 산업환경

1. 기업의 종류

기업대출과 관련하여 여신관리 혹은 리스크관리 입장에서는 기업의 종류를 매출액 혹은 총자산의 크기에 기준을 두고 (1) 중소기업, (2) 대기업, (3) 30대 재벌기업군에 속한 기업 등으로 나누어 관리하고 있다.

신용분석자 입장에서 보면 산업환경의 변화가 기업의 수익성과 성장성(예; 매출과 총자산)에 중대한 영향을 미친다는 사실을 경험으로 알고 있다. 따라서 신용분석자 입장에서는 산업분석과 관련하여 기업의 종류를 크게 3가지 즉, (1) 수입의존기업, (2) 수출의존기업, (3)내수의존기업으로 구분할 수 있다.

산업요인인 환율변동이 기업의 매출액에 미치는 영향을 분석하기 위해서는 (1) 전자제조업, 반도체제조업, 조선업, 해외건설업 등과 같이 매출액 중에서 수출의존도가 높은 **수출의존기업**, (2) 정유업(원유), 가구제조업(원목), 제지제조업(펄프), 철강제조업(철광석), 제분업(밀), 제당업(사탕수수) 등과 같이 기초원료를 해외로부터 수입에 의존하는 **수입의존기업**, (3) 의류제조업, 백화점, 숙박업, 소매업, 과자제조업, 라면제조업 등과 같이 **내수의존기업**으로 구분하면 분석이 용이해진다.

예를 들어, 원 · 달러환율이 상승하면 이는 수입의존기업의 수익성에 악화요인으로

작용하고, 반면에 수출의존기업의 수익성에는 향상요인으로 작용한다. 한편 내수의존기업 중에서 원재료를 수입에 의존하는 과자제조업 및 라면제조업의 수익성에는 원재료비의 상승으로 악화요인이 되지만 그렇지 않은 내수의존기업의 수익성에는 환율상승이 상대적으로 영향을 적게 미치게 된다.

2. 기업과 계절성사업 (Seasonality Business)

오랫동안 기업분석을 하다보면 봄, 여름, 가을, 겨울에 따라 즉, 계절에 따라 기업의 사업이 성수기(1년 중 매출이 크게 증가하는 시기) 혹은 비수기(1년 중 매출이 크게 감소하는 시기)에 직면하는 **계절성사업**(seasonality Business)을 하고 있는 기업들을 많이 만날 수 있다. 의외로 많은 기업들의 사업, 즉 매출이 계절에 큰 영향을 받고 있는 것이다. 따라서 여름이 매출에 있어서 성수기인 사업은 계절성사업으로서 여름성수기사업이라 할 수 있다.

계절성사업으로서 다음과 같은 업종을 예로 들 수 있다. (1) **여름성수기사업**으로는 냉방기제조 및 판매사업, 빙과류 및 음료제조업, 여름농산물 생산 및 유통업, 에어컨 혹은 선풍기와 같은 여름가전제조업, 수영장과 같은 여름레저 및 스포츠사업, 해변주변에 있는 숙박업 및 식당업 등이 있다. (2) **겨울성수기사업**으로는 전기난로 및 장판과 같이 난방기제조 및 판매사업, 정유업, 가스유통업, 모피의류와 같이 겨울의류제조업, 크리스마스와 관련된 완구 및 인형 등의 상품제조업, 스키리조트, 스키장 주변 숙박업 및 식당업 등이 있다.

(3) **봄가을성수기사업**으로는 교과서, 문구, 참고서, 교복제작 및 판매업 등은 학생들의

개학과 관련된 봄과 가을이 성수기이고, 골프장 영업도 마찬가지이다. 또한 장마철 혹은 매우 추운 한겨울이 비수기인 사업으로는 **수주산업에 속한 기업(건설, 조선, 토목, 엔지니어링)** 등을 예로 들 수 있는데, 바꾸어 말하면 이들도 봄과 가을이 성수기가 된다.

(4) **특정기간성수기사업**으로는 포도주 수입업은 가을이 성수기이고, 어업 또는 수산물 가공업 등은 특정계절이 성수기이다. 이외에 스크린골프 영업은 장마철, 한여름 및 겨울이 성수기인 사업이다. 제약업은 생산하는 약품의 용도에 따라 여름성수기(예; 모기살충제 등)도 될 수 있고 겨울성수기(예; 감기약 등)도 될 수가 있다.

3. 기업성장과 소득수준

대부분의 기업들은 국민의 소득수준이 향상되거나 경제가 호경기가 되면 기업의 매출은 증가하게 된다. 그러므로 **특정업종을 제외하고는 국민의 소득수준향상 또는 경기호전과 기업의 매출은 일반적으로 정(+)의 비례관계**를 갖는다. 사업에 따라 소득수준의 향상, 호경기 또는 불경기의 도래와 같이 경기에 민감하게 영향을 받는 업종이 있는 반면에 상대적으로 적게 영향을 받는 업종이 있다.

반면에, 소득수준 및 경기변화에 상대적으로 크게 영향을 받는 사업으로는 자동차, 임플란트제조 및 임플란트 전문치과, 고급의류 및 가방, 고급가구 및 보석, 고급레스토랑, 양주와 같은 고급주류제조 및 판매, 골프용품제조 및 골프장, 고급화장품 등을 들 수 있다. 따라서 이들 업종은 소득수준이 향상되거나 경제가 호경기에 이르면 매출이 상대적으로 크게 증가하는 경향을 갖는다.

이와는 달리 상대적으로 소득수준의 향상 혹은 경기의 호전에 상대적으로 영향을 적게 받는 사업으로는 생활필수품 관련업 혹은 일반소비재, 예로 제분업, 제당업, 라면제조 및 판매, 비누 및 치약제조, 대중음식점, 일반의류, 문구, 학생복 등을 들 수 있다. 따라서 이들 업종은 소득수준의 향상 혹은 경기의 호전 등이 매출에 주는 영향이 상대적으로 적다.

4. 기업성장과 전후방산업

전방산업은 어떤 산업으로부터 제품을 공급받는 산업, 즉 수요산업을 말한다. 그 예로 타이어산업과 자동차산업을 들 수 있다. 이때, 자동차산업은 전방산업이 된다. 왜냐하면 타이어를 공급받기 때문이다. 즉, **자동차산업은 타이어의 수요산업**이기 때문이다.

반면에 타이어산업은 후방산업이 된다. 따라서 **후방산업은 공급산업**이 된다. 그 이유는 타이어를 자동차산업에 공급하기 때문이다. 그러므로 기업분석을 할 경우에 분석대상 기업이 후방산업, 즉 타이어산업의 수익성과 성장성 분석을 위해서는 전방산업인 자동차산업의 수익성과 성장성에 대한 분석이 선행되어야 한다.

또한, **후방산업이 공급하는 제품에 고유의 기술이 적용되어 있지 않거나 제품에 차별성이 없으면 후방산업의 수익성은 상대적으로 낮아진다.**

제3절 신용분석과 상환재원 (Source of Repayment)

여신담당 실무자가 대출신청인으로부터 대출 신청을 받으면 대출금의 사용목적과 대출금의 상환재원에 대하여 질문을 한다. 왜냐하면 대출금용도와 다 출금의 상환재원은 서로 상관관계가 있기 때문이다. 바꾸어 말하면 대출금으로 취득하는 자산에 대한 투자가 성공하게 되면 결국 그 자산에서 대출금의 상환재원, 즉 영업현금흐름이 창출되기 때문이다.

그러나 기업의 차입금융이 항상 성공하는 것은 아니다. 현실적으로는 기업의 차입금융이 실패한 경우에도 대출은행은 대출만기일에 대출금 상환을 요구한다. 이때 차입기업은 투자한 자산에서 창출된 영업현금흐름이 대출금을 상환하기에는 충분하지 않더라도 차입기업이 계속기업으로서 시장에서 영업활동을 계속하려면 청구된 대출금을 반드시 상환해야 한다.

현실적으로는 영업현금흐름 외에도 대출금의 상환재원이 되는 사항이 있으며, 그 상환재원이 될 수 있는 주요 사항을 정리하면 다음과 같다.

[그림 2-1] 대출금의 상환재원

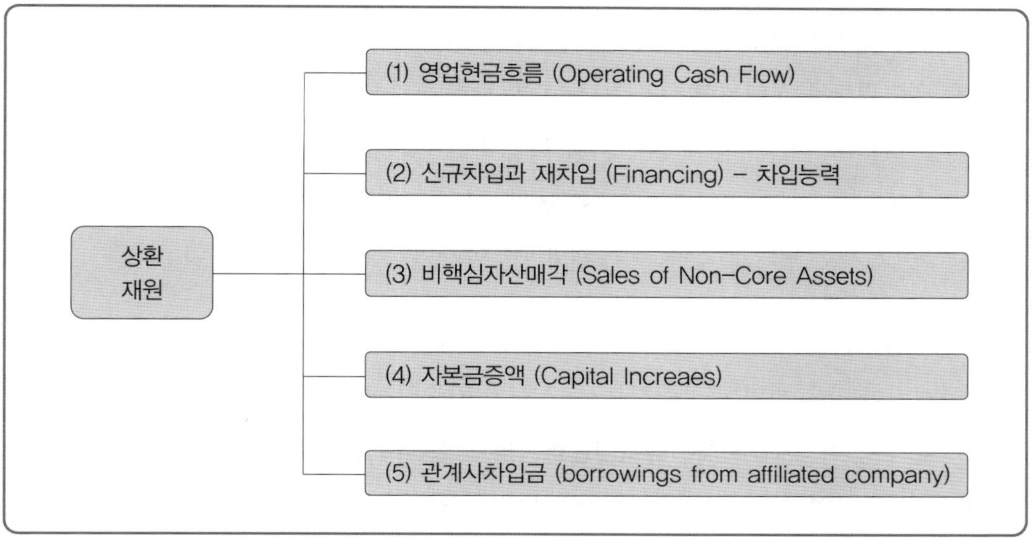

신용분석과 관련하여 채권자 입장에서 볼 때 대출금의 상환재원이 될 수 있는 것을 정리하면, (1) 영업수익을 기초로 한 영업현금흐름(operating cash flow), (2) 차입능력을 나타내는 신규차입과 재차입(financing), (3) 비핵심자산매각(sales of non-core assets), (4) 자본금증액(capital increase) 및 (5) 관계사차입금(borrowings from affiliated company) 등 5가지 사항으로 요약할 수 있다.

이상 5가지 상환재원 가운데 가장 바람직한 상환재원은 물론 기업의 차입금융(debt financing)이 성공하여 영업이익을 증대시키고 그 결과로 유입된 **영업현금흐름**(operating cash flow)이다. 그러나 대출금의 상환재원인 영업현금흐름이 충분하지 않을 때 대출은행에서 대출금 상환을 차입자에게 청구하거나 혹은 대출금 연장을 승인하지 않으면 차입자는 다른 은행에서 새로운 차입금을 조달하거나 아니면 회사채를 발행하여 기존 대출은행의 대출금을 상환해야 한다. 따라서 차입능력을 나타내는 **신규차입**

(financing)도 대출금의 중요한 상환재원이 된다.

또한 주주가 자본금을 증액시키는 **유상증자**(capital increase)도 중요한 상환재원중의 하나이다. 그러므로 경영위험(신용분석 4분법 관점)평가 시에는 대주주의 재산 상태를 분석하는 것도 의미가 있는 분석이다. 이외에도, 자산처분(sales of assets), 특히 본 영업활동에 상대적으로 기여도가 낮은 자산, 즉 **비핵심자산 매각**(sales of non-core assets) 및 우량인 관계회사로 부터의 지원금, 즉 관계사차입금 등도 중요한 상환재원이다.

앞에서 언급한 5가지가 있다고 해서 모두 상환재원이 반드시 되는 것은 아니지만 그래도 상환재원이 많은 기업이 상대적으로 적은 기업에 비하여 상환능력이 상대적으로 높다고 평가할 수 있다. 예를 들면, **영업현금흐름을 포함하여 5가지가 우량한 기업은 영업현금흐름을 포함하여 4가지가 우량한 기업 보다 신용등급도 상대적으로 높게 평가받아야 한다.**

제4절 신용분석의 기법 (Basics of Credit Analysis)

1. 절대분석과 상대분석

1) 절대분석

기업에 대한 신용분석은 절대분석에 있다. **절대분석**이란 한 기업을 어린이와 같은 생명체로 본다면 탄생에서부터 지금까지의 성장과정(현재의 전반적인 영업능력 및 경제상황)을 분석함으로써 미래의 어른을 예측하는 것이라 할 수 있다. 즉 **절대분석을 통하여 그 기업의 미래 모습을 예측**하는 것이다.

그러므로 어떤 기업을 절대분석하기 위해서는 설립 배경에서부터 현재까지의 성장과정을 분석해야 하므로 과거 수년간의 영업성장 분석과 재무제표 분석이 필요하다. 분석의 단순화를 위하여 최근 3~4년의 영업상 위험요소들과 재무상 위험요소들을 분석함으로써 그 기업에 대한 절대분석을 할 수가 있다.

따라서 **절대분석의 초점**은 성장 배경(주주, 경영진, 자금력, 관련 법규, 시장상황 등)과 최근 3년간 그 기업의 재무제표의 변화 및 영업성장의 원인 및 각종 위험요소들을 분석하고 현재의 영업상황과 시장상황을 고려하여 그 기업의 미래를 예측하는 것이다. 즉 **기업의 과거와 현재의 모습은 기업의 미래 모습을 보여 주는 좋은 거울**이 될 수 있기 때문이다. 은행과 같은 채권자 입장에서 **절대분석의 목적은 작지만 우량기업을 찾는 것**이다.

2) 상대분석

상대분석의 대표적인 방법은 (1)해당 기업이 속해 있는 산업의 평균비율(예를 들어 부채비율, 유동비율 등)과 비교함으로써 해당 기업의 각종 비율의 우량 여부를 점검하는 방법이다. 혹은 (2)같은 업종에 있는 경쟁회사와 매출액이나 당기순이익을 각각 서로 비교하는 등의 방법을 들 수 있다.

한편, 한국은행은 각 산업의 표준비율을 매년 '기업경영분석' 을 통하여 발표하고 있다. 그러나 이 '기업경영분석' 에서 보여 주는 산업평균비율을 이용하여 상대분석을 하는데 있어서는 다음과 같은 문제점이 있다.

① 시차의 문제

일반적으로 12월 결산법인은 3월 중순이면 재무재표가 공시된다. 그러나 기업경영분석은 7~8월에 발간되므로 같은 연도의 비율을 비교하려면 적어도 7월까지는 기다려야 한다.

② 기업간 업종의 불일치

현실적으로 한 개의 개별기업은 한 가지 업종의 산업에만 종사하지 않으며 대부분이 2~3개 업종 혹은 그 이상의 업종에 종사한다.

③ 기업간 회계정책의 상이점

재고자산을 평가하는 방법이나 유형자산에 대한 감가상각방법에는 여러 가지 방법이 있기 때문에 같은 회계방법을 적용하지 않는 한, 서로 다른 회계방법을 적용하여 나온 수치를 비교하는 것은 역시 한계가 있다.

2. 정태분석과 동태분석(Static Analysis/Dynamic Analysis)

1) 정태분석

정태분석(static analysis)은 특정시점에 있어서 기업의 재무상태를 파악하고 분석하는 것이다. 정태분석의 주요 대상은 특정시점에 기업의 재산상태를 나타내는 재무상태표(balance sheet)이며, 재무상태표를 분석하기 위해서는 비율분석 방법(ratio analysis)이 많이 사용된다. 그리고 비율분석 방법은 구성비율분석법(component ratio analysis)과 관계비율분석법(salient ratio analysis)이 주로 사용된다.

(1) **구성비율분석법**은 재무상태표를 분석하는 데 있어서 전체에 대하여 특정부분이 얼마를 차지하는가 하는 것을 파악하는 데 사용되는 방법이다. 예를 들면 '총자산 중에서 유동자산이 차지하는 비율' 이나, '총자산 중에서 자기자본이 차지하는 비율' 을 말한다.

(2) **관계비율분석법**은 재무상태표상의 서로 다른 부분 둘을 비교하는 방법이다. 예컨대 부채비율(자기자본과 부채의 비교)이나, 유동비율(유동부채와 유동자산의 비교) 등을 말한다. 이렇듯 정태분석을 위하여 사용된 비율들을 정태비율이라고 한다.

2) 동태분석

동태분석(dynamic analysis)은 일정기간 영업활동의 결과 발생한 재무상태의 변화를 분석하는 것이다. 동태분석의 주요 대상은 일정기간 변화를 나타내는 손익계산서(profit & loss account)와 현금흐름표(cash flow statements)이다. 손익계산서 분석에도 비율분석이 많이 사용되며 주로 사용되는 방법은 구성비율분석법이다. **동태분석을 위하여 사용되는 구성비율분석법의 대표적인 것**은 매출총이익(매출액－매출원가)이 매출액에서 차지하는 비율을 나타내는 매출총이익률(gross margin), 영업이익이 매출액에서 차지하는 비율을 나타내는 영업이익률, 당기순이익이 매출액에서 차지하는 비율을 나타내는 매출순이익률 등이 있다.

3. 기본분석기법

1) 추세분석법(Trend Analysis)

추세분석법(trend analysis)은 정태비율(예 : 부채비율 및 유동비율)을 사용하여 동태분석으로 전환하는데에 가장 많이 사용되는 중요한 분석기법으로, 재무상태표와 같이 정태보고서에 적용함으로써 기업의 재산상태의 변화를 동태적인 시각으로 파악할 수 있게 한다. 수년간의 비교재무상태표에 추세분석법을 적용하면 대상 기업의 재산상태의 변화를 파악하고 그 원인을 분석할 수 있다.

다음과 같은 비율에 대한 추세분석은 그 기업의 재산상태의 변화를 분석하는 데 많이 사용되는 기법이다. 최근 3년간의 비교재무제표에서 주요 계정과목과 주요 재무비율을 나타내면 [표 2-1]과 같다.

[표 2-1] 추세분석법의 예

(단위 : 백만원)

연도 / 과목	제10기	제11기	제12기
매출액	500%	600%	750%
부채비율	300%	317%	200%
매출총이익률	20%	20%	26.7%

2) 백분율법

백분율법이란 각각의 재무제표에서 합계를 표시하는 금액을 100%로 하고 그 속에 있는 계정과목이 나타내는 수치를 A/100%로 표시하여 비교연도와 비교하는 것이다. 예를 들어 총자산을 100%로 표시하고 백분율로 나타내면 다음의 [표 2-2]와 같다.

[표 2-2]에서 보여 주는 것과 같이 백분율법을 재무상태표의 자산계정에 적용하면, 해당 기업의 자산을 구성하고 있는 주요 계정(유동자산 혹은 비유동자산)이 총자산에 대하여 차지하는 구성비율을 나타내므로 주요 계정이 총자산에서 차지하는 비중을 파악하는 데 큰 도움이 된다.

물론 부채계정과 자본계정에도 이 백분율법을 적용하면 해당 기업의 총자산 구성에 조달된 자금의 원천별 비중을 파악할 수가 있다. **수익성 분석**을 위해서는 손익계산서에 **백분율법을 적용하는 것이 필수적**이다.

[표 2-2] 백분율법의 표시방법

(단위 : 백만원)

과목 \ 연도	제10기	제11기	제12기
유동자산	150 (37.5%)	200 (40.0%)	200 (33.3%)
비유동자산	250 (62.5%)	300 (60.0%)	400 (66.7%)
자산총계	400 (100%)	500 (100%)	600 (100%)
부채총계	300 (75.0%)	380 (76.0%)	400 (66.7%)
자본총계	100 (25.0%)	120 (24.0%)	200 (33.3%)
매출액	500 (100%)	600 (100%)	750 (100%)
매출원가	400 (80.0%)	480 (80.0%)	550 (73.3%)
매출총이익	100 (20.0%)	120 (20.0%)	200 (26.7%)
제비용	80 (16.0%)	90 (15.0%)	150 (20.0%)
당기순이익	20 (4.0%)	30 (5.0%)	50 (6.7%)

3) 계단식분석법(Escalator Analysis)

계단식분석법은 원인을 분석하는 기법으로서는 실무적으로 다음과 같은 방법이 유용하게 사용된다. 예를 들면 어떤 기업의 매출총이익률(매출총이익/매출액×100)이 제10기에 비하여 11기에 하락했다면 그 원인을 분석하는 데 계단식분석법이 사용된다.

만약 전년도에 비하여 금년도 매출총이익률 하락의 원인이 원재료비의 증가로 밝혀졌다면, 다시 원재료비의 증가에 대한 원인이 원재료량의 증가인지 혹은 원재료단가의 상승인지를 밝혀 내야 한다. 원재료단가의 상승이 원인일 때 원재료가 수입품이라면, 단가의 상승이 원화가치의 하락(환율상승) 때문인지도 확인해야 한다.

이와 같이 두 비교연도에 있어서 변화된 숫자나 비율을 확인한 다음 그 원인을 찾아내고, 또다시 그 원인에 영향을 준 요소를 찾아내는 분석기법이 양파의 껍질을 하나씩 벗겨내는 것과 같고 혹은 계단을 한 계단씩 밟아 내려가는 것과 같아서 계단식분석법(escalator analysis)이라 한다.

4. 신용분석 3단계(현상파악 · 원인분석 · 진단과 전망)

〈신용분석 3단계〉 분석법은 (1) 현상파악, (2) 원인분석, (3) 진단과 전망의 체계를 갖고 있는 논리적 분석법으로 종합보고서 작성외에도 재무상태표분석, 손익계산서분석, 현금흐름표분석 및 산업분석에도 실무적으로 유용하게 사용하는 분석기법이다.

(1) **현상파악**은 신용분석의 일부분으로 행해지는 해당 기업의 재무제표를 분석하는 데 있어서 재무제표의 주요 변화를 파악하는 것이다.

(2) **원인분석**은 재무제표의 현상파악을 통하여 발견된(전년도에 비하여) 당해 연도 특

정 계정과목에서 일어난 큰 변화의 원인을 분석하는 것이다. 기업의 재무제표에 대한 분석은 이러한 원인분석이 매우 중요하다.

예를들어, 부채비율이 280%에서 360%로 증가했다면 이러한 현상분석에서 파악된 부채비율의 증가만으로 그 기업의 안정성이 진실로 악화되었다고 단정지을 수 있을까? 향후 매출액 증가를 대비하여 시설투자를 위한 차입금의 증가가 있었다면 부채비율의 악화는 비록 그 해 그 기업의 안정성을 나타내는 지표인 부채비율을 악화시켰지만 그 기업의 안정성이 나빠졌다고만은 할 수 없다.

(3) **진단과 전망**은 신용분석의 마지막 단계로서 현상파악과 원인분석을 통하여 기업의 최근 몇 년간의 재산상태의 변화와 원인 및 영업상황의 변화와 원인을 파악하고, 기업의 현재 영업상황과 향후 사업계획, 시장의 현재 상황과 향후 전망, 금융시장의 동향 등을 종합적으로 고려하여 단기적 혹은 장기적으로 그 기업을 진단하고 전망하는 것이다.

제5절 금융지원기본(Basics of Financing)

금융지원기본은 유동자산과 같은 단기자산은 단기자금으로 지원해도 되지만, 유형자산과 같은 장기자산은 장기자금(① 영업현금흐름, ② 자기자본, ③ 장기차입금 등)으로 지원해야 한다는 것을 말한다. 즉 1년 이내에 현금으로 전환되는 단기자산은 단기자금으로 지원하고, 장기간에 걸쳐 감가상각을 통하여 투자자금이 회수되는 장기자산은 장기자금으로 지원하는 것을 말한다. 따라서 금융지원기본 이론은 자금조달의 적절성 분석의 기준이 된다.

유동자산은 1년 이내에 영업활동 과정에서 한 번 이상 또는 몇 번씩 현금으로 전환되는 자산이므로 단기자산에 속한다. 따라서 1년 미만의 단기자금(3개월 만기 혹은 6개월 만기 등)을 조달하여 단기자산에 지원하고 단기자산에서 전환되는 현금으로 단기자금을 상환하면 된다. 반면 유형자산에 투자한 자금은 수년 동안 감가상각이라는 방법을 통하여 매년 투자된 자금의 일부분이 현금으로 회수된다.

한편, 〈금융지원기본〉을 그림으로 나타내면 다음과 같다.

[그림2-2]에서 X축은 기간(시간)을 나타내고 Y축은 금액을 나타낸다. Y_0 함수는 시간이 흐를수록 매출액이 증가하는 매출함수 혹은 시간이 흐를수록 총자산이 증가하는 총자산함수를 나타낸다. 왜냐하면 **일반적으로 매출액과 총자산은 정(+)의 비례 관계**를 갖기 때문이다.

[그림 2-2] 금융지원의 기본(Basics of Financing)

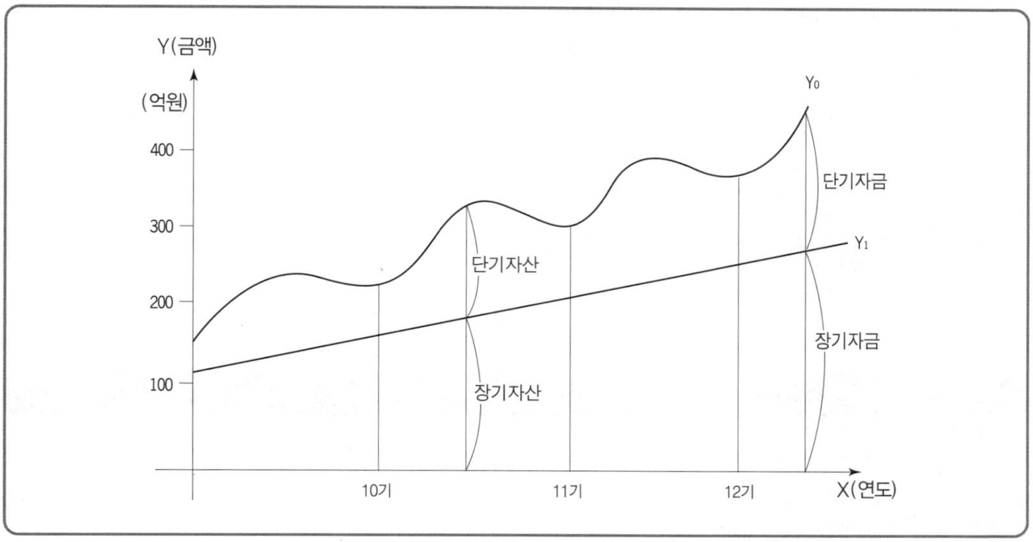

매출함수 Y_0를 보면 여름에는 매출이 증가하고 겨울에는 매출이 감소하는 계절성사업(seasonality business)으로서 여름성수기사업을 나타내고 있다. 따라서 이 기업은 회계연도가 11기에서 13기로 갈수록 매출이 성수기와 비수기를 번갈아 나타내며 매년 증가한다.

한편, 총자산도 성수기와 비수기를 번갈아 나타내며 매년 증가한다. 즉, 총자산도 성수기에는 증가하고 비수기에는 다소 감소하는 모습을 볼 수 있다. 이때 Y_1장기자산(예; 투자자산과 유형자산)을 나타내는 선을 그어보면 쉽게 그 답을 발견할 수 있다. 장기자산은 일정비율로 증가하는 반면에 단기자산(예; 유동자산)의 증가와 감소는 매우 변동적임을 알 수 있다. **결론적으로 여름성수기 기업은 각 회계연도 중간(6~8월경)인 성수기에는 단기자산(예; 유동자산)이 증가하고 비수기에는 단기자산(예; 유동자산)이 감소하는 특징**을 나타낸다.

[그림 2-2]가 나타내는 기업은 장기자산(예; 핵심장기자산)에 매년 지속적으로 투자를 하고 있으며 그 결과 매출도 안정적으로 증가하는 모습을 나타내고 있다. 그리고 이 기업은 유동자산은 단기자금으로 조달하고 장기자산은 장기자금(장기차입금 및 자기자본)으로 조달하고 있으므로 금융지원기본을 준수하고 있다고 평가할 수 있다.

한편, 장기차금의 특성을 정리하면 다음 그림과 같다.

[표 2-3] 장기자금의 특성

장기자금	만기(상환의무)	비용발생(이자 혹은 배당금)
(1) 장기차입금	○	○
(2) 자본금	×	△
(3) 영업현금흐름	×	×

1. 장기차입금

장기차입금은 만기가 있으며 만기에는 원리금에 대한 상환의무가 있으며 자금사용 기간에는 이자(금융비용)가 발생한다. 장기자금은 만기가 길수록 좋은 자금이라 할 수 있다. 만약 차입능력이 약하여 상대적으로 만기가 긴 자금(예; 6~7년 장기차입금)을 조달하기가 어려운 상황이면, 상대적으로 짧은 장기자금인 회사채(예; 2~3년 만기)를 발행하고 투자자산의 만기와 가능한 일치시키기 위해서 만기에는 반드시 차환발행을 해야 한다.

2. 자본금

자본금은 사용하는 자금에 대하여 주주에게 상환의무가 없으며 이자지급대신 배당금을 지급하며, 기업의 영업결과에 따라 배당금은 지급하기도 하고 지급하지 않기도 하다.

3. 영업현금흐름

영업현금흐름은 영업활동과정 혹은 영업결과로 내부에 유보되는 잉여현금흐름이므로 상환부담(만기)도 없으며 이자 혹은 배당금 형태의 비용도 발생하지 않는다.

그러므로 경영진 입장에서는 3가지 장기자금 중에서는 상환의무도 없고 비용도 발생하지 않는 영업현금흐름이 가장 좋은 장기자금이다.

제6절 시나리오분석법 (Scenario Analysis)

1. 시나리오분석법(Scenario Analysis)

시나리오분석법(scenario analysis)은 'What-if questions'를 기본형태로 하고 있다. 예를 들어 올해 매출액이 전년도에 비하여 25% 정도 성장할 것으로 예측했으나 15%만 성장했다면 예상이익이 얼마나 감소할까? 혹은 제조원가가 20% 증가할 것으로 예측했으나 10%만 증가했다면 예상이익이 얼마나 증가할까?를 분석하는 것이다.

시나리오분석법을 사용하기 위해서는 다음과 같이 몇 가지 상황을 설정하여야 한다.

① 먼저 구하고자 하는 숫자를 설정한다. 예를 들어 당기순이익, 영업활동에서 유입된 현금흐름(cash flow), NPV(net present value) 등.

② 만약 구하고자 하는 숫자의 대상이 현금흐름이라면 그 기업의 이익에 영향을 미치는 중요한 요소를 한두 가지 설정하고 아울러 비용에 영향을 미치는 중요한 요소도 한두 가지 설정한다.

③ 앞에서 설정한 이익과 비용에 영향을 미치는 요소들의 가격이 변동할 수 있는 범위를 정한다. 그리고 이 범위를 가지고 시나리오를 만들기 위하여 각 요소가격을 예상가격(기준가격) 상하로 낮은 가격(영역)과 높은 가격(영역)을 정한다.

④ 각 요소들의 기준(예상)가격을 모아서 현금흐름을 구하는 변수로 사용하면 현금흐름의 기준(예상)금액을 구할 수 있다. 만약 설정된 각 요소가격들 중에서 현금흐름에 가장 플러스(+)적인 영향을 미칠 수 있는 요소가격들을 변수로 사용한다면 최대

(best case)의 현금흐름 금액을 구할 수 있으며, 그 반대의 요소가격들을 변수로 사용한다면 최소(worst case)의 현금흐름 금액을 구할 수 있다.

시나리오분석의 목적은 미래에 예상되는 위험(risk)의 정도를 평가함으로써 투자가 성공한 경우와 실패한 경우의 결과를 사전에 파악해 보는 것이다. 따라서 시나리오 분석을 시도함으로써 계획한 투자에서 발생할 수 있는 여러 가지의 나쁜 상황들을 예상하고 그 결과를 측정할 수 있다.

그러면 〈예제 2-1〉을 통하여 시나리오 분석방법을 알아보자.

[예제 2-1] 시나리오 분석(scenario analysis)의 사례

서울전자는 가습기를 생산하고 있으며 1대당 판매가격 ₩80,000, 1년간 예상판매량 6,000대, 1대당 가변비용은 ₩60,000, 1년간 고정비용 ₩50,000,000, 생산설비에 총 ₩200,000,000을 투자하였으며 감가상각방법은 정액법을 사용하여 5년간 균등상각을 하기로 하였다. 이때 법인세와 주민세를 합한 세율은 연간 30.8%이다. 이러한 정보를 가지고 당기순이익과 현금흐름 금액을 각각 구하라.

[풀이] (단위 : 천원)

· 매출액	:	480,000	(= ₩80 × 6,000대)
· 가변비용	:	360,000	(= ₩60 × 6,000대)
· 고정비용	:	50,000	
· 감가상각비	:	40,000	(= ₩200,000 ÷ 5)
· 세전이익	:	30,000	
· 세금	:	9,240	(= ₩30,000 × 30.8%)
· 당기순이익	:	₩20,760	
· 현금흐름	:	₩60,760	(= 당기순이익 + 감가상각비)

앞의 〈예제 2-1〉을 사용하여 시나리오분석법을 살펴보면 다음과 같다.

① 먼저 구하고자 하는 숫자를 현금흐름(cash flow)으로 정한다.

② 이익에 영향을 미치는 중요한 요소들은 판매가격과 판매량이며, 비용에 영향을 미치는 중요한 요소들은 가변비용과 고정비용이다.

③ 각 요소가격을 기준(예상)가격으로 하고 기준가격을 중심으로 발생 가능한 영역을 정하여 낮은 영역과 높은 영역을 예상하여 나타내면 다음과 같다.

(단위 : 천원)

	기준가격 (Base Case)	낮은 영역 (Lower Bound)	높은 영역 (Upper Bound)
판매량(1년간)	6,000대	5,500대	6,500대
판매가격(1대당)	₩80	₩75	₩85
가변비용(1대당)	₩60	₩58	₩62
고정비용	₩50,000	₩45,000	₩55,000

④ 앞에서 설정한 각 요소들의 범위 내에서 현금흐름 금액이 최소가 되는 경우(worst case)의 시나리오와 최대가 되는 경우(best case)의 시나리오를 각각 만들어 보면 다음과 같다.

(단위 : 천원)

	최악의 경우 (Worst case)	기준(예상) (Base case)	최상의 경우 (Best Case)
판매량(1년간)	5,500대	6,000대	6,500대
판매가격(1대당)	₩75	₩80	₩85
가변비용(1대당)	₩62	₩60	₩58
고정비용	₩55,000	₩50,000	₩45,000

앞에서 설정된 3가지 시나리오 상황에 따라 각각 달라지는 당기순이익과 현금흐름을 구하여 비교해 보면 [표 2-4]와 같다.

[표 2-4] 시나리오 분석(scenario analysis)의 결과

(단위 : 천원)

	최악의 경우 (Worst Case)	기준(예상) (Base Case)	최상의 경우 (Best Case)
매출액	412,500	480,000	552,500
가변비용	341,000	360,000	377,000
고정비용	55,000	50,000	45,000
감가상각비	40,000	40,000	40,000
세전이익(손실)	(23,500)	30,000	(B)
세금(30.8%)	–	9,240	27,874
당기순이익(손실)	(23,500)	20,760	62,626
현금흐름	(A)	60,760	102,626

※ 해답 : A=16,500, B=90,500

2. 단일변수분석법 (Sensitivity Analysis)

단일변수분석법(sensitivity analysis)은 **시나리오분석의 축소**이다. 즉 시나리오분석에 있어서 가장 단순한 형태이다. 왜냐하면 단일변수분석도 시나리오분석과 같이 일반적으로 세 가지, 즉 최악의 경우, 기준(예상)의 경우, 최상의 경우의 시나리오를 가정하여 분석하기 때문이다.

그러나 단일변수분석법은 시나리오분석에서와 같이 이익이나 비용에 영향을 미치는 중요한 요소로 설정된 변수들 모두에 시나리오를 적용하는 것이 아니라, 구하고자 하는 숫자에 가장 결정적으로 영향을 미치는 변수 한 개만 시나리오를 적용하는 것이다.

단일변수분석법은 가장 중요한 변수를 제외한 다른 변수들은 변하지 않는다고 가정하고, 가장 중요한 1개 변수만 영역을 정하여 구하고자 하는 변수(예 : 당기순이익)의 변화를 분석하는 것이다. 단일변수분석법은 시나리오분석에 비하여 간단하면서 사용가치가 크므로 실무적으로 가장 많이 사용되고 있으며 민감도분석 혹은 감응도분석으로 불려지기도 한다.

그러면 앞의 〈예제 2-1〉에 있는 각 요소가격을 기준(예상)가격으로 하고, 그 기준가격을 중심으로 발생 가능한 영역을 정하여 낮은 영역과 높은 영역을 나타낸 표를 사용하여 단일변수분석법의 예를 만들어 보면 다음과 같다.

[예제 2-2] 단일변수분석법(sensitivity analysis)의 사례

(단위 : 천원)

	최악의 경우	기준(예상)	최상의 경우
판매량(1년간)	5,500대	6,000대	6,500대
판매가격(1대당)	₩75	₩80	₩85
가변비용(1대당)	₩62	₩60	₩58
고정비용	₩55,000	₩50,000	₩45,000

각 요소들에 대한 시나리오 상황이 위와 같을 때 다음의 질문에 답하시오.

1. 앞에서 설정된 상황에서 다른 변수들은 변하지 않고 판매량만 시나리오 상황에 따라 변할 때 당기순이익과 현금흐름을 각각 구하시오.

[풀이]

(단위 : 천원)

	최악의 경우	기준(예상)	최상의 경우
매출액	*440,000	480,000	520,000
가변비용	*330,000	360,000	390,000
고정비용	50,000	50,000	50,000
감가상각비	40,000	40,000	40,000
세전이익	20,000	30,000	40,000
세금(30.8%)	(C)	9,240	12,320
당기순이익	13,840	20,760	27,680
현금흐름	53,840	60,760	67,680

* 440,000 (= 5,500 × ₩80) * 330,000 (= 5,500 × ₩60)

2. 앞에서 설정된 상황에서 다른 변수들은 변하지 않고 고정비용만 시나리오 상황에 따라 변할 때 당기순이익과 현금흐름을 각각 구하시오.

[풀이]

(단위 : 천원)

	최악의 경우	기준(예상)	최상의 경우
매출액	480,000	480,000	480,000
가변비용	360,000	360,000	360,000
고정비용	55,000	50,000	45,000
감가상각비	40,000	40,000	40,000
세전이익	25,000	30,000	35,000
세금(30.8%)	7,700	9,240	10,780
당기순이익	17,300	20,760	(D)
현금흐름	57,300	60,760	64,220

※ 해답 : C=6,160 D=24,220

3. 다변수분석법 (Simulation Analysis)

다변수 분석법은 시뮬레이션분석법(Simulation Analysis)이라하며, 이는 **시나리오분석의 확장**이라고 할 수 있다. 왜냐하면 구하고자 하는 숫자에 영향을 줄 수 있는 많은 변수들을 시나리오 상황에 적용하는 방법이기 때문이다. 시뮬레이션 분석법도 일반적으로 세 가지의 시나리오 상황을 가정하고 구하고자 하는 목적(숫자)에 영향을 미칠 수 있는 가능한 모든 요소에 대하여 각각의 시나리오 상황을 적용시키는 방법이다.

예를 들어 당기순이익과 현금흐름에 영향을 미치는 주요 변수들을 소개하면 이익 측면에서는 판매량과 판매단가를 들 수 있다. 반면에 비용 측면에서는 원재료비, 임금, 전력료, 운송비, 이자율(금융비용의 예측을 위한), 환율(외환차손과 외화환산손실의 예측을 위한) 등을 들 수가 있다.

제7절 좋은 분석보고서의 공통된 특징

심사역(analyst)이 작성하는 기업분석 보고서를 읽어 보면 작성자에 따라 잘 쓴 보고서 혹은 상대적으로 부족한 보고서를 느낄 수 있다. 그러면 잘 쓴 분석보고서 혹은 좋은 분석보고서는 어떤 내용과 어떤 방식으로 써야 할까? 이것은 심사역 또는 RM(relationship manager: 기업담당책임자 혹은 기업금융지점장)에게 무척 중요한 과제이다.

잘 쓴 분석보고서를 많이 읽어보면 다음과 같은 공통된 특징을 발견할 수 있다.

(1) 분석기법을 사용하고 객관적 통계 자료가 첨부된 내용

(2) 보고서를 읽는 사람 관점에서 내용에 의문이 생기지 않는 내용

▶ 내용에 의문이 발생하는 경우

① 표현이 명확하지 아니한 경우

② 추가적인 정보가 필요한 경우

(3) 기업의 강점과 약점을 점검한 내용

(4) 논리적 체계와 결론이 분명한 내용

이상 4가지 관점을 유념하면서 보고서를 쓴다면 그 보고서를 쓴 심사역(analyst) 혹은 기업담당책임자(relationship manager)는 분석을 잘 하는 전문가로 평가받을 것이다.

제8절 Moody's의 보편적인 분석기준

무디스는 신용등급(credit rating)을 매길 때 어떤 공식적인 계산방법에 따라 평가대상을 분석하지는 않는다. 왜냐하면 장기신용분석을 위해서는 많은 요소들, 즉 분석대상기업, 그 기업이 속해 있는 산업, 그리고 그 기업이 속해 있거나 영업과 관련된 국가들이 분석의 대상이 되기 때문이다. 무디스는 신용분석에 있어서 모든 위험요소들에 대한 파악과 분석을 원칙으로 한다. 이것이 무디스의 보편적인 신용분석의 접근방법이다. 분석대상에 대하여 여러 분야의 전문가 그룹이 발생할 수 있는 여러 가지 요소들을 적용한 가상의 시나리오를 만들어 평가에 사용한다. 무디스의 신용분석에 있어서 몇 가지 원칙은 다음과 같다.[1)]

1. 질적인 면을 강조한다

등급결정위원회에서 토론하기 위해서는 분석대상과 관련된 객관적이고 입증되는 사실적인 요소들에 대한 수량화 작업이 반드시 선행된다. 그러나 무디스의 등급결정은 어떤 특정한 재무비율이나 컴퓨터를 사용한 모형에 의존하지는 않는다.

1) www.moodys.com/moodys/mdyappr.htm, Rating Approach(1999) by Moody's Investors Service, 99 Church Street, New York, NY10007.

2. 장기위험에 초점을 둔다

신용분석은 장기위험에 대한 측정을 중요시한다. 그러므로 분석의 초점도 평가대상(채무자)의 **장기지급능력을 중시**하므로 그 평가대상의 근본적인(fundamental) 요소 분석에 초점을 두고 있다. 예를 들면 경영진, 생산 혹은 영업전략에 있어서의 변화 등이다. 따라서 평가대상의 영업상태가 장기적으로 전망이 밝거나 회복상태에 있다면 단기의 실적이나 영업환경이 나쁘다고 해서 등급을 하향조정하지는 않는다.

3. 세계적으로 적용되는 일관성이 있다

여러 가지 요소를 점검하고 분석함으로써 등급이 세계적으로 서로 비교 가능하도록 하는 데 역점을 두고 있다. 그리고 **평가대상기업의 등급은 그 기업이 속해 있는 국가의 등급에 제한**(즉, 경영권 및 대주주가 해당국가 소속인 경우)된다. 즉 기업의 등급은 그 기업의 국가등급보다 더 좋을 수 없다는 것을 의미한다.

이와 같은 등급기준에도 불구하고 **무디스는 예외적으로 특정기업의 신용등급을 그 국가의 신용등급보다 좋은 우량등급으로 발표하기도 한다.**

4. 현금흐름을 예측하는 데 중점을 둔다

분석요소 가운데서 대상기업이 특정 채무의 원금과 이자를 이자지급일이나 원금상환일에 순조롭게 지급할 수 있는가에 중요성을 둔다. 이러한 지급능력을 파악하기 위해서 그 기업의 영업활동에서 발생할 수 있는 미래의 현금흐름을 예측하고 그 수준을 평가하는 데 초점을 둔다. 만약 분석가들이 대상 기업의 미래 현금흐름에 부정적인 요소들을 지적했을 때 대상 기업이 분석가들의 우려를 불식시키는 명쾌한 답변을 한다면, 이것 역시 평가에 중요한 요소가 될 것이다.

5. 최악의 시나리오를 가정한다

등급결정위원회는 최종 결정단계에 있어서는 한 가지 방향의 경제상황이나 전망에 근거하여 대상기업의 채무상환능력을 평가하지는 않는다. 즉 합리적으로 설정된 여러 가지 경제상황을 고려하고 발생할 수 있는 여러 가지의 시나리오를 만들어 대상기업의 지급능력을 평가한다.

6. 대상국가의 회계기준을 인정한다

무디스의 분석가들은 국제 회계기준과는 다른 회계기준을 자주 접한다. 그러나 분석가들은 어떤 특정 회계기준만을 고수하지는 않는다. 왜냐하면 그 회계기준 역시 국제 회계기준과 비교해 볼 때 장점과 단점이 있기 때문이다. 무디스는 재무제표를 검토할 때는 실질적으로 일어난 거래를 이해하는 데 초점을 둔다. 또한 회계관습의 차이가 대상 기업의 진정한 가치에 어떤 영향을 줄 수 있는지 혹은 없는지에 역점을 두고 있다. 예를 들면 '자산을 분석하는 데 있어서 중요한 관심은 재무상태표상에 나타난 자산의 가치가 아니라 그 자산이 얼마만큼의 현금을 창출할 수 있는가' 하는 자산의 현금창출능력에 초점을 둔다.

7. 분야별로 구체적인 분석을 실시한다

어떤 특정 위험요소들에 대한 신용등급이 정해졌다 하더라도 그 위험요소들을 분야별로 구체적이고 특정한 분석방법을 사용하여 분석한다면 그 위험 정도가 다를 것이다. 따라서 분야별로 구체적이고 특정한 분석을 사용한다.

제 3 장 재무상태표분석 (Balance Sheet Analysis)

제3장 주요내용

- 재무상태표의 의미와 구조
- 재무상태표 분석의 관점에서 상환위험과 회수위험
- 재무상태표의 유용성과 한계
- 자산가치와 미래현금 창출능력
- 자기자본과 순자기자본의 분석법
- 계정과목압축법의 개념과 유용성
- 〈신용분석의 3단계〉 분석기법을 통한 재무상태표 분석에 적용하는 방법
- 주요자산의 가치평가방법

제1절 재무상태표와 재무위험 (Balance Sheet & Financial Risk)

1. 재무상태표의 의미(Balance Sheet)

재무상태표는 재무상태표 등식에 의거하여 만들어진다.

재무상태표의 차변은 기업의 총자산을 나타내고 이는 자금의 사용 및 운용을 의미한다. 대변은 부채와 자본으로 구성되어 있는데 이는 자금의 조달 및 원천을 나타낸다. 그러므로 재무상태표는 일정시점에 있어서 기업의 재무상태 (기업의 재산상태, 즉 자산 · 부채 · 자본의 상태)를 나타내는 정태적보고서이다.

(자금의 사용 및 운용) 자산 = 부채 + 자본 (자금의 조달 및 원천)

재무상태표의 차변은 기업의 총자산을 구성하고 있는 여러 가지 구성자산들의 내역을 보여주고, 대변은 총자산의 구성을 위하여 조달된 자본구조, 즉 채권자부분(타인자본)과 주주부분(자기자본)을 보여준다.

기업 (총자산) = 채권자부분 (타인자본) + 주주부분 (자기자본)

기업은 총자산이고, 총자산은 기업이라 할 수 있다. 그러므로 기업의 가치는 총자산의 가치에서 결정되어 진다. 즉, 총자산의 가치가 결정되면 그 금액에서 채권자부분의 금액을 차감하면 기업가치가 정해지게 된다.

2. 재무상태표와 재무위험 (B/S & Financial Risk)

[그림 3-1] 재무상태표와 위험분석

투자회수위험	자금의 운용 (차변)	자금의 원천 (대변)	상환위험
↓	유동자산	유동부채	높다
		비유동부채	↑
높다	비유동자산	자기자본	

개인사업자 혹은 기업이 자산을 취득하는 목적은 투자자금+α(α는 투자수익으로써 배당금, 이자, 판매마진, 프리미엄 등)의 회수에 있다. 그리고 기업의 지급능력 관점에서 보면 보유자산의 현금전환이 부채상환의 재원이되므로 투자자금의 회수가 매우 중요하다. 그러므로 보유자산중에서 유동성이 높은 유동자산은 투자자금의 회수위험이 상대적으로 낮은 반면에 유동성이 낮은 비유동자산은 투자자금의 회수위험이 상대적으로 높다고 볼 수 있다.

이와는 달리 기업의 조달된 자금에 대한 상환 부담의 관점에서 보면 자기자본은 상환부담이 없고 부채는 상대적으로 상환부담이 높다고 할 수 있다. 따라서 만기가 짧은 유동부채가 비유동부채보다 조달자금에 대한 상환위험이 상대적으로 높다고 하겠다. 바꾸어 말하면, 부채를 자금의 원천으로 볼 때 부채총계 금액이 같더라도 비유동부채보다 상대적으로 유동부채에 대한 의존도가 높은 기업이 단기지급위험이 더 높다고 하겠다.

3. 재무상태표의 유용성과 한계

1) 재무상태표의 유용성

신용분석 자료로서의 재무상태표로부터 다음과 같은 정보를 얻을 수 있다.

- 기업의 재산상태에 관한 정보(자산의 구성과 그 자산의 구성에 기여한 채권자지분과 주주 · 투자자 지분의 비율)
- 기업의 자금조달의 원천과 운용상태에 관한 정보
- 기업의 유동성 및 장 · 단기지급능력에 관한 정보
- 기업의 자본구조에 관한 정보
- 보유자산의 가치분석을 통하여 보유자산이 지닌 미래의 현금창출능력 예측에 대한 유용한 정보를 얻을 수 있다. 예를 들어 어떤 통신사업자가 새로운 통신시설(예, 아날로그 방식)에 막대한 돈을 투자하였는데 통신방식의 세계적인 흐름이 디지털 방식을 선호하는 성향이라고 가정한다면, 신규 투자된 유형자산은 미래에 예상한 만큼의 현금을 창출하는 능력을 가졌다고는 볼 수 없는 것이다.

2) 재무상태표의 한계

- 재무상태표에 표시되는 자산과 부채는 기본적으로 취득원가로 평가되기 때문에 현재가치(present value)를 제대로 나타내지 못한다.
- 화폐가치의 변동으로 인한 자산과 부채의 변동을 반영하지 못한다.
- 계량화가 어려운 많은 정보(예 : 경영진의 능력, 제품의 우수성, 우수한 인적자원 등)를 나타내지 못한다.
- 동종업계에 있는 기업들간에 서로 다른 자산의 평가방법(예, 감가상각의 경우 정률법, 정액법 등)을 취하는 경우에는 동기업들간의 자산에 대한 비교가 의미가 없을 수 있다.

제2절 자산가치와 미래현금창출능력 (Valuation & Cash Generating Power)

재무상태표의 차변과 대변은 재무상태표 등식에 의하여 재무상태표가 만들어지기 때문에 차변합계와 대변합계는 반드시 균등하게 표시된다.

[표 3-1] 차변가치와 대변가치 분석포인트

차변가치 (기업의 진실)	대변가치 (기업의 그림자)
(1) 기업의 실체	(자 본 구 조)
(2) 기업의 미래현금창출능력	(1) 타인자본
(3) 기업의 가치	(2) 자기자본

그러나 기업분석자 입장에 있어서 차변가치가 대변가치 보다 더 중요하다. 그 이유는 차변에는 (1) 기업의 실체, (2) 기업의 미래현금창출능력, (3) 기업가치가 숨어 있어 기업의 진실을 담고 있기 때문이다. 반면에, 대변가치는 타인자본과 자기자본을 나타내는 자본구조(capital structure)를 나타내는데 불과하기 때문에 기업의 그림자를 나타내는 것과 같다.

한편, 대변 중에서 타인자본의 가치는 거의 확정적이므로 여러 분석자가 타인자본의 가치를 평가하더라도 그 가치는 거의 일정하게 평가된다. 반면에 차변가치는 분석자에 따라 그 가치가 서로 다르게 평가된다. 차변가치는 그 기업이 가지고 있는 미래현금창출능력에 대한 평가에 따라 그 가치가 다르게 평가되기 때문이다.

따라서 기업가치(valuation), 즉 자기자본의 가치는 차변가치에 의하여 결정되어진다. 왜냐하면 타인자본의 가치는 거의 일정하므로 기업의 총자산에 대한 차변가치가 장부가치 보다 상대적으로 높게 평가될수록 그 기업가치가 높아지게 되고, 반면에 차변가치가 장부가치 보다 낮게 평가되면 그 기업가치가 낮아지게 되기 때문이다.

1. 핵심자산과 미래현금창출능력 (Core Assets & Cash Generating Power)

기업의 핵심자산(core assets)은 (1) 기업의 미래현금창출능력(cash generating power)을 향상시키는데 기여하는 자산이다. 달리 표현하면, (2) 본 영업활동에 기여하는 자산이다. 즉, (3) 매출증대에 기여하는 자산을 말한다. 한편 일반제조기업의 매출은 크게 제품과 상품으로 나누고, 이중에서 매출은 제조과정에서 부가가치가 담긴 제품매출을 의미한다. 핵심자산의 구분은 투자의 적절성 분석의 기준이 된다.

기업신용분석가는 차변분석을 위하여 기업의 총자산을 핵심자산(core assets)과 비핵심자산(non-core assets)으로 구분해야 하고, 이를 그림으로 나타내면 다음과 같다.

[그림 3-2] 핵심자산(core assets)과 비핵심자산(non-core assets)

- 총자산
  - 핵심자산
    - (1) 단기자산: 매출채권, 재고자산, 미수금*
    - (2) 장기자산: 생산시설, 업무용토지, 연구개발투자비용
  - 비핵심자산
    - (3) 단기자산: 단기금융상품, 유가증권*, 단기대여금 등
    - (4) 장기자산: 비업무용토지, 투자유가증권, 관계사증권*

* 1) 미수금: 매출과 연관성이 높은 경우가 많으므로 핵심자산으로 보면 현금흐름분석 시에 유용함
2) 유가증권: 당좌자산에 있는 유가증권(유동성장기유가증권을 포함)
3)관계사증권: 관계사가 원재료 또는 부품을 납품하는 자회사인 경우 혹은 자사의 제품을 판매를 담당하는 자회사인 경우는 핵심자산으로 분류함

기업의 미래현금창출능력(cash generating power)이 향상되려면 총자산 가운데 핵

심자산에 대한 투자가 지속적이어야 하고 집중되어야 한다. 이론적으로 **매출과 핵심자산(core assets)은 정(+)의 비례관계**를 갖는다. 만약 중소기업 또는 단독 대기업이라도 비핵심자산(non-core assets)이 별로 없는 기업인 경우는 **매출과 총자산은 정(+)의 비례관계를 갖는다고 할 수 있다.**

같은 업종에 있는 두 기업의 총자산이 서로 같지만 매출이 서로 다른 경우는 두 기업의 **핵심자산 투자에 대한 집중도를 분석**해야 하고 이 분석에서 답을 찾을 수 있다. 그러므로 두 기업 중에서 총자산이 서로 같더라도 매출이 상대적으로 높은 기업은 상대적으로 핵심자산 투자에 대한 집중도가 높은 경우가 많다.

만약 어떤 기업의 총자산이 상대적으로 큼에도 불구하고 기업의 매출이 상대적으로 낮다면 이는 비핵심자산 투자에 대한 집중도가 상대적으로 높은 경우 또는 과거 핵심자산에 대한 투자가 소비자의 수요를 상대적으로 만족시키지 못하여 매출로 연결되지 않은 **작은 투자실패**라 볼 수 있다.

2. 자본구조분석 (Capital Structure Analysis)

재무상태표 대변분석의 핵심인 자본구조(capital structure)를 타인자본과 자기자본으로 구분한다. 또한 타인자본을 자금의 성격에 따라 금융채무와 비금융채무로 나누면, 자본구조를 3가지, (1) 금융채무, (2) 비금융채무, (3) 자기자본으로 구분할 수 있다.

[표 3-2] 자본구조분석 (Capital Structure Analysis)

자본구조	만기(상환의무)	금융비용
(1) 금융채무	○	○
(2) 비금융채무	○	×
(3) 자기자본	×	△

1) 금융채무(총차입금)

만기에는 원리금에 대한 상환의무가 있고, 자금사용 기간에는 금융비용(이자)이 발생한다.

※ 금융채무 = (원화 및 외화)단기차입금 + 유동성장기부채(유동부채 중)* + (원화 및 외화) 장기차입금 + 회사채 + 신주인수권사채 + 전환사채 등

(* 유동성장기부채 = 유동성 장기차입금 + 유동성 회사채 및 전환사채 등)

2) 비금융채무

만기에는 채무에 대한 상환의무가 있고, 자금사용 기간에는 금융비용이 발생하지 않는다.

※ 비금융채무 = 매입채무 + 미지급급 + 미지급비용 등

3) 자기자본(자본총계)

주주에게 상환의무가 없고, 영업결과에 따라 배당금은 지급하지 않을 수 있다.

▶ 분석포인트

채권자입장에서는 자본구조 중에서 자기자본 비중이 높으면 재무안전성이 높다. 다음으로는 비금융채무 비중이 높으면 상대적으로 금융비용을 낮추어 수익성을 향상 시킬 수 있다. 일반적으로 비금융채무 비중이 높은 기업은 시장에서 신뢰가 높은 우량기업이거나, 반대로 차입능력이 약한 부실기업인 경우를 종종 볼 수 있다.

3. 자기자본분석 (Net Worth Analysis)

1) 자기자본분석 (Net Worth Analysis)

재무상태표의 자기자본(net worth or equity), 즉 자본총계는 기업가치(enterprise valuation or valuation)를 나타낸다. **자산의 미래현금창출능력에 대한 평가에 따라 기업가치, 즉 자본총계의 가치는 고평가(premium) 되기도 하고, 저평가(discount) 되기도 한다.** 때로는 기업가치 와는 무관하게 대상기업에 대하여 매수자의 수가 증가할수록 기업가치는 고평가 된다. 아래 표에 있는 A, B, C기업의 매출액, 당기순이익, 자산총계, 부채총계, 자본총계 금액은 모두 같다.

[표 3-3] 자기자본(자본총계)분석 (I)

(단위: 억원)

구 분	A기업	B기업	C기업
(1) 자본금	100	200	100
(2) 이익잉여금	900	800	900
자본총계	1,000	1,000	1,000
설립 후 기간	10년	10년	15년

먼저 상기 표에 있는 A기업과 B기업을 비교해 보면 A기업의 미래현금창출능력이 B기업 보다 상대적으로 높다. 그 이유는 A기업은 10년 동안 초기 투자액(자본금) 100억이 10배증가하여 자기자본(자본총계)이 1,000억이 되었고, B기업은 10년 동안 초기투자액(자본금) 200억이 5배 증가하여 자기자본(자본총계)이 1,000억이 되었기 때문이다.

한편 A기업과 C기업을 비교해보면 A기업의 미래현금창출능력이 C기업 보다 상대적으로 높다. 그 이유는 A기업은 초기 투자액(자본금) 100억이 1,000억 되기까지 10년이 소요된 반면에, C기업은 15년이 소요되었기 때문이다. 그러므로 자본분석에는 기업의 설립연도를 파악하는 것이 매우 중요하다.

한편, 재무상태표의 자본총계는 크게 4가지, (1) 자본금, (2) 주식발행초과금, (3) 자산재평가차액, (4) 이익잉여금으로 구분할 수 있다. 이상 4가지 계정과목의 비중에 따라 분석대상 기업들의 미래현금창출능력이 다르게 평가되고, 예를 들면 다음과 같다.

[표 3-4] 자본총계분석 (II)

(단위: 억원)

구 분	A기업	B기업	C기업	D기업
(1) 자본금	250	250	250	250
(2) 주식발행초과금	250	500	100	150
(3) 자산재평가차액*	250	100	500	100
(4) 이익잉여금	250	150	150	500
자본총계	1,000	1,000	1,000	1,000
설립 후 기간	10년	10년	10년	10년

* 자산재평가적립금 + 토지(자산)재평가이익

상기 표에서 보는 바와 같이 A~D 기업은 자본금, 자본총계, '설립 후 기간'이 모두 같은 특징을 갖고 있다. 그러나 자본총계의 내역을 살펴보면 A~D 기업 모두 서로 다른 특징을 갖고 있다.

A기업은 자본총계의 구성이 (1) 자본금, (2) 주식발행초과금, (3) 자산재평가차액, (4) 이익잉여금으로 균등하게 구성되어 있다. B기업은 주식발행초과금 비중이 가장 높다. 이것은 과거 유상증자를 했을 때 할증발행을 하였고 투자자에게 인기가 높아 그 할증률(premium)이 높았음을 의미한다. 그러나 그 동안 영업결과로 인한 수익성은 상대적으로 매우 낮게 평가된다.

C기업은 자산재평가차액 비중이 가장 높다. 이것은 토지가격의 상승으로 인한 토지재평가의 결과이고 그 동안 수익성은 매우 낮게 평가된다. D기업은 이익잉여금 비중이 가장 높다. 이것은 그 동안 영업결과로 인한 수익성이 상대적으로 가장 높은 기업으로 평가된다.

결론적으로 A~D 기업 중에서 D기업이 본 영업활동에서 창출한 영업수익이 주주의 초기투자액(자본금)을 가장 많이 증액시킨 것을 알 수 있다. 그러므로 D기업이 미래현금창출능력이 가장 우수한 기업으로 평가된다.

2) 순자기자본 (Tangible Net Worth)

순자기자본(tangible net worth)은 기업이 재무상태표 상에 가치가 있는 것으로 기록한 이연자산(deferred asset)과 무형자산(intangible asset)의 가치를 인정하지 않는 채권자입장에서 본 보수적인 자기자본의 개념이다.

달리 말하면, 재무상태표의 차변이 기업의 진실을 나타낸다고 하지만 차변에도 진실이 아닌 자산이 일부 있다. 따라서 순자기자본의 개념은 재무상태표 차변에서 진실이 아닌 자산(즉, 처분하면 가치를 인정받지 못할 수 있는 자산)을 제거하고 남은 자산에서 타인자본을 빼고 남는 개념이다.

보수적인 관점에서 보면 무형자산은 진실이 아닌 자산이거나 혹은 진실이 아닐 수 있는 자산에 속한다. 그 이유는 무형자산(예; 영업권, 개발비 등)은 장부가치가 있지만, 외부에서 볼 때 그 가치를 장부가치 대로 인정하지 않을 수 있기 때문이다. 순자기자본(tangible net worth)을 그림으로 나타내면 다음과 같다.

[그림 3-3] 자기자본(net worth)과 순자기자본 (tangible net worth)

〈재무상태표〉

<table>
<tr><td rowspan="2">자 산 (90)</td><td colspan="2">총 부 채 (60)</td></tr>
<tr><td>순자기자본 (30)
(Tangible Net Worth)</td><td rowspan="2">자본총계
(40)</td></tr>
<tr><td>무형자산 (10)</td><td></td></tr>
</table>

또한, 순자기자본(tangible net worth)을 식으로 나타내면 아래와 같다.

순자기자본 = (자산총계 − 무형자산) − 부채총계, 혹은 자본총계 − 무형자산

참고 : 순자기자본은 채권자입장에서 자기자본(즉 자본총계)의 가치를 보수적으로 평가하는 개념이다.

제3절 재무상태표 분석기법 (Balance Sheet Analysis)

비교재무상태표 혹은 비교손익계산서를 가지고 분석하는 경우에 '당기' 를 '분석연도' 라 하고 '전기' 를 '기준연도(혹은 비교연도)' 라 한다. 재무상태표는 정태적보고서로써 백분율법을 사용하더라도 정태분석에 불과하다. 동태분석을 위해서는 반드시 비교재무상태표를 사용하여 추세분석을 함으로써 (1) 전기(기준연도)에 비하여 당기(분석연도)의 변화를 찾아내고, (2) 그 변화에 대한 원인을 분석한 다음, (3) 그 변화가 향후 기업의 수익성 및 장 · 단기지급능력에 미칠 영향을 평가하는데 있다.

1. 계정과목압축법

계정과목압축법을 사용하여 비교재무상태표를 분석하면 1년 동안 기업의 재무상태의 변화를 쉽게 분석할 수 있다. 계정과목압축법의 목적은 재무상태표에 있는 많은 계정과목 가운데 분석에 가장 중요한 계정과목을 정확히 찾는데 있다. 이 방법을 사용하면 계정과목이 많은 대기업 재산상태의 변화도 빠르고 정확히 파악할 수 있다.

계정과목압축법은 재무상태표 중에서 전체를 나타내는 숫자인 총자산을 100%로 기준한다. 그리고 총자산에 백분율법을 적용하여 재무상태표의 많은 계정과목 중에서 총자산(100%)에서 차지하는 비중이 약 5% 이상을 나타내는 계정과목을 선정하고, 이렇게 선정된 주요 계정과목을 중심으로 압축하여 재무상태의 변화를 분석하는 방법이다.

예를 들어, 당기(분석연도) 총자산은 120억원이고, 전기(비교연도) 총자산은 100억원이다. (1) 당기 총자산에 백분율법을 적용하여 총자산 120억원을 100%로 정한다. 그리고 차변의 많은 계정과목 중에서 총자산(120억원)에서 차지하는 비중이 약 5%(6억원)이상 되는 계정과목을 찾으면 대체로 5-7개 계정과목으로 압축된다.

(2) 2년간 추세분석법을 적용하여 총자산(120억원)에서 차지하는 비중이 약 2%(2.4억원)이상 증가하거나 또는 2%이상 감소한 계정과목을 찾아보면 마찬가지로 대체로 5~7개 계정과목으로 압축할 수 있다.

(3) 재무상태표 분석에서 당기에 가장 중요한 계정과목은 당기 비중 5%에 선정되고, 동시에 당기 계정과목 중에 전기에 비하여 변동의 비중이 2%이상 증가 했거나 또는 2% 이상 감소한 계정과목이 이에 해당된다. 달리 말하면, **당기 계정과목 중에서 5%이상 비중이 높은 계정과목 중에서 전기에 비하여 변동금액 폭이 2%이상 증감한 계정과목으로 압축된다.**

1) 자산분석 (차변분석)

재무상태표에 계정과목압축법을 적용해 보면 기업마다 압축된 계정과목은 서로 다를 수 있지만 일반적으로 그 수는 5-7개 계정과목 정도로 차변과 대변에 각각 선정된다. 그러므로 선정된 5~7개 계정과목을 중심으로 핵심자산(core assets)과 비핵심자산(non-core assets)에 기준을 두고 분석한다. 예를 들면 같은 업종의 기업이면 핵심자산의 비중이 상대적으로 높은 기업이 상대적으로 미래현금창출능력이 밝다고 평가할 수 있다.

만약 전기(비교연도)에 비하여 당기(분석연도)에 **총자산이 증가했다면, 핵심자산 증가의 비중이 높아야 그 기업의 미래현금창출능력이 올바른 방향으로 향상된다고 평가**할 수 있다. 즉, 자산면의 분석기준은 총자산의 증가 가운데 핵심자산의 집중도가 높아야 한다. 만약 비핵심자산이 증가했으면 미래현금창출능력의 향상과는 무관하다고 평가할 수 있다.

2) 부채 · 자본분석 (대변분석)

자산분석과 마찬가지로 분석연도(당기)의 '부채와 자본' 의 총계금액을 100%로 기준 한다. 그 다음은 분석연도(당기) '부채와 자본' 면의 많은 계정과목 중에서 5% 이상을 차지하는 계정과목을 찾아내면, 대체로 5~7개로 압축된다.

'부채와 자본' 면을 나타내는 대변분석의 핵심은 자본구조(capital structure) 분석이다. 예를 들어 압축된 5~7개 개정과목을 가지고 3가지 자금의 성격, 즉 (1) 금융채무부분(예; 단기차입금, 유동성장기부채, 사채, 원 · 외화장기차입금, 전환사채 등), (2) 비금융채무부분(예; 장 · 단기매입채무, 미지급금 등), (3) 자본부분(예; 자본금, 자본잉여금, 이익잉여금 등), 중에서 집중도를 파악한다. 자산분석과 마찬가지로, 2년간 추세분석은 '부채와 자본' 총계금액의 2%이상 증가하였거나 또는 감소한 계정과목은 대체로 5-7개로 압축된다.

'부채와 자본' 면의 분석기준은 "금융지원의 기본"이론을 적용하여 평가한다. 예를 들어, 핵심자산 혹은 비핵심자산 구분 없이 주로 단기자산이 증가하였고 단기자금이 증가했으면 긍정적으로 평가한다. 그러나 장기자산이 주로 증가하였는데 단기자금이 증가했으면 부정적으로 평가한다. 물론 장기자산의 증가 비중이 높고 동시에 장기자금(예; 자본금 또는 장기차입금)의 증가 비중이 높으면 긍정적으로 평가한다.

참고 : 전기(비교연도)에 비하여 당기(분석연도)에 주요 정태비율(예; 부채비율, 유동비율, 당좌비율 등)이 상승하거나 혹은 하락하였다면, 그 비율 변화의 주요원인은 대부분 2%이상 변동한 계정과목, 즉 자산 면과 '부채와 자본' 면에서 각각 5~7개로 선정된 계정과목들에서 그 답을 발견할 수 있다. 특히, 이들 중에서 당기 비중이 5%에 선정되고, 동시에 전기에 비하여 변동의 비중이 2%이상 증가 또는 2%이상 감소 된 계정과목이 그 비율변화의 가장 결정적인 원인이 된다.

2. 계정과목변동에 대한 진단

특정자산들의 증가 혹은 감소가 있었다면, 그 자산들의 증가 혹은 감소가 기업에 대하여 긍정적으로 평가될 수도 있고 혹은 부정적으로 평가될 수도 있다.

1) 매출채권의 증가

매출채권의 증가 혹은 매출채권회수기간이 연장되면 (1) 신제품 판촉으로 인한 일시적인 현상인가?, 아니면 (2) 매출부진을 극복하기 위한 외상판매기간을 확대한 것인가? 를 점검한다. (1)번은 향후 매출증대를 위한 경영진의 계획에 의한 것으로써 긍정적으로 평가하고, (2)번은 매출부진을 극복하기 위한 불가피한 시장상황의 결과로써 부정적으로 평가한다.

2) 재고자산의 증가

재고자산의 증가 혹은 재고자산보유기간이 연장되면 (1) 매출부진으로 인한 재고증가인가?, 아니면 (2) 향후 예상되는 수요증가를 위하여 원재료를 사전에 확보한 것인가? 를 점검한다. 한편 재고자산은 ① 원재료, ② 재공품, ③ 제품으로 구분할 수 있다. (1)번은 매출부진으로 인한 제품의 증가 현상으로 불가피한 시장상황의 결과로써 부정적으로 평가하고, (2)번은 지속적인 매출증가를 위한 원재료와 재공품의 증가 현상으로써 긍정적으로 평가한다. 제조공정기간이 길수록 수요가 증가하게 되면 재공품이 증가하는 경향이다.

3) 매입채무의 증가

매입채무의 증가 혹은 매입채무결제기간이 연장되면 (1) 원재료공급자들의 경쟁으로 인한 구매자의 유리해진 시장상황이 반영된 것인가?, 아니면 (2) 금융기관으로부터 차입능력의 악화로 인하여 기존공급자들과 비교하여 외상기간을 보다 길게 공여하는 새로운 공급자로 교체를 했거나 혹은 기존공급자들에게 외상기간의 연장을 요구한 것인가를 점검한다. 이 경우 (1)번은 구매조건이 시장에서 자연적으로 호전된 것으로써 긍정적으로 평가하고, (2)번은 차입능력의 악화를 매입채무의 연장으로 대체한 것으로써 부정적으로 평가한다.

제4절 자산항목의 가치평가 (Asset Valuation)

기업의자산은 크게 유동자산과 비유동자산으로 분류된다. 이들 자산의 가치를 평가하는데 있어서 가장 중요한 기준은 무엇일까? 이를 위해서는 정태적관점과 동태적관점에서 분석해야 한다. 정태적관점에서 자산가치의 평가는 현재시점에서 처분하면 얼마나 받을 수 있을까? 하는 것이고, 동태적관점에서 자산가치의 평가는 평가대상 자산을 만기까지 보유하면 만기에 혹은 만기까지 얼마의 현금을 가져다 줄 것인가? 하는 것이다.

정태적관점의 자산가치 평가기준은 ① 자산의 시장성(현금전환의 용이성)과 ② 시장가치(처분시 받을 수 있는 현금)이다. 즉 '보유자산을 팔려고 할 때 즉시 팔 수 있을까?'와 '장부상의 가격이 아니라 처분할 때에 얼마나 받을 수 있을까?' 하는 것이다. 이 관점은 채권자 입장에서 매우 중요한 것이다. 동태적관점의 자산가치 평가기준은 ③ 미래현금창출능력(cash generating power)이다. '보유자산이 미래에 얼마나 많은 현금을 창출할 수 있을까?' 하는 것이다. 이 관점은 채권자와 투자자 입장에서 모두 중요하다고 할 수 있다.

자산평가의 기준은 다음 3가지 즉, ① **자산의 시장성(정태적 관점)**, ② **시장가치(정태적 관점)**, ③ **미래현금창출능력(동태적 관점)** 관점에서 평가할 수 있다. 비유동자산 중에서 중요한 자산은 투자자산과 유형자산이다. 유동자산 중에서 분석의 주요 대상이 되는 계정과목은 매출채권과 재고자산이다. 왜냐하면 매출채권과 재고자산은 핵심자산으로 기업의 운전자본변화와 영업현금흐름의 변화에 영향을 크게 미치기 때문이다.

1. 투자유가증권 및 관계사증권

투자자산 중에서 일반적으로 비중이 크고 중요한 계정과목은 투자유가증권이다.

1) 시장성과 시장가치

상장기업의 유가증권을 보유하고 있는 경우는 즉시 현금화할 수 있으며 특정시점의 시가는 증권거래소에서 매일 거래되는 시장가격을 통하여 증권의 시장가치를 쉽게 알 수 있다.

관계사증권 중에서 ① 국내에서 재료를 구매하여 제조하거나 혹은 원료 및 부품을 수입하여 분석기업(지분보유기업)에게 부품을 공급하는 경우, ② 분석기업의 제품을 구입하여 판매 업무를 하고 있는 경우 및 ③ 분석대상 기업이 제조하는 제품에 대한 연구개발 업무에 종사하는 경우에는 그 기업이 보유하고 있는 투자유가증권 혹은 관계사증권은 핵심자산(core assets)으로 평가해야 한다.

2) 미래현금창출능력

유가증권을 매입하는 방식(지분참여)으로 투자한 기업의 수익성이 향상되거나 혹은 매출의 증대로 인하여 기업가치가 상승하게 되면 당연히 보유하고 있는 투자유가증권에서 유가증권평가이익이 발생하게 된다. 그리고 투자유가증권을 매각하여 현금화한다면 유가증권평가이익이 곧 미래현금창출능력이 되는 것이다.

결론적으로 분석대상기업이 기업의 미래수익가치 혹은 미래자산가치가 높은 유가증권을 많이 소유하고 있다면 그 기업이 소유한 유가증권의 미래현금창출능력은 상대적으로 높게 평가된다.

2. 유형자산 (Tangible Assets)

1) 시장성과 시장가치

유형자산을 처분하려고 할 때 구매자를 쉽게 찾을 수 있을까? 또한 처분했을 때 얼마나 받을 수 있을까? 제조업체인 경우는 생산설비 외에 공장부지, 공장, 사무실과 같은 부동산이 많기 때문에 시장가치의 평가를 위해서는 감정평가기관의 의견과 실사를 통하여 조사를 하여야 한다.

장부에 계상되어 있는 유형자산의 가치를 평가하기 위해서 다음과 같은 사항의 점검이 중요하다.

① 공시지가, 감정평가 또는 자산재평가의 시기

② 부동산의 규모

③ 부동산의 소재지

④ 부동산의 입지조건

⑤ 생산시설은 언제 도입되었는가?

⑥ 생산시설이 장부가격 만큼 시장가치가 있는가?

⑦ 시설투자 후에 매출증대효과가 있었는가? 등이다.

2) 미래현금창출능력

현재 생산시설에 대한 미래현금창출능력을 평가하는 것으로 「미래현금창출능력이 우수한 생산시설은 어떤 것인가?」 ① **시장에서 원하는 성능을 가진 제품**, 혹은 ② **소비자가 선호하는 디자인을 반영한 제품**을 생산할 수 있는 유형자산이 미래현금창출능력이 높다고 할 수 있다.

유형자산의 현금창출능력이 상대적으로 높은 기업은 그 기업의 미래현금창출능력이 상대적으로 높다. 따라서 **기업의 미래현금창출능력 분석에 대한 핵심은 유형자산의 미래현금창출능력**이라 할 수 있다.

3. 매출채권 (Accounts Receivable)

매출채권가치평가의 기준은 ① 대손발생가능성과 ② 회수가능성에 있다. 우선 매출채권을 판매방식에 따라 분류하면, ① 단순 신용판매로 인한 매출채권(**외상매출채권**), ② 수출신용장 방식에 의한 수출채권(**은행보증수출채권**), ③ 확보된 담보한도내의 외상매출금(**담보매출채권**), ④ 관계회사 간 혹은 본 · 지사 간의 신용거래(**관계사매출채권**) 등으로 분류할 수 있다.

은행보증매출채권과 담보매출채권은 회수가능성이 높아서 상대적으로 매출채권의 가치가 높다. 또한 관계사매출채권도 관계회사의 영업이 정상적으로 진행되고 있으면 대손발생가능성이 상대적으로 낮아 상대적으로 매출채권의 가치가 높다. 그러므로 매출채권에 대한 가치평가의 초점은 신용판매로 인한 매출채권(외상매출채권)으로 압축할 수 있다.

1) 시장성과 시장가치

매출채권 중에서 상대적으로 신용등급이 우량한 고객으로부터 어음(매출채권)을 받았다면 그 어음은 시장성과 시장가치는 상대적으로 높다. 즉 **우량기업에 대한 매출채권(어음)은 시장성이 높고, 매출채권(어음)에 대한 할인율도 낮다.** 그리고 **매출채권의 만기가 짧을수록 상대적으로 가치가 높다.**

한편 수출신용장이 있는 수출채권인 경우에는 일반적으로 수출기업은 제품을 선적하고 거래은행인 수출채권매입은행(흔히, 네고은행: negotiation bank)에게 수출채권을 매각하고 수출대금을 만기 전에 회수한다. 수출기업은 수출채권을 매입은행에 매각한 후에도 우발채무로 관리한다. 수입상이 지급불능 상태에 직면하면 신용장개설은행으로 부터 수출대금을 대신 받을 수 있지만, 만약 신용장발행은행이 후진국은행으로서 지급능력이 없으면 수출대금을 받지 못하는 경우가 발생하고, 이때 매입은행은 수출기업에게 구상권(recourse: 상환청구권)을 행사하여 매각대금 상환을 청구하기 때문이다.

2) 미래현금창출능력

매출채권에 있어서 미래현금창출능력은「만기에 보유하고 있는 매출채권이 모두 현금화 될 수 있을 것인가?」하는 것으로 볼 수가 있다. 이 기준도 마찬가지로 ① 대손발생가능성과 ② 회수가능성에 있다. 이 기준에서 만기에 장부에 평가된 금액의 회수율이 높으면 그 매출채권은 상대적으로 미래현금창출능력이 높은 것이다.

4. 재고자산 (Inventory)

재고자산의 평가손실의 발생원인은 ① 시세의 하락과 ② 품질저하를 들 수 있다. 한편 재고자산의 평가를 위해서는 실사에 의하여 재고품의 상태를 파악하는 재고조사가 중요하며, 또한 재고조사를 통하여 재고의 수량을 점검하고 그 과부족을 파악하는 것도 중요하다.

1) 시장성과 시장가치

재고자산에 대한 시장가치는 실질적으로 시장에서의 시세에 좌우된다. 재고의 종류에 따라 오랜 보관으로 인하여 품질이 변했다면 가치평가에 마이너스 요소로 작용할 것이며 또한 변질의 정도가 심하면 시장성이 없을 수도 있다.

한편 재고자산 회계처리에는 실무적으로 선호되는 선입선출법, 후입선출법 등이 있다. 그리고 재고자산의 진실한 가치는 변하지 않지만 이러한 회계처리 방법에 따라 영향을 받고, 제조원가에 영향을 미친다. 왜냐하면 제조원가는 특정기간 즉 동태적인 개념에서 적용되는 비용이고, 자산평가는 특정시점 즉 정태적인 개념에서 산출되는 가치이기 때문이다.

2) 미래현금창출능력

재고자산에 있어서 미래현금창출능력은 좋은 제품을 생산할 수 있는 좋은 질의 원재료, 즉 **재고자산의 질**(quality)을 의미한다. 예를 들어 자동차를 생산하는 기업은 원재료 중 철판을 많이 사용한다. 이때 좋은 질의 철판을 사용하면 보다 안전성 있는 좋은 자동차를 생산함으로서 제품에 대한 선호도가 높아져 매출증가에 기여할 것이다.

참고: 재고자산의 평가방법과 영향

(1) 선입선출법(FIFO: First-in, First-out)

FIFO는 재고물량의 실제흐름과는 상관없이 먼저 구입된 원재료(상품)가 먼저 사용되었거나 혹은 판매되는 것으로 가정하고 기말재고액을 결정하는 방법이다. 따라서 물가(원재료가격)상승 시에는 매출원가에 회계기간의 초기에 싼 가격으로 구입된 원재료(상품)가 원가에 반영되므로 매출원가는 상대적으로 감소하게 되고 순이익은 증가한다.

반면에 기말재고액은 후기에 비싼 가격에 구입된 원재료(상품)가 **기말재고액을 결정하게 된다.** 그러므로 FIFO는 회계기간 중에 재고자산의 가격변동이 큰 경우 또는 장기간 보관할 때 품질이 저하되는 경우에는 **기말재고액이 상대적으로 시장가격을 잘 반영하는 평가방법**이다.

(2) 후입선출법(LIFO: Last-in, First-out)

LIFO는 재고물량의 실제흐름과는 상관없이 매입의 역순으로 구입된 원재료(상품)가 먼저 사용되었거나 판매된 것으로 가정하고 기말재고액을 결정한다. 따라서 물가상승 시에는 매출원가는 후기에 비싼 가격으로 구입된 재고자산이 원가에 반영되므로 매출원가는 상대적으로 증가하고 당기순이익은 감소한다. 반면에 기말재고액은 초기에 싼 가격으로 구입된 재고자산이 기말재고액을 결정하게 된다.

그러므로 기업들은 회계기간에 매출원가 중에서 상품매출원가의 비중이 큰 경우, 혹은 제조원가 중에서 원재료비 비중이 큰 경우에 물가가 큰 폭으로 상승하면 당해연도 세금감액을 위하여 후입선출법을 선택하기도 한다. (※ 후입선출법은 기말재고액이 상대적으로 시장가격을 잘 반영하지 못하므로 K-IFRS에서는 사용을 인정하지 않음)

제5절 재무상태표 분석사례(B/S Analysis Case)

[분석사례] 부록에 첨부된 H건설사의 재무상태표를 보고 〈계정과목압축법〉과 〈신용분석의 3단계〉 분석법을 적용하여 제52기를 분석하시오.

1. 현상파악

1) 자산 분석

제52기 총자산은 제51기에 비하여 약 30억원(약 0.5%)감소하여 6,570억원을 나타내고 있다. 총자산은 주로 (총자산의 약 5%이상을 나타내는 계정과목인) (1) 현금 및 현금성자산 460억원, (2) 공사미수금 980억원, (3) 재고자산 510억원, (4) 장기투자증권 840억원, (5) 지분법투자주식 570억원, (6) 토지1,640억원에 투자(사용)되었다. 제52기는 총자산 중에서 약7%를 차지하는 현금성자산 460억원을 보유하여 유동성과 보유자금에 있어서 여유를 나타내고 있다.

2) 부채 · 자본 분석

제52기 총자산에 지원한 주요재원을 (총자산의 약 5%이상을 나타내는 계정과목을 중심으로)살펴보면 (1) 매입채무 390억원, (2) 미지급금 490억원, (3) 공사선수금 500억원, (4)

장기차입금 430억원, (5) 자본금660억원, (6) 주식발행초과금 900억원 (7) 재평가적립금 1,450억원, (8) 이익잉여금 770억원이다.

제52기 자본구조는 자본비중이 가장 높고, 그 다음으로 비금융채무 비중이 높으며금융채무비중이 상대적으로 매우 낮다. 특히, 금융채무 중에서 단기차입금이 없고 장기차입금만 있는 것이 특징이다. 제 52기 부채비율은 72%(= 275/382× 100)로 안정적인 자본구조를 가지고 있다. 부채비율이 낮으며 보유자금에 여유가 있는 기업으로 평가된다.

2. 원인분석

1) 자산 분석

(제52기 총자산은 제51기에 비하여 변화가 거의 없었으므로) 임의로 제51기에 비하여 70억원(약 1%)이상 증가했거나 감소한 계정과목을 분석해 보면 (1) 단기금융상품 410억원 감소, (2) 공사미수금 70억원 증가, (3) 미수금 70억원 증가, (4) 장기투자증권 130억원 증가가 있었다.

2) 부채 · 자본 분석

(자산분석에서와 같은 방법으로 70억원 이상 증가했거나 감소한)주요 계정과목을 분석해 보면 (1) 매입채무 130억원 증가, (2) 공사선수금 110억원 증가, (3) 유동성사채 450억원 감소, (4) 기타의비유동부채 100억원증가, (5) 이익잉여금 120억원 증가가 있었다.

3. 진단과 전망

자산부문을 보면 단기금융상품 410억원 감소로 공사미수금 70억원 증가, 미수금 70억원 증가, 장기투자증권 130억원 증가를 지원하였다. 반면에, 부채 · 자본부문을 보면 유동성사채 450억원 상환으로 총차입금은 감소한 반면에 이익잉여금 120억원의 증가가 있다. 그 결과 제51기에 비하여 제52기의 재무구조가 더욱 건실해졌다. (예를 들면 부채비율: 80%→72%로 하락, 차입금비율: 25%→12%로 하락)

▶ 재무비율

(1) 부채비율 : ① 제51기: 294 / 367 × 100 = 80%,

② 제52기: 275 / 382 × 100 = 72%

(2) 차입금비율: ① 제51기: (45+48) / 367 × 100 = 25%,

② 제52기: (0+43) / 382 × 100 = 12%

제 4 장 손익계산서 분석 (Income Statement Analysis)

제4장 주요내용

- 발생주의회계에 있어서 수익과 비용의 특징
- 손익계산서의 의미와 구조
- 손익계산서의 유용성과 한계
- 백분율법을 손익계산서 분석에 적용했을 때의 유용성
- 〈신용분석의 3단계〉 분석기법을 통한 손익계산서 분석방법
- 매출분석 방법론
- 매출에 영향을 미치는 요인

제1절 손익계산서의 이해 (Income Statement)

1. 발생주의회계의 손익계산서

손익계산서는 일정기간(회계기간)에 발생한 모든 수익과 이에 대응하는 모든 비용을 적정하게 표시함으로써 기업의 경영성과를 나타내는 동태적 보고서이다. 즉 기업이 일정기간 고객에게 제공한 재화 · 용역을 화폐액으로 나타낸 것이며, 수익으로 계상되는 금액은 현금판매뿐만 아니라 외상판매한 것도 포함된다. 다음과 같은 등식에 따라 손익이 산출된다.

수익 − 비용 = 순이익 (혹은 순손실)

발생주의(accrual basis)란 수익은 획득(실현)된 시점에서 인식하고, 비용은 발생된 시점에서 인식하는 기준이다. 따라서 발생주의하에서는 현금을 아직 못 받았으나 기간의 경과로 수익의 획득과정이 완료되었으면 수익으로 인식하고, 현금이 지출되었더라도 비용이 발생되지 않았으면 비용으로 계산하지 않는 것이다. 전자의 예로 미수이자가 있고 후자의 예로 선급비용이 있다.

반면에 **현금주의**(cash basis)란 수익은 현금을 받을 경우에만 인식하고, 비용은 현금이 지출될 경우에만 인식하는 기준이다. 따라서 '현금수입=수익'과 '현금지출=비용'이라는 등식이 성립한다. 이 현금기준은 소규모 기업이나 업종의 성격에 따라 사용되는 경우가 있다.

한편, 발생주의회계의 손익계산서는 다음과 같이 [표 4-1]의 기준에 따라 만들어진다.

[표 4-1] 발생주의회계의 손익계산서

수익 : (a + b + c + d)

a. 당기에 실현되고 회수된 수익

b. 당기에 실현되었으나 회수되지 않은 수익(매출채권, 미수금)

c. 당기에 실현되었으나 당기 이전에 회수된 금액(선수금, 선수수익)

d. 현금에 영향을 미치지 않는 수익(비현금 수익)

비용 : (e + f + g + h)

e. 당기에 발생하고 지급된 비용

f. 당기에 발생하였으나 지급되지 않은 비용(매입채무, 미지급비용)

g. 당기에 발생하였으나 당기 이전에 지급된 비용(선급비용)

h. 현금에 영향을 미치지 않는 비용(비현금 비용)

※ 자료 : 김성기, 『현대중급회계』, 다산출판사, pp.925.

2. 손익계산서의 구조(Structure of Income Statement)

손익계산서는 수익 · 비용 · 순이익(순손실)의 세 요소로 구성되며, 손익계산서의 구조를 식으로 나타내면 다음 [그림 4-1]과 같다.

[그림 4-1] 손익계산서의 구조

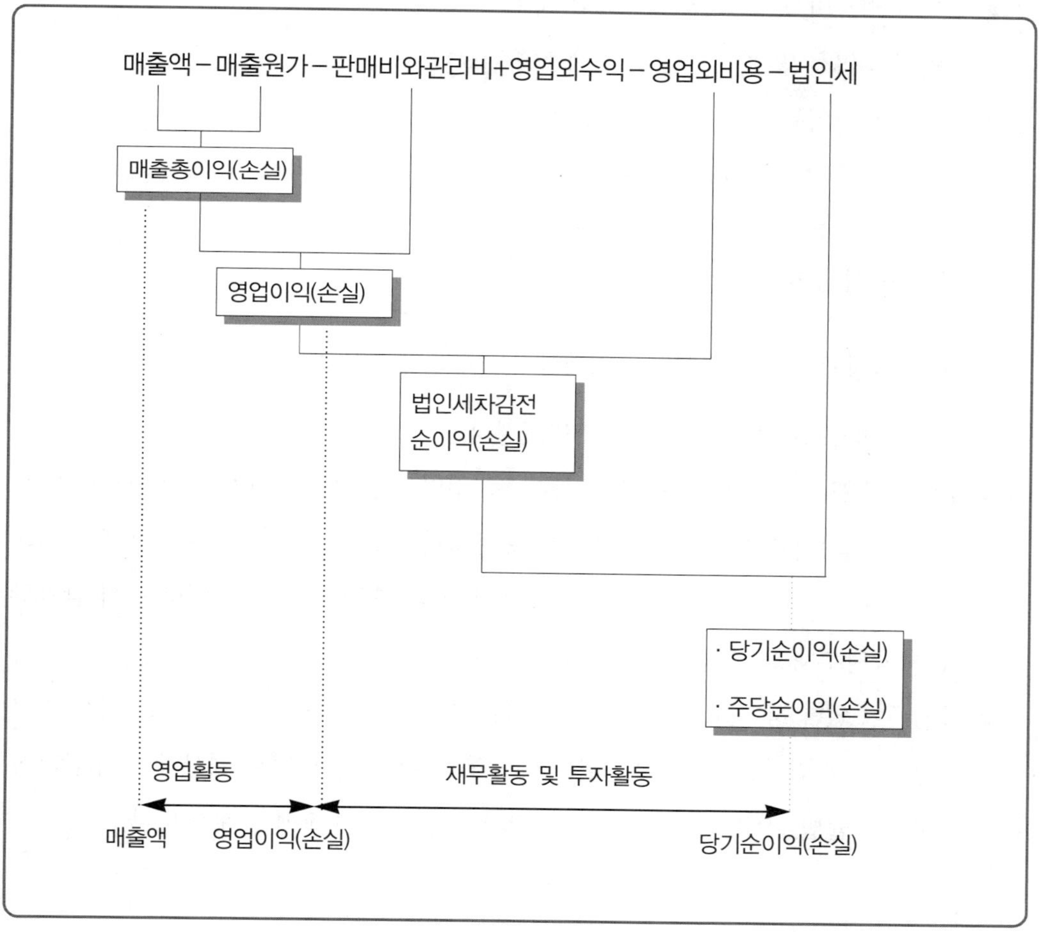

3. 손익계산서의 유용성과 한계

1) 손익계산서의 유용성

신용분석 자료로서 손익계산서로부터 다음과 같은 정보를 얻을 수 있다.

- 일정기간 동안 기업의 영업활동의 내용과 결과에 대한 정보
- 수익과 비용의 발생 및 원천에 대한 정보
- 기업의 수익성 및 미래의 수익성 예측에 필요한 정보
- 경영자의 경영능력 평가에 대한 정보
- 기업의 각종 비용지급능력에 대한 정보

2) 손익계산서의 한계

발생주의회계에 의하여 작성된 손익계산서는 다음과 같은 한계를 나타내고 있다.

- 기업의 현금흐름을 정확히 반영하지 못한다.
- 수익 · 비용이 정확히 대응되지 못한다. 즉 수익은 발생한 역사적인 원가에 따라 측정(원가주의)되므로 자산은 그 가치가 변동하더라도 그 자산이 처분될 때까지 취득원가로 기록되고 비용은 임의적인 회계배분이나 불확실한 추정 (예를 들어 감가상각비, 충당부채 등)에 의하여 계상되기 때문이다.
- 동업종에 있다 하더라도 기업이 서로 다른 원가를 적용하는 방법(예:재고자산의 선입선출법, 후입선출법 등)을 취한다거나 혹은 서로 다른 비용 계산방법(예:감가상각비의 정률법, 정액법)을 취한다면 기업간 수익성의 비교에 한계가 있다.

제2절 손익계산서와 재무상태표의 관계

손익계산서 등식과 재무상태표 등식의 상호관계를 나타내면 다음의 [그림 4-2]와 같다.

[그림 4-2] 손익계산서 등식과 재무상태표 등식의 상호관계

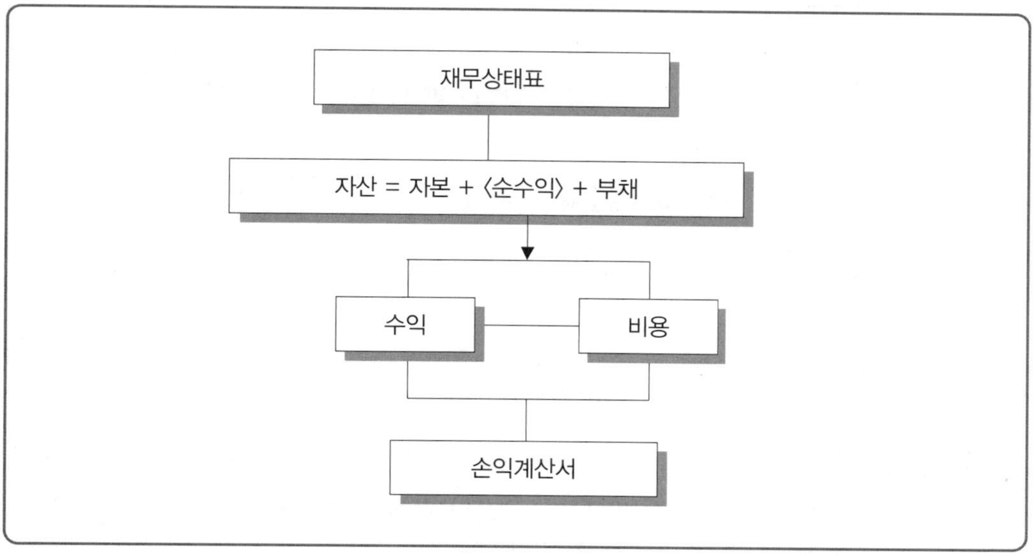

※ 자료 : Roy Warren, "How to understand and use Company Accounts", Hutchinson Business Books Limited, pp.21.

한편, 매출액의 잔액은 기말의 매출계정의 대변에 남게 되고 매출원가의 잔액은 기말에 매출원가의 차변에 남게 된다. 따라서 손익계정에 이들 잔액을 차변과 대변으로 나누어 각각 모으면 손익계산서가 된다. 그리고 손익계산서와 재무상태표의 상호관계를 그림으로 표시하면 다음의 [그림 4-3]과 같다.

[그림 4-3] 손익계산서와 재무상태표의 상호관계

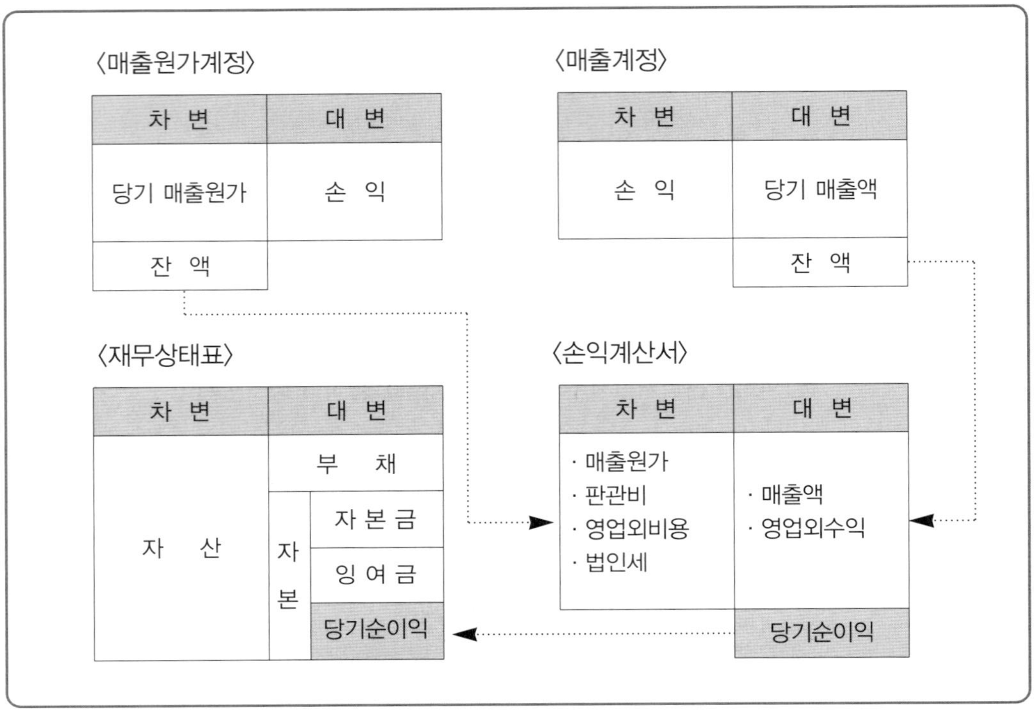

[그림 4-3]에서 보는 바와 같이 손익계산서상의 수익에서 비용을 뺀 순이익(대변항목)은 재무상태표의 자본계정(대변항목)에 나타난다. 그러나 그 순이익은 상대계정인 자산계정의 차변(예를 들면 자산의 증가 형태나 아니면 부채의 감소 형태로)에 이미 흡수되어 있다. 다음의 예를 보면 쉽게 알 수 있다.

〈예 1〉 제10기 6월 30일 은행으로부터 정기예금이자 1,000만원을 받았다.

차변) 현금의 증가 10,000,000　대변) 수입이자의 발생 10,000,000

〈예 2〉 제10기 8월 30일 현금(정기예금이자)으로 단기차입금 1,000만원을 상환하였다.

차변) 단기차입금의 감소 10,000,000 대변) 현금의 감소 10,000,000

따라서 재무상태표의 재산상태는 10기말의 보고서이므로 그 해 손익계산서상의 순이익(예를 들어 수입이자 1,000만원)은 자산의 증가 형태든지 혹은 부채의 감소형태로 이미 자산계정과 부채계정에 흡수되어 있다.

제3절 손익계산서 분석기법 (Income Statement Analysis)

1. 백분율법의 적용

수익성 분석시에는 손익계산서에 백분율법을 적용함으로써 수익성의 향상과 악화를 쉽게 발견할 수 있다. 다음의 [표 4-2]는 수익성 분석을 위해서 손익계산서에 백분율법을 적용하였다.

[표 4-2] 서울상사의 손익계산서

(단위 : 백만원)

과 목	제10기	제11기	제12기
매 출 액	500 (100%)	600 (100%)	750 (100%)
매 출 원 가	400 (80.0%)	480 (80.0%)	550 (73.3%)
매출 총이익	100 (20.0%)	120 (20.0%)	200 (26.7%)
제 비 용	80 (16.0%)	90 (15.0%)	150 (20.0%)
당기순이익	201 (4.0%)	301 (5.0%)	501 (6.7%)

[표 4-2]에서 보는 바와 같이 수익성 분석을 위해서는 백분율법의 적용이 필수적이라 할 수 있다. 왜냐하면 매출총이익에 적용된 백분율(11기 20%, 12기 26.7%)은 그 자체가 매출총이익률(=매출총이익/매출액×100%)을 나타내고, 당기순이익에 적용된 백분율(11기 5.0%, 12기 6.7%) 역시 그 자체가 매출순이익률(=당기순이익/매출액×100%)을 나타내기 때문이다.

다음의 〈예제 4-1〉을 보면 수익성 분석에 있어서의 백분율법의 중요성을 더욱 잘 알 수 있게 된다.

[예제 4-1] 백분율법의 적용사례

(단위 : 백만원)

과 목	제10기	제11기 (+/- 전년도 대비)	제12기 (+/- 전년도 대비)
매 출 액	500	600(+20.0%)	750(+25.0%)
매 출 원 가	370	450(+21.6%)	570(+26.7%)
매출 총이익	130	150(+15.4%)	180(+20.0%)

10기부터 12기까지 서울물산의 비교손익계산서를 보여 주고 있다. 11기 매출총이익은 10기의 매출총이익에 비하여 15.4% 증가하였다. 그리고 12기의 매출총이익은 11기 매출총이익에 비하여 20.0% 증가하였다. 이 경우 서울물산의 수익성을 서로 비교해 볼 때 12기 수익성이 11기 수익성보다 향상되었다고 할 수 있을까?

[풀이]

12기 서울물산의 수익성은 11기에 비하여 약간 악화되었다고 할 수 있다. 왜냐하면 서울물산의 매출총이익률(판매마진을 나타내는 비율)이 11기의 25%(=150/600×100%)에서 12기에는 24%(=180/750×100)로 하락하였기 때문이다. 따라서 12기에는 11기에 비하여 매출총이익은 증가하였지만 수익성(판매마진)은 약간 악화되었다. 그러므로 각각의 손익계산서에 다음과 같이 백분율법을 적용하면 수익성의 변화가 쉽게 파악된다.

(단위 : 백만원)

과 목	10기	11기	제12기
매 출 액	500 (100%)	600 (100%)	750 (100%)
매 출 원 가	370 (74%)	450 (75%)	560 (76%)
매출 총이익	130 (26%)	150 (25%)	180 (24%)

2. 신용분석 3단계의 적용

손익계산서의 **분석목적**은 ① 일정기간의 영업활동 결과와 전년도에 비하여 변동된 내용을 확인하고, 그 원인을 분석하여 미래에 그 기업의 영업활동을 예측 가능케 함으로써 영업 방향을 수정하고 새로운 전략을 적용할 수 있게 한다(**매출분석**). ② 영업활동의 수익성을 분석하여 수익성의 악화 원인을 찾아내고 개선함으로써 수익성을 향상시킬 수 있는 계기를 마련하는 것이라고 할 수 있다(**수익성분석**).

손익계산서의 분석에 〈신용분석 3단계〉의 이론을 적용해 보면 다음과 같다.

1) 현상파악

영업활동의 결과와 전년도에 비하여 변동된 내용의 파악을 위해서는 비교손익계산서의 분석이 중요하다.

2) 원인분석

그 변동된 원인을 밝혀 내기 위하여 관련 계정과목이 나타나는 개별명세서의 분석(예: 제조원가명세서, 판매관리비명세서 등)을 통하여 그 원인을 찾을 수 있다.

3) 진단과 전망

그 원인이 일시적인가? 아니면 지속적인가?에 초점을 두고 진단을 한다. 만약 그 원인이 당기순이익을 감소시키는 요인이었다면 이 요인이 향후에는 제거될 것인가? 아니면 더욱 심화될 것인가?에 초점을 두고 전망을 한다.

제4절 매출분석과 매출전망 (Sales Analysis)

1. 매출분석 (Sales Analysis)

매출분석은 현재관점에서는 판매위험에 대한 분석이며 미래관점에서는 성장성의 예측에 대한 분석이다. 그리고 그 기업이 속해 있는 산업의 수요와 공급에 대한 분석, 그 기업의 지위 (예를 들면, 국내외 시장에서의 시장점유율 및 시장에서의 지위 등)에 대한 분석을 함께 해야 한다. 아울러, 그 기업의 지난 과거의 성장과정 또는 배경에 대한 파악 또한 그 기업의 미래 성장가능성을 판단하게 하는 중요한 요소 중의 하나이다.

매출분석에는 최소한 지난 3년간 그 기업의 매출변화에 대한 추세분석을 통한 현상파악 및 그 원인분석을 하여야 하며 다음의 사항을 점검하여야 한다.

⑴ 해외 판매부분과 국내 판매부분의 구분분석 및 비율분석, 또한 외화표시 판매 금액 중 통화별 판매금액의 구분분석.

⑵ 제품별, 혹은 유사부문별(Division or Sector) 판매추세 및 변화에 대한 분석.

⑶ 국가별 혹은 지역별 판매분석, 즉 어떤 제품들이 어떤 시장에서 많이 판매되었는가? 그 시장에서 향후 수요증가가 계속될 것인가에 대한 분석.

⑷ 경쟁사 간에 매출비교 분석.

2. 매출전망 (Sales Forecast)

매출액을 추정하는 방법으로는 (1) 판매수량과 판매단가를 이용한 추정, (2) 평균매출 증가율을 이용한 추정, (3) 시장점유율을 이용한 추정, 등이 있으며 이를 소개하면 다음과 같다.

▶ 추정매출액 = 1) 예상판매단가 X 예상판매수량
2) 전기매출액 X (1 + 예상증가율)
3) 시장규모 X 시장점유율

이상 3가지 추정방법 중에서 일반적으로 판매수량과 판매단가를 이용한 추정을 주로 사용하고 있으며 예상판매단가와 예상판매수량에 영향을 미치는 변수, 즉 매출액에 영향을 주는 변수를 정리하면 다음과 같다.

▶ 매출에 영향을 주는 변수

(1) 시장규모와 성장률
(2) 시장에서 수요와 공급
(3) 소비자의 선호도 (브랜드 인지도)
(4) 시장점유율 및 시장지위
(5) 과거 판매가격과 판매량 추세
(6) 과거 제품가격상승과 판매량감소 상관관계
(7) 판매량의 계절적인 요인
(8) 지역별 및 제품별 판매량
(9) 원재료가격
(10) 원 · 달러환율
(11) 해외시장에서 원유가격

제5절 수익성분석 (Profitability Analysis)

1. 비율분석 (Ratio Analysis)

수익성 분석에 사용되는 비율분석에는 여러 가지가 있지만 그 중에서 가장 중요한 것 몇 가지만 언급하고자 한다.

1) 매출액총이익률(Gross Profit Margin)

매출액총이익률(매출총이익률) = 매출총이익 / 매출액 × 100 = (%)

매출총이익률 분석은 수익성 분석에 있어서 중요하며, 매출총이익(gross profit = 매출액－매출원가)의 변화에 대한 분석이기도 하다. 매출총이익률의 변화에 대한 분석은, ① 매출액의 변화에서 그 원인을 발견할 수 있다. 즉 매출액 증가의 원인으로 제품판매량의 증가나 제품가격(단가)의 상승 등을 들 수가 있다. ② 매출원가의 대부분을 차지하는 제조원가의 변화에서 그 원인을 찾을 수가 있다.

만약 **매출총이익률**이 전년도 30%에서 금년도에 20%로 줄어들었다면 그 원인을 어디에서 찾을 수 있을까?

① 매출액의 감소에서 찾을 수 있다. 매출액 감소의 원인으로는 ㉠ 제품판매량의 감소와 ㉡ 제품 판매가격의 하락을 들 수 있다. 제품가격이 시장에서 하락하는 경우는 ⓐ 경쟁사와 가격경쟁 때문에 의도적으로 제품가격을 내리는 경우와 ⓑ 시장에서 제품의

공급과잉으로 인하여 시장가격이 하락하는 경우를 생각할 수 있다. 만약 제품판매량의 감소가 매출총이익률 하락의 직접적인 원인이라면 이는 제품판매량의 감소와 연동하여 제조원가를 크게 줄일 수 없는 장치산업, 즉 중화학공업, 조선업, 반도체 제조업 등에서 흔히 볼 수 있다. 이는 규모의 경제(economies of scale)[1]에 반대되는 개념으로 이해될 수가 있다. 만약 생산된 만큼 매출로 실현된다고 가정할 때 생산능력의 증가는 매출증가로 이어져 제품의 제조단가의 하락을 달성하므로 규모의 경제를 실현한다고 할 수 있다. 그러나 생산능력은 증가되었으나 제품판매가 부진하여 매출이 늘어나지 않거나 오히려 감소했다면 이것은 오히려 제품의 제조단가가 상승한 경우가 되는 것이다.

② **금년도 매출액이 전년도 매출액에 비하여 다소 증가하였지만 상대적인 제조원가의 상승으로 매출총이익률이 하락하였다면 제조원가의 증가에는 어떤 원인들이 있을까?**

㉠ 제조경비 중에서 대부분이 감가상각비의 증가이다. 대체로 기업이 당해 연도에 기존 공장을 증설하거나 새로운 공장을 신축했을 때 당해 연도 혹은 그 다음 해에 주로 나타나는 현상이다. 왜냐하면 장치산업(반도체, 자동차, 석유화학, 조선 등) 외에도 거의 모든 산업, 즉 섬유, 기계부품, 심지어 우유제조업까지도 생산시설들이 자동화가 되었으므로 관련 기업들마다 몇 년 주기로 시설투자를 하기 때문이다. 이외에 수도광열비, 수선비, 연료비 등이 주요 원인인 경우도 있다.

㉡ 원재료비의 상승을 들 수 있다. 그 원인으로는, ⓐ 원재료 단가의 상승, ⓑ 원재료를 해외로부터 수입하는 경우에는 원화가치의 하락(환율의 인상)[2], ⓒ 재고자산평가 방

---

1) 규모의 경제 (economies of scale) : 생산시설을 확대해서 생산량을 증대시키면 어느 한도까지는 평균비용이 하락하게 된다. 이러한 것을 규모의 경제 또는 대규모 생산의 법칙이라고 한다. 규모의 경제 원인으로 대규모 설비의 경제성, 기계화, 신기술의 도입, 경영의 합리화 등 기업 내부의 원인을 내부경제(internal economy)라 하고, 대량구매에 따른 단위당 운임 축소, 원료비의 감소 등 기업 외부의 원인을 외부경제(external economy)라 한다.

2) 원화가치의 하락(Devaluation of Korean Won) : 일반적으로 환율의 인상을 의미한다. 즉 원화 대 미국달러화의 교환 비율이 1,000:1에서 1,200:1로 상승하는 것을 말하며, 이것은 1달러 하는 원자재를 수입하기 위하여 원화 1,000원을 지불하다가 원화 대 미국달러 환율이 @1,000에서 @1,200으로 상승하면 원화 1,200원을 지불해야 1달러 원자재를 수입할 수가 있다는 의미다.

법의 변경 등이 있다.

㉢ 생산직에 종사하는 노동자 및 관리자들에게 지급되는 노무비(급여, 직원들을 위한 복지비용, 퇴직급여 등)의 상승에서 그 원인을 찾을 수 있다.

③ **매출총이익률이 전년도의 20%에서 금년도에 30%로 향상되었다면**, 그 원인은 ① 매출부문에서 찾을 수 있다. 매출부문에서는 제품에 대한 수요의 증가로 인한 ㉠ 판매량의 증가나 ㉡ 제품가격의 인상(판매마진의 증가)을 들 수가 있다. ② 제조부문에서도 발견할 수 있다. 제조부문에서는 ㉠ 원재료비의 하락(기존 원재료가격의 하락 혹은 가격이 싼 대체 원재료의 사용 등), ㉡ 생산직에 지급되는 노무비의 하락, ㉢ 제품 단위당 제조경비의 하락 등에서 그 원인을 찾을 수가 있다.

2) 매출액영업이익률(Operating Profit Margin)

매출액영업이익률(영업이익률) = 영업이익 / 매출액 × 100 = (%)

영업이익률을 분석하기 위해서는 영업이익(operating profit = 매출총이익－판매비와 관리비)의 변화 추이와 그 원인에 대한 분석이 중요하다. **영업이익률은 그 기업의 순수 영업을 통해서 얻은 이익만을 반영**한다. 왜냐하면 1년간의 제품 판매수익(매출액)에서 제조비용 및 관리비와 판매비를 지급한 후 이익이 얼마나 남았는가는 나타내지만, 아직 금융비용이나 투자활동으로 발생하는 투자자산처분손실이나 유형자산처분이익은 반영하지 않았기 때문이다. 따라서 영업이익률은 기업의 영업마진을 나타내며 수익성분석에 매우 중요하다.

만약 **영업이익률이 전년도 15%에서 금년도 10%로 하락했다면 그 원인을 어디에서 찾을 수 있을까?**

① 매출의 감소에서 찾을 수 있다.

② 매출총이익률의 하락에 그 원인이 있다.

③ 판매관리비의 증가에서도 원인을 찾을 수가 있으며, 증가의 중요한 원인으로는,

㉠ 관리분야의 업무에 종사하는 인원에 지급되는 급여의 상승(급여, 퇴직급여, 복리후생비, 여비교통비, 차량유지비 등은 호경기에 크게 증가하는 경향)

㉡ 대손상각비(불경기에는 중요한 원인이 됨)의 증가

㉢ 수송비의 증가(우리나라의 교통 여건상 갈수록 증가하는 추세)

㉣ 감가상각비의 증가(제조원가의 감가상각비에 비하여 상대적으로 영향을 미치지 않음)

㉤ 연구개발비의 증가

㉥ 광고비(광고 의존도가 높아지면서 매출신장과 더불어 갈수록 증가하는 추세. 특히 자동차, 화장품, 가전제품, 주류, 의류, 휘발유판매업 등) 등을 들 수 있다.

3) 매출액순이익률(Net Profit Margin)

매출액순이익률(매출순이익률) = 당기순이익 / 매출액 × 100 = (%)

당기순이익(net profit after tax, 세후당기순이익을 보통 당기순이익이라고 함)의 변화추이가 기업의 수익성(profitability)을 나타내는 최종기준이며 다음의 식으로 나타낼 수 있다.

당기순이익 = 영업이익 + 영업외수익 − 영업외비용 − 법인세

매출순이익률은 기업이 1년동안 영업활동, 재무활동, 투자활동을 한 결과의 수익성을 나타내는 비율로서 경영진이나 주주에게 매우 중요한 비율이다. 왜냐하면 이 비율은 **투자결정의 기준**이 되기 때문이다. 경영진 입장에서는 최소한의 비율을 유지시켜야 주주로부

터 신뢰를 받을 수 있으며, 주주 입장에서는 최소한의 비율이 유지되어야 안정적인 배당을 기대할 수 있기 때문이다. 또한 적정한 매출순이익이 유지되는 한 추가 투자로 생산시설을 늘려 매출을 증가시킴과 동시에 이익을 극대화시킬 수 있다.

매출순이익률이 높은 기업은 대체로 다음과 같은 특징을 가지고 있다.

① 시장에서 독점 혹은 과점적 지위를 향유하고 있는 기업
② 시장에서 제품에 대한 일시적인 초과수요가 발생했거나, 그 산업이 구조적으로 가지고 있는 제품에 대한 공급이 부족한 상태인 경우
③ 업종을 대표하는 기업으로서 시장에서 제품 또는 서비스에 대하여 높은 가격을 제시해도 소비자가 그 가치를 인정하는 경우
④ 높은 매출순이익률은 주로 시설투자가 끝나고 규모의 경제가 실현되는 성숙기업에서 나타나는 경향이 많다.

당기순이익의 분석을 위하여 영업이익의 변화와 영업외수익과 비용(특히 순금융비용의 변화, 환율의 변동에서 발생하는 외환차손익과 외화환산손익의 발생) 등을 분석함으로써 당기순이익의 증감 원인을 찾을 수 있다.

만약 당기순이익이 전년도 70억원에서 금년도에 50억원으로 하락했다면 그 원인이 어디에 있을까?

① 매출액의 감소
② 매출총이익률의 하락(즉 제조원가의 상승)
③ 판매관리비의 증가
④ 영업외수익의 감소와 영업외비용의 증가이며, 그 주요 원인은 다음과 같다.
㉠ 영업외수익의 항목 : 이자와 배당금수익, 외환차익과 외화환산이익, 유형자산과 투자자산처분이익 등

㉡ 영업외비용의 항목 : 이자비용, 외환차손과 외화환산손실, 유형자산과 투자자산처분손실 등

그러므로 ⓐ 순이자비용(이자비용－이자수익), ⓑ 외환관련손익(예; 순외환비용 또는 순외환수익), 즉 환율변동으로 발생한 이익과 손실이 당해 연도에 반영된 항목들의 차감(외환차익과 외화환산이익－외환차손과 외화환산손실), ⓒ 유형자산처분순손실(유형자산처분손실－유형자산처분이익), ⓓ 투자자산처분순손실(투자자산 처분손실－투자자산처분이익) ⓔ 통화선도관련손익(통화선도거래이익과 통화선도평가이익－통화선도거래손실과 통화선도평가손실), 즉 순통화선도손실 또는 순통화선도수익을 분석해 보면 당기순이익 증감의 정확한 원인을 파악할 수 있다.

한편, 기업들이 부동산 및 유가증권을 처분하는 과정에서 상대적으로 자금력이 있는 계열사에 자산을 매각해 영업외수익이익을 올리는 사례도 있는 것으로 추정된다.

4) EBIT/EBITDA/EBITDAP

① EBIT

EBIT = 당기순이익 + 세금 + 이자비용

순이익 개념에는 이자비용 및 세금지급전순이익(earnings before interest & tax) 개념이 있다. 이 개념은 그 해 이자비용과 세금을 지급하기 전에 이익이 얼마나 되는가를 파악하기 위한 것이다.

② EBITDA

EBITDA = EBIT + 감가상각비 + 무형자산상각비

최근에는 EBITDA(earnings before interest, tax, depreciation & amortization) 개념이 수익성 분석에 많이 사용되고 있다. 이 개념은 감가상각비 · 무형자산상각비 · 이자비용 · 세금지급전이익을 의미한다. 따라서 이 개념은 발생주의회계의 단점(영업활동에서 유입된 현금을 제대로 반영하지 못함)을 보완하는 개념이라고 할 수 있다. 그러나 이 개념은 개념 자체에 큰 의미가 있는 것이 아니고, 이 개념으로 이자비용과 같은 특정비용을 나누어 볼 때 그 비용에 대한 지급능력을 평가할 수 있다는 데 의미가 있다.

참고 : 실무적으로 EBITDA와 관련하여 다음과 같은 비율이 많이 사용되고 있다.

1. EBITDA/이자비용 = 1.5배(혹은 1.5×) : 실질 이자지급능력 측정에 사용
2. EBITDA Margin = EBITDA/매출액×100(몇 %): 사용가능한 현금이 매출액에 얼마나 들어 있는가를 측정

③ EBITDAP

EBITDAP = EBITDA + Provision

발생주의회계의 단점을 좀더 보완하는 취지에서 EBITDA에 충당금(provision)을 더해주면 **이자비용지급전 영업활동에서 유입된 현금흐름의 크기를 더욱 잘 반영**할 수 있다.

왜냐하면 대부분의 제조업체에서는 현금의 유출이 없는 비현금비용 중 감가상각비가 가장 큰 비중을 차지하고, 그 다음으로 충당금(provision or allowance)이 차지하는 비중이 크기 때문이다. 예를 들어 퇴직급여충당금(퇴직급여)과 대손상각충당금(대손상각비)을 더하여 구할 수 있다.

참고 : · EBTDAP(EBITDAP − 이자비용)/매출액×100, 또는

· (세전순이익+감가상각비+무형자산상각비+당기충당금전입액*)/매출액×100

: 이자비용 지급후 사용가능한 현금을 예측하는데 용이함.

※ 당기충당금전입액 = (당기현금흐름표상의 비현금비용 부분의)퇴직급여+대손상각비+기타충당금

5) 현금흐름 대 매출 비율(Cash Flow-Margin Ratio)

$$\text{영업현금흐름 대 매출 비율} = \frac{\text{영업현금흐름}}{\text{매출액}} \times 100 = (\%)$$

※영업현금흐름 : (현금흐름표상의)영업활동으로 인한 현금흐름

이 비율은 매출액에서 사용가능한 현금의 규모를 파악함으로써 기업의 부채상환능력(debt serviceability)과, 비용지급능력(dividend cover) 등을 파악하는데 많이 사용된다.

지난 몇 년간의 추세분석을 해보면 이 비율이 일정한 범위 내에서 움직이는 경우를 발견할 수 있다. 이때 다음 해의 매출액이 예상되면 영업활동에서 조달된 현금흐름(즉, 사용 가능한 현금유입액의 크기)도 예상할 수 있다.

6) 자산이익률(Return on Assets : ROA)

$$\text{자산이익률} = \frac{\text{당기순이익}}{\text{자산총계(평잔)}} \times 100 = (\%)$$

이 비율은 흔히 ROA(return on assets) 혹은 ROI(return on investment)라고 부르며

수익성 분석에서 매우 중요하게 사용되는 비율 중 하나이다. 이 비율은 투자한 자산에 대한 투자수익률을 나타내며, 이 비율이 높아지면 투자자산에 대한 수익성이 향상되었음을 의미한다. 따라서 이 비율은 경영자 입장에서는 투자판단의 기준으로 사용되며, 채권자 입장에서는 기업의 투자결과에 대한 성공여부를 점검할 수 있는 중요한 비율로 사용된다.

이 비율은 보유자산에 대한 수익률을 나타내기도 하므로 **금융기관들의 자산에 대한 수익률(ROA)을 측정하는 비율**로 많이 사용되고 있다.

7) 자기자본이익률(Return on Equity : ROE)

$$\text{자기자본이익률} = \frac{\text{당기순이익}}{\text{자기자본(평잔)}^{*}} \times 100 = (\%)$$

*평균자본총계를 의미함.

이 비율은 주주 입장에서는 투자자본에 대한 수익성을 나타내기 때문에 주주들에게 가장 중요한 비율이라고 할 수 있다. 왜냐하면 이 비율이 주주에 대한 배당기준이 되기 때문이다. 따라서 이 비율이 높아지면 자본에 대한 투자수익성이 향상되었음을 의미한다. 이 비율의 향상은 배당금의 증가를 의미하므로 향후 **회사의 성장을 위하여 자본금의 증액에 대한 참여를 결정하는 데 중요한 판단(투자)기준**이 된다. 주주 입장에서 배당률은 투자기준으로서 시중의 이자율과 비교된다.

2. 매출과 수익성 (Sales & Profitability)

매출액과 매출총이익의 크기는 대체로 정(+)의 비례관계를 갖는다. 즉 판매마진(margin)이 변하지 않는다면 매출액이 증가하면 매출총이익도 같은 비율만큼 증가하게 된다. 그러나 생산력의 증가로 인한 매출의 증가 혹은 규모의 경제로 인하여 단위당 제조원가가 감소하는 경우는 매출액증가율 이상으로 매출총이익이 증가한다.

한편, 제품의 대부분을 수출하는 기업인 경우에는 달러 대 원화환율이 지속적으로 상승하게 되면 원화표시 판매마진이 늘어나 매출액 증가율 이상으로 매출총이익이 증가하게 된다. 만약 거액의 영업외비용(외환차손 및 부동산처분손실 등)이 발생하면 수익성은 향상되어도 당기순이익은 오히려 감소하는 사례가 많다.

결론적으로 매출액과 매출총이익은 대체로 정(+)의 비례관계를 갖는다. 그리고 매출액과 당기순이익은 이론적으로는 정(+)의 비례관계에 있으나 현실적으로는 독립적으로 움직이는 경우가 많다. 앞 절에서 본 바와 같이 매출부진으로 인하여 매출총이익이 감소하였으나 영업외수익의 발생으로 오히려 당기순이익이 증가하는 사례가 많다.

반면에 생산능력의 향상과 더불어 매출은 증가하였으나 시설투자로 인하여 감가상각비가 크게 늘어 매출총이익이 감소하거나 당기순이익이 감소하는 사례가 많다. 그리고 매출총이익은 크게 증가(환율의 상승으로 인한)하였으나 외환차손의 발생으로 당기순이익이 감소하거나 적자가 발생하는 사례가 많다.

3. 자본과 수익성 (Equity & Profitability)

자본(equity)과 이익(income)의 관계는 정(+)의 비례관계에 있다. 즉 자본이 클수록 이익은 증가한다. 바꾸어 말하면 타인자본에 대한 의존도가 낮을수록 이익의 규모는 증가하게 된다. 왜냐하면 타인자본에 대한 사용비용(금융비용)을 절감하기 때문이다. 그러므로 자기자본이 클수록 기업의 당기순이익은 증가한다. 그렇다고 **기업이 이익을 증대시키기 위하여 주주가 자본금을 지속적으로 증가시킨다면 자기자본이익률(=당기순이익/자기자본×100)은 오히려 하락하게 된다.** 왜냐하면 타인자본에 대한 의존도가 약할수록 금융레버리지 효과가 사라지기 때문이다.

만약 어떤 기업이 회계연도 중간이나 말에 자기자본을 증가시키면 그 해 말의 자기자본이익률은 당연히 하락하게 된다. 왜냐하면 1년 동안의 **자본금증대효과**(금융비용절감효과 혹은 매출증대효과)가 반영되지 않기 때문이다.

그러나 장기적으로 그 증자대금으로 단기차입금을 상환한다면 금융비용을 줄이게 되고(**금융비용절감효과**), 핵심자산에 투자한다면 향후 매출을 증대(**매출증대효과**)시킴으로써 당기순이익을 증가시킬 것이다. 그리고 그 이익이 기업에 유보되면 궁극적으로는 자기자본이익률을 향상시키는 데 기여할 것이다. 한편 자본금 증대효과 중에서 가장 대표적인 것은 기업의 재무구조를 개선시키는 것이다. (**재무구조 개선효과**)

4. 자본적지출과 수익성 (Capital Expenditure & Profitability)

전년도에 매출액이 정상적으로 상승했고 원재료비나 노무비도 별로 증가하지 않았음에도 불구하고 제조경비가 크게 증가하여 매출총이익률(gross profit margin)을 악화시켰다면, 대부분이 전년도나 금년도에 생산시설투자(capital expenditure)를 함으로써 감가상각비가 크게 증가한 경우이다. 그러므로 **자본적지출은 투자가 실패하지 않은 경우에 있어서도 일반적으로 감가상각비를 증가시켜 1~2년동안은 수익성을 악화시키게 되지만 투자가 실패하지 않았기 때문에 현금흐름은 오히려 증가**한다.

한편, 기업이 시설투자 자금을 유상증자를 통하여 조달했다면 금융비용의 증가는 별로 없겠지만, 만약 시설투자를 위하여 장·단기차입금에 의존했다면 금융비용이 크게 증가하여 향후 기업의 수익성을 악화시킬 것이며, 이 시설투자의 효과가 계획과 같이 매출로 실현되지 않는다면 향후 이 기업의 수익성은 물론이고 현금흐름도 악화될 것이다. 이러한 경우는 주로 장치산업에 속한 기업이 시설투자를 한 경우에 나타나는 현상이다.

일반적으로 기업이 시설투자를 하게 되면 투자 전년도에 비하여 2~3년간은 자산이익률(=당기순이익/총자산×100=ROA)이 악화된다. 왜냐하면 **투자효과(매출증대효과)**가 발생할 때까지는 시간이 필요한 반면, 생산시설이 완공되면 원가비용(감가상각비)은 당해연도부터 바로 반영되기 때문이다. 따라서 시설투자가 성공적이라면 투자연도에 자산이익률이 가장 악화되었다가 점진적으로 투자효과(매출증대효과)가 발생하고, 2~3년간 감가상각비용을 계상하고 나면 자산이익률은 투자전보다 크게 향상된다. 그러므로 단순히 **자산이익률이 악화되었다고 해서 자산의 이익창출능력 및 현금창출능력이 악화된 것은 아니다.**

제6절 환율과 수익성 (FX Rate & Profitability)

1. 환위험 (Foreign Exchange Risk)

환율위험(FX risk)은 환율의 변동이 기업이 보유하고 있는 외화자산과 외화부채의 가치를 변화시킴으로써 손실을 발생시킬 수 있는 위험이다. 기업이 보유하는 외화자산과 외화부채의 차이가 클수록 잠재적인 시장위험이 커진다.

예를 들어 동일통화를 전제로 할 때 A 기업의 (외화자산-외화부채)/자산총계 비율이 10%이고 B 기업의 비율이 7%이라면, 환율에서 발생하는 A 기업의 환위험이 B 기업의 환위험보다 크다. 따라서 다음 비율의 관리가 중요하다.

(통화별 외화자산-외화부채) / 자본총계 × 100, (예 : 7%)

보유외화자산과 보유외화부채의 만기가 길수록 혹은 환율변동 폭이 커질수록 환위험은 높아지므로, 보유외화자산 또는 보유외화부채의 만기와 환위험은 정(+)의 비례관계에 있다.

결론적으로 환위험은 (1) 외화자산과 외화부채의 차이, (2) 보유외화자산과 부채별 만기불일치, (3) 보유외화자산과 보유외화부채에 관한 해당통화의 환율변동 폭(예: 1년 동안)에 의하여 주로 결정된다.

〈예제 2-2〉 K기업은 10기 회계기간에 다음과 같은 거래가 발생하였다.

① 10기 3월 1일 1년 만기 외화자금 USD500,000을 차입하였다.
② 11기 4월 30일 외화차입금 USD500,000전액을 상환하였다.
그 동안 환율변화의 추이는 다음과 같다.
※ 1USD 대 원화환율 : 1. 10기 3월 1일 : ₩1,200원
2. 10기 12월 31일 : ₩1,300원
3. 11기 4월 30일 : ₩1,450원

[문제1] 10기 12월 31일 K기업에 발생한 외화환산손익을 구하시오.
① 외화환산손실₩40,000,000 ② 외화환산손실₩50,000,000
③ 외화환산이익₩40,000,000 ④ 외화환산이익₩50,000,000

[문제2] 11기 4월 30일 외화자금 상환시 발생한 외환차손익을 구하시오.
①외환차익₩125,000,000 ② 외환차익₩75,000,000
③외환차손₩125,000,000 ④ 외환차손₩75,000,000

[풀이 1]
10기 3월 1일 : (차) 현금 ₩600,000,000 (대) 외화단기차입금 ₩600,000,000
10기 12월 31일 : (차)외화환산손실 ₩50,000,000 (대) 외화단기차입금 ₩50,000,000
※ USD500,000× (₩1,300 − ₩1,200) = ₩50,000,000
10기 12월 31일 : 외화단기차입금의 잔액 ₩650,000,000(= USD500,000 × ₩1,300)

[풀이 2]
11기 4월 30일 : (차) 외화단기차입금 ₩650,000,000 (대) 현금 ₩725,000,000
외환차손 ₩75,000,000

※외환차손 : ₩75,000,000 {= USD500,000 × (₩1,450 − ₩1,300)}

※상환금액 : ₩725,000,000 (= USD500,000 × ₩1,450)

〈예제 2-3〉 K기업은 당기 회계기간에 다음과 같은 거래가 발생하였다.

① 10월 20일 상품 USD100,000을 수출(3개월 후 결제조건)하였다.

② 10월 30일 수출채권을 은행에 매각하고 그 수출대금을 받았다.

그 동안 환율변화의 추이는 다음과 같다.

※ 1USD 대 원화환율 : 1. 10월 20일: ₩844원
2. 10월 30일: ₩880원
3. 12월 31일: ₩800원

[문제1] 10월 30일 K기업에 발생한 외환관련손익을 구하시오.

① 외화환산이익 ₩3,600,000 ② 외화환산손실 ₩3,600,000
③ 외환차익 ₩3,600,000 ④ 외환차손 ₩3,600,000

[문제2] K기업은 수출채권을 은행에 매각하지 않고 12월 31일 현재 보유하고 있다. 12월 31일 K기업에 발생한 외환관련 손익을 구하시오.

① 외환차익 ₩4,400,000 ② 외환차손 ₩4,400,000
③ 외화환산이익 ₩4,400,000 ④ 외화환산손실 ₩4,400,000

[풀이 1]

10월 20일 : (차) 외화매출채권 ₩84,400,000 (대) 매출 ₩84,400,000

10월 30일 : (차) 현금 ₩88,000,000 (대) 외화매출채권 ₩84,400,000
외환차익 ₩3,600,000

※외환차익 : USD100,000 × (₩880−₩844) = ₩3,600,000

[풀이 2]

12월 31일 : (차) 외화환산손실 ₩4,400,000 (대) 외화매출채권 ₩4,400

※외화환산손실: USD100,000 × (₩840-₩800) = ₩4,400,000

2. 환위험의 점검

국내 기업들 중에 많은 기업들은 수입의존기업, 수출의존기업, 외화채무가 많은 기업 및 외화자산이 많은 기업과 관련이 많다. 이들 기업들은 주로 원 · 달러환율의 변동으로 인하여 보유하고 있는 외화자산과 외화부채에서 발생하는 환위험이 반영된 영업외비용과 영업외수익에 미치는 손익영향으로 경우에 따라 당기순이익에 큰 영향을 미친다.

이와 같이, 영업외비용에서는 외환차손과 외화환산손실이 발생하고 영업외수익에서는 외환차익과 외화환산이익이 발생하여, 기업의 판매마진은 변함이 없음에도 불구하고 당기순이익에 큰 영향을 미치는 내용을 분석하기 위해서는 외환거래 및 평가와 관련하여 발생하는 외환순손익금액을 점검해야 한다.

따라서 외환순손익금액이 (+)을 나타내면 그 해는 환위험이 없음을 의미하고, 외환순손익금액이 (–)을 나타내면 그 해는 환위험이 발생하였으며, 그 (–)금액이 크면 환위험이 높음을 의미한다. 이를 계산하는 방법은 다음과 같다.

[표 4-4] 외환순손익금액의 계산

(단위: 억원)

손익계산서	제11기	제10기
1) 외환차손	(30)	(20)
2) 외화환산손실	(30)	(30)
외환손실합계	(60)	(50)
1) 외환차익	40	20
2) 외화환산이익	30	20
외환이익합계	70	40
외환순손익금액	**10**	**(10)**

▶ 외환순손익금액의 분석

외환거래 및 평가와 관련하여 외환순손익금액을 분석해 보면 10기는 순손실금액이 10억원이었으나, 11기는 순이익금액이 10억원, 즉 흑자로 전환되어 11기기 당기순이익증가의 주요 요인으로 작용하였다.

3. 환위험관리의 점검

국내 많은 기업들은 환위험을 회피하기 위하여 금융기관과 파생금융상품 거래를 하게 되고, 이 거래의 결과로 기업의 판매마진은 변함이 없음에도 불구하고 경우에 따라 기업의 당기순이익에 큰 영향을 미치고 있다. 이러한 사항을 분석하기 위해서는 파생금융상품의 거래와 평가에서 발생하는 **파생상품순손익금액**을 **점검**해야 한다.

파생상품순손익금액이 (+)을 나타내면 그 해는 환위험관리를 잘 했음을 의미하고, 파생상품손익금액이 (−)를 나타내면 그 해는 환관리가 예상을 벗어났음을 의미하며, 그 (−)금액이 크면 환위험관리가 크게 예상을 벗어났음을 의미한다. 파생상품순손익금액을 계산하는 방법은 다음과 같다.

[표 4-5] 파생상품순손익의 계산

(단위: 억원)

손익계산서	제11기	제10기
1) 파생금융상품거래손실	(20)	(20)
2) 파생금융상품평가손실	(20)	(30)
파생상품손실합계	(40)	(50)
1) 파생금융상품거래이익	10	20
2) 파생금융상품평가이익	10	20
파생상품이익합계	20	40
파생상품순손익금액	**(20)**	**(10)**

▶ 파생상품손익금액의 분석

파생금융상품 거래 및 평가와 관련하여 파생상품순손익금액을 분석해 보면 10기는 순손실금액이 10억원이었으나, 11기는 순손실금액이 20억원으로 확대되어 11기 당기순이익감소의 주요 요인으로 작용하였다.

참고 : 예를 들어, 환율상승 시기에 수입기업이 파생상품거래(예; 통화선도 매입거래)로 환위험을 관리하였고, (1)미래 환율이 파생상품거래 시점에 예상한 예상환율보다 높으면 외환순손익금액의 마이너스(-)는 확대되지만, 파생상품순손익금액에서 플러스(+)가 발생하여 해당기업의 환위험을 축소시킬 수 있다. 그러나 반대로 (2)미래 환율이 상승하다가 예상과 달리 갑자기 하락하여 파생상품거래 시점의 현재 환율(혹은 전기 연말환율) 이하로 하락하면 외환순손익금액에서는 플러스(+)가 발생하고, 파생상품순손익금액에서는 마이너스(-)가 발생하게 된다. 또한 (3)미래 환율이 예상과 달리 파생상품거래 시점의 현재 환율 보다 조금만 상승(즉 예상환율 이하 수준)하면 외환순손익금액에서 작은 금액의 마이너스(-)가 발생하고, 파생상품순손익금액에서도 작은 금액의 마이너스(-)가 발생할 수 있다.

환위험관리 관점에서 보면 미래 환율수준에 대한 예상이 맞았을 때(즉 미래 환율이 파생상품거래 시점에 예상한 예상환율보다 높거나 또는 비슷했을 때) 환위험을 축소시킬 수 있다. 반면에 미래 환율에 대한 예상이 빗나갔을 때는 비용(즉 수입원가)을 사전에 확정지을 수 있다는데 거래의미를 찾을 수 있다. 결론적으로 파생상품거래를 통한 환위험관리는 (1)미래에 발생 가능한 환위험의 확대를 축소시키거나 또는 (2)비용을 사전에 확정하는데 그 목적이 있다.

4. 환위험관리 비율

금융감독원에서는 기업에 환위험관리를 위한 다음의 비율 사용을 권고하고 있다.

1) 총 Open Position 비율

[(외화자산−외화부채)+(외국환매입−외국환매도) / 자기자본 × 100, (예 : 5%)

※ 감사보고서, 주석사항 및 기업의 파생금융상품거래 현황을 참고로 작성하고, 외국환에는 통화선도, 통화선물, 통화옵션, 통화스왑 등 파생금융상품을 포함.

2) 외환차손익비율

[(외환차익+외국환파생상품거래차익)−(외환차손+외국환파생상품거래차손)] / 영업이익 × 100, (예 : 4%)

※ 손익계산서를 참고로 작성하고, 외화환산손익과 파생상품평가손익은 제외함.

3) 매매목적파생상품거래보유비율

매매목적파생상품거래 잔액 / 자기자본 X 100, (예 : 3%)

※ 감사보고서, 주석사항 및 기업의 파생금융상품거래 현황을 참고로 작성.

5. 수출기업과 수입기업의 환위험분석

기업이 환율변동으로 인하여 발생되는 위험을 환위험(경제적 손실)이라 하면 이는 환위험관리, 즉 환헷지(hedge)의 대상이 된다. 기업신용분석가 입장에서 환위험을 정확히 분석하기 위해서는 환위험의 2가지 유형을 이해하면 매우 유용하다. 그 유형에는 (1) **환위험이 발생하고 손익계산서의 영업외비용(예; 외화환산손실 혹은 외환차손)에 나타나는 경우**와 (2) **환위험이 발생해도 영업외비용에 나타나지 않는 경우**가 있다.

1) 수출기업의 환위험분석

수출기업이 수출신용장(export L/C: letter of credit)을 받거나 또는 외상수출(D/A) 계약을 하게 되면 그 시점부터 수출대금이 회수되는 동안에 환율이 하락하게 되면 수출기업은 경제적으로 손실(환위험)이 발생하고, 이는 환위험관리의 대상이 된다.

이때 수출기업의 환위험은 2가지 유형, (1) 수출기업이 수출신용장(L/C)을 받거나 또는 외상수출(D/A) 계약을 하고 그 제품을 선적(차변: 외화매출채권, 대변: 원화표시 매출인식)하는 시점과 (2) 선적시점(매출인식)이후 수출대금이 회수되는 시점까지를 구분하고 분석해야 한다.

그 이유는 (2) 선적시점(매출인식)부터 수출대금이 회수되는 동안에 환율이 하락하면 그 손실(환위험)은 영업외비용에 나타나고, 반면에 (1) 수출기업이 신용장(L/C)을 받거나 또는 외상수출(D/A) 계약을 하고 그 제품을 선적하는 날까지 환율이 하락해도, 즉 계약일 환율 보다 선적일 환율이 하락해도 그 손실(환위험)은 영업외비용에 나타나지 않기 때문이다. 그 대신 **그 손실(환위험)은 판매가격의 하락(즉 매출감소)**로 나타나고, 이는 손익계산서에 판매마진을 나타내는 **매출총이익의 감소**로 나타난다.

2) 수입기업의 환위험분석

수입기업이 거래은행을 통하여 수입신용장(import L/C)을 발행하거나 또는 외상수입(D/A) 계약을 하게 되면 그 시점부터 수입대금을 결제하는 동안에 환율이 상승하게 되면 수입기업에 경제적으로 손실(환위험)이 발생하게 된다.

이때 수입기업의 환위험은 2가지 유형, (1) 수입기업의 거래은행이 수입신용장(L/C)을 발행하거나 또는 외상수입(D/A) 계약을 하고 그 제품을 인수하는 시점과 (2) 인수시점(차변: 원화표시 재고자산증가, 대변 외화단기차입금 또는 외화매입채무 인식)부터 수입대금을 결제하는 시점까지로 구분하고 분석해야 한다.

그 이유는 (2) 인수일로부터 수입대금을 결제하는 결제일 사이에 환율이 상승하면 그 손실(환위험)은 영업외비용에 나타나고, 반면에 (1) 수입기업의 거래은행이 수입신용장(L/C)을 발행하거나 또는 외상수입(D/A) 계약을 하고 그 제품을 인수하는 날까지 환율이 상승해도, 즉 계약일 환율 보다 인수일 환율이 상승해도 그 손실(환위험)이 영업외비용에 나타나지 않기 때문이다. 그 대신 **그 손실(환위험)은 수입품가격의 상승(즉 매출원가)의 상승**으로 나타나고 이는 손익계산서에 판매마진을 나타내는 **매출총이익의 감소**로 나타난다.

제7절 손익계산서 분석사례 (P/L Analysis Case)

[분석사례] 부록에 첨부된 H건설사의 손익계산서를 보고 〈계정과목압축법〉과 〈신용분석의 3단계〉 분석법을 적용하여 제52기 영업성과를 분석하시오.

1. 현상파악

(1) 매출액은 제51기에 비하여 5.3% 성장하여 제52기에는 4,350억원을 기록하였다. 매출내역을 살펴보면 국내공사수입 3,590억원(82.5%), 해외공사수입 490억원(11.3%)과 기타수입 270억원(6.2%)으로 구성되어 있다. 매출증가요인을 살펴보면 국내공사수입 220억원 증가와 해외공사수입 80억원이 성장의 주요인이었으며, 반면에 분양수입은 90억원 감소하였다.

매출은 성장한 반면에 (2) 매출총이익은 오히려 전기에 비하여 50억원이 줄어들어 450억원으로 감소하였다. 이로 인하여 (3) 영업이익도 전기 대비 35%(120억원)가 하락하여 160억원으로 감소하였다. 그러나 (4) 당기순이익은 오히려 전기 대비 20억원 상승하여 170억원으로 증가하였다.

2. 원인분석

1) 매출총이익감소 주요원인

① 외주비 280억원 증가(14% 상승)

② 재료비 170억원(26%) 증가(제조원가명세서 참고)

2) 영업이익감소 주요원인

① 대손상각비 60억원증가

② 하자보수비 16억원 증가(판매비와관리비 참고)

3) 당기순이익증가의 주요원인

① 이자비용 60억원 감소

② 외환차손 40억원 감소(영업외비용 참고)

3. 진단과 전망

H건설사 제52기 영업성과를 분석한 결과를 정리하면 매출은 5.3%성장하여 4,350억원을 기록 했으나 외주비와 재료비의 증가로 판매마진(매출총이익률 12%→10%로 하락)은 오히려 악화되었다. 게다가 대손상각비와 하자보수비의 증가로 영업이익(영업이익률: 7%→4%)도 하락하였다. 그러나 이자비용의 감소와 외환차손의 감소로 당기순이익은 전년대비 15% 상승하여 170억원으로 증가하였다.

결론적으로 분석결과를 종합하면 다음과 같다. 위험요인으로는 외주비 및 재료비의 증가를 흡수할 수 있는 수익성 있는 수주물량의 확보를 지적할 수 있고 대손상각비를 낮출 수 있는 우량고객의 발굴, 무리한 수주의 자제, 및 하자보수비를 낮추기 위한 마무리 시공능력의 향상을 지적할 수 있다.

반면에 강점요인으로는 (총차입금의 감소로: 재무상태표분석사례 참조) 내년에는 이자비용의 추가감소 예상되고, 이는 내년 수익성 향상에 기여할 것으로 예상된다.

▶ 수익성비율

(1) 매출총이익률

① 제51기: 50 / 414 × 100 = 12%

② 제52기: 45 / 436 × 100 = 10%

(2) 영업이익률

① 제51기: 29 / 414 × 100 = 7%

② 제52기: 17 / 436 × 100 = 4%

제 5 장 현금흐름 분석 (Cash Flow Analysis)

제5장 주요내용

- 용어의 개념

  ① 발생주의회계 ② 현금주의회계 ③ 현금및현금등가물

  ④ 발생개념 ⑤ 이연개념

- 영업활동으로 분류되는 계정과목의 이해
- 투자활동으로 분류되는 계정과목의 이해
- 재무활동으로 분류되는 계정과목의 이해
- 현금흐름표의 의미와 유용성
- 직접법과 간접법 구조 및 양식
- 현금흐름표/손익계산서/재무상태표의 상호관계
- 비교분석기법의 내용 및 장점과 단점
- 구분분석기법의 내용 및 장점과 단점
- 기업 잉여 현금흐름의 개념과 유용성

제1절 기업활동과 현금흐름 (Operating Activities/Cash Flow)

1. 신설기업의 현금흐름분석

제조업은 사업주가 공장과 건물을 마련하고 생산된 제품판매를 시작하면 기업의 영업활동이 본격적으로 시작된다. 일반적으로 신설기업은 자금을 어떻게 조달할까?

어떤 사업주가 특허를 내고 제품을 생산한다고 가정하자. 생산시설을 갖추기까지 1년이 소요되며 그 기간에 법인설립, 토지구매, 공장건설, 생산설비구입, 임금지급 등과 같이 창업자금이 약 100억원 필요하다고 가정하자. 이 경우 자금조달을 위한 3가지 예를 만들어 보면 다음 표와 같다.

[표 5-1] 창업자금 마련의 예

	창업자금	자본금	장기차입금	부채비율
〈예 1〉	100억	60억	40억	67%
〈예 2〉	100억	50억	50억	100%
〈예 3〉	100억	40억	60억	150%

〈예 1〉 가장 일반적인 경우이다. 사업주가 주주를 구성하고 주주들로부터 사업초기 자금인 자본금 60억을 조성하여 토지 및 건물을 구입하고, 이 부동산을 금융기관에 담보로 제공하고 감정가격의 60~70%를 창업자금 용도로 차입하는 것이다.

〈예 3〉 이 경우는 국가 기술발전에 기여되는 사업이라고 판단되어 창업지원자금, 기술지원자금을 지원받는 경우이거나 혹은 본사 보증이 제공되는 특수한 경우이다.

〈예 2〉 이 경우는 앞의 〈예1〉과 〈예3〉의 중간 형태로서 사업성을 인정받거나, 구입한 토지 혹은 건물가격이 상승하여 감정가격도 상승한 경우로 볼 수 있다.

한편, 장기차입금 상환조건은 1년 거치 5년(제품판매로부터) 균등분할상환 조건이다. 이와 같이 자금을 조달하여 마침내 제품이 생산되어 판매가 시작하였다. 게다가 생산에 필요한 원재료를 창고에 비축하였다. 이로서 기업의 영업활동이 정상적으로 시작하였고, 이에 따른 현금흐름을 분석해 보자.

또한, 영업활동을 위한 운전자금이 필요하여 은행에서 운전자금 용도로 단기자금 30억원을 차입하였다. 이 자금 중에서 원재료(재고자산)를 30억원 상당을 구매하고 10억원은 현금으로 지급하고, 20억원은 외상구매(매입채무)하여 현금 20억원이 잔액으로 남아있다. 이러한 상황을 〈예2〉에 적용한 후 변화된 재산상태를 보면 다음 표와 같다.

[표 5-2] 재무상태표 (I)

(단위: 억원)

차변		대변	
· 토지 및 공장	100	· 자본금	50
(창업 · 개업비포함)		· 장기차입금	50
· 현금	20	· 단기차입금	30
· 재고자산	30	· 매입채무	20
합계	150	합계	150
※부채비율 : 200%			

한편 창업부터 지금까지 조달하고 사용한 현금의 내역을 살펴보면 다음 표와 같다.

[표 5-3] 현금흐름분석 (I)

(단위: 억원)

현금의 유출		현금의 유입	
· 토지 및 공장 (창업 · 개업비포함)	100	· 자본금	50
· 순운전자본에 투자*	10	· 장기차입금	50
· 현금	20	· 단기차입금	30
합계	130	합계	130

* 순운전자본 10= 매출채권(0)+재고자산(30)−매입채무(20)

※ 순운전자본 10 = 순운전자본의 증가=추가적인 필요운전자금

※ 매입채무: 자생적금융(spontaneous financing) 혹은 공급자신용(supplier's credit)

2. 성숙기업의 현금흐름분석

이때 ① 제품(재고자산) 20억원 상당을 25억원에 판매하고, 5억원은 현금을 받고 20억원은 50일 뒤에 받기로 하였다. 그리고 판매가 본격적으로 진행됨에 따라 ② 원재료를 25억원어치 구매하면서 현금 15억원을 지급하고, 나머지 10억원은 90일 후에 지급하기로 하였다. 재산상태와 현금흐름은 어떻게 변할까? 이들의 변화 상태를 나타내면 다음 표와 같다.

[표 5-4] 재무상태표 (II)

(단위: 억원)

차변		대변	
· 토지 및 공장 (창업 · 개업비포함)	100	· 자본금	50
		· 장기차입금	50
· 현금*	10 (←20)	· 단기차입금	30
· 매출채권*	20 (← 0)	· 매입채무*	30 (←20)
· 재고자산*	35 (←30)	· 제품판매이익*	5 (← 0)
합계	165	합계	165

* 재고자산　:　30억원－20억원(①제품판매)＋25억원(②원재료구매)＝35억원
* 현금　:　20억원＋5억원(①제품판매)－15억원(②원재료구매)＝10억원
* 매입채무　:　20억원＋10억원(②원재료외상구매)=30억원
* 제품판매이익 :　5억원(①)
* 매출채권　:　20억원(①)

만약 매출채권 20억원에 대한 채무자가 10명 정도 되고, 외상매출금의 건수가 20건 정도 된다고 하면, 채무자 1명당 만기가 다른 외상매출금 1억원이 2건씩 있는 셈이다. 또한 매입채무 30억원에 대한 채권자가 10명 정도 되고, 외상구매 건수가 30건 정도 된다고 하면, 채권자 1명당 만기가 다른 외상구매 1억원이 3건씩 있는 셈이다.

단기차입금 30억원은 5개의 금융기관들로부터 조달하였으며 차입건수가 15건 정도 되어 1개의 금융기관 당 평균 단기차입금 2억원이 3건씩 있으며, 이자는 15건마다 매월 지급하므로 거의 매월 다른 날짜에 이자를 지급하게 된다. 장기차입금 50억원은 2개의 금융기관들로부터 조달하였으며, 이자는 매월 지급한다고 하자. 이 기업의 영업활동은 이미 본격적으로 진행되고 있는 성숙기업의 영업상황과 재산상태를 나타내는 재무상태표를 보여주는 것이 된다.

이러한 추가적인 영업활동에 따른 현금흐름의 변화는 다음 표와 같다.

[표 5-5] 현금흐름분석 (II)

(단위: 억원)

차변		대변	
· 토지 및 공장	100	· 자본금	50
(창업 · 개업비포함)		· 장기차입금	50
· 순운전자본의 증가*	25 (←10)	· 단기차입금	30
· 현금	10 (←20)	· 현금판매수익	5
합계	135	합계	135

* 순운전자본 : 매출채권(20)＋재고자산(35)－매입채무(30)＝25
  순운전자본의 증가분 = 15 (필요운전자본의 증가분)

3. 기업활동과 현금흐름(Operating Activities / Cash Flow)

기업의 활동에는 기업이 일정기간 동안 원재료를 구매하여 제품을 생산하고 그 제품을 판매하는 **영업활동** 이외에 유형자산을 취득하거나 유가증권을 처분하는 **투자활동**과 은행으로부터 운전자금을 차입하거나 회사채를 발행하는 **재무활동**을 하는 과정에서 다양한 경로의 현금유입과 유출사항이 발생하게 된다. 이렇게 다양한 현금유입과 유출사항의 경로를 그림으로 나타내 보면 [그림 5-1]과 같다.

[그림 5-1]이 보여 주는 바와 같이 사업이 성장할수록 기업이 영업활동, 투자활동, 재무활동을 하는 과정에서 발생되는 현금의 유입과 유출사항은 다양하고 복잡한 형태를 띠게 된다. 만약 은행에서 돈을 차입하여 부동산을 매입하였다면 자금차입으로 인한 현금유입은 **재무활동**이고, 부동산 매입으로 인한 현금유출은 **투자활동**이다.

만약 현금판매로 유입된 현금 중 일부를 관계회사에 대여하고 남은 돈으로 은행으로부터 빌린 차입금을 상환했다면, 제품판매로 인한 현금유입은 **영업활동**에 속하고, 관계회사대여금으로 인한 현금유출은 **투자활동**에 속하며, 차입금의 상환으로 인한 현금유출은 **재무활동**에 속한다. 이와 같이 기업의 영업규모가 커짐에 따라 생산과 매출도 증가하고 이를 지원하기 위한 차입금이 증가할수록 현금흐름은 다양하고 복잡해진다.

한편, 기업회계기준은 기업의 현금흐름을 ① 영업활동으로 인한 현금흐름, ② 투자활동으로 인한 현금흐름, ③ 재무활동으로 인한 현금흐름, 3가지로 구분하여 다음과 같이 표시하고 있다.

[그림 5-1] 기업활동과 주요 현금흐름

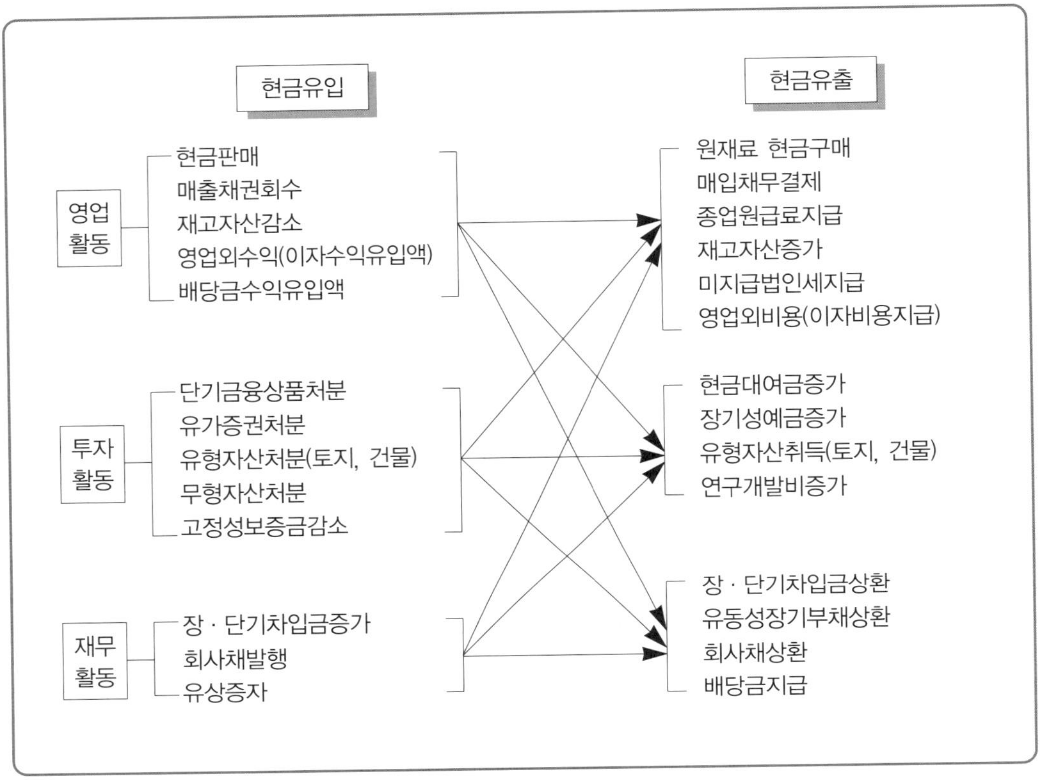

제2절 현금흐름표의 이해 (Cash Flow Statements)

1. 현금흐름표의 의미와 유용성

1) 현금흐름표의 의미

기업회계기준은 1994년까지 기본 재무제표 중의 하나로 재무상태변동표의 작성을 요구하였으나, 1995년부터 현금흐름표의 작성을 요구하고 있다. 재무상태변동표와 현금흐름표의 차이는 자금의 개념에 있다.

1년 동안 기업활동에서 발생한 거래에는 현금의 유입과 유출을 동반하는 현금거래와 동반하지 않은 비현금거래가 있다. 재무제표 중에서 재무상태표와 손익계산서는 이들 두 거래를 기록하고 있다. 그러나 재무제표 중에서 현금흐름표는 현금거래만을 기록하고, 그 거래 내용을 영업활동, 투자활동 및 재무활동으로 구분하고, 현금의 유입과 현금의 유출 내용을 자세히 보여주는 동태적 보고서이다.

바꾸어 말하면, 현금흐름표는 전기 재무상태표의 현금 및 현금성자산(즉 현금흐름표 기초의 현금)이 1년 동안 발생한 현금거래로 증가하거나 또는 감소하여 변동한 당기 재무상태표의 현금 및 현금성자산(즉 현금흐름표 기말의 현금)의 변동내용을 자세히 보여준다.

2) 현금흐름표의 유용성

- 일정기간 동안에 일어난 현금의 유입과 유출에 대한 내용들(즉 영업활동, 투자활동, 재무활동)을 보여 주므로 그 기간의 영업활동, 투자활동, 재무활동의 결과만을 보여 주는 재무상태표에 대하여 추가적인 정보를 제공한다.
- 발생주의 손익계산서가 나타내지 못하는 영업활동에서 발생된 현금유입액의 크기를 보여 준다.
- 주주 및 금융기관으로 부터 자금을 조달하는 능력(자금조달능력), 대출금에 대한 상환능력(부채상환능력), 금융비용지급전 개념을 사용하면 금융비용 및 배당금에 대한 지급능력(비용지급능력) 등을 파악할 수 있다.
- 매출액 예측과 더불어 영업활동에서 유입될 미래의 현금유입액을 예상할 수 있다. 즉 현금흐름표를 손익계산서와 함께 이용하면 미래 현금흐름의 크기를 예측하는데 유용한 정보를 얻을 수 있다.
- 현금흐름표 분석을 통하여 현금의 사용활동 즉 투자활동(즉 핵심자산에 투자 등)을 파악함으로써 그 기업의 미래현금창출능력을 예측할 수 있다.

2. 현금흐름표의 구조(Structure of Cash Flow Statement)

현금흐름표의 구조는 다음과 같다.

[표 5-6] 현금흐름표의 구조 및 양식

간 접 법		직 접 법	
Ⅰ. 영업활동으로 인한 현금흐름	150	Ⅰ. 영업활동으로 인한 현금흐름	150
1. 당기순이익(손실)	100	가. 매출 등 수익활동으로부터의 유입액	
2. 현금의 유출이 없는 비용 등의 가산	130	나. 매입 및 종업원에 대한 유출액	
가. 감가상각비		다. 이자수익유입액	
나. 퇴직급여		라. 배당금수익유입액	
다.		마. 이자비용유출액	
3. 현금의 유입이 없는 수익 등의 차감	(30)	바. 법인세 등 유출액	
가. 사채상환이익		사.	
나.			
4. 영업활동으로 인한 자산 · 부채변동*	(50)		
가. 재고자산의 감소(증가)			
나. 매출채권의 감소(증가)			
다. 이연법인세차의 감소(증가)			
라. 매입채무의 증가(감소)			
마. 미지급법인세의 증가(감소)			
바. 이연법인세대의 증가(감소)			
사.			
Ⅱ. 투자활동으로 인한 현금흐름	(200)	Ⅱ. 투자활동으로 인한 현금흐름	(200)
1. 투자활동으로 인한 현금유입액	100	1. 투자활동으로 인한 현금유입액	100
2. 투자활동으로 인한 현금유출액	(300)	2. 투자활동으로 인한 현금유출액	(300)
Ⅲ. 재무활동으로 인한 현금흐름	90	Ⅲ. 재무활동으로 인한 현금흐름	90
1. 재무활동으로 인한 현금유입액	200	1. 재무활동으로 인한 현금유입액	200
2. 재무활동으로 인한 현금유출액	(110)	2. 재무활동으로 인한 현금유출액	(110)
Ⅳ. 현금의 증가(감소) (Ⅰ+Ⅱ+Ⅲ)	40	Ⅳ. 현금의 증가(감소) (Ⅰ+Ⅱ+Ⅲ)	40
1. 기초현금	100	1. 기초현금	100
2. 기말현금	140	2. 기말현금	140

* 운전자본의(증가) / 감소

3. 현금흐름표/손익계산서/재무상태표의 상호관계

현금흐름표, 손익계산서, 재무상태표의 상호관계를 그림으로 나타내면 다음과 같다.

[그림 5-2] 현금흐름표 · 손익계산서 · 재무상태표의 상호관계

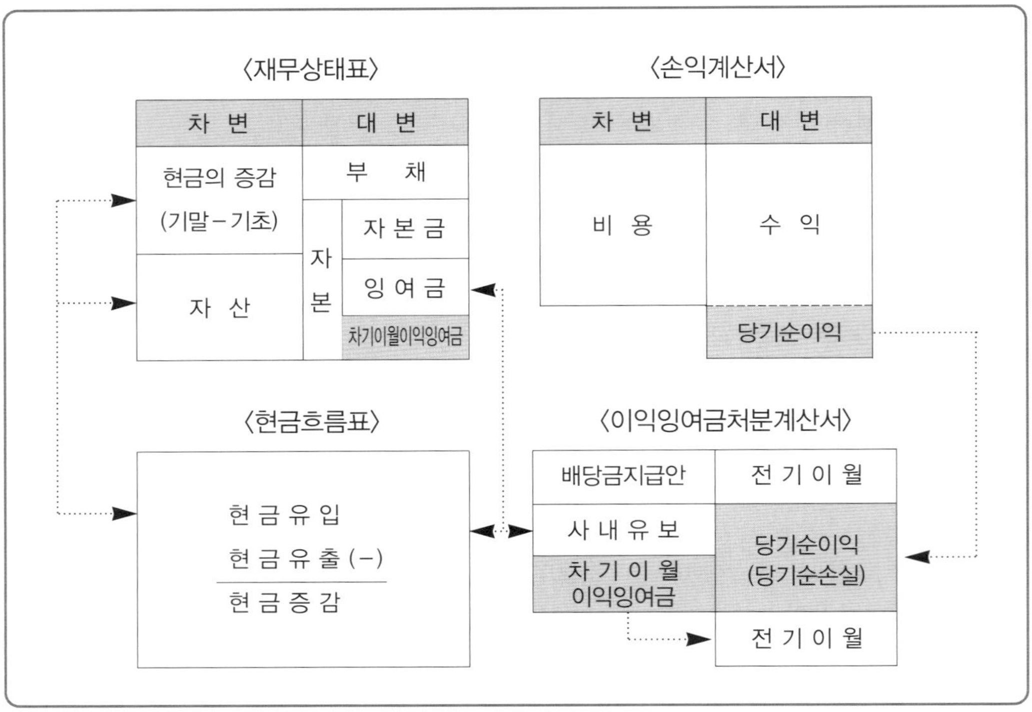

4. 재무제표분석을 통한 현금흐름 분석

[그림 5-3] 재무재표분석을 통한 현금흐름분석

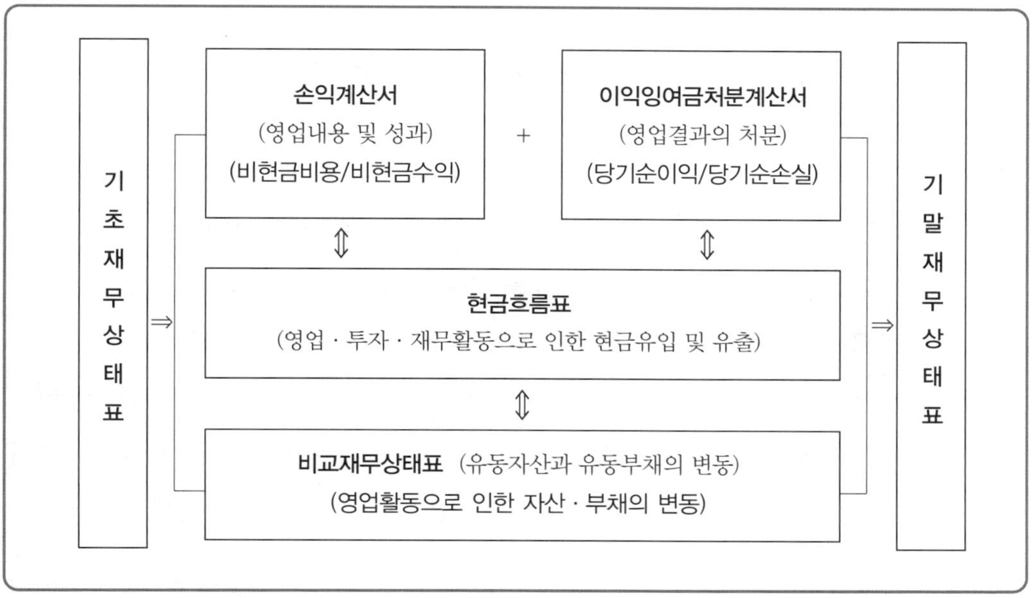

한편, 현금흐름(Cash flow)은 다음의 식으로 나타낼 수 있다.

현금흐름 : 당기순이익 + 비현금비용 − 비현금수익 + 영업활동으로 인한 자산 · 부채의 변동

현금흐름을 구성하는 요소는 ① 당기순이익(당기순손실), ② 비현금비용의 가산, ③ 비현금수익의 차감, ④ 영업활동으로 인한 자산 · 부채의 변동이다. 그러므로 현금흐름에 영향을 미치는 비현금비용과 비현금수익은 손익계산서에서 분석할 수 있고, 당기순이익 혹은 당기순손실에 대한 처분내용은 이익잉여금처분계산서에서 분석할 수 있으며, 영업활동으로 인한 자산 · 부채의 변동 사항은 비교재무상태표(유동자산과 유동부채의 변동)에서 분석할 수 있다.

제3절 현금흐름표 분석과 기업의 자금사정 분석

1. 기업의 자금사정 분석 핵심 3가지 기준

1. 당기 자금사정 분석은 영업활동과 투자활동의 결과를 기준으로 분석한다.
2. 현금의 감소는 보유하고 있는 자금(현금)을 사용했다는 단순한 의미이다.
3. 당기 자금사정의 결과와 재무활동 현금흐름은 상호 필연적인 관계에 있다.

기업의 당기 자금사정 분석은 영업활동, 투자활동, 재무활동의 결과를 가지고 평가하는 것이 아니고, 영업활동과 투자활동의 결과를 기준으로 분석하고 평가한다.

현금의 감소는 기업의 당기 자금사정이 부족한 것이 아니고, 보유하고 있는 자금(현금)을 사용했다는 단순한 의미이다. 물론 현금의 증가는 영업활동, 투자활동, 재무활동의 결과로 현금이 증가한 것을 의미한다.

당기 자금사정의 결과와 재무활동 현금흐름이 상호 필연적인 관계에 있다는 의미는 다음의 예를 통하여 알아볼 수 있다. 예를 들어, 만약 기업의 당기 자금사정이 부족(−)상태이면 해당 기업은 재무활동(차입금 증가, 관계사차입금 증가, 유상증자 중 일반적으로 차입금 증가)에서 자금을 조달하여 그 부족 상태를 지원해야 부도를 막을 수 있다는 의미이다.

만약 기업의 당기 자금사정이 잉여(+)상태이면 해당 기업은 상대적으로 금리가 높은 차입금을 상환한다. 왜냐하면 경영자 입장에서 잉여자금을 저금리인 예금을 하느니 차라리 상대적으로 고금리인 단기차입금 또는 장기차입금을 상환하는 것이 기업의 금융비용 절감에 유리하기 때문이다.

1) 현금흐름표 분석과 기업의 자금사정 분석 Case(1)

[표 5-7] 현금흐름표의 예 (1)

(단위: 억원)

현금흐름표		
Ⅰ. 영업활동으로 인한 현금흐름 (영업현금흐름)	:	150
Ⅱ. 투자활동으로 인한 현금흐름 (투자활동 현금흐름)	:	(200)
1. 투자활동으로 인한 현금유입액		100
2. 투자활동으로 인한 현금유출액		(300)
Ⅲ. 재무활동으로 인한 현금흐름 (재무활동 현금흐름)	:	90
1. 재무활동으로 인한 현금유입액		200
2. 재무활동으로 인한 현금유출액		(110)
Ⅳ. 현금의 증가/(감소) (Ⅰ+Ⅱ+Ⅲ)	:	40
1. 기초의 현금 (전기 재무상태표의 현금 및 현금성자산)	:	100
2. 기말의 현금 (당기 재무상태표의 현금 및 현금성자산)	:	140

상기 현금흐름표를 통하여 기업의 당기 자금사정을 분석해 보면 다음과 같다. 기업의 영업활동과 투자활동 결과는 자금이 50억원이 부족한 마이너스(−)상태를 나타내고 있다. 그런데 재무활동(차입금 증가, 관계사차입금 증가, 유상증자 중 일반적으로 차입금 증가가 대부분임)에서 90억원 자금을 조달하여 부족한 자금(마이너스 50억원)을 지원하고 나니, 현금이 40억원이 남았음을 의미한다.

바꾸어 말하면, 경영진이 유동성 확보를 위해 기말현금을 더 많이 보유하길 원하면 차입금을 더 많이 증가시키면 된다는 의미이다. 따라서 현금흐름표의 현금 감소(영업활동, 투자활동, 재무활동 결과)는 기업의 자금사정과는 무관하고, 경영진의 현금보유전략과 관련이 있다(8장 6절 9.현금보유전략과 인출가능금액 참고). 반면에 경영진 입장에서 보유현금(기초의 현금)이 많다고 생각되어, 이를 부족한 자금 지원에 일부 사용하면 현금흐름표의 결과는 현금 감소로 나타난다. 이는 보유하고 있는 현금을 사용했다는 의미일 뿐이지, 기업의 자금사정이 나쁘다는 의미는 아니다.

2) 현금흐름표 분석과 기업의 자금사정 분석 Case(2)

[표 5-8] 현금흐름표의 예 (2)

(단위: 억원)

현금흐름표		
Ⅰ. 영업활동으로 인한 현금흐름 (영업현금흐름)	:	240
Ⅱ. 투자활동으로 인한 현금흐름 (투자활동 현금흐름)	:	(200)
Ⅲ. 재무활동으로 인한 현금흐름 (재무활동 현금흐름)	:	(20)
Ⅳ. 현금의 증가/(감소) (Ⅰ + Ⅱ + Ⅲ)	:	20
1. 기초의 현금 (전기 재무상태표의 현금 및 현금성자산)	:	100
2. 기말의 현금 (당기 재무상태표의 현금 및 현금성자산)	:	120

상기 현금흐름표를 통하여 기업의 당기 자금사정을 분석해 보면 다음과 같다.

기업의 당기 영업활동과 투자활동의 결과 자금이 40억원이 남은 잉여(+)상태를 나타내고 있다. 이때 재무활동 현금흐름을 보면, 재무활동의 결과(현금유입과 현금유출 상계후) 재무활동 현금흐름은 현금유출 20억원을 나타내고 있다.

따라서 영업활동, 투자활동, 재무활동의 결과로 잉여현금이 20억원 발생하였고, 이는 현금 증가 20억원으로 나타났다. 그 결과 기초현금에 비하여 기말현금은 20억원이 증가한 120억원이 되었다.

3) 현금흐름표 분석과 기업의 자금사정 분석 Case(3)

[표 5-9] 현금흐름표의 예 (3)

(단위: 억원)

현금흐름표		
Ⅰ. 영업활동으로 인한 현금흐름 (영업현금흐름)	:	240
Ⅱ. 투자활동으로 인한 현금흐름 (투자활동 현금흐름)	:	(200)
Ⅲ. 재무활동으로 인한 현금흐름 (재무활동 현금흐름)	:	(50)
Ⅳ. 현금의 증가/(감소) (Ⅰ + Ⅱ + Ⅲ)	:	(10)
1. 기초의 현금 (전기 재무상태표의 현금 및 현금성자산)	:	100
2. 기말의 현금 (당기 재무상태표의 현금 및 현금성자산)	:	90

상기 현금흐름표를 통하여 기업의 당기 자금사정을 분석해 보면 다음과 같다.

기업이 영업활동과 투자활동의 결과 40억원이 남은 잉여(+)상태를 나타내고 있을 때, 만약 기업이 몇 년 전에 금리가 높았을 때 조달한 장기차입금 50억원을 조기상환하면 마이너스(−)10억원 현금 감소가 발생하고, 그 결과 기초현금에 비하여 기말현금은 10억원이 감소한 90억원이 된다.

앞에서 설명한 바와 같이, 마이너스(−) 10억원 현금 감소는 기업의 당기 자금사정이 나쁜 것이 아니고, 장기차입금 50억원 조기상환을 위하여 보유현금(기초의 현금) 10억원을 사용했다는 단순한 의미이다. 한편 경영자 입장에서 보유현금이 많다고 생각될 때 보유현금을 축소시키는 전략에 속하기도 한다.

결론적으로 기업의 당기 자금사정 분석은 영업활동, 투자활동 및 재무활동의 결과인 현금의 증가/(감소)로 평가하는 것이 아니고, 영업활동과 투자활동의 결과 자금사정이 잉여(+)상태인가? 아니면 부족(−)상태인가? 를 기준으로 평가한다.

2. 재무활동에서 현금유출이 반드시 실행되는 사안이 있는 경우

재무활동에서 현금유출이 반드시 실행되는 경우는 (1)유동성장기부채상환(유동성사채, 유동성전환사채, 유동성신주인수권부사채, 단기사채 상환 등), (2)주주에 대한 배당금지급이 있다.

단기차입금은 회계처리상으로는 매년 상환하고 차입하지만, 현실적으로는 매년 연장하는 금융채무 즉 연장 가능한 금융채무이다. 반면에 유동성장기부채는 차기에는 반드시 상환해야 하는 연장이 불가능한 금융채무이다. 즉 유동성장기부채는 장기차입금을 차입하는 시점에 이미 상환스케줄이 확정되고, 상환일자에 예정된 금액을 상환해야 기업이 무사히 한 해를 보낼 수 있다.

배당금지급도 주총에서 지급을 확정하면 배당금지급의 실행은 현금흐름표의 재무활동 현금유출 부문에 기록된다. 한편 배당금지급이 결정되고, 그 지급이 실행되지 않으면 현실적으로 기업이 정상적인 영업을 하기가 어렵기 때문에, 그 지급이 결정되면 반드시 실행된다고 볼 수 있다.

당기 자금사정 = 영업활동 + 투자활동 − 재무활동(유동성장기부채상환, 배당금지급)

결론적으로 기업의 당기 자금사정은 영업활동과 투자활동의 결과(잉여 또는 부족 상태)에 재무활동에서 현금유출이 반드시 실행되는 사안이 있는 경우(대체로 유동성장기부채와 배당급지급)를 고려하여 평가한다.

[표 5-10] 현금흐름표의 예 (4)

(단위: 억원)

현금흐름표		
I. 영업활동으로 인한 현금흐름 (영업현금흐름)	:	250
II. 투자활동으로 인한 현금흐름 (투자활동 현금흐름)	:	(200)
1. 투자활동으로 인한 현금유입액		100
2. 투자활동으로 인한 현금유출액		(300)
Ⅲ. 재무활동으로 인한 현금흐름 (재무활동 현금흐름)	:	(20)
1. 재무활동으로 인한 현금유입액		50
- 단기차입금 차입 30		
- 장기차입금 차입 20		
2. 재무활동으로 인한 현금유출액		(70)
- 유동성장기부채 상환 (50)		
- 배당금지급 (20)		
Ⅳ. 현금의 증가/(감소) (I + Ⅱ + Ⅲ)	:	30
1. 기초의 현금 (전기 재무상태표의 현금 및 현금성자산)	:	100
2. 기말의 현금 (당기 재무상태표의 현금 및 현금성자산)	:	130

상기 현금흐름표를 통하여 기업의 당기 자금사정을 분석해 보면 다음과 같다. 영업활동과 투자활동의 결과는 자금이 50억원이 남은 잉여(+)상태를 나타내었다. 그러나 재무활동의 현금유출 부문을 살펴보면, 당기에 반드시 지출해야하는 유동성장기부채상환액(50)과 배당금지급액(20)이 있다. 따라서 이 경우 기업의 당기 자금사정은 현실적으로 잉여(+)상태가 아니고, 20억원 부족(-)상태이다.

결론적으로 기업은 영업활동과 투자활동의 결과와 재무활동에서 현금유출이 반드시 실행되는 사안이 있는 경우(유동성장기부채와 배당급지급)를 고려한, 당기 부족자금 20억원을 지원하기 위하여 단기차입금 30억원과 장기차입금 20억원을 조달하여 지원하였고, 그 결과 현금이 30억원 증가하여 기말현금은 130억원이 되었다. 따라서 현금이 증가한 이유는 부족한 자금 보다 상대적으로 더 많은 자금을 차입금으로 조달했기 때문이다.

3. 기업의 당기 자금사정 분석 추가 2가지 기준

1) 투자활동의 유형자산 관련 계정과목 통합

투자활동의 유형자산계정 과목은 통합한다.

현금흐름표분석의 단순화와 신속화를 위하여, 투자활동 현금유출에 여러 계정과목으로 흩어져 있는 유형자산 관련 계정과목들(예, 토지취득 50억원, 건물취득 50억원, 기계장치취득 50억원, 차량운반구취득 50억원, 건설중인자산취득 50억원 등)은 모두 통합하여 유형자산취득 250억원으로 간주한다.

마찬가지로 투자활동 현금유입에 여러 계정과목으로 흩어져 있는 유형자산 관련 계정과목들(예, 토지처분 30억원, 건물처분 30억원, 기계장치처분 30억원, 차량운반구처분 30억원 등)은 모두 통합하여 유형자산처분 120억원으로 간주한다. 따라서 이런 경우에는 유형자산의 순취득은 130억원(250억원-120억원)이 된다.

2) 재무활동의 단기차입금 증가와 감소 상계

재무활동의 단기차입금 증가와 단기차입금 감소는 상계한다.

현금흐름표분석의 단순화와 신속화를 위하여, 재무활동 현금유입의 단기차입금 증가 120억원과 재무활동 현금유출의 단기차입금 감소 100억을 상계하면, 단기차입금 순증가 20억원이 된다. 이는 당기에 신규 단기차입금이 20억원 발생했다는 의미이고, 단기차입금 감소 100억원은(회계상 상환되고, 다시 차입이 발생하는) 즉, 단기차입금 100억원이 연장되었다는 의미이다. 그 결과로 당기 재무상태표의 단기차입금 금액은 전기 단기차입금에 비하여 20억원이 증가한 상태를 나타낸다.

☎ 당기 재무상태표의 차입금합계액 (계산1)
당기 총차입금 = 전기 총차입금 + 단기차입금 순증가액 – 유동성장기부채상환액

반면에 재무활동 현금유입의 단기차입금 증가 100억원과 재무활동 현금유출의 단기차입금 감소 130억원을 상계하면, 단기차입금 순감소 30억원이 된다. 이는 당기에 단기차입금을 30억원 상환했다는 의미이고, 단기차입금 증가 100억원은(역시 회계상 상환되고, 다시 차입이 발생하는) 즉, 단기차입금 100억원이 연장되었다는 의미이다. 그 결과 당기 재무상태표의 단기차입금은 전기 단기차입금에 비하여 30억원이 감소한 상태를 나타낸다.

☎ 당기 재무상태표의 차입금합계액 (계산2)
당기 총차입금 = 전기 총차입금 – 단기차입금 순감소액 – 유동성장기부채상환액

☎ 기업의 자금사정 분석 핵심 5가지 기준정리

1. 당기 자금사정 분석은 영업활동과 투자활동의 결과를 기준으로 분석한다.
2. 현금의 감소는 보유하고 있는 자금(현금)을 사용했다는 단순한 의미이다.
3. 당기 자금사정의 결과와 재무활동 현금흐름은 상호 필연적인 관계에 있다.
4. 투자활동의 유형자산계정 과목은 통합한다.
5. 재무활동의 단기차입금 증가와 단기차입금 감소는 상계한다.

제4절 기업잉여현금흐름 (FCFF)

1. 기업잉여현금흐름의 개념 (FCFF)

자본구조에서 살펴본 바와 같이 기업의 총자산에 지원된 자금은 (1) 금융채무(금융기관), (2) 비금융채무(물품외상공급자), (3) 자본(주주)으로 나눌 수 있다. 이때 기업이 자금을 사용하는 대가를 요구하는 상대방은 (1) 금융채권자(이자비용)와 (3) 주주(배당금)이다.

기업잉여현금흐름(FCFF: free cash flows to the firm)은 금융채권자(이자비용)와 주주(배당금)에게 자금사용에 대한 비용을 지급하기 전 개념으로 매출액에서 매출원가, 판매관리비 및 (이자비용을 제외한)영업외손익을 반영한 후에 남은 이익인 EBIT (earning before interest & tax), 즉 이자와 법인세 지급전 이익을 기준으로 만들어진 현금흐름 개념으로 일반적으로 '기업잉여현금흐름(FCFF)' 을 줄여서 '잉여현금흐름(FCFF)' 이라고도 한다.

기업잉여현금흐름(FCFF)은 EBIT에서 지출이 없는 비용인 감각상각비를 가산하고 영업활동에서 유입된 자금으로 자본적지출(시설투자)과 운전자본증가(예; 매출채권 및 재고자산증가 등)에 지원하고 잉여현금흐름이 얼마나 남는가를 보는 개념이다.

▶ 기업잉여현금흐름(FCFF)의 계산

EBIT(1−법인세율)

\+ 감가상각비

− 자본적지출

− 추가운전자본

기업잉여현금흐름

(예제 5−6) A기업 10기 EBIT는 200억원, 감가상가비 100억원, 자본적지출 150억원, 추가운전자본 50억원 법인세율 35% 일 때 10기 기업잉여현금흐름(FCFF)을 구하시오.

[풀 이]

EBIT(1 − 법인세율) = 200 × (1−0.35) = 130*

FCFF = 130* + 100 − 150 −50 = 30(억원)

(예제 5−7) A기업 10기 EBIT는 200억원, 감가상가비 100억원, 자본적지출 150억원, 추가운전자본 50억원 법인세율 35%, FCFF 30억원 일때, 11기에는 EBIT금액을 260억원으로 추정하고, 감가상각비, 자본적지출, 운전자본이 전기 대비 각각 7% 증가할 것으로 예상된다. 11기 FCFF를 구하시오.

[풀 이]

구 분	10기	11기
EBIT	200	260
EBIT(1 − 법인세율)	130	169 *
+ 감가상각비	100	107 *
− 자본적지출	(150)	(160.5) *
− 추가운전자본	(50)	(53.5) *
= FCFF	30	62

* 169=260×(1−0.35), 107=100×(1+0.07), 160.5=150×(1+0.07), 53.5=50×(1+0.07)

2. 기업잉여현금흐름(FCFF)의 한계

기업잉여현금흐름(FCFF)이 (+)를 나타내면 기업의 자금사정은 잉여상태를 나타내고, 반면에 기업잉여현금흐름(FCFF)이 (-)를 나타내면 기업의 자금사정은 부족상태를 나타내므로 부족한 자금은 차입금으로 지원한다.

그러나 기업잉여현금흐름(FCFF)의 개념을 현금흐름분석에 사용하면 다음과 같은 문제점이 발생할 수 있다

[표 5 - 11] 기업잉여현금흐름(FCFF)의 한계

구 분	A기업	B기업	C기업
매출액	1,500	1,500	1,500
EBIT	200	160	260
EBIT(1 - 법인세율)	130(8.7%)	104(6.9%)	169(12.3%)
+ 감가상각비	100	100	100
= 영업현금흐름*	230(15.3)%	204(13.6%)	269(17.9%)
- 추가운전자본	(50)	(50)	(50)
- 자본적지출	(150)	(80)	(230)
= FCFF	30	74	(11)

* 실무적으로 EBITDA(=영업이익+감가상각비+대손상각비+퇴직급여)를 많이 사용함.

앞의 표를 보면, A, B, C기업 모두 매출액과 감가상각비는 서로 같으므로 영업현금흐름 금액은 EBIT(1-법인세율) 금액에 따라 결정된다. 상기 3기업 중에 영업현금흐름이 가장 우량한 기업은 C기업(매출액 대비 17.9%)이고, 가장 불량한 기업은 B기업(매출액 대비 13.6%)이다. 그러나 기업잉여현금흐름(FCFF) 기준에서 보면 자금사정이 가장 우량한 기업은 B기업으로 나타나고 가장 어려운 기업은 C기업으로 나타난다.

상기 표에서 보는 바와 같이, 매출액 대비 EBIT(1- 법인세율) 금액(즉, 영업현금흐름)이 상대적으로 우량 또는 불량에 상관없이 자본적지출이 상대적으로 크거나 또는 작거나에 따라 기업잉여현금흐름(FCFF)이 잉여상태(+)가 될 수 있고 또는 부족상태(-)가 될 수 있다는 것을 알 수 있다.

결론적으로 A, B, C 기업 중에서 매출액 대비 판매마진이 가장 높은 기업은 C기업이므로 현금흐름분석 시에는 영업현금흐름이 기준이 되어야 하고 기업잉여현금흐름(FCFF)은 보완적 개념으로 사용하면 좋을 것이다.

제5절 현금흐름표 분석기법 (Cash Flow Analysis)

현금흐름분석법은 즉 비교분석법과 구분분석법으로 나누어 설명할 수 있다.

1. 비교분석법의 구조와 유용성

1) 비교분석법의 구조

비교분석법의 구조 중에 운전자본의 증가형은 다음 표와 같다.

[표 5-12] 비교분석법의 구조(1) - (운전자본 증가형)

현 금 흐 름 분 석			
현금의 유출		현금의 유입	
A. 운전자본의 증가*	(50)	Ⅰ. 영업활동으로 인한 현금흐름 :	200
· 매출채권의 (증가)/감소		· 당기순이익 : 100	
· 재고자산의 (증가)/감소		· 비현금비용 가산 : 130	
· 매입채무의 (감소)/증가 등		· 비현금수익(차감) : (30)	
· 기타		Ⅱ. 투자활동으로 인한 현금유입액 :	100
B. 투자활동으로 인한 현금유출액 :	(300)	· 유가증권의 순감소	
· 유형자산의 순증가		· 장기성예금의 감소 등	
· 연구개발비의 증가 등		· 기타	
· 기타		Ⅲ. 재무활동으로 인한 현금유입액 :	200
C. 재무활동으로 인한 현금유출액 :	(110)	· 사채의 순증가	
· 단기차입금의 순감소		· 유상증자 등	
· 유동성장기부채의 상환(80) 등		· 기타	
· 기타			
D. 현금유출액의 합계 :	(460)	Ⅳ. 현금유입액의 합계 :	500
· 현금의 증가(D 〈 IV) :	40	· 현금의 감소(D 〉 Ⅳ) :	×××

* A. 운전자본의 증가 (즉, 영업활동으로 인한 자산 · 부채변동이 현금유출인 경우)) :
현금유출이 발생했으므로 T계정의 차변에 기입된다. 성장기업인 경우는 대체로 매출증가와 더불어 운전자본도 증가하므로 대부분 T계정의 차변에 기입되는 경향이 많다.

한편, 비교분석법의 구조 중에 운전자본의 감소형은 다음 표와 같다.

[표 5-13] 비교분석법의 구조(2) - (운전자본 감소형)

현 금 흐 름 분 석	
현금의 유출	현금의 유입
A. 투자활동으로 인한 현금유출액 : · 유형자산의 순증가 · 연구개발비의 증가 등 · 기타	I . 영업활동으로 인한 현금흐름 : · 당기순이익 · 비현금비용 가산 · 비현금수익(차감) II. 운전자본의 감소* · 매출채권의 (증가)/감소 · 재고자산의 (증가)/감소 · 매입채무의 (감소)/증가 등 · 기타
B. 재무활동으로 인한 현금유출액 : · 단기차입금의 순감소 · 유동성장기부채의 상환 등 · 기타	III. 투자활동으로 인한 현금유입액 : · 유가증권의 순감소 · 장기성예금의 감소 등 · 기타 IV. 재무활동으로 인한 현금유입액 : · 사채의 순증가 · 유상증자 등 · 기타
C. 현금유출액의 합계 : · 현금의 증가(C 〈 V) :	V. 현금유입액의 합계 : · 현금의 감소(C 〉 V) : ×××

* 운전자본의 감소 (즉, 영업활동으로 인한 자산 · 부채변동이 현금유입인 경우):
  현금유입이 발생했으므로 T계정의 대변에 기입된다.

비교분석법은 T계정을 사용하며 일정기간 현금흐름표에 나타난 기업 활동에서 발생된 현금유입 항목들을 모두 T계정의 대변에 모아 정리하고, 반면에 현금유출 항목들은 모두 T계정의 차변에 모아 정리한다.

이렇게 T계정의 차변과 대변에 정리된 현금의 유출액과 유입액의 내용과 크기를 서로 비교함으로써 일정기간 발생한 현금의 유입(조달)과 유출(운용) 사항을 한눈에 파악하는 분석법이다. 이와 같이, 비교분석법은 T계정의 차변과 대변에 정리된 현금유출액과 현금유입액의 내용과 크기를 서로 비교하며 분석한다.

2) 비교분석법의 장점

(1) 일정기간에 발생한 총체적인 현금의 유입 및 유출의 내용과 크기를 대비시켜 한눈에 현금유출입의 내용과 크기를 비교분석할 수 있게 한다.

(2) 재무상태표, 손익계산서 및 현금흐름표의 상호관계 분석이 용이하다.

(3) 매출증가 → 순이익증가 → 영업현금흐름증가 → 자산증가 → 자본증가로 흐르는 「현금흐름의 선순환」분석이 용이하다.

(4) 작성이 쉽다.

3) 비교분석법과 구분분석법의 공통적인 장점

(1) 영업활동에서 발생된 현금유입액의 크기를 보여준다.

(2) 운전자본(영업활동으로 인한 자산 · 부채)의 변동이 영업현금흐름에 미치는 영향을 분석할 수 있다.

(3) 자금사용(예; 핵심자산과 비핵심자산 투자)에 대한 적절성을 분석할 수 있다.

(4) 자금지원의 적절성을 분석 할 수 있다(예; 금융지원기본에 대한 적절성).

2. 구분분석법

1) 구분분석법의 구조

구분분석법은 현금흐름을 현금흐름의 성격에 따라 같은 성격의 항목들을 묶어서 구분하고 그 구분을 몇 단계로 나눈다. 구분한 순서에 따라 단계별로 현금유입액에서 현금유출액을 차감함으로써 현금과부족을 파악하는 분석법이다.

제1단계 : 금융비용지급전 개념으로 영업활동에서 유입된 현금흐름으로 운전자본의 변동(영업활동으로 인한 자산 · 부채변동)을 지원하고 얼마가 남았는가?

제2단계 : 남은 영업현금흐름이 있으면 이 현금을 가지고 **부채상환능력**(즉, 유동성장기부채상환)이 충분한가? **또는 금융비용지급능력이 충분한가?**

제3단계 : 비유동자산(유형자산과 투자자산)에 현금이 얼마나 투자되었는가? **그 투자내용(핵심자산 혹은 비핵심자산)은 무엇인가?** 를 파악한다. 그리고 남은 영업현금흐름이 비유동자산 투자에 남았는가? 혹은 얼마 부족했는가?

제4단계 : 제3단계 사용에 **부족한 자금을 어떤 재무활동(예; 유상증자, 장기차입금, 단기차입금, 사채발행 등)으로 조달하였는가?**

제5단계 : 재무활동으로 조달한 현금으로 비유동자산 투자에 지원하고 남으면 기말현금은 기초현금에 비하여 남은 만큼 증가한다. 만약, 부족하면 기말현금은 기초현금에 비하여 부족한 만큼 감소한다.

참고 : 분석자에 따라 4단계 구분분석법, 5단계 구분분석법 혹은 6단계 구분분석법을 만들 수 있다. 예를 들면 기업회계기준의 현금흐름표는 (1) 영업활동, (2) 투자활동, (3) 재무활동, (4) 그 결과 발생한 현금의 증감, 즉 4단계로 구분한 〈4단계구분분석법〉에 해당된다.

(1) 구분분석법의 제1방법

[표 5-14] 구분분석법의 제1방법

현 금 흐 름 분 석		
Ⅰ. (운전자본지원전)영업활동에서 유입된 현금유입	:	200
• 당기순이익 / (당기순손실)		100
• 현금의 유출이 없는 비용 등의 가산		130
• 현금의 유입이 없는 수익 등의 (차감)		(30)
Ⅱ. 운전자본의 (증가)/감소(영업활동으로 인한 자산부채의 변동)	:	(50)
• 매출채권의 (증가)/감소		
• 재고자산의 (증가)/감소		
• 매입채무의 증가/(감소)		
• 미지급금의 증가/(감소)		
• 기타		
Ⅲ. 영업활동으로 인한 현금흐름(영업현금흐름)	:	150
Ⅳ. 투자활동으로 인한 현금흐름	:	(200)
1. 투자활동으로 인한 현금유입 (유가증권의 처분, 장기성예금의 감소 등)		100
2. 투자활동으로 인한 현금유출 (유형자산의 취득, 연구개발비의 증가 등		(300)
Ⅴ. 투자활동 후 현금흐름	:	(50)
VI. 재무활동으로 인한 현금흐름	:	90
1. 재무활동으로 인한 현금유입 (사채의 발행, 유상증자 등)		200
2. 재무활동으로 인한 현금유출 (단기차입금의 상환, 유동성장기부채상환(80) 등)		(110)
VII. 현금의 증감	:	40
• 기초 현금		100
• 기말 현금		140

(2) 구분분석법의 제2방법

[표 5-15] 구분분석법의 제2방법

현 금 흐 름 분 석		
Ⅰ. (운전자본지원전)영업활동에서 유입된 현금흐름	:	200
• 당기순이익 / (당기순손실)		100
• 현금의 유출이 없는 비용 등의 가산		130
• 현금의 유입이 없는 수익 등의 (차감)		(30)
Ⅱ. 운전자본의 (증가)/감소 (영업활동으로 인한 자산 · 부채의 변동)	:	(50)
• 매출채권의 (증가)/감소		
• 재고자산의 (증가)/감소		
• 매입채무의 증가/(감소)		
• 미지급금의 증가/(감소)		
• 기타		
Ⅲ. 영업활동으로 인한 현금흐름(영업현금흐름)	:	150
Ⅳ. 투자 및 재무활동으로 인한 현금유출	:	(410)
1. 투자활동으로 인한 현금유출 (유가증권의 취득, 장기성예금의 증가 등)		(300)
2. 재무활동으로 인한 현금유출 (단기차입금의 상환, 유동성장기부채상환(80) 등)		(110)
Ⅴ. 투자활동 및 재무활동 후 현금흐름	:	(260)
Ⅵ. 투자 및 재무활동으로 인한 현금유입		300
1. 투자활동으로 인한 현금유입 (유가증권의 처분, 장기성예금의 감소 등)		100
2. 재무활동으로 인한 현금유입 (사채의 발행, 유상증자 등)		200
Ⅶ. 현금의 증감	:	40
• 기초 현금		100
• 기말 현금		140

(3) 구분분석법의 응용

[표 5-16] 구분분석법의 응용 (제1방법의 응용)

현 금 흐 름 분 석		
Ⅰ. (운전자본 및 금융비용지급전)영업활동에서 유입된 현금흐름*	:	250
1. 금융비용차감전이익* / (금융비용차감전손실)		150
2. 현금의 유출이 없는 비용 등의 가산		130
3. 현금의 유입이 없는 수익 등의 (차감)		(30)
II. 운전자본의 (증가)/감소(영업활동자산부채변동)	:	(50)
• 매출채권의 (증가)/감소		
• 매입채무의 증가/(감소) 등		
• 기타		
III. 금융비용지급전 영업현금흐름	:	200
IV. 금융비용과 유동성장기부채상환액	:	(130)
1. 금융비용(순이자비용)		(50)
2. 유동성장기부채상환액		(80)
V. 금융비용과 유동성장기부채 차감 후 현금흐름	:	70
VI. 투자활동으로 인한 현금흐름	:	(200)
• 유형자산의 순증가*		
• 유가증권의 순감소*		
• 기타		
VII. 투자활동 후 현금흐름	:	(130)
VIII. 재무활동으로 인한 현금흐름	:	170*
• 유상증자		
• 장기차입금의 순증가 등		
• 기타		
IX. 현금의 증감	:	40
1. 기 초 현 금		100
2. 기 말 현 금		140

· 금융비용(순이자비용): 이자비용 –이자수익 = 50 (가정)
· 금융비용차감전이익 = 당기순이익 + 금융비용= 100 + 50 = 150
· 유형자산의 순증가 = (유형자산의취득액 – 유형자산의처분액, 취득액〉처분액인 경우)
· 유가증권의 순감소 = (유가증권의처분액 – 유가증권의취득액, 처분액〉취득액인 경우)
* 170 = 90(현금흐름표 상 재무활동현금흐름 참고) + 80(유동성장기부채)

2) 구분분석법의 장점

(1) 금융비용지급전 당기순이익 개념을 사용하면 신용분석의 핵심인 부채상환능력과 금융비용지급능력을 분석할 수 있다.

(2) 주주 및 금융기관으로부터 자금조달능력 분석이 용이하다.

(3) 연도별 추세분석이 용이하다.

(4) 현금흐름추정이 용이하다.

3) 비교분석법과 구분분석법의 공통적인 장점

(1) 영업활동에서 발생된 현금유입액의 크기를 보여준다.

(2) 운전자본(영업활동으로 인한 자산 · 부채)의 변동이 영업현금흐름에 미치는 영향을 분석할 수 있다.

(3) 자금사용(예; 핵심자산과 비핵심자산 투자)에 대한 적절성을 분석할 수 있다.

(4) 자금사용에 대한 자금지원의 적절성(예; 금융지원의 기본에 대한 적절성)을 분석할 수 있다.

참고 : 비교분석법의 장점은 구분분석법의 단점이 되고 반면에, 구분분석법의 장점은 비교분석법의 단점이 된다. 그러므로 분석대상기업의 현금흐름분석을 위하여 비교분석법에 적용하고, 구분분석법의 응용에 적용해보면, 분석기업의 재무위험에 대한 많은 정보를 얻을 수 있다.

제6절 현금흐름 분석사례 (Cash Flow Analysis Case)

[분석사례] A. 부록에 첨부된 H건설사의 52기 현금흐름표를 사용하여 비교분석표를 작성하고, B. 그 결과를 〈신용분석의 3단계〉분석법을 적용하여 분석하시오.

1. 비교분석법의 적용사례

1) 비교분석법의 적용

[표 5-17] 비교분석법의 적용 (H건설사 52기 현금흐름분석)

(단위: 십억원)

현금의 유출		현금의 유입		
A. 운전자본의 증가	: (5)	I. 영업활동 현금흐름		: 39
· 매입채무의 증가	: 12	1. 당기순이익(손실)	: 17	
· 공사미수금증가	: (7)	2. 비현금비용	: 29	
· 미수금의 증가	: (7)	· 공사손실충당금전입액	: 15	
· 기타	: (3)	· 외환차손	: 5	
		· 기타	: 9	
B. 투자활동 현금유출액	: (42)	3. 비현금수익	: (7)	
· 투자유가증권의 취득	: (32)	· 외환차익	: (5)	
· 기타(유전개발투자6 포함)	: (10)	· 기타	: (2)	
		II. 투자활동 현금유입액		: 67
C. 재무활동 현금유출액	: (55)	· 단기금융상품 순감소*	: 41	
· 유동성사채의 상환	: (45)	· 유가증권의 처분	: 17	
· 장기차입금 순감소*	: (5)	· 기타(유전개발투자6 포함)	: 9	
· 기타	: (5)	III. 재무활동 현금유입액		: 0
D. 현금유출액의 합계	: (102)	IV. 현금유입액의 합계		: 106
현금의 증가	: 4	현금의 감소	:	

▶ **상계작업**

1. 단기금융상품증가 (201), 단기금융상품감소 242, 상계 후: 단기금융상품 순감소 41
2. 단기차입금상환 (96), 단기차입금증가 96, 상계 후: 0
3. 장기차입금상환 (35), 장기차입금증가30, 상계 후: 장기차입금 순감소 (5)

▶ **현금유입 주요 3가지**

(1) 단기금융상품 감소 410억원

(2) 유가증권처분 170억원

(3) 당기순이익 170억원

▶ **현금유출 주요 3가지**

(1) 유동성사채상환 450억원

(2) 투자유가증권취득 320억원

(3) 공사미수금 및 미수금의 증가 140억원

2) 비교분석법적용 사례연구

앞에서 비교분석법을 적용하여 현금흐름을 분석한 내용을 '신용분석의 3단계' 논리적 분석법을 사용하여 분석한 내용은 다음과 같다.

(1) 현상파악

제52기에는 영업활동, 투자활동, 재무활동에서 약 1,060억원 현금이 유입되었으며 유출사항은 약 1,020억원 발생하였다. 그 결과 현금은 약 40억원 증가하였다.

(2) 원인분석

총현금유입액 1,060억원은 투자활동에서 670억원(특히, 단기금융상품의 감소 410억원과 유가증권의 처분 170억원)과 영업활동에서 390억원(당기순이익 170억원) 포함이 주요 현금 유입원이었다. 반면에 총현금유출액 1,020억원은 재무활동에서 550억원(유동성사채의 상환 450억원), 투자활동에서 420억원(투자유가증권의 취득 320억원) 및 운전자본의 증가에 50억원을 사용하였다.

(3) 진단과 전망

현금흐름분석 결과를 종합해 보면 H건설사는 제52기에는 영업활동현금흐름 390억원으로 유동성사채 450억원을 상환하기에는 자금이 부족하였다. 이에 보유하던 단기금융상품 410억원과 유가증권 170억원을 현금화하여 유동성사채의 상환에 충당하고 남은 자금으로 투자유가증권 320억원 취득하였다.

결론적으로 영업현금흐름과 단기금융상품의 현금화로 유동성사채를 상환하기에 충분하였기 때문에 신규차입금이 발생하지 않았다. 따라서 총차입금의 감소 500억원과 당기순이익 170억원 발생으로 재무구조(부채비율: 51기 80% → 52기 72%)가 개선되었다. 그러므로 내년에는 금융비용 감소가 수익성향상에 다소 기여할 것으로 예상된다.

2. 구분분석법의 적용사례

1) 구분분석법의 적용

[표 5-18] 구분분석법응용의 적용 (H건설사 52기 현금흐름분석)

(단위: 십억원)

현 금 흐 름 분 석	52기	51기
I. (운전자본 및 금융비용지급전)영업활동에서 유입된 현금흐름	40	61
1. 금융비용차감전이익*	18*	20*
2. 현금의 유출이 없는 비용 등의 가산	29	52
3. 현금의 유입이 없는 수익 등의 (차감)	(7)	(11)
II. 운전자본의 (증가)/감소(영업활동부채변동)	(5)	10
• 매출채권의 (증가)/감소		
• 매입채무의 증가/(감소) 등		
• 기타		
III. 금융비용지급전 영업현금흐름	35	72
IV. 금융비용과 유동성장기부채상환액	(46)	(51)
1. 금융비용 : (1)	(1)	(6)
2. 유동성장기부채상환액 : (45)	(45)	(45)
V. 금융비용과 유동성장기부채 차감 후 현금흐름	(11)	21
VI. 투자활동으로 인한 현금흐름	25	39
• 단기금융상품 순감소 : 41		
• 투자유가증권의 취득 : (32)		
• 유가증권처분 : 17		
• 기타 : (1)		
VII. 투자활동 후 현금흐름	14	60
VIII. 재무활동으로 인한 현금흐름	(10)*	(34)*
• 장기차입금 순감소 : (5)	(5)	
• 배당금지급 : (5)	(5)	
IX. 현금의 증감	4	26
1. 기 초 현 금	42	16
2. 기 말 현 금	46	42

* 1. 52기 금융비용차감전이익 = 당기순이익 + 금융비용 = 17 + 1 = 18
· 52기 금융비용=(이자비용+할인료+지급보증료)−(이자수익+배당금수익) = 6 − 5 = 1
· 51기 금융비용차감전이익 = 당기순이익 + 금융비용 = 15 + 5 = 20
2. VIII. 재무활동으로 인한 현금흐름, 52기: (10) = (55) + 45(52기 유동성장기부채)
51기: (34) = (79) + 45(51기 유동성장기부채)

2) 구분분석법적용 사례연구

앞에서 구분분석법을 적용하여 51기와 52기 현금흐름을 분석한 내용은 다음과 같다.

■ 51기 현금흐름분석

51기 (운전자본 및 금융비용지급전)영업활동에서 유입된 현금흐름 610억원과 운전자본감소 100억을 포함하여 금융비용지급전 영업현금흐름은 720억원을 나타내었다. 이 자금으로 금융비용과 유동성장기부채상환액 510억원을 지원하고도 210억원이 남았다.

남은 210억원에 투자활동에서 유입된 현금흐름 390억원(주요 조달원: 단기금융상품순감소 680억원, 주요 사용처: 유가증권순증가 200억원와 투자유가증권순증가 160억원)을 가산하여 투자활동 후 현금흐름이 600억원으로 증가하였다. 이 자금으로 단기차입금상환(순감소) 290억원과 배당금지급 50억원에 사용하고 260억원이 남았다. 그 결과 기말현금은 기초현금에 비하여 260억원 증가한 420억원을 나타내고 있다.

결론적으로 총차입금이 740억원(유동성사채상환 450억원과 단기차입금순감소 290억원)을 상환하고도 기말현금이 260억원이 증가하였다. 자금사정이 매우 양호한 한해라고 진단된다. 총차입금의 감소로 51기에는 재무구조(부채비율: 50기 104% → 51기 80%)가 개선되었고, 52기에는 금융비용의 감소가 당기순이익의 증가에 기여할 것으로 기대된다.

■ 52기 현금흐름분석

52기 금융비용(순이자비용)은 약 60억원으로 (운전자본 및 금융비용지급전)영업활동에서 유입된 현금흐름은 전기에 비하여 조금 감소한 400억원을 기록하였다. 이 자금으로 운전자본의 증가에 50억원을 지원하고 금융비용지급전 영업현금흐름은 350억원을 나타내었다.

남은 350억원으로 금융비용 10억원과 유동성사채상환액 450억원을 지원하기에는 110억원이 부족하였다. 이 부족한 자금을 지원하기 위하여 투자활동에서 250억원을 마련하였으며, **주로 단기금융상품처분(순감소) 410억원과 유가증권처분 170억원에 의존**하였으며, 이 자금 중 일부는 투자유가증권취득 170억원에 사용되고 140억원이 남았다. 남은 140억원은 재무활동에서 100억원, 즉 장기차입금상환(순감소) 50억원과 배당금지급 50억원에 사용되고 기말에 현금이 40억원증가 하였다. 그 결과 기말현금은 기초현금에 비하여 40억원 증가한 460억원을 나타내고 있다.

결론적으로 52기 현금흐름은 51기에 비하여 조금 감소하였으나 **52기도 자금사정이 양호한 해로 평가**된다. **우량한 영업현금흐름과 단기금융상품의 현금화로 유동성사채를 상황하기에 충분하였기 때문에 신규차입금이 발생하지 않았**다. 52기는 금융비용(51기 60억원 → 52기 10억원) 감소가 당기순이익(51기 150억원 → 52기 170억원) 증가가에 기여하였다. 52기는 총차입금감소 450억원과 당기순이익 170억원 발생으로 재무구조(부채비율: 51기 80% → 52기 72%)가 개선되었다. 그러므로 내년에도 금융비용 감소가 수익성향상에 다소 기여할 것으로 예상된다.

■ 51-52기 현금흐름 공통특징

(1) 단기금융상품을 현금화하여 부족한 자금에 사용(차입금 상환 포함)

(2) 2년 연속 총차입금 감소로 이자비용 하락 및 재무구조개선

(3) 현금성자산을 많이 보유하고 있는 기업

제 2 부 실전 및 응용

▶ 산업위험, 경영위험, 영업위험, 재무위험 및 현금흐름 분석을 중심으로

제6장 산업위험 (Industrial Risks)

제6장 주요내용

- 제품의 라이프사이클 4단계
- 기업에 영향을 주는 가장 중요한 외적요인
- 포터교수가 지적한 〈산업의 경쟁구도에 중요한 5가지 요소〉
- 〈산업의 경쟁구도 5가지 요소〉 중에서 〈시장진입의 위험요소〉의 내용
- 〈산업의 경쟁구도 5가지 요소〉 중에서 〈산업내의 경쟁구도〉의 내용
- SWOT분석의 방법과 유용성
- 〈신용분석의 3단계〉 분석기법을 통한 산업분석방법
- 보스톤컨설팅그룹의 〈성장률과 시장점유율 매트릭스〉의 이해
- 〈성장률과 시장점유율 매트릭스〉의 4단계와 단계별 현금흐름의 이해
- 〈성장률과 시장점유율 매트릭스〉를 이용한 〈사업포트폴리오분석〉의 방법

제1절 산업분석의 중요성 (Industry Analysis)

1. 산업분석과 주요 점검사항

1) 산업분석

산업분석은 그 개별 산업에 대한 특성(예를 들면, 자본집약산업, 주문생산산업, 기술집약적산업, 시장의 수요와 공급 등)을 분석함으로써 그 산업에 대한 현재 및 미래의 수익성과 성장성을 파악하고 예측하는 것이다.

2) 산업분석의 목적

산업분석의 목적은 **기업의 수익성분석과 성장성분석**에 있다. 산업환경의 변화는 기업의 매출총이익률, 영업이익률, 당기순이익과 같은 수익성을 변화시키고 또한 기업의 매출과 총자산과 같은 성장성을 변화시키기 때문이다.

3) 산업분석의 현재점검사항

첫째는 '현재 그 산업이 어느 단계에 속해 있는가?' 를 파악하는 것이고, 둘째는 개별 산업 혹은 특정시장에서 현재 수요와 공급 상태를 파악하는 것이다.

4) 산업분석의 미래점검사항

현재에 존재하는 수요와 공급의 균형상태 혹은 수요초과 상태가 미래에는 어떻게 변화될 것 인가?를 예측하는 것이다. 바꾸어 말하면 미래시장의 변화에 대한 예측이다. 또한 현재시장을 변화시킬 미래요인은 무엇일까?를 예측하는 것이다.

5) 제품의 라이프사이클 4단계

제품의 라이프사이클은 일반적으로 도입기 → 성장기 → 성숙기 → 쇠퇴기와 같이 4단계로 나눈다. 산업분석과 관련하여 분석대상기업이 속한 산업도 같은 방법으로 도입기 → 성장기 → 성숙기 → 쇠퇴기와 같이 4단계로 나눌 수 있다. 개별산업이 속한 라이프사이클 중에서 해당단계(즉, 현재단계)를 파악함으로서 개별산업의 성장성이나 개별산업의 규모를 전망할 수 있다.

6) 직접적인 시장진입장벽 (direct barrier to entry)

진입장벽(barrier to entry)은 특정산업에 어떤 기업이 새로이 진입해오는 것을 어렵게 하는 장애요소, 즉 시장진입장벽을 의미한다. 직접적인 시장진입장벽이란 국가에서 규정이나 법을 통하여 특정 업종에 대하여 새로운 기업의 시장진입을 통제하는 경우가 있는데 이러한 규제를 말하며 이것을 직접적인 시장진입장벽이라고 할 수 있으며 제도적인 장벽이라 할 수 있다. 이러한 경우는 대체로 국가가 특정 산업이나 업종을 보호 · 육성하기 위함이 대부분이며 제품에 대한 가격도 통제한다. 예로 담배, 전기, 가스, 철도, 정유업 등을 들 수 있다. 따라서 직접적인 시장진입장벽이 존재하는 산업은 일반적으로 성장성이나 수익성이 높지는 않을 수 있지만 안정적이라고 볼 수 있다.

7) 간접적인 시장진입장벽 (indirect barrier to entry)

간접적인 시장진입장벽은 대체로 사업 초기에 대규모의 자본투자를 필요로 하는 장치산업이거나 오랜 기간에 축적된 고도의 기술이 필요한 산업(예, 항공기, 반도체 등)에 존재하는 시장진입장벽이다. 즉 대규모의 자본 혹은 축적된 기술이 없으면 생산능력에 있어서 기존의 경쟁업체와 경쟁에서 승리할 수 없기 때문이다. 생산능력의 장벽이 있는 산업에서 그 시장에 새로운 경쟁자가 진입하기는 어렵다. 그러므로 이러한 장벽은 간접적인 시장진입장벽이라고 하겠다.

2. 특정산업과 기업특성

기업에 영향을 주는 기업외적요인 중에는 산업요인이 가장 크다. 그 이유는 개별기업은 개별기업이 속한 산업에서 영업활동을 하므로 그 산업의 환경에 지배를 받기 때문이다. 특정산업, 즉 같은 산업에 속한 기업 간에는 재무상 서로 유사한 특성을 발견할 수 있다. 예를 들면, 다른 산업에 속한 기업과 비교하여 상대적으로 높은 매출총이익률과 높은 영업이익률 반면에, 높은 부채비율, 낮은 유동비율 등을 발견할 수도 있다.

이와 같이 같은 산업에 속한 기업에 재무상 서로 유사한 특성이 발견되는 이유는 동종업종에 속한 기업들은 같은 영업환경에서 함께 공존하고 있기 때문이다. 따라서 재무비율분석 시에 개별기업의 재무비율과 그 기업이 속한 산업평균비율과 비교한다는 것은 상당히 의미 있는 일이다.

결론적으로 분석대상기업과 그 기업이 속한 산업과의 연관관계를 분석해 보면 다음과 같은 결론을 얻을 수 있다. " (1) 같은 시기에, (2) 같은 산업(즉 같은 시장)에서 영업활동을 하고 있는 기업은 대체로 (3) 같은 입장에 처한다." 는 것이다.

예를 들면, 원재료를 해외로부터 수입에 대부분 의존하고 있는 수입주력기업(예; 설탕제조업 혹은 밀가루제조업 등)인 A, B, C, D사가 있을 때 원 · 달러환율이 상승하면 A기업 혹은 B기업의 수익성만 악화되는 것이 아니라 원재료 수입가격의 상승은 A, B, C, D기업 모두의 수익성에 악영향을 미친다는 것이다.

수요 〉 공급 : 매출↑ → 가동률↑ → 고정비*↓ → 판매마진↑ → 수익성↑ → 영업이익↑ → 당기순이익↑ → 영업현금흐름↑

※ 고정비 : 생산된 제품 1단위당 고정비

제2절 산업분석의 방법론

1. 산업구조 분석

산업구조 분석에 관한 이론으로서 미국의 포터교수(Michael E. Porter)는 산업구조 분석을 함에 있어서 반드시 점검해야하는 5가지 중요한 요소를 발표하였다. 그 이후 지금까지 산업구조 분석을 위하여는 그의 이론이 실무적으로 가장 많이 사용되고 있다.

산업구조 분석을 위하여 그가 지적한 5가지 중요한 요소와 예를 정리해 보면 다음과 같다.[1)]

[표 6-1] 수익성이 높은 산업그룹(Ⅰ)과 낮은 산업그룹(Ⅱ)

그룹(Ⅰ) 수익성이 높은 산업	그룹(Ⅱ) 수익성이 낮은 산업
광고와 TV	철 · 금속제조업
담배업	고무제조업
제약업	장난감제조업
화장품	섬유제조업
원유 및 광물 관련업	

1) Michael E. Porter, "How Competitive Forces Shape Strategy", Harvard Business Review (March–April 1979). Roger H Hale, "Credit Analysis", John Wiley & Sons (SEA) pte Ltd(1989), Chaper 7, pp.127–134에서 재인용

[표6-1]에서 보는 바와 같이 산업구조 분석에 앞서 우선 존재하는 여러 산업을 수익성이 높은 산업그룹(I)과 상대적으로 수익성이 낮은 산업그룹(II)으로 나누었다. 그리고 해당산업의 수익성에 가장 큰 영향을 미치는 5가지 요소를 다음과 같이 정리하였다.

a. 시장진입의 위협 (threat of new entrants)
b. 산업내의 경쟁구조 (the industry jockeying for position among current competitors)
c. 대체품의 위협 (threat of substitute products or service)
d. 구매자의 교섭력 (bargaining power of customers
e. 공급자의 교섭력 (bargaining power of suppliers)

아울러 그는 해당산업의 전반적인 경쟁구도에 영향을 미치는 5가지 중요한 요소의 상호관계(5 forces governing competition in an industry)를 정리하여 [그림6-1]와 같이 나타내었다.

[그림 6-1] 산업의 경쟁구도에 중요한 5가지 요소
(Five Forces Governing Competition)

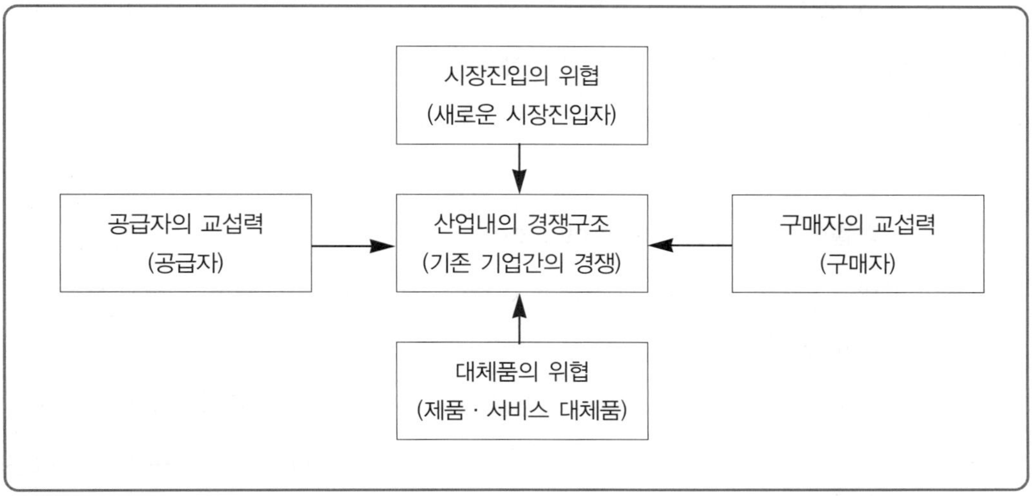

1) 시장진입의 위협 (threat of new entrants)

진입장벽(barrier to entry)은 특정산업에 어떤 기업이 새로이 진입해오는 것을 어렵게 하는 장애요소, 즉 시장진입장벽을 의미한다. 따라서 기존 기업입장에서는 그들이 속한 산업에 **진입장벽이 높으면 수익성이 높을 가능성이 크고 또한 그 수익성을 오랫동안 향유할 가능성이 높다.** 따라서 이러한 산업에 대해서는 상대적으로 시장위험이 작다고 할 수 있다. 그러나 만약 어떤 산업에 진입장벽이 낮다면 새로운 시장진입자 때문에 그 수익성을 오랫동안 유지하기가 어렵기 때문에 시장위험이 크다고 하겠다.

① 규모의 경제 (economies of scale)

규모의 경제는 생산시설을 확대하여 생산량을 증대시키면 어느 한도까지는 제품 단위당 생산비의 평균비용이 하락하는 것을 의미하며 대규모생산의 법칙이라고도 한다. 바꾸어 말하면 생산량이 증가할수록 단위당 생산원가가 감소하게 된다. 이 법칙은 기업의 영업활동에 대부분이 적용된다. 예를 들어 **연구개발, 구매활동, 서비스망, 판매망, 제조활동** 등이다. 그러므로 해당산업에 규모의 경제가 존재하면 **시장진입자가 그 산업에 진입하여 경쟁력을 갖기 위해서는 대규모의 투자**가 뒤따라야 한다. 그러나 투자후 그 사업이 실패하면 큰 손실을 입을수 있기 때문에 그 산업으로의 진입위험이 크다고 할 수 있다. 한편 [표6-1]에 있는 산업중에서 규모의 경제가 존재하는 업종으로는 그룹(I) 중에는 원유 및 광물관련업과 그룹(II) 중에는 철 · 금속제조업을 들 수 있다.

② 제품의 차별화 (product differentiation)

제품의 차별화는 수년동안 광고, 서비스, 제품의 질적우위를 통하여 구축된 브랜드이미지 또는 제품에 대한 고객의 신뢰도 등을 의미한다. 따라서 제품의 차별화를 위해서는 사업초기에 광고비 또는 판촉비와 같은 영업활동에 관련된 비용이 많이 소요된다. 이 또한 시장진입자로 하여금 시장진입에 상당한 위험을 느끼게 한다. 한편, **제품의 차별화는**

사업의 수익성에 결정적인 영향을 미친다. 왜냐하면 서비스 또는 제품에 질적우위가 있으면 높은 가격을 받으므로써 상대적으로 높은 판매마진을 향유할 수 있기 때문이다. 한편, 그룹(I)에서는 담배제조업과 화장품제조업을 예로 들 수 있으며, 추가로 유아용품제조업, 종합금융업, 맥주제조업 등을 들 수 있다.

③ 대규모 사업자금 (capital requirement)

해당산업에 진입하기 위하여 대규모 사업자금이 필요하다면 이것도 시장진입장벽에 있어서 중요한 요소가 된다. 이것은 연구개발비, 브랜드이미지 구축, 광고비 등 무형의 자산과 관련된 경우에도 마찬가지이다. 대표적인 예로써 세계적 기업인 제록스사는 복사기 사용자들에게 복사기를 임대하는 사업전략을 구사하여 시장진입을 어렵게 만들고 있다. 즉, 시장진입자가 제록스사와 같이 임대전략을 실천하기 위해서는 대규모 사업자금이 필요하게 된다. 예를 들어 **자동차산업과 같이 대규모 사업자금이 필요한 사업에 진출한 후 그 사업이 실패하게 되면 그 기업은 물론 해당 모기업(그룹)까지도 위험**에 직면하게 된다.

④ 교체비용의 부담 (switching costs)

교체비용은 기존 제품의 사용자(구매자)들이 새로운 제품으로 교체하고자 할 때 부담해야하는 비용을 말한다. 예를 들어 **종업원 교육비용, 기계류와 같이 주제품 교체에 따른 관련부품의 교체비용, 새로운 장비의 실험에서 발생하는 부작용, 제품생산 후에 발생하는 여러 가지 문제점** 등을 지적할 수 있다. 또 다른 예를 들면 항공사에서 항공기엔진을 교체하는 것 또는 항공기 자체를 교체하는데는 교체비용이 상대적으로 많이 든다. 반면에 그룹(II) 중에서 고무제조업, 즉 자동차의 고무타이어를 교체하는데 추가로 부담해야 하는 비용은 상대적으로 작은 것으로 판단된다(현재 사용하고 있는 마이크로소프트사의 Window 시리즈 컴퓨터 운영체계를 다른 운영체계로 교체하기에는 추가부담이 매우 클 것으로 생각된다).

⑤ 견고한 판매망 (distribution channels)

기존 제품의 판매망이 잘 갖추어진 경우에는 새로운 시장진입자 입장에서는 시장진입장벽이 높은 산업에 해당된다. 왜냐하면 새로이 진출하는 기업도 자체의 **새로운 판매망을 구축해야하기 때문에 사업초기에 자체판매망 구축에 많은 자금이 필요**하게 된다. 시계산업의 예를 들면 시계는 전통적으로 귀금속전문점에서 판매되었으나 타이맥스(Timex)시계는 기존 경쟁사들과 차별화된 판매전략으로 귀금속전문점을 통한 전통적인 판매망과는 전혀 다른 판매망, 즉 대중할인매장을 선택하고 이를 주요 판매망으로 사용하였다. 이는 시장진입장벽중 견고한 판매망을 극복한 예라 할 수 있다.

⑥ 사업규모와 무관한 비용장벽 (cost barriers that are independent of scale)

해당산업에 이미 진출해 있는 기업들은 새로운 시장진입자에 비하여 사업의 규모와 무관하게 여러 가지 측면에 있어서 원가절감에 보다 유리한 입장에 놓여 있다. 예를 들어 a. **기술력의 보호**: 기존 기업이 보유하고 있는 기술력이 특허권 또는 저작권과 같은 법률에 의하여 보호를 받고 있는 경우가 있다. b. **원재료의 선정**: 제품생산에 기술력보다는 원재료의 선정이 더 중요한 경우가 있다. 예를 들어 광물산업은 기존 기업이 질이 우수한 원재료를 이미 독점구매하여 사용하고 있기 때문에 제품생산에 보다 유리한 위치를 선점하고 있는 경우가 많다. c. **경험의 축적**: 어떤 사업이건 시행착오 또는 경험이 축적됨에 따라 제품단위당 제조원가가 어느 정도까지는 절감이 가능하다.

⑦ 정부의 정책 (government policy)

정부는 특정산업에 대해서 환경, 건강 및 안전문제와 관련하여 **공해방출에 대한 통제, 납성분의 기준치, 제품의 표준화기준 등을 설정**하여 그 산업에서의 영업 및 진출에 대하여 승인하거나 혹은 그 승인제도를 유지함으로써 그 산업을 관리 · 감독하고 있다. 그룹(I) 중에는 TV와 라디오 방송업에 대한 **정부의 사업승인권**, 그룹(II) 중에는 제련소 설립에 대한 정부의 사업승인권 등을 들 수 있다.

2) 산업내의 경쟁구조 (rivalry)

특정산업내에서 기존 기업들간에는 제품의 질, 가격, 고객에 대한 서비스 등의 차별화 및 신제품의 출시 등 다양한 부분에서 치열한 경쟁을 하고 있다. 따라서 기존 기업들간의 경쟁을 통하여 산업내의 경쟁구조가 결정되기도 하고 변하기도 한다. 이러한 산업내의 경쟁구조는 **a. 경쟁기업의 수와 규모, b. 산업의 성장률, c. 고정비용과 과잉생산능력, d. 다양성의 정도, e. 철수비용의 정도** 등에 따라 영향을 받는다.

한편, 포터교수는 애널리스트들은 기존 기업들간의 경쟁정도를 분석하는데 노력해야 한다고 충고하고 그 평가결과를 단순히 "이 산업은 경쟁이 심함"이라고 해서는 안되며 "이 산업은 왜 경쟁적인가?" "이 기업은 이 산업내에서 어떻게 경쟁하고 있는가?" 등 관련된 사항을 구체적으로 분석하고 평가해야 한다고 지적한다.

① 경쟁기업의 수와 규모 (number and relative size of competitors)

산업내에 경쟁기업의 수가 적어서 독점 또는 과점체제를 이루고 있으면 상대적으로 경쟁이 덜하고 특별한 이변이 없는한 시장점유율(market share)도 비교적 안정적으로 유지된다. 그러나 해당산업에 **경쟁기업의 수가 점점 많아져 자유경쟁의 상태**가 되거나 혹은 경쟁기업의 수가 다소 적더라도 **기업의 규모가 서로 비슷해지면 경쟁이 더욱 치열**하게 된다.

② 산업의 성장률 (rate of industry growth)

해당산업의 성장률이 낮으면 대체로 기존 기업들간의 경쟁이 심화되는 경향을 나타낸다. 왜냐하면 제한된 시장규모내에서 서로 시장점유율을 높이기 위하여 경쟁하기 때문이다. 반면에 그 산업의 성장률이 높으면 경쟁의 정도가 완화된다. 그 이유는 그 산업의 높은 성장률이 시장점유율을 높이기 위한 기업간의 경쟁을 다소 흡수하기 때문이다.

③ 높은 고정비용과 과잉생산능력 (level of fixed costs and overcapacity)

높은 고정비용 또는 과잉생산능력은 특정산업의 경쟁정도를 더욱 심화시킨다. 즉 특정산업에 높은 고정비용의 문제점을 가지고 있는 기업이 있거나 혹은 관련 제품에 대한 과잉생산능력을 보유한 기업이 존재하게 되면 기존 기업들간의 경쟁관계는 더욱 치열하게 된다. 왜냐하면 단위당 고정비용을 낮추기 위해서 혹은 규모의 경제를 실현하기 위해서 매출을 증대시켜야 하며 그 수단으로 판매가격을 하락시킴으로써 가격전쟁(price wars)을 유발하기 때문이다.

④ 다양성의 정도 (degree of diversity among competitors)

경쟁기업들간 다양성의 정도는 그 산업내의 경쟁을 심화시킬 수 있다. 예를 들면 경쟁기업들간에 새로운 전략이나 영업계획없이 지난해의 제품의 질, 서비스 등의 영업전략을 유지하면 금년에도 경쟁의 정도가 안정될 것으로 예상된다. 그러나 만약 금년들어 경쟁기업중에서 어떤 기업이 새로운 제품을 소개(제품의 다양성)하거나 새로운 서비스의 공급(서비스의 다양성)을 시도하면 그 산업의 경쟁관계는 안정적에서 경쟁적으로 전환하게 된다. 예를 들어 전통적인 상업은행중에서 어떤 은행이 어느 해에 영업전략을 국제금융에 중점을 둔다든지 기업의 인수 및 합병과 관련된 종합금융에 진출하는 일이 발생하면 시장의 경쟁관계는 안정적에서 경쟁적으로 변하게 된다.

⑤ 철수비용의 정도 (exit barriers)

기업의 수익성이 몹시 낮거나 혹은 영업결과 당기순손실을 기록했더라도 해당산업에서 쉽게 철수할 수 없는 경우가 있다. 이는 최소한 언제까지는 영업을 지속하겠다는 노사협약 혹은 정부와의 사업허가 조건이 존재하는 경우 또는 특수용도의 제한된 수요를 위한 전문화된 시설에 투자한 경우 등을 예로 들 수 있다. (아울러 자동차산업과 같이 막대한 자금이 투자된 경우도 철수비용이 높다고 하겠다.

3) 대체품의 위협 (substitute products)

산업분석을 할 때는 항상 대체품의 출현 가능성에 대하여 초점을 두어야 한다. 왜냐하면 **대체품의 출현은 기존 산업에 있어서 가격상승을 제한하는 효과**를 가지고 있기 때문이다. 바꾸어 말하면 **구매자들은** 자신들의 원가를 낮추기 위하여 제품의 질에 문제가 없는 한 **항상 대체품의 탄생을 기대**하고 있다. 특히 제조원가중에서 원재료비의 비중이 높은 산업에서는 가격이 싼 대체품의 탄생을 더욱 기대하고 있다. 예를 들어 경비산업에 있어서 경비원 중심의 경비체제가 전자경보시스템 중심으로 대체되는 것, 겨울난방을 위하여 기름난방 방식에서 가스난방 방식으로 대체되는 것 등을 들수 있다(타자기를 대체한 PC의 출현, 유선전화기를 대체한 무선전화기의 출현 등).

4) 구매자의 교섭력 (bargaining power of customers)

특정산업을 분석할 때 간과해서는 안되는 매우 중요한 요소중의 하나는 **그 산업에서 구매자의 교섭력을 분석**하는 것이다. 바꾸어 말하면 구매자가 소위 갑의 입장(교섭력이 강한 입장)에 있는가? 아니면 을의 입장(교섭력이 약한 입장)에 있는가? 하는 것을 분석하는 것이다. 특수한 경우를 제외하고 대체적으로 구매자의 교섭력이 판매자의 교섭력보다 강하다고 할 수 있다. 그러므로 **일반적으로는 시장에서 구매자가 갑의 입장**이 된다.

포터교수는 구매자의 교섭력이 더욱 강해지는 경우 즉 구매자가 갑이 되는 경우의 8가지를 다음과 같이 정리하였다.

① 시장에서 구매자의 수가 적은 경우 또는 구매자의 구매물량이 제품판매자의 매출액에서 큰 비중을 차지하는 경우에는 구매자의 교섭력이 더욱 강해진다.

② 구매자가 구입하는 제품이 표준화되어 있거나 혹은 다른 제품에 비하여 차별적인 특성이나 장점이 없는 경우에는 구매자의 교섭력은 더욱 강해진다. 소매금융 서비

스, 주유소, 볼펜 등을 예로 들 수 있다.

③ 구매자가 구입하는 제품물량이 구매자의 원가에서 차지하는 비중이 큰 경우, 즉 이 경우는 구매자의 구매물량이 증가하면 할수록 구매자는 원가절약을 위하여 최대한 노력하게 된다.

④ 구매자가 구입하는 제품을 다른 제품으로 대체하더라도 대체비용(switching costs)이 낮은 경우에는 구매자의 교섭력이 강해진다. 따라서 제조업자는 제품고유의 브랜드이미지 구축을 통해 소비자를 확보하려는 노력을 하게 된다.

⑤ 구매자 본인 사업의 수익성이 낮은 경우에는 본인 사업의 수익성을 향상시키기 위하여 최대한 노력을 기울이게 된다.

⑥ 구매자가 구입하는 제품이 구매자가 제조하는 제품의 중간부품으로 사용되고 이것이 구매자의 주문에 의하여 제작되는 경우에는 구매자의 교섭력이 강하다. 왜냐하면 구매자는 주문한 제품의 제작비용에 대한 지식이 많기 때문이다.

⑦ 구매자가 구입하는 제품이 구매자가 생산하는 제품의 질에 영향을 별로 미치지 않는 경우에는 구매자의 교섭력이 강해진다.

⑧ 구매자가 구매하는 제품에 대한 시장에서의 수요, 시장가격의 동향, 제조비용 등에 대한 충분한 정보를 보유하는 경우에는 구매자의 교섭력은 더욱 강해진다. 그러기 위해서는 구매자는 본인이 구매하는 제품이 다른 구매자들에게 판매되는 판매가격, 대체가능한 다른 제품 및 판매자의 원가구조에 대한 파악 등을 위하여 노력을 기울여야 한다.

5) 공급자의 교섭력 (bargaining power of suppliers)

공급자의 교섭력을 구매자의 교섭력과 대비해보면 서로 거울에 비치는 상반된 모습과 같다. 바꾸어 말하면 구매자의 교섭력이 강하면 공급자의 교섭력은 약하다.

포터교수가 지적한 공급자의 교섭력이 강한 경우, 즉 공급자가 갑이 되는 경우 7가지는 다음과 같다.

① 시장에서 구매자는 다수이고 공급자는 소수인 경우

② 공급자가 시장에서 판매하는 제품과 경쟁할 대체품이 시장에 별로 없는 경우

③ 특정고객에게 판매하는 물량이 공급자의 매출액에서 큰 비중을 차지하지 않는 경우, 즉 공급자 입장에서 구매자가 중요한 고객이 아닌 경우에는 공급자는 구매자에 대하여 교섭력이 강할 수 있다.

④ 공급자의 제품이 구매자의 사업에 중요한 부분이 되는 경우

⑤ 공급자의 제품 또는 서비스가 구매자의 원가절감에 기여하는 경우

⑥ 공급자가 판매하는 제품에 여러 가지 축적된 기술 또는 기능이 부여된 경우, 즉 구매자가 다른 제품으로 대체하려면 구매자입장에서 대체비용이 발생하거나 그 비용이 큰 경우

⑦ 공급자가 구매자의 주문제작과 같은 특수한 요구를 충분히 만족시킬수 있는 기술 축적이 있는 경우

제3절 SWOT분석법 (SWOT Analysis)

여신상담역 또는 여신심사역에 종사하면 빈번히 3년 혹은 5년 만기의 대출을 신청받거나 심사하게 된다. 이때 이들은 다음과 같은 고민을 하게 된다.

- 대출을 해야만 하는가?
- 대출금액은 얼마가 적당할까?
- 대출기간은 언제까지로 동의해야 할까?
- 이자율은 얼마를 적용해야 적당할까?
- 계약서에 어떤 내용의 재무약정을 설정해야 할까?

이러한 고민에 대한 해답은 기업의 신용위험(corporate credit risk)을 3분법 관점에서 기업의 재무위험과 영업위험에 있어서 강점과 약점에 대한 분석 및 산업위험, 즉 산업환경의 동태적 변화가 기업의 영업활동에 영향을 미치게 될 기회요인과 위협요인을 분석한 후 기업의 신용위험을 종합적으로 평가하고 대출을 결정해야 한다.

다시말해 기업내부에 존재하는 기업의 강점과 약점에 대한 분석과 더불어 그 기업이 속한 산업 및 관련산업, 즉 외부환경의 변화중에서 미래에 그 기업의 수익성에 좋은 기회를 제공할 기회요인과 나쁜 영향을 제공할 위협요인을 종합적으로 분석하여 평가하는 것이다.

한편 SWOT분석법을 소개하면 [그림6-2]로 나타낼수 있다.

[그림 6-2] SWOT분석법

기업내부요인	
강점(S)	약점(W)
기회(O)	위협(T)
기업외부요인	

강점 (S)	높은 시장점유율 높은 판매마진 품질의 우수성 숙련된 기술력 낮은 부채비율 높은 이자보상비율 등	약점 (W)	시장에서의 낮은 지위 낮은 수익성 낮은 브랜드 인지도 빈번한 노사갈등 높은 차입금비율 감소한 EBITDA등
기회 (O)	정부의 사업승인제도 유지 세계시장에서 수요증가 구매자의 시장진입 대체품의 수요감소 경향 등	위협 (T)	미국시장에서 덤핑문제 제기 동남아기업들의 시장진입 경쟁사의 신제품 출시 대체품의 시장진출 등

이와 같이 기업내부요인(재무상 혹은 영업상) 중에서 강점(strengths)과 약점(weakness)을 파악하고 아울러 그 기업이 속한 산업에서 발생하는 기업외부요인 중에서 기회요인(opportunities)과 위협요인(threats)을 파악한 후 종합적으로 기업신용위험을 평가하는 기법을 SWOT분석법이라고 한다.

결론적으로 SWOT분석이 시사하는 바와 같이 어떤 기업의 장 · 단기위험을 제대로 평가하기 위해서는 우선 그 기업이 속해 있는 산업의 특성과 현재의 수요 · 공급의 상황(즉, 초과수요 또는 공급과잉 등)을 파악해야 한다. 또한 미래에 예상되는 산업내의 동태적 변화가 대출을 신청한 기업이 보유하고 있는 강점과 약점에 미치는 영향의 정도를 분석한 후 그 기업의 장 · 단기지급능력을 종합적으로 평가해야 한다. 참고로 SWOT분석법은 기업신용위험을 3분법 관점에서 a. 산업위험, b. 영업위험, c. 재무위험으로 나누어 분석하는 것이라 할 수 있다.

참고 : 일부 외국은행에서는 실무적으로 SWOT분석법을 약간 변형하여 다음과 같이 TOWS 분석법으로 사용하기도 한다.

기업외부요인	
위협(T)	기회(O)
약점(W)	강점(S)
기업내부요인	

제4절 산업분석과 신용분석

산업분석을 실시할 때 제2장에서 설명한 〈신용분석의 3단계〉이론을 적용시키면 분석한 결과를 보다 명료하게 설명할 수 있다. 만약 추가정보가 있다면 그 정보가 기업의 재무상 및 영업상의 강점과 약점에 미치는 정도를 분석하여 그 산업의 동태적 변화가 해당기업의 미래수익성에 미칠수 있는 영향을 예측할 수 있을 것이다.

1. 현상파악

- 해당산업의 특징(예, 진입장벽의 유무, 노동집약적 산업, 과점체제 산업, 정부승인산업, 환율에 민감한 산업, 수직계열산업 등)
- 해당산업의 현재시장에서의 수요와 공급에 대한 상태 (초과공급 또는 초과수요 등)
- 시장에서의 현물가격의 변동 (상승추세 또는 하락추세)
- 시장에서 업체별 순위 및 시장점유율
- 산업의 매출규모 혹은 시장규모 등

이와 같이 산업의 특징 및 현재시장에서의 해당기업의 지위와 같은 사항들을 우선적으로 파악한다. -- (현상파악)

2. 원인분석

위에서 열거된 중요사항들을 파악해 봤을 때 작년에 비하여 금년에 산업환경 혹은 시장환경에 중대한 변화가 발생했다면 그변화에 결정적인 영향을 미친 원인을 찾는 것이다. --(원인분석)

이러한 원인분석에는 앞에서 설명한 포터교수의 산업의 경쟁구도를 변화시키는 5가지 중요한 요소들에 초점을 두고 분석하면 매우 유용할 것이다.

3. 진단과 전망

해당산업의 환경을 변화시킨 원인이 해당기업의 미래 수익성에 좋은 영향을 제공하는 기회요인이었는가? 아니면 나쁜 영향을 제공하는 위협요인이었는가를 분석하고 아울러 그 결과 해당기업의 매출액, 수익성 및 재무구조의 변화로 인한 위험을 종합적으로 분석하고 평가해야 한다. --(진단)

해당산업내의 경쟁구조를 변화시킨 원인이 일시적인지 혹은 지속적인지에 따라 기업의 미래수익성에 미칠 영향을 예측하고 이러한 시장의 위험을 완화시킬 대비책의 유무를 점검한 후에 기업의 장 · 단기지급능력에 대한 전망을 해야 한다. 또한 추가적인 정보가 있다면 그 정보를 추가로 적용시켜 해당기업의 미래 수익성 변화를 예측하고 종합적인 평가를 해야 한다. --(전망)

제5절 사업포트폴리오 분석

산업환경의 변화가 기업의 수익성에 영향을 미치는 정도는 경우에 따라서 그 기업의 수익성에 결정적인 요인이 될 수 있다는 것을 알았다. 그러므로 단일 제품을 생산하는 기업의 경우에는 해당산업의 환경변화와 해당기업의 운명과의 관계는 매우 밀접하다는 것을 알 수 있다.

그러나 현실적으로 보면 단일제품을 생산하는 기업도 많지만 같은 업종의 여러 가지 제품 혹은 서로 다른 업종의 여러 가지 제품을 생산하여 판매하는 기업도 많이 있다. 따라서 이러한 기업에 대하여 산업환경의 변화가 기업의 미래 수익성에 미치는 영향을 분석하려면 더욱 어려워진다.

1. 성장률과 시장점유율 매트릭스

한편 업종이 서로 다른 여러개의 제품을 생산 및 판매하는 기업의 사업포트폴리오 분석에는 보스턴컨설팅그룹이 소개한 〈성장률과 시장점유율 매트릭스〉 분석법이 많이 이용되고 있으며 이를 소개하면 다음과 같다.[2)]

2) Philip Kotler, op. cit., pp.68-70., and Roger H. Hale, op. cit., pp.122-124.

[그림 6-3] 성장률과 시장점유율 매트릭스(the growth - share matrix)

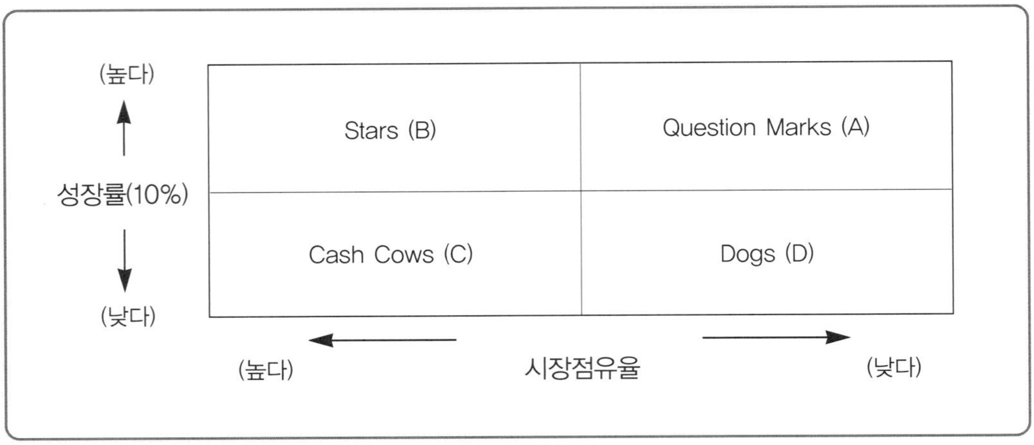

※ 자료 : Philip Kother, op.cit., pp.69.

위의 [그림6-3]에서 세로축은 사업 혹은 제품의 성장률을 나타내며 위로 갈수록 성장률이 높고 아래로 갈수록 성장률이 낮음을 나타낸다. 그리고 가로축은 사업 혹은 제품의 시장점유율을 나타내며 왼쪽으로 갈수록 시장점유율이 높고 오른쪽으로 갈수록 시장점유율이 낮음을 나타낸다.

1) Question Marks 그룹(A)

새로이 진출하는 사업이거나 새로운 제품을 출시하는 경우에 해당된다. 그러나 대부분의 사업에 있어서는 그 산업 혹은 그 사업에 이미 진출해 안정적인 지위에 있는 기업들이 존재한다. 그러므로 [그림6-3]에 있는 **A그룹에 속한 사업은 시장점유율이 낮고 성장률은 높은 경우에 해당된다. 따라서 성장률이 높을 가능성은 많지만 최소한의 시장점유율을 확보하기 위해서 예상이상의 자금이 많이 소요**(생산설비, 추가노무비, 판촉비, 광고비 등)되기도 한다. 바꾸어 말하면 이 사업의 성공에 대한 미래가 상당히 불확실하고 위험하다고 할 수 있다. 그

럼에도 불구하고 기업들이 이러한 위험이 높은 신규사업을 하는 이유는 기업의 속성은 계속적인 성장없이는 영구히 생존할 수 없기 때문이다. 산업에서 차지하는 A그룹의 위치는 제품의 라이프 사이클 4단계중에서 **도입기**에 속한다고 할 수 있다.

2) Stars 그룹(B)

만약 A그룹에 속한 사업이 기대한대로 성공한다면 그 사업 혹은 그 기업은 B그룹으로 이동하게 된다. **B그룹의 특징은 높은 시장점유율을 유지할 뿐만아니라 높은 성장률을 향유하**고 있다. 그러나 B그룹에 속한 사업들은 수익성은 높지만 높은 성장률과 병행하여 **높은 시장점유율을 유지하기 위해서는 증가하는 운전자본(즉, 필요운전자금)**과 **부족한 생산능력의 증대를 위한 지속적인 자본적지출에 대한 투자로 연도에 따라 대체로 자금은 부족한 상태를** 나타내게 된다. B그룹은 제품의 라이프사이클 4단계중에서 **성장기**에 속한다고 할 수 있다.

3) Cash Cows 그룹(C)

높은 성장률을 유지하던 B그룹에 속한 사업의 성장률이 10%이하로 하락하게 되면 그 사업은 B그룹에서 C그룹으로 이동하게 된다. **C그룹의 특징은 성장률은 낮지만 높은 시장점유율을 유지**하고 있다. 그러므로 C그룹에 속한 사업은 성장률이 낮기 때문에 높은 시장점유율을 유지하는데 큰 어려움이 없어서 시장선도기업으로서 규모의 경제 및 높은 판매마진을 향유하게 된다. 생산능력의 증대를 위한 잦은 **시설투자를 하지 않아도 되므로 영업활동에서 유입되는 풍부한 현금으로 신규사업에 대한 투자를 지원할 수 있다.** C그룹은 제품의 라이프사이클 4단계중에서 **성숙기**에 속한다고 볼 수 있다.

4) Dogs 그룹(D)

만약 C그룹에 속한 기업이 기존의 시장점유율을 유지하지 못하고 축소된다면 그 사업은 C그룹에서 D그룹으로 전락하게 된다. D그룹에 속한 사업 혹은 기업의 일반적인 특징은 시장점유율도 낮고 성장률도 낮다. D그룹은 제품의 라이프사이클 4단계 중에서 쇠퇴기에 속한다고 볼 수 있다.

만약 어떤 기업이 한 개의 사업만 운영하고 그 사업이 C그룹에 속해 있다면 결국 그 기업이 C그룹에 속한다고 볼 수 있다. 이와는 달리 어떤 기업이 서로 다른 업종의 여러개 사업을 운영하고 있을 때 한 개 사업부문만이 C그룹에 속할 수도 있다.

따라서 어떤 기업이 여러개의 사업부문을 운영하고 있을 때 총매출액에서 C사업부문(cash-cows 사업부문)의 매출액 비중이 크다면 C사업부문에서 유입되는 현금으로 A사업부문(question marks 사업부문)을 지원할 수 있다. 이때 A사업부문의 투자가 성공하면 A사업부문(question marks 사업부문) → B사업부문(stars 사업부문) → C사업부문(cash cows 사업부문) → D사업부문(dogs 사업부문)으로 점진적으로 전환된다. 때로는 특수한 수요의 증가 및 품질향상에 따른 수요창출로 인하여 C사업부문이 오히려 B사업부문으로 전환되기도 한다.

결론적으로 서로 다른 업종의 여러개 사업을 운영하는 기업은 사업포트폴리오가 건실해야 한다. 바꾸어 말하면 여러개의 사업중 매출액의 과반수 이상을 차지하는 사업이 B그룹과 C그룹에 속해 있어야 한다. 그러므로 기업은 A그룹에 속한 사업은 시장점유율을 높여서 B그룹으로 이동시켜야 하며 만약 D그룹에 속한 사업이 다시 B그룹 또는 C그룹으로 이동가능성이 없으면 D그룹의 사업비중을 최소화하고 적당한 시기에 정리해야 할 것이다.

2. 사업포트폴리오 분석

이와 같이 산업의 특성이 서로 다른 여러개의 사업부문을 보유하고 생산 및 판매활동을 하고 있는 기업을 예로 들어 보면 다음과 같다.

[그림 6-4] 서로 다른 특성의 사업부문을 여러개 운영하는 기업

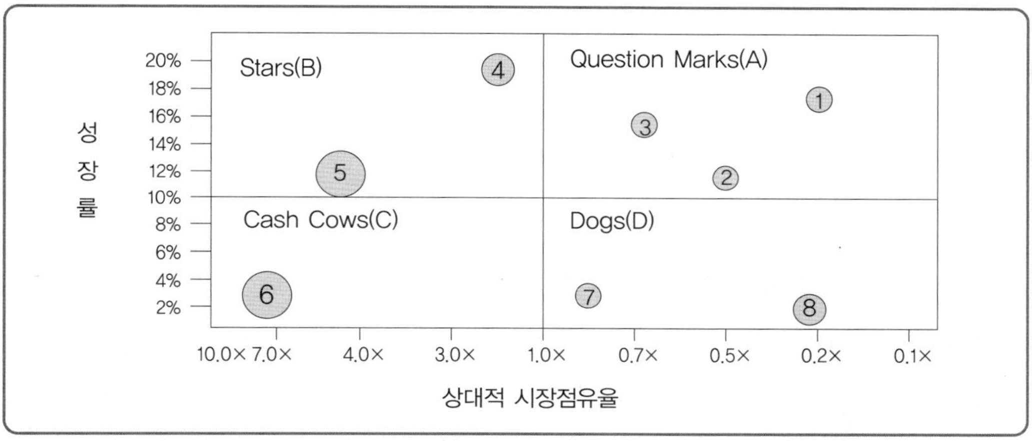

※ 자료: Philip Kotler, op.cit., pp.69.

[그림6-4]는 **서로 다른 특성의 사업부문 8개를 운영하는 K기업에 보스턴컨설팅그룹의 〈성장률과 시장점유율 매트릭스〉를 적용한 그림**이다. 세로축은 그 시장의 성장률을 나타내며 가로축은 상대적 시장점유율을 나타낸다. K기업이 운영하는 서로 다른 특성의 사업은 모두 8개이며 이들은 8개의 원으로 그려져 있다. 각 원의 위치는 각각의 시장성장률과 상대적 시장점유율을 표시하고 있다.

예를 들어 사업부문(②)의 위치는 약 13%의 시장성장률과 0.5X의 상대적 시장점유율을 나타낸다. 각 사업부문의 규모를 나타내는 서로 다른 크기의 원은 각 사업부문 매출액의 상대적 크기를 나타낸다. 이때 사업부문(⑧)이 나타내는 상대적 시장점유율(0.2X)은

K기업의 사업부문(⑧)의 매출액이 그 시장에서 매출액이 가장 큰 기업 매출액의 20%가 되는 것을 의미한다. 상대적 시장점유율(1.0X) 이상은 그 시장에서 매출액이 가장 큰 것을 의미한다. 즉, 사업부문(⑤)의 매출액은 그 시장에서 매출액이 가장 크며 동시에 두 번째로 매출액이 큰 기업 매출액의 4배(4.0×)가 되는 것을 의미한다.

참고 : 현실적으로 국내 가전시장의 경우를 보면 가전부문 시장점유율이 가장 높은 A기업 매출액의 크기가 시장점유율이 두번째로 높은 B기업 가전부문 매출액의 크기보다 3배, 4배, 7배 되는 경우는 드물다. 그러므로 [그림6-4]에 있는 상대적 시장점유율 3.0×, 4.0×, 7.0×, 10.0×를 각각 1.3×, 1.4×, 1.7×, 2.0× 정도로 수정하여 분석하면 매우 유용할 것으로 생각된다.

이상의 자료를 토대로 K기업의 사업을 분류해보면 A그룹에 속하는 사업이 3개, B그룹에 속하는 사업이 2개, C그룹에 속하는 사업이 1개, D그룹에 속하는 사업이 2개, 모두 서로 다른 특성의 8개 사업이 존재하고 있다. **K기업의 사업포트폴리오를 종합적으로 고려해보면 K기업의 영업상황이 좋다고 할 수가 없다. 특히 현금흐름 관점에서는 더욱 나쁘다고 할 수 있다.** 왜냐하면 B그룹(④~⑤) 사업부문은 높은 시장성장율 때문에 영업에서 창출되는 현금이 연속적인 자본적지출에 사용되어야 하므로 자금이 부족할 확률이 높다.

A그룹(①~③)은 사업초기여서 순이익의 규모 또는 현금흐름의 규모가 작을 것이고, D그룹(⑦~⑧)은 손실을 발생시킬 확률이 높다. 다만 C그룹(⑥)만이 투자가 적고 영업활동에서 창출되는 현금이 풍부하여 사용하고 남은 현금으로 다른 사업부문에 지원할 수 있다.

결론적으로 K기업의 8개 사업부문 중에서 영업활동에서 유입되는 현금이 풍부한 사업(C그룹)이 한 개 뿐임을 감안하면 K기업은 A그룹의 사업수를 3개에서 1개 혹은 2개

로 축소시켜야하고 아울러 D그룹의 사업수도 2개에서 1개로 축소시켜야 한다. 향후 사업부문(④와⑤)이 B그룹에서 C그룹으로 이동하게 되면 그 때는 A그룹의 사업수를 좀더 늘려도 괜찮을 것 같다. 왜냐하면 원의 크기를 보면 사업부문(④~⑥)의 매출액 크기가 사업부문(①~③)의 매출액 크기보다 훨씬 크기 때문이다.

이상의 설명은 사업의 포트폴리오 분석을 하는데 있어서 유명한 보스톤컨설팅그룹의 〈성장률과 시장점유율 매트릭스〉에 대한 소개였다. 이들은 어떤 기업이 8개의 전략적 사업부문(strategic business unit, SBU)을 운영한 예를 들었다.

이때 우리는 이 8개의 전략적 사업부문을 관련 업종이 아니라 서로 다른 특성을 가진 8개의 업종에 속한 사업으로 보면 K기업의 매출비중이 높은 ④~⑥사업부문(즉 B와 C에 속한 사업부문)에 속한 산업에 새로운 진입자가 진출하거나 성능이 우수한 대체품이 등장한다면 K기업의 미래는 어두워진다고 쉽게 예측할 수 있다. 만약 K기업이 A그룹의 사업(①~③)과 D그룹의 사업(⑦~⑧)에 대한 구조조정을 아직 실시하지 않았다면 현금흐름 관점에서 평가해 보면 K기업은 현금부족으로 더욱 어려워질 것으로 예측된다.

제6절 산업 및 시장의 특성 (Characteristic of Industry)

산업위험(industrial risks)을 제대로 파악하기 위해서는 각 산업별 혹은 업종별 시장의 특성을 파악하는 것이 매우 중요하다. 산업별로 중요한 특성을 정리해 보면 다음과 같다.

1. 식품산업(Food Industry)

음 · 식료품 산업은 유가공, 육가공, 수산가공, 과일과 채소가공, 식용유, 곡물가공, 빵, 과자, 국수, 식품첨가물 등을 포함하고 있으며 일반적인 특성은 다음과 같다.

- 주요 곡물과 육류의 높은 수입의존도를 보인다.
- 전형적인 내수산업이며 시장이 성숙한 산업이다.
- 신기술 개발의 부족으로 성장성이 제조업에 비하여 둔하다.
- 식량 안보적인 차원에서 정부가 보호 · 육성하는 산업이다.
- 최종재 형태로 소비되는 비율이 높은 소비재산업이다.
- 소득탄력성[3]이 낮다.
- 재료비(원재료비 · 수도 · 광열비 포함)의 의존도가 높다.

---

3) 소득탄력성 : 수요의 변화율÷소득의 변화율, 즉 소득탄력성은 소득의 변화율이 수요의 변화율에 영향을 미치는 정도를 말한다. 그러므로 소득탄력성이 낮은 상품은 소비자의 소득이 증가하더라도 그 증가율만큼 수요(소비)가 증가하지는 않는다.

- 단순한 식생활에서 탈피하여 고급화 및 건강정보에 매우 민감한 산업이다(웰빙, 광우병, 비만 등).

2. 주류산업 및 청량음료산업(Drinks/Beverage)

1) 주류산업

주류산업은 크게 소주, 맥주, 탁 · 약주, 청주, 양주 등 5가지 제조업으로 나누어진다.

- 대규모 시설투자를 필요로 하는 장치산업이다.
- 농산물을 주 원료로 하기 때문에 정부의 농산물 수급정책과 밀접한 관계를 갖는다.
- 타업종과는 달리 생산, 유통, 소비 등 각 단계에서 정부의 규제가 심하다.
- 판매가격은 정부의 주류에 대한 조세율에 크게 의존한다.
- 경기가 호황이면 맥주 및 양주의 수요가 증가하고 불경기에는 소주의 수요가 증가하는 경향이 있다.
- 정부의 주류와 관련된 각종 정책의 변경이 수요에 영향을 미친다(세율의 변화, 유흥업소 영업시간의 조정, 음주운전 규제의 강화 등).
- 신제품에 대한 수익성 위험요인이 존재(즉 연구개발비, 시설투자비, 광고 · 판촉비 등을 투자한 신제품이 시장에서 적정매출을 실현치 못하면 그 기업에 재무적으로 치명적인 악영향을 미칠 수 있으므로 양산체제 전 시제품에 대한 소비자 반응의 사전 시장조사가 매우 중요)한다.

2) 과즙 및 청량음료산업

- 장치산업임에도 불구하고 시장에서 경쟁이 심하다(대형 식품업체, 제과업체, 제약업체, 유가공업체와 중소업체들이 참여하고 있음).
- 시장점유를 위한 경쟁이 극심하다.
- 수요는 소득수준의 향상과 정(+)의 비례관계에 있다.
- 소득수준의 향상으로 건강 관련 음료가 비교적 성장 추세에 있다.
- 수익성 악화요인 및 신제품에 대한 위험요인이 존재(경쟁회사의 대체음료의 개발, 제품 수명의 단축화 경향, 광고 · 판촉비의 증가, 앞의 주류업에서 언급한 것처럼 신제품 개발에 따른 적정한 매출의 실현에 따른 위험)한다.
- 대체음료의 개발로 성장에 한계가 있다.

3. 섬유 및 의류산업(Textile/Garments)

1) 섬유산업

섬유산업은 면방산업, 모방산업, 화섬산업 등 크게 3가지로 나누어진다. 화섬의 종류에는 나일론(nylon), 아크릴(acrylic), 폴리에스테르(polyester), 아세테이트(acetate) 등이 있다. 화섬의 원료로는 나일론의 원료인 카프로락탐(caprolactam), 아크릴의 원료인 아크릴로니트릴모노머(AN Monomer), 폴리에스테르의 원료인 TPA(고순도 텔레프탈산)와 EG(에틸렌글리콜) 등이 있다. 섬유산업의 구조를 그림으로 표시하면 다음과 같이 나타낼 수 있다.

섬유산업은 자본집약이 요구되는 장치산업으로서 정부의 정책적인 지원으로 60년대에 한국의 산업화를 주도했다. 그러다가 80년대 후반 이후 인건비 및 원재료 가격의 상승으로 국제경쟁력이 약화되면서 면방과 모방 산업의 대부분의 회사가 생산기지를 저임금 지역 및 원면 생산국인 중국, 인도, 파키스탄 등지로 이전하였다. 최근에는 고급제품에서의 면방과 모방 등 천연섬유의 선호가 지속되고 있다. 반면 중저가 제품에서는 화섬 등 인조섬유가 국내시장에서 영역을 지속적으로 확대하는 경향이 있다.

[그림 6-5] 섬유산업의 구조

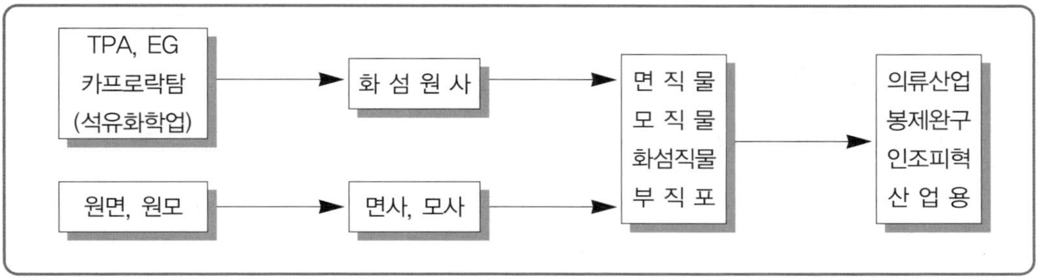

2) 의류산업

- 섬유산업의 최종단계로서 소재, 패션, 유통 등과 관계가 깊은 종합산업이다.
- 부가가치가 높은 산업이다.
- 광고 및 정보산업(패션 정보 입수, 소비자 성향 분석, 광고 전략 등)이다.
- 소비자 지향산업(소비자의 다양화, 개성화, 라이프 스타일에 대응)이다.
- 시장이 세분화된 산업(아동복, 숙녀복, 남성복, 스포츠 의류, 숙녀복 중 20대 대상 의류, 30대 대상 의류, 제복류 등)이다.
- 위험부담률이 높은 산업(부가가치가 높은 만큼 위험부담이 크다. 즉 소비자 성향, 계절 요소, 그 해 기후, 사회 · 경제여건 등을 종합적으로 고려)이다.
- 중소기업과 대기업이 공존(상대적으로 소규모 자금으로 시장 참여 가능)한다.
- 내수중심의 산업이므로 국내 경기와 경제여건에 민감하다.
- 재고관리, 유통관리, 채권관리가 중요시되는 산업이다.
- 시장진입에 대한 장벽이 없으므로 새로운 국내 브랜드의 시장진입과 외국 브랜드의 국내시장 진입 등으로 경쟁이 심하고 성장성에 한계가 있다.

4. 제지산업(Paper)

제지산업에서의 용지는 문화용지, 산업용지, 위생용지, 특수용지 등 크게 4가지로 나누어진다.

- 문화용지 : 신문용지, 인쇄용지(백상지 : 고급 포장지와 미술용지), 크라프트지(시멘트, 제당, 식료품 등 방수 포장지의 원료) 등
- 산업용지 : 백판지(경공업 제품의 포장지), 골판지(농 · 수산물을 담는 포장지, 상자의 원료) 등
- 위생용지 : 화장지, 기저귀, 생리대 등
- 특수용지 : 감열지, 감광지, 컴퓨터 용지 등

■ 원자재인 펄프의 해외의존도가 높다(국제 펄프가격은 주요 생산국인 북유럽 3국, 캐나다, 미국 등 5개국의 펄프 공급량에 좌우).

■ 펄프가격의 인상이 판매가격에 즉각 반영되지 못한다.

■ 내수산업에서 수출산업으로 일부 전환(문화용지, 백판지)하고 있다.

■ 기술 및 자본집약적인 장치산업이다.

■ 에너지소비형 산업, 수질오염형 공해산업 겸 높은 재활용 비율로 인한 환경오염방지산업이다.

■ 대기업과 중소업체들의 시장이 구분(대규모 설비와 규모의 경제를 필요로 하는 신문용지와 고급 인쇄용지는 자본력이 우수한 대기업들이 참여하는 반면에 골판지 등은 비교적 중소업체들의 생산비중이 높다)되어 있다.

■ 장기적인 수요 예측과 이에 대응하는 전략이 요구되는 산업이다.

5. 의약품산업(Medicine)

의약품산업이란 신약개발을 위한 연구개발에서 판매에 이르는 전과정을 포괄하여 ① 신약의 연구 및 개발, ② 원료 의약의 생산(중간원료 및 합성원료), ③ 완제 의약의 생산, ④ 완제 의약의 판촉(광고, 세미나 등 홍보), ⑤ 완제 의약의 판매(내수 및 수출) 등으로 구성되는데, 제약산업이란 대체로 ①~③까지를 의미한다.

- 고부가가치산업, 고도의 지식산업이다.
- 자본력과 기술력으로 인하여 선진국(높은 기술수준과 자본력을 바탕으로 고부가가치인 신약개발과 합성원료의 생산에 집중 투자)과 후진국(합성원료를 수입하여 낮은 기술수준과 소자본력으로 가능한 소분-포장-판매 부문에 특화하는 경향) 사이에서 시장이 구분된다.
- 의약산업은 결국 신약개발 능력(바이오, 생명공학 등)과 그 효능에 따라 성장성이 결정된다.
- 세계시장은 선진국의 소수 대기업에 의한 독과점적 시장구조를 형성한다.
- 국내시장에서는 의약품 유통구조, 의료보험제도의 변경, 의약품 사용과 관련된 규제 및 법령에 따라 판매가격이나 성장이 크게 영향을 받는다.
- 연구개발비, 판매관리비 및 운전자금의 부담이 높은 산업이다.

6. 비철금속산업(Non-Metals)

비철금속은 '철 이외의 모든 금속을 총칭하는 것' 으로 동, 아연, 주석, 니켈 등의 중금속과 알루미늄, 마그네슘, 티타늄 등의 경금속 및 금, 은, 백금 등의 귀금속으로 분류된다.

- 6대 비철금속 : 알루미늄, 동, 아연, 납(연), 주석, 니켈(산업의 소재로 중요)
- 제련분야는 대규모 자본투자를 필요로 하고 투자자금의 회수기간이 장기간 소요된다.
- 주기적인 수요 · 공급의 불균형 현상(수요가 증가하더라도 대규모 투자와 공장증설에 오랜 기간이 소요되기 때문)이 상존한다.
- 자원의 지역적 편중(주로 미국, 남미, 호주, 러시아 등)으로 인하여 진입장벽이 높다.
- 전 · 후방 연관 효과가 큰 산업(즉 자동차, 전자, 전기, 건축 등 각종 산업분야에 널리 사용됨)이다.
- 세계적인 거래소인 LME(London metal exchange)의 시장가격이 국제가격의 결정기준이 되고 있다.(수요의 가격탄력성은 비교적 높은 반면 공급탄력성은 낮다.)
- 시세차익을 목적으로 유입되는 국제 투기자금이 많다.
- 가격변동이 불규칙적이다.
- 에너지다소비산업, 환경오염산업이다.
- 원료의 수입의존도가 높으며 수입가격이 환율변동에 따라 불안정하다.

7. 시멘트산업(Cement)

- 대규모 자본이 필요한 장치산업이다.
- 내수중심산업이다.
- 석회석 산지 확보, 막대한 자본 등으로 높은 진입장벽이 상존한다.
- 성장성은 주택건설, 토목공사, 정부의 사회간접자본 투자와 정(+)의 비례관계에 있다.
- 물류비용이 증가 추세를 보이고 있다.
- 대기오염산업(이산화탄소 배출 및 분진, 소음 등 환경문제)이다.
- 에너지다소비산업(에너지 관련 비용이 총원가의 큰 부분을 차지함)이다.

8. 석유화학산업(Oil Refinery/Petro-chemical)

석유화학산업이란 석유, 천연가스, 정유폐가스 등을 원료로 에틸렌, 프로필렌, 부타디엔 등 올레핀과 벤젠, 톨루엔, 자이렌 등 방향족 물질을 생산하는 공업과 이들 제품을 원료로 합성수지, 합성섬유 원료, 합성고무, 정밀화학제품 등을 생산하는 공업 및 플라스틱 가공업 등을 통칭한다.

- 각 제품별로 사용되는 원료 중 일부는 국내에서 조달하고 있으나, 기초원료인 원유는 수입에 의존한다.
- 수익성은 국제시장에서(수급 상황에 따른) 판매가격의 변동 및 환율과 원재료 가격 변동에 좌우된다.
- 천연소재의 대체산업(철, 비철금속, 목재, 가죽, 면, 천연고무 등 천연소재의 용도를 대체하는 물질로 개발된 합성소재임)이다.

- 석유화학제품은 건설, 기계, 자동차, 섬유, 농약, 제약, 도료 등 광범위한 산업에 사용되므로 수요는 경제 전반적인 성장추세와 정(+)의 비례관계에 있다.
- 자본집약적 장치산업(주로 원료공급 회사와 원료이용 회사가 지역적으로 근거리에 위치한 콤비나트를 형성하고 있음)이다.
- 내수중심산업(정유, 도시가스산업)이다.
- 석유화학 제품가격은 현물시장가격을 기준으로 결정되므로 세계시장에서 가격의 변동이 심하다.

1) 정유산업

- 전형적인 장치산업이다.
- 내수중심의 국가기간산업이다.
- 원재료의 전량 해외조달 및 중동지역에 편중되어 있다.
- 공익산업 성격으로 정부가 정책적인 통제(가격, 생산시설 증설 등)를 하고 있다.
- 과점체제이다.
- 수익성은 원유 수입가격과 환율의 변동에 따라 영향을 받는다.
- 적정이윤이 확보되는 반면에 성장에 제약이 있다.
- 외화금리(리보금리:LIBOR)와 국내 원화금리 차이가 클수록 수입유산스(usance)기간의 확대와 은행으로부터 유산스기간에 대한 여신한도(credit line)의 확보가 수익성에 큰 영향을 미친다.

2) 도시가스산업

- 장치산업적 특징이 있다.
- 내수중심의 국가기간 산업이다.
- 천연가스(LNG)는 도입 계약에서 운반, 비축, 국내 공급(대량 수요자)까지 한국가스

공사가 담당하며, 최종소비자(소매)에게 공급하는 작업은 지역별로 선정된 일반 도시가스업자(도매업자)들이 맡는다.

- LPG 가스의 경우는 수입, 저장, 판매를 LPG 전문 수입업자가 맡고 있다.
- 과점적 형태를 띤다.
- 적정이윤의 보장과 정부의 정책적 규제가 공존한다.

9. 전기 · 전자 · 통신산업 (Home Appliance/Semiconductor/Telecommunication)

1) 가전산업 (Home Appliance)

- 세계화가 급진전되는 산업으로서의 특징(생산 · 판매가 전세계 시장을 상대로 상호 연결되고 있음)을 띤다.
- 내수 중심에서 해외시장 의존도가 높아지고 있다.
- 제품개발, 원자재 조달, 생산, 마케팅 등이 세계적인 차원에서 수행된다.
- 생산과정의 특성상 기술, 자본, 노동 집약적인 산업이다.
- 수출은 환율, 특히 경쟁국가인 일본의 엔화 환율의 변화에 민감하다.
- 국내 및 해외 경기에 민감하다.
- 기술 의존도가 크다(연구개발 비용의 부담이 큰 산업).
- 저가품은 아시아권 국가들의 시장참여로 경쟁이 심화되고 있다.
- 국내외적으로 가격경쟁이 심화되고 있다.

2) 반도체산업 (SemiConductor)

- 성장율이 높은 산업이다.
- 막대한 시설투자가 필요한 전형적인 자본집약적 장치산업, 기술집약적 산업
- 해외시장 의존 산업이다.
- DRAM의 특성은 가격의 하락 속도가 매우 빠르며(즉, 가격하락시 재고자산의 평가 손실이 크다), 가격은 품질 혹은 성능보다는 시장에서 수요와 공급에 크게 좌우한다. (반도체가격 동향분석이 수익성 분석에 매우 중요함)
- 수출은 환율의 변동에 민감하다.
- 가격은 해외 현물시장에서의 수요와 공급 차이에서 결정된다.
- 제품의 라이프사이클이 짧기 때문에 제품 개발 후 시장도입기에서 성숙기에 이르기까지 가격이 급락하는 위험이 상존, 즉 투자위험이 높다.
- 기술력에 대한 의존도가 높은 산업(연구개발비 부담이 매우 큰 산업)이다.
- 수익성은 해외시장에서의 제품의 수요 · 공급에 따른 반도체가격의 변동에 의존한다.
- 생산수율(생산성공률 혹은 비불량률)이 수익성에 큰 영향을 미친다.
- 투자시점이 수익성에 중요한 영향을 미친다.

3) 전자부품산업 (Electronic Parts)

- DRAM 가격이 하락하면 PC업체는 수혜자가 된다.
- 전자산업의 하부구조로서 통신분야와 PC 부품 분야의 성장성과 정(+)의 비례관계에 있다.
- 핵심부품의 해외의존도(일본과 선진국)가 크다.
- 환율변동과 원자재 수급 불안이 상존한다.
- 대부분 안정된 수요처가 존재한다.
- 기술의존도가 큰 산업이다.

4) 통신산업 (Telecommunication)

통신산업은 일반적으로 정보를 유통 · 공급하는 통신서비스업과 관련기기를 공급하는 통신기기업, 소프트웨어 및 정보통신 지원의 4개 분야로 크게 나누어진다.

- 성장율이 높은산업이며 미래산업이다.
- 정부정책에 따른 직접적 시장진입장벽이 있는 산업(특히 통신 서비스업 및 방송산업)
- 첨단 소재, 반도체 등을 포함한 통신 관련 전자부품산업을 하부구조로 하는 수직적 계열 구조의 경향을 띤다.
- 자본집약적 대규모 장치산업(기지국 건설 및 막대한 설비투자 등)이다.
- 투자기간에 비하여 자금회수기간이 긴 산업이다.
- 하드웨어 생산기술, 통신 관련 전자부품 기술개발을 위한 막대한 연구개발비가 소요되는 기술집약적 산업이다.
- 에너지 절약형 산업, 성장 가능성이 높은 산업이다.
- 통신기기업에 있어서는 관련기기 및 주요 부품에 대한 수입의존도가 크다.
- 국내시장의 한계로 인한 수출의존도가 높은 산업

10. 운송장비산업(Shipbuilding/Automobile)

1) 조선산업 (Shipbuilding)

조선산업은 해운업, 수산업, 군수산업 등에 각종 선박 건조를 수행하므로 중화학공업 중 운송용기계공업에 속한다.

- 선박의 종류로는 일반화물 및 콘테이너 등 여러가지 화물을 운반하는 일반화물선(general cargo carrier), 곡물, 석탄 등 포장없이 화물을 운반하는 벌크캐리어(bulk carrier), 원유 및 액체상태의 화물을 수송하는 탱커(tanker), 자동차수송과 같이 수평으로 하역할 수 있는 로로선(ro/ro), 액화된 천연가스 운반선(LNG/LPG tanker), 여객을 수송하는 여객선, 원유시추선박으로서 자유이동이 가능한 부유식 탱커선박(FPSO:floating production storage vessels) 등이 있다.
- 종합조립산업(기계, 금속, 철강, 화학, 전기 등)이다.
- 노동집약적이며 기술집약적인 전후방 효과가 큰 산업이다.
- 자본회전율이 낮다.
- 주문생산 산업 및 자본집약산업
- 노사관계가 매우 중요(노동집약적이며 선박의 건조기간이 길기 때문)하다.
- 선박의 종류와 수주시점의 선박가격이 수익성 분석에 중요하다.
- 주기적인 호황과 불황을 반복하는 산업(선박의 수명은 20~25년 정도)이다.
- 수주잔고 / 매출액(%) 분석이 매우 중요하다.
- 세계가 단일시장이므로 국제경쟁력 확보가 중요한 산업이다.
- 군수 · 방위 산업적 성격으로 정부의 지원 · 규제에 의존적이다.
- 수익성과 수주는 환율(원 · 달러 환율과 경쟁국가인 일본의 엔화 환율)에 크게 영향을 받는다.

2) 자동차 · 자동차부품 산업 (Automobile)

자동차시장은 승용차시장(소형차, 중대형 승용차, 4륜 구동 지프차), 상용차시장 (승합차, 중대형 버스), 트럭시장(소형 트럭, 중 · 대형 트럭), 특장차시장 등으로 구분되어 진다.

- 관련 산업에 전 · 후방 효과가 큰 대표적인 종합산업이다.
- 관련 산업으로는 제조설비산업(철강금속공업, 전기전자공업, 석유화학공업, 섬유공업, 기계공업 등), 운수서비스업(여객 및 화물운송업, 자동차임대업, 주차장업 등), 판매유통업(자동차 판매, 부품 및 용품의 판매, 정비업 등), 금융업, 보험업, 주유업 등이 있다.
- 규모의 경제가 적용되는 산업이므로 국내시장의 규모가 작으면 국내시장에서 경쟁이 치열하게 된다.
- 내수시장에 기반을 두고 해외시장을 공략한다.
- 규모의 경제 효과가 큰 산업(막대한 설비투자와 연구개발비로 인하여)이다.
- 시장에 기반을 둔 대량생산 방식의 특성을 띤다.
- 기간산업의 성격을 띠기 때문에 정부에 의한 시장진입장벽이 크다.
- 자동차부품산업은 자동차업체와의 상호 신뢰관계 구축이 매우 중요하다.
- 자동차부품산업은 자동차산업에 비하여 상대적으로 노동집약도가 높다.

11. 철강산업(Steel)

철강산업은 일관제철소(열연, 냉연강판, 선재, 빌렛 생산), 전기로(철근, 형강, 선재), 냉연강판제조업(냉연강판, 아연도금강판, 컬러강판 등), 강관제조업(구조용, 배관용, 유정용 강관), 철강유통업으로 나누어진다.

- 자본집약적 장치산업이며 초기투자에 따른 고정비 부담이 높은 산업이다.
- 매출이 국내외 건설경기에 민감하다.
- 수익성도 경기상황에 의존도가 높다.
- 원료가격에 대한 의존도가 높다.
- 환율에 영향을 받는다.
- 자동차, 건설, 기계, 조선이 주요 수요산업이다.

12. 건설산업(Engineering & Construction)

건설사업으로는 도로, 교량, 항만 등의 공사를 하는 토목사업과 빌딩, 아파트 등의 건축공사를 하는 건축사업, 기술집약적인 분야인 플랜트 건설, 환경설비건설 등의 엔지니어링 사업으로 나눌 수 있다.

- 발주자(소비자)의 공사 의뢰에 의해 건설업자(생산자)가 토목, 건축물을 시공하는 주문생산 · 판매의 유통구조를 갖는다.
- 안정적인 수익성 확보가 어렵다(치열한 경쟁입찰과 원자재가격의 변동).
- 시장진입이 용이하며 수주산업이다.
- 대부분 선투자 후회수의 현금흐름 특징을 띤다.

- 장기간 공사인 경우 여러 가지 위험요소가 존재(예를 들면 발주자의 지급능력, 시공자의 시공능력 및 자금능력, 발주자와 시공자의 분쟁 등)
- 국내 건설업체들의 시공능력은 상대적으로 도로, 항만건설에서는 경쟁력이 있으나 설계, 기획, 감리, 유지 등의 소프트 분야에 취약하며, 기술집약 분야인 해양구조물, 특수 플랜트, 정보통신시설, 원전시설 건설 등의 특수엔지니어링 사업은 기술력이 최근에 많이 향상되었으나 선진국에 비하면 취약하다.
- 해외의 큰 프로젝트 경우에는 공급자 신용(supplier' s credit) 공여의 조건이 수주의 중요한 요인(발주자의 다양한 요구조건에 부합하는 금융패키지 구성능력, 즉 경쟁업체보다 유리한 조건의 금융제공 능력이 수주의 중요한 요인이 되고 있음)이 된다.
- 해외수주는 원화환율 변동에 영향을 받는다.
- 국내건설은 대부분이 하도급에 의존하는 특성을 가지고 있어서 하도급업체 선정과 관리능력이 중요하다.
- 국내건설은 정부의 사회간접자본에 대한 투자, 주택정책 등 정부의 투자계획이나 정책에 크게 의존하고 있다.
- 외국 건설업체들의 국내 시장진입의 확대로 경쟁이 심화(대체로 전문건설, 특수건설)되고 있다.
- 국내 주택시장은 분양가 규제와 중소형 주택건설 비율규제와 같은 정부의 주택정책이 중요한 요인이 된다.
- 국내 주택시장 DTI (Debt to Income / 총부채상환비율 : 대출자의 연간소득에서 대출원리금과 이자상환액을 합한 금액이 차지하는 비율)과 LTV (Loan to Value / 주택담보인정비율 : 주택가격대비 대출을 받을 수 있는 한도)에 영향을 받는다.

13. 해운산업(Shipping)

해운산업은 선박을 이용한 해상운송으로서 운송 선박에 따라 부정기선 화물운송(bulk cargo), 정기선 화물운송(general cargo), 탱커운송(tanker cargo), 여객운송으로 구분된다. 그리고 선박의 운항방식에 따라 정기선 해운(liner shipping)과 부정기선 해운(tramp shipping)으로 나누어진다.

- 해운경기는 세계경제의 경기, 환율, 유가, 금리 등의 변수에 민감하며, 세계의 선복수급 및 물동량에 따라 호경기와 불경기가 반복되는 순환을 보인다.
- 해운 시황의 결정요인으로는 수요 측면은 해상 물동량의 증감에 좌우되며, 공급 측면은 선박량의 증감에 좌우된다.
- 해상 물동량에 변화를 주는 요인으로는 세계 및 국내 경제성장률, 국가간 교역장벽의 해제 혹은 발생, 국가간 교역수준, 세계 곡물의 작황 상황, 원유소비량의 증가 등이 있다.
- 선박량의 증감에 변화를 주는 요인으로는 신조선 발주 및 건조 추세, 중고 선박가격 및 매매 동향, 선박 해체량 추이 등이 있다.
- 자본집약적 산업, 투기적 산업(선박의 건조 및 선단 확보에 대단위 자본이 선투자되어야 하므로 선사들은 시황에 관계없이 투기적인 막대한 고정비를 부담해야 함)이다.
- 해상운송의 수요는 단기적인 운임률의 변동에 대하여 비교적 둔감하다.

14. 도소매업(Wholesale & Retail)

- 백화점이나 대형할인점은 입지 선정에서 매장의 개장에 이르기까지 초기에 막대한 자금(시설자금 및 운영자금)이 소요되는 장치산업적인 특징을 띤다.
- 백화점업은 입지선정이 사업의 성패를 좌우할 정도로 매우 중요하다.
- 대형할인점은 제품의 판매가격과 구매의 편리성(넓은 주차장 확보, 넓은 진열장확보, 많은 계산대의 확보 등)이 사업성패의 결정적인 요인이라 할 수 있다.
- 백화점업은 수요층을 정확히 파악하고 그 수요층에 맞는 좋은 제품의 확보, 전시, 서비스, 부대시설(수영장, 헬스클럽, 극장, 식장가 등)의 개선에 초점을 두는 반면, 대형할인점은 제품의 판매가격의 하락을 위하여 재고관리, 유통관리, 구매조건의 개선 등으로 비용 감소에 초점을 둔다.
- 영업 초기에는 대규모의 시설자금, 임금, 차량비 등의 운영자금이 필요하지만, 상품판매가 활발해지면 매출의 대부분이 현금판매로 이루어진다(카드 매출은 카드사에서 할인받음).
- 물품구매는 대부분이 외상구매이고, 물품 공급자는 자기재고 부담하에서 납품하기 때문에 영업 관련 운전자본 부담은 거의 없는 편이며, 판매에 따른 대손율이 다른 산업에 비하여 적은 특성을 갖고 있다(제9장 운전자본 분석 참고).
- 외국의 대형할인점 등장과 기존 유명 백화점의 점포망 확대로 경쟁이 더욱 심화되고 있으므로 판촉비(광고선전비의 증가, 경품제공 등)가 증가해 매출이 늘어도 수익성이 향상되기 어렵다.
- 홈쇼핑 및 인터넷 쇼핑물 등의 급속한 팽창으로 성장률이 둔화된다.

제7장 경영 및 영업위험 (Management & Operating Risks)

제7장 주요내용

- 대주주 및 경영분석에 중요한 점검사항
- 제품 분석에 중요한 점검사항
- 기업의 시장지위를 파악하는 점검사항 및 비율
- 기업의 생산능력 향상에 필요한 5가지 요소
- 원재료 분석에 중요한 점검사항
- 생산시설 분석에 중요한 점검사항
- 노동력 분석에 중요한 점검사항
- 판매위험 분석에 중요한 점검사항
- 매출채권회수위험 분석에 중요한 점검사항
- Off-Balance 사항에 있어서 중요한 점검사항 및 점검기준
- 조선산업과 건설산업에 있어서 수주잔고와 수주내용의 중요성
- 환율이 재무제표에 미치는 영향
- 환위험분석 및 관리기법

제1절 경영위험분석 (Management Risk Analysis)

1. 대주주 (Major Shareholders)

현실적으로 어떤 기업의 부채비율이 다소 높더라도 대주주의 자금능력이 인정되면 금융기관도 여신을 계속적으로 공여하는 경우가 많다. 예를 들어 대주주가 모기업 형태로 지분을 참여하고 있는 재벌그룹의 자회사들이 있다.

그러므로 "그 기업의 대주주가 누구인가?" 이것은 그 기업의 미래에 대한 성장성분석에 있어서 굉장히 중요하다. 왜냐하면 어떤 기업의 사업전망이 밝아서 은행에서 그 사업의 안전성과 성장성을 좋게 보고 이 기업에 여신을 확대하려고 해도 대주주의 유상증자가 뒤따르지 않으면 재무구조의 악화로 금융기관들이 계속적으로 여신을 제공하기가 어렵기 때문이다.

따라서 대주주를 분석하는데 있어서 다음의 사항을 점검하는 것이 중요하다.

(1) 재산상태 및 자금조달능력
(2) 그 사업에 참여하거나 관련한 경험
(3) 주주의 학력 및 지식
(4) 그 사업에 대한 애착심 및 지원 사항 등

신용분석 입장에서 보면이상 5가지 점검사항 중에서 대주주의 재산상태 점검이 가장 중요하다. 즉, ① 소유부동산, ② 보유유가증권, ③ 관계사투자 정도 등의 점검이 매우 중요하다.

2. 경영진 (Management)

경영진의 의사결정은 경영활동 중에서 매우 중요한 행위로서 심지어 기업의 미래운명을 바꿀 수도 있다. 따라서 주주입장에서는 경영진의 선임 및 교체는 자신이 투자한 자금을 극대화시키기 위한 가장 중요하고도 직접적인 수단이며 그 기업의 의사결정에 참여하는 간접적인 수단이 된다.

일반적으로 사업 확장과 같은 기업의 중요한 의사결정은 경영진이 대주주의 의사를 반영하여 결정하게 된다. 왜냐하면 시설투자와 같은 많은 자금이 소요되는 투자에는 금융기관으로부터 차입은 물론이고 경우에 따라서는 주주들로부터도 자금지원(즉, 자본금 증액)을 받아야 하기 때문이다.

기업의 미래운명을 바꿀 수도 있는 의사결정을 하는 경영진이 갖추어야 하는 자격에는 어떠한 것이 있는가?

(1) 그 산업에 대한 충분한 지식.
(2) 인사, 재무, 회계에 대한 지식과 경험.
(3) 관련 산업과 기업에서의 풍부하고 다양한 경험과 실적.
(4) 국제적인 감각과 학식 등

신용분석입장에서 경영진을 볼 때는 '관련 산업과 기업에서의 풍부하고 다양한 경험과 실적' 에 대한 분석이 가장 중요하다. 예를 들어, (1) 과거 경영진의 의사결정이 신중하고 보수적이었는가, (2) 아니면 적극적이고 과감했는가? 하는 경영진의 의사결정 성향은 매우 중요한 분석대상이다. 과감한 의사결정은 그 기업을 빠르게 성장시킬 수도 있지만, 반대로 기업의 운명에 결정적인 악영향을 미칠 수 있는 큰 실패를 쉽게 야기할 수도 있기 때문이다.

제2절 영업위험분석 (Operating Risk Analysis)

1. 사업의 역사 (Business History)

사업의 역사(business history)는 그 기업이 가지고 있는 영업상의 위험요소들(operating risks)을 전반적인 측면에서 파악하는데 있어서 매우 중요한 분석대상이다. 왜냐하면 기업의 과거와 현재가 그 기업의 미래를 보여주는 가장 좋은 거울이 되기 때문이다. 사업의 역사를 통하여 대주주의 사업에 대한 지원, 경영진의 의사결정에 대한 성향, 즉 보수적인 성향인가 아니면 적극적인 성향인가를 알 수 있으며, 그 기업의 사업전략(business strategy)을 짐작할 수 있다.

사업의 역사를 통하여 다음과 같이 기업에 대한 전반적인 사항을 파악할 수 있다.

(1) 성장과정에 있어서 특수한 상황 (예를 들어, 정치권으로부터 특혜 등)
(2) 경영진의 능력 (예; 사업확장, 사업다각화 및 기업성장 등의 실적)
(3) 주주들의 자금력과 투자성향
(4) 노조와 생산성
(5) 기술력 (예; 제품개발 및 판매성장 등)

결론적으로 사업의 역사를 분석함으로써 기업에 대한 절대분석에 더욱 가까이 다가갈 수 있게 된다. 따라서 신용분석의 목표인 절대분석을 위해서는 사업의 역사를 파악하고 이해하는 것이 매우 중요하다.

2. 시장지위와 경쟁력 (Market Position / Competitive Power)

기업의 시장경쟁력은 시장지위와 시장점유율 분석을 통하여 파악할 수 있다. 시장지위는 그 기업의 매출규모가 그 산업에서 순위로 몇 등의 위치에 있는가? 하는 것이다. 흔히, 국내에서 혹은 그 산업에서 1~2위를 기록하는 기업을 최우량기업(blue chip)이라 하고 3-4위를 기록하는 기업을 우량기업(yellow chip)이라고도 한다.

시장점유율(market share)은 그 기업이 생산하는 제품이 시장 혹은 산업에서 차지하는 비율을 의미한다. 일반적으로 기업의 시장점유율이 높으면 시장점유율이 낮은 기업에 비하여 상대적으로 낮은 기업에 비하여 수익성이 높다. 왜냐하면 시장을 선도하는 기업(즉, 시장점유율이 높은 기업)은 시장점유율이 낮은 기업에 비하여 상대적으로 가격인상, 규모의 경제 등, 기업규모로 인한 여러 가지 혜택을 향유하기 때문이다.

기업의 시장지위를 분석하기 위해서는 다음 사항을 점검하는 것이 중요하다.

(1) 분석연도 시장지위(즉, 시장순위)와 과거 시장지위 추세

(2) 분석연도 시장점유율과 과거 시장점유율 추세

또한, 시장지위에 관한 정보와 시장점유율에 관한 정보 중에서는 시장점유율에 관한 정보가 상대적으로 중요하다. 왜냐하면 시장지위가 4위인 기업이 있을 때 그 기업의 시장점유율은 20%(예; 시장이 약 4~5개 기업의 과점체제)인 경우도 있지만 5%(예; 시장이 약 20~25개 기업 경쟁체제)인 경우도 있을 수 있기 때문이다.

그러므로 기업의 시장지위와 시장점유율을 함께 분석할 때 그 기업 혹은 그 제품의 시장에서의 경쟁력을 정확히 분석할 수 있다.

3. 제품과 미래현금창출능력 (Products / Cash Generating Power)

분석대상기업의 제품을 분석하는 것은 그 기업의 제품에 대한 시장성분석이며 이 분석을 통하여 그 기업의 매출에 대한 성장성을 예측할 수 있다. 달리 말하면 그 기업의 제품특성, 즉 제품의 경쟁력을 파악하는 것이다. 바꾸어 말하면 제품의 경쟁력은 기업의 미래현금창출능력을 나타낸다.

우리나라에는 오래전부터 전해내려 오는 말 중에서 "같은 값이면 다홍치마" 라는 말이 있다. 사실 이 말 속에 '미래현금창출능력을 가진 제품' 에 대한 정의를 찾을 수 있다.

그러면 '미래현금창출능력을 가진 제품' 의 조건은 무엇인가?

(1) 적정판매가격 (필수조건)
(2) 상대적으로 우수한 성능, 혹은
(3) 소비자의 새로운 기호를 반영한 디자인

이상 3가지 조건으로 압축할 수 있으며, 이때 적정판매가격은 필수조건이다. 왜냐하면 판매가격이 경쟁사에 비하여 상대적으로 조금 높으면 매출에 영향을 주지 않겠지만 너무 높으면 성능이나 디자인이 소비자 마음에 들어도 소비자가 지갑을 쉽게 열기 어렵기 때문에 매출감소의 결정적인 요인이 되기 때문이다. 그러므로 **'미래현금창출능력을 가진 제품'** 은 (1) 적정판매가격을 전제로 경쟁사에 비하여 상대적으로 (2) 성능이 우수한 제품 혹은 (3) 소비자가 선호하는 디자인이 반영된 제품이라 정의할 수 있다.

결론적으로 '미래현금창출능력이 우수한 제품' 을 생산하는 기업이 곧 '미래현금창출능력이 우수한 기업' 이 된다.

4. 판매위험 (Sales Risk)

판매위험은 제품을 생산한 후에 시장에서 팔 수 없는 상황에 직면하게 될 위험으로써 기업부실에 대한 직접적이고 가장 핵심적인 위험이다. 제품판매에 대한 위험분석의 초점은 한마디로 시장에 대한 분석이라고도 말할 수 있다. 왜냐하면 제품판매가 시장 기구를 통하여 이루어지고, 시장의 수요 · 공급에 따라 판매위험이 증가하고 감소하기 때문이다.

현실적으로 매출액과 판매조건은 밀접한 관계에 있다. 예를 들어 신용판매인 경우는 일반적으로 30일 신용판매 조건에서 60일 신용판매 조건으로 신용판매기간을 확대하면 판매위험은 낮아진다. 즉, 매출액을 증가시킬 수 있어 좋지만 매출채권회수위험은 반대로 높아지게 된다.

판매위험 분석을 위하여 몇 가지 중요한 사항을 지적하면 다음과 같다.

(1) 자사제품에 대한 선호도 (적정판매가격, 성능, 디자인)
(2) 시장에서 수요 · 공급의 현황과 전망
(3) 안정적인 판매처유무 (특정 판매처 혹은 불특정 판매처)
(4) 판매방법 (현물시장판매, 장기판매계약 등)
(5) 판매조건 (현금판매, 신용판매, 신용장방식 수출 등)

이상 5가지 점검사항 중에서 신용분석 입장에서 보면 특히, (1) 자사제품에 대한 선호도 (적정판매가격, 성능, 디자인)에 대한 점검 및 (2) 시장에서 수요 · 공급의 현황과 전망 점검이 중요하다.

5. 매출채권회수위험 (Collection Risk on Accounts Receivable)

매출채권회수위험은 제품을 판매하고 판매대금을 회수할 때 발생하는 위험을 말한다. 먼저 매출채권을 판매방식에 따라 분류하면, ① 신용판매로 인한 매출채권(**외상매출채권**), ② 신용장방식에 의한 수출채권(**은행보증수출채권**), ③ 확보된 담보한도내의 외상매출금(**담보매출채권**), ④ 관계회사 간 혹은 본 · 지사 간의 신용거래(**관계사매출채권**) 등으로 분류할 수 있다.

은행보증매출채권과 담보매출채권은 회수가능성이 높아서 상대적으로 매출채권의 가치가 높다. 또한 관계사매출채권도 관계회사의 영업이 정상적으로 진행되고 있으면 대손발생가능성이 상대적으로 낮아 상대적으로 매출채권의 가치가 높다. 그러므로 매출채권에 대한 가치평가의 초점은 신용판매로 인한 매출채권(외상매출채권)으로 압축할 수 있다.

사례를 보면 기업부실 원인 중에서 매출채권회수가 차지하는 비중이 매우 높다. 따라서 매출채권회수위험 분석을 위해서는 다음 사항을 점검하는 것이 중요하다.

(1) 매출채권의 판매방식에 의한 구분 (매출채권명세서 참고)
(2) 구매자의 수 (구매자의 수가 적을수록 위험을 높게 평가)
(3) 대손상각비 추세점검
(4) 대손상각비/매출액(%) 비율 추세점검

매출채권회수위험은 판매방식에 따라 위험이 달라진다. 특히, 대손상각비/매출액(%) 비율 추세점검 즉, 평균대손율(즉, 대손금액이 매출액의 몇 퍼센트를 차지하는가?)이 매출채권회수위험을 나타내며 이 비율이 낮을수록 매출채권회수위험이 낮다고 평가할 수 있다.

제3절 생산위험분석 (Production Risk Analysis)

생산위험(Production Risk)은 제품을 생산하는 과정에서 발생할 수 있는 여러 가지 위험을 종합적으로 의미한다. 제품생산을 위해서는 (1) 원재료, (2) 생산시설, (3) 노동력, (4) 기술력과 같은 필수 불가결한 요소들을 계속적으로 생산에 투입하기 위해서는 (5) 안정적인 자금이 지원되어야 한다.

따라서 제품생산에 대한 위험요소를 분석하기 위해서는 다음과 같은 요소들을 분석대상으로 삼아야 한다.

[그림 7-1] 제품생산에 관계하는 중요한 요소들

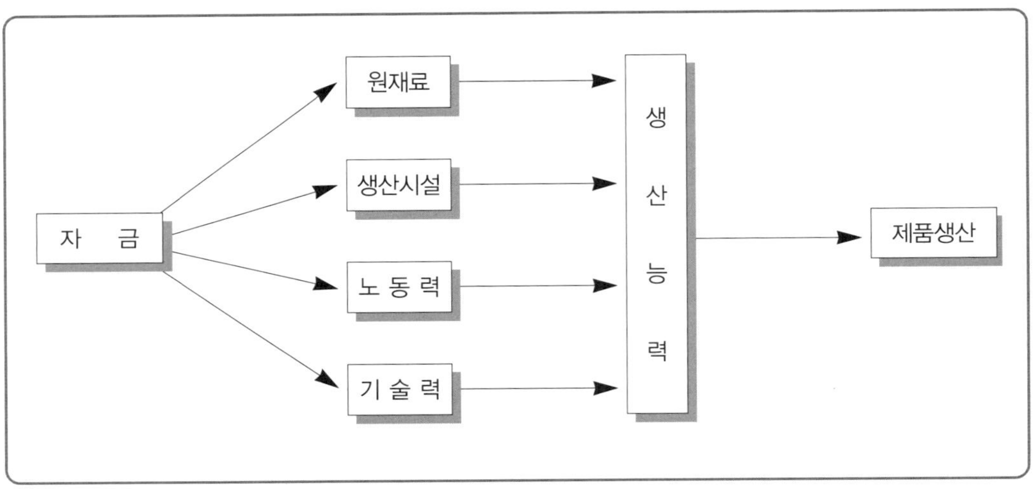

1. 원재료 (Raw Materials)

안정적인 원재료 확보는 기업의 수익성에 영향을 미친다. 예를 들어 시장에서 제품에 대한 단기수요가 증가하여 판매가격이 상승하는 경우에는 대체로 원재료가격도 상승하기 마련이다. 따라서 장기구매계약에 따라 안정적으로 원재료를 구매하는 기업은 그해 수익성을 크게 향상시킬 수 있는 기회를 갖게 된다.

생산자입장에서는 구매자에게 안정적으로 제품을 공급함으로서 구매자의 신뢰를 쌓을 수 있고, 매출을 안정적으로 증대시킬 수 있는 기회도 갖게 된다. 생산시설과 노동력이 쉬는 공백이 없이 생산에 지속적으로 투입될 수 있다.

한편, 시장에서 제품에 대한 초과수요 발생으로 일시적으로 원재료에 대한 재고가 바닥이 나서 생산시설의 가동이 일시적으로 중단되는 경우가 종종 있으며 그 피해는 몹시 크다. 따라서 "분석대상기업이 안정적인 원재료를 확보하고 있는가?"를 파악하기 위해서는 다음과 같은 요소를 점검해야 한다.

(1) 구매처 (특정 구매처 혹은 불특정 구매처)
(2) 구매방법 (단기구매계약, 장기구매계약, 현물시장에서 구매 등)
(3) 구매조건 (현금구매, 신용구매, 신용장방식 수입 등)
(4) (세계 또는 국내)시장에서 수요 · 공급 현황 등

추가로, (5) 공급자의 자금력(supplier's credit)도 안정적인 원재료 구입처 확보 및 향후 구매조건의 개선 등에 중요한 요인이다.

2. 생산능력과 투자계획 (Production Capability / Investments)

장치산업일수록 생산시설의 현대화 혹은 자동화는 생산능력분석에 있어서 핵심점검 사항이다. 생산시설에 대한 분석을 위하여 다음과 같은 요소들의 점검이 중요하다.

(1) 생산시설(신설, 교체, 보완 등)에 대한 투자는 계획적이고 정기적으로 집행 되고 있는가?

(2) 현재의 생산시설은 언제 설치 혹은 교체되었나?

(3) 현재의 생산시설로 교체(혹은 신설)된 후 생산능력 및 매출증가가 있었는가?

(4) 현재의 생산시설이 노후 되었다면 생산시설의 교체는 언제이며, 필요한 자금은 어떻게 조달할 것인가?

(5) 새로 도입된(투자될) 생산시설은 시장을 선도할 수 있는 생산능력을 갖춘 첨단시설인가?

이상 5가지 점검사항 중에서 신용분석 입장에서 보면 현재의 생산시설로 교체(혹은 신설)된 후 생산능력향상과 매출증가가 있었는가? 에 대한 점검이 가장 중요하다. 왜냐하면 시설투자 후에 매출증가가 이루어 지지 않으면 투자실패로서 기업부실의 원인이 되기 때문이다. 한편 기업담당책임자(RM: relationship manager) 입장에서는 (4)번의 질문이 중요하다고 하겠다.

3. 노동력 (Labour)

노동집약적인 산업에 있어서는 노동력이 그 기업의 생산력에 차지하는 비중은 매우 크다. 그러나 비용 때문에 노동의 질(숙련도와 지식)을 무한정 높일 수는 없다. 왜냐하면 생산성을 높이기 위하여 노동의 질을 많이 높이면 1인당 생산성은 증가하지만 기업의 수익성은 오히려 감소할 수 있기 때문이다.

따라서 최소(적정) 인원의 숙련노동 유지와 적정인원의 비숙련노동의 고용이 과제라고 하겠다. 그러므로 경영진은 생산에 참여하는 각 부서마다 노동력분석을 위해서는 다음과 같은 사항의 점검이 중요하다.

(1) 노동의 질이 그 기업의 생산력에 중요한 비중을 차지하는가?
(2) 노동에 대한 비용의 증가가 생산의 증가에 기여하는가?
(3) 노사관계는 원만한가(과거 노조 파업으로 인하여 생산이 중단된 경우 등)?
(4) 대체 노동력을 쉽게 구할 수 있는가? 등
(5) 노무비가 제조원가에 차지하는 비중에 대한 분석

이상 5가지 점검사항 중에서 신용분석 입장에서 보면 노사관계의 점검이 가장 중요하다. 즉, ① 과거 파업유무, ② 가입단체, ③ 노조가입인원수/종업원 수(%) 점검이 매우 중요하다. 이것은 노동집약적인 산업뿐만 아니라 자본집약적인 산업도 마찬가지이다. 그 다음은 대체노동력에 대한 점검이 중요하다.

4. 기술력 (Technology)

생산된 제품이 시장에서 그 지위를 유지하거나 보다 나은 지위로 향상되려면, 즉 현재의 시장점유율을 유지하거나 좀 더 확대되려면 기술력(생산기술, 제품에 대한 품질개선, 디자인개발, 새로운 제품개발, 애프터서비스의 향상 등)에 대한 지속적인 투자가 뒤따라야 한다.

특히 첨단산업인 통신 · 전자 · 반도체산업인 경우는 기술력에 따라서 회사의 운명이 결정되어지는 경우를 종종 볼 수 있다.

한편 기업의 기술력에 대한 분석을 위해서 다음과 같은 점검은 매우 중요하다.

(1) 기술개발이 그 기업과 산업에 미치는 영향(비중)
(2) 연구개발비/매출액 (%), 추세
(3) 과거 기술개발실적
(4) 기술개발연구소 및 적정한 연구원의 확보

이상 4가지 점검사항 중에서 신용분석 입장에서 보면 특히, 연구개발비/매출액 비율의 추세 점검이 중요하고 아울러 과거 기술개발실적에 대한 점검이 매우 중요하다.

한편, **연구개발의 목적**은 일반적으로 ① **제품의 성능개선**(기존 제품 성능개선과 신제품 개발), ② **디자인 개선**, ③ **원가 절감**에 있다. 결국 원가절감은 높은 판매가격을 낮추어 적정판매가격을 실현시키게 한다. 바꾸어 말하면 **연구개발 투자는 기업의 미래현금 창출능력의 향상에 그 목적**이 있다.

제4절 수주잔고분석 (Order Backlog Analysis)

수주산업에 속한 기업(예, 건설, 조선, 토목, 엔지니어링)에 있어서 분석대상기업의 수주잔고(order backlog)와 수주내용(order contract)에 대한 분석은 재무제표를 분석하는 것 이상으로 중요하다.

만약 부채비율이 높은 건설회사와 불경기로 전기에 적자를 기록한 조선업체가 있다고 하자. 이때 채권자인 금융기관들이 거래를 중단하거나 혹은 계속 지원을 해야 하는 것을 결정해야 하는 상황에서 가장 중요한 분석대상은 당기 수주잔고(order backlog), 가까운 시기에 수주가능성 및 당기 수주내용(특히 공사발주자의 대금지급능력)에 대한 분석이다.

1. 수주잔고분석 (order backlog analysis)

수주잔고에는 당기에 공사가 실행될 부분과 차기부터 2~3년에 걸쳐서 공사가 실행될 부분이 있다. 전자는 공사진행 정도에 따라 매출과 이익이 당기에 실현될 것이다. 그러므로 전기 매출액과 당기에 실행될 수주잔고의 비교는 당기 매출실적과 수익성 예측에 큰 역할을 한다.(수주잔고 금액과 수주내용은 감사보고서의 주석사항에서 참고) 수주잔고 분석을 위해서 다음 비율의 점검이 매우 중요하다.

◆ 수주잔고비율 = (당기)수주잔고 / (당기)매출액, (예, 3.2배)

따라서 수주잔고, 수주실적 및 수주내용 분석은 향후 1~3년 동안 분석대상 기업의 안정적인 매출실현 가능성과 수익성 확보를 분석하는 데 매우 중요한 사항으로써 수주산업에 속한 기업의 미래현금창출능력에 대한 핵심분석포인트이다.

2. 수주내용과 공사발주자 분석 (Order Contract Analysis)

수주내용에 대한 분석은 공사를 정상적으로 이행한 경우를 가정하고, 공사대금 회수위험분석에 초점을 두어야 하므로 공사발주자(project owner, 공사대금지급인)가 누구인가를 파악하는 것이 가장 중요하다.

따라서 다음의 사항을 점검하는 것이 매우 중요하다.

(1) 공사발주자의 대금지급능력 점검

①정부 및 정부기관, ②지방자치단체(공공기관), ③국가공사 및 공기업,
④계열기업군 소속기업, ⑤일반대기업 순으로 분류하고 점검함

◆ 관급공사비율 = (① + ② + ③) / (당기)수주잔고 X 100, (예, 55%)

※ 이 비율이 높을수록 매출채권회수위험은 상대적으로 낮다고 평가한다.

(2) 계약서에 대금지급불이행에 대한 특별조항의 유무 점검

(3) 해외공사인 경우 해당 국가가 외환의 대외지급중지를 선언할 가능성 여부 점검

(4) 보증은행의 대외지급능력과 보증서 내용에 보증인의 지급면책조항 유무

결론적으로 수주잔고와 수주실적 분석은 수주분석에 대한 양적분석으로써 매출분석 및 매출추정에 중요하며, 수주내용(공사발주자의 대금지급능력 혹은 금융기관의 지급보증 등) 분석은 수주분석에 대한 질적분석으로써 매출채권회수위험 분석에 매우 중요하다.

제5절 우발채무와 보험 분석 (Contingent Liabilities Analysis)

1. 우발채무 및 장부외채무 (Contingent Liabilities or Off-balance Liabilities)

실무적으로 기업의 재무제표에는 나타나지 않지만 감사보고서의 주석사항에서 종종 중요한 사안인 우발채무를 발견하게 된다.

우발채무는 장부외부채로써 재무상태표의 부채에는 속하지 않지만 감사보고서의 주석사항에 보고되고, 장부외부채인 이유는 미래에 경우에 따라 지급이 발생할 수도 있고 혹은 발생하지 않을 수도 있기 때문이다. 우발채무는 (1)향후 기업의 영업활동에 중대한 영향을 줄 수 있는 중요한 사건이나, (2)향후 기업의 재무구조에 큰 영향을 줄 수 있는 큰 금액이 걸려 있는 사안이 소송 · 재판 중에 있는 경우를 말한다.

우발채무의 예를 들면, (1)타인을 위해 원리금보증을 제공한 경우, (2)상업어음 또는 수출환어음을 할인하고 만기가 도래하지 않은 어음, (3)건설회사인 경우에 입주민이 하자를 이유로 손해배상을 청구한 경우, (4)금융기관과 계약한 파생금융상품(예; 통화선도 혹은 선물거래) 매입계약 또는 신용파생상품(예; 신용불이행스왑 등) 계약이 만기에 큰 손실이 예상되는 경우 등이 있다.

우발채무분석에는 다음 비율의 점검이 매우 중요하다. 또한 이 비율은 부채비율과 더불어 기업의 장기지급능력분석에도 매우 중요한 역할을 한다.

◆ 우발채무비율 = 우발채무 / 순자기자본 X 100, (예, 25%)

※ 순자기자본 = 자기자본 - 무형자산

이 비율이 20% 이하이면 크게 위험하지 않다. 그러나 20% 이상이면 관심을 가져야 하고, 만약 40% 이상이면 주의를 해야 하고, 60% 이상이면 경계를 해야 한다. 그 이유는 우발채무비율이 50%인 경우에 내재하던 우발채무에서 지급이 결정되고 이행되면, 해당 기업의 부채비율은 2배로 상승하기 때문이다.

예를 들면, 우발채무비율이 50%이고, 부채비율이 200%인 기업에 존재하던 우발채무의 지급이 결정되고 이행되면, 해당 기업의 부채비율은 400%로 상승하고, 부채비율이 300%인 기업은 600%로 상승한다. 따라서 부채비율이 상대적으로 높은 기업인 경우에 우발채무에 대한 지급이 결정되면, 그 기업은 차입능력을 상실할 수 있다.

2. 보험 (Insurance)

기업의 공장건물, 사무실이 화재보험에 적절히 들어 있는가? 라는 물음은 제조업체인 경우 매우 중요하다. 그리고 수출기업인 경우에는 수출품에 수출보험이 적절히 들어 있는가? 에 대한 점검도 중요하다. 왜냐하면 수출계약 금액이 큰 경우에는 수출보험의 가입이 수출상의 회수불능으로 발생할 수 있는 재무상 큰 어려움에 직면할 수 있는 일을 사전에 예방할 수 있기 때문이다.

◆ 화재보험부보율 = 보험가입금액 / (유형자산 - 토지), (예, 105%)

만약 이 비율이 100%를 상회하면, 분석대상기업은 공장, 생산시설 혹은 본사 및 기타 영업용건물에 대한 화재위험을 충분히 대비하고 있다고 평가할 수 있다.

제6절 환위험분석 및 관리기법 (Foreign Exchange Rate Analysis)

1. 환율이 재무제표에 미치는 영향

원 · 달러환율이 1,000원에서 1,200원으로 상승(원화가치의 하락)했을 때 그 효과를 정리해 보면 다음과 같다.

1) 환율과 손익계산서 (FX Rate & P/L)

환율변동이 기업의 매출액에 미치는 영향을 분석하기 위해서 전자, 반도체, 조선과 같이 수출의존도가 높은 **수출의존기업**들과 정유, 원목, 석유화학과 같이 기초 원료를 수입에 의존하는 **수입의존기업**들로 나누어 분석해 보자.

① 수출주력기업

환율상승(원화가치의 하락) → 수출의 증가 → (Nego금액 증가로 인한)매출증가
판매마진의 확대 → 수익성 향상.

② 수입의존기업

환율상승 (원화가치의 하락) → (수입원재료결제비용의 증가로 인한) 원재료 구입비용의 증가 → 제조원가의 상승 → 판매마진의 축소 → 수익성악화와 매출의 감소
(판매가격의 상승으로 인한 수요의 감소)

2) 환율과 재무상태표 (FX Rate & B/S)

① 수출주력기업

환율상승 → 수익성향상 → 순이익의 증가 → 이익잉여금의 증가 → 부채 비율의 하락 (부채가 추가적으로 증가하지 않는다면) → 재무구조 개선.

② 수입의존기업

환율상승 → 수익성악화 → 순이익의 감소(혹은 순손실의 발생)와 단기차입금의 증가 (수입원료 결제자금의 증가로 인하여) → 재무구조의 악화 (원재료가격의 상승을 제품 판매가격에 즉시 반영시킬 수 없는 경우가 대부분이기 때문).

③ 외화채무가 많은 기업

환율상승 → 외화차입금의 원화표시금액 증가 → 차입금총액의 증가 → 부채의 증가 → 부채비율의 증가 → 재무구조 악화.

2. 외화자산과 부채의 관리 (FX Asset & Liability Management)

환위험관리기법으로서 외화자산과 외화부채의 관리기법은 환율전망을 기초로 보유외화표시자산과 부채의 규모를 조정함으로써 환위험을 회피하는 방법이다. 기업의 자산부채 종합관리(ALM)의 일부분이다.

1) 소극적인 관리방법

소극적인 관리방법은 외화자산의 포지션과 외화부채의 포지션을 일치(square position)시킴으로써 기업의 환위험을 제거하는 방법으로 통화별 또는 기간별 외화자산과 외화부채를 일치시킴으로써 외환손실 및 외환이익의 축소에 목적이 있다.

2) 적극적인 관리방법

적극적인 외화자산과 외화부채의 관리는 관리통화의 강세가 예상되면 관리통화채권의 회수를 지연(lagging)시키고, 관리통화의 약세가 예상되면 관리통화채권의 회수를 촉진(leading)시킴으로 외환이익을 극대화한다. 만약 전략이 실패하면 손실이 발생하는 투기적인 방법이다.

3. 환위험관리기법 (FX Risk Management)

외환위험관리기법은 내부관리기법(internal FX risk management)과 외부관리기법(external FX risk management)로 구분할 수 있다.

1) 내부관리기법 (Internal Management)

① 상계(Netting)

상계(netting)는 해외에 지사 혹은 지점을 가지고 있는 기업이 본지사간 혹은 본지점간에 발생하는 채권 · 채무를 결제시점에 개별적으로 결제하지 않고, 정기적으로 약정한 결제일, 예를 들어 매월 말 또는 분기 말에 채권 · 채무의 차익을 서로 정산하는 방법이다.

② 매칭(Matching)

매칭(matching)은 외화자금의 유입(inflow)과 유출(outflow)를 서로 일치시키는 방법이다. 자연매칭(natural matching)은 기업이 특정통화의 채권이 발생하면 전략적으로 그 특정통화의 채무를 발생시킴으로써 특정통화의 현금흐름과 서로 일치시키는 방법이다. 평행매칭(parallel matching)은 특정통화의 채권이 발생할 때 특정통화의 채무를 발생시키기가 여의치 않은 경우에 과거 추세가 특정통화와 같은 방향으로 움직인 유사통화의 채무를 발생시킴으로써 환위험을 제거하는 방법이다.

③ 리딩 (Leading)

리딩(leading)은 외화표시채권 또는 외화표시채무가 있는 기업이 환율변동의 추세를 고려하여 해당채권 · 채무의 발생을 전략적으로 앞당김(leading)으로써 현금흐름의 발생을 촉진시키는 것을 말한다. 예를 들어 수출기업인 경우에 원 · 달러환율이 하락추세에 있으면 가능한 한 수출상품의 선적 또는 수출환어음매도를 앞당긴다. 수입기업인 경우에 환율이 상승추세에 있으면 수입계약 또는 신용장개설을 앞당기는 방법이다.

④ 래깅 (Lagging)

래깅(lagging)은 외화표시채권 또는 외화표시채무가 있는 기업이 환율변동의 추세를 고려하여 해당채권 · 채무의 발생을 전략적으로 지연(lagging)시킴으로써 현금흐름의 발생을 지연시키는 것을 말한다. 예를 들어 수입기업인 경우에 환율이 하락 추세에 있으면 수입기업은 가능한 수입계약 또는 신용장개설을 지연시켜 수입결제금액을 최소화하는 방법이다.

⑤ 재송장방법 (Re-invoicing)

송장(invoice)은 수출업자가 상품을 선적하고 상품을 찾을 수 있는 서류로서 수입업자에게 보내는 서류를 말한다. 재송장방법(re-invoicing)은 제품을 생산하는 본사 또는 제품을 생산하거나 구매하는 해외의 자회사가 수입업자(관계회사)에게 송장(invoice)을 직접 발송하지 않고 별도로 해외에 설립된 금융센터(재송장센터)에게 우선 송장을 발송하고 금융센터는 그 송장을 수입업자(관계회사 및 해외판매회사)가 원하는 통화로 바꾸어 재발송하는 방법을 말한다. 금융센터는 수입업자가 요구하는 통화로 송장의 표시통화를 교체할 때 사전에 약정한 수수료를 추가하여 송장금액을 결정한다.

2) 외부관리기법 (External Management)

외부관리기법은 기업이 금융기관과 (1) 통화선도거래, (2) 통화선물, (3) 통화스왑, (4) 통화옵션 등의 거래를 통하여 기업이 보유하는 외화자산과 외화부채에 대한 종합관리(ALM)를 할 수 있다. 기업이 가장 많이 사용하는 통화선도와 스왑사례를 소개하면 다음과 같다.

① 통화선도거래(FX Forward Transaction)

▶ 수출기업의 통화선도매도거래

수출계약을 하고 약 3개월 후에 제품을 선적하고 거래은행에 네고(negotiation)를 통하여 수출대금을 받는다고 하면 수출기업은 환위험에 노출되게 된다. 만약 3개월 후에 환율이 하락하게 되면 수출기업은 수출마진 감소로 손실을 입게 된다. 그러므로 환율하락으로 인한 환위험을 회피하려면 미래에 수취할 수출대금을 통화선도매도거래를 통하여 사전에 계약일에 약정한 통화선도매도환율로 미리 외환을 매각한다. 따라서 **수출기업은 통화선도매도거래를 통하여 판매마진을 안정적으로 확보할 수 있다.**

▶ 수입기업의 통화선도매입거래

수입기업은 일정기간이 경과한 후에 지급할 수입대금을 통화선도매입거래를 통하여 미래에 매입할 외환을 사전에 계약일에 약정한 통화선도매입환율로 미리 외환을 매입한다. 따라서 수입계약 이후에 환율상승으로 발생할 수 있는 손실(환위험)을 회피하거나 또는 수입기업이 수입계약 시점에 수입원가를 미리 확정하고자 하는 경우에 사용한다. 따라서 **수입기업은 통화선도매입거래를 통하여 수입가격(수입비용)을 사전에 확정할 수 있다.**

이와 같은 이유로 수출기업과 수입기업이 통화선도거래를 많이 하고 있으나, **환율이 예상과 반대 방향으로 움직이는 경우에는 오히려 손실을 볼 수도 있다.**

② 이자율스왑(IRS: Interest Rate SWAP) 사례

(1) 고정금리 원화차입금(회사채) 비중이 높은 기업

향후 이자율 하락을 예상하고 고정금리 회사채비중이 높은 기업은 이자율스왑(IRS)를 이용하여 고정금리 회사채를 변동금리 원화차입금로 전환하려고 한다.

[그림 7-1] 이자율스왑의 구조와 현금흐름

〈사례〉 A기업은 대부분의 자금조달을 회사채발행에 의존하여 고정금리부(예 : 5.5%) 원화차입금 비중이 높아 이자율하락을 대비하여 B은행과 이자율스왑을 통하여 일부를 변동금리부(예; 3개월 CD + 0.9%) 원화차입금으로 전환하고자 한다.

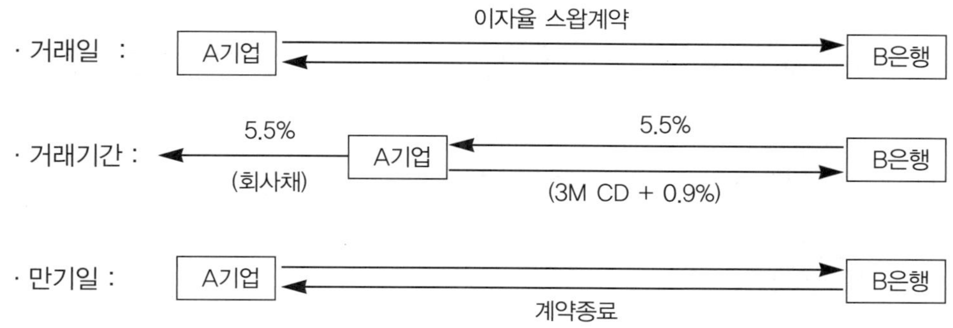

▶ 거래구조와 현금흐름

스왑기간에 기업은 은행으로부터 고정금리(연 5.5%)를 받아서 회사채투자자에게 지급하고, 그 대신변동금리(3M CD +0.9%)를 스왑은행인 B은행에게 지급한다. 이 거래로 회사채 일부가 변동금리부(예; 3개월 CD + 0.9%) 원화차입금으로 전환되었다. 만약 향후 이자율이 예상과 달리 상승하면 손실을 보게 된다.

(2) 변동금리부 원화차입금 비중이 높은 기업

향후 이자율 상승을 예상하고 변동금리 원화차입금 비중이 높은 기업은 이자율스왑(IRS)를 이용하여 변동금리 원화차입금을 고정금리 원화차입금으로 전환하려고 한다.

[그림 7-2] 이자율스왑의 구조와 현금흐름

〈사례〉 A기업은 변동금리부(예; 3개월 CD + 1.2%) 원화차입금 비중이 높은 기업으로서 이자율상승을 대비하여 B은행과 이자율스왑을 통하여 변동금리부 원화차입금 일부를 고정금리부(예 ; 5.7%) 원화차입금으로 전환하고자 한다.

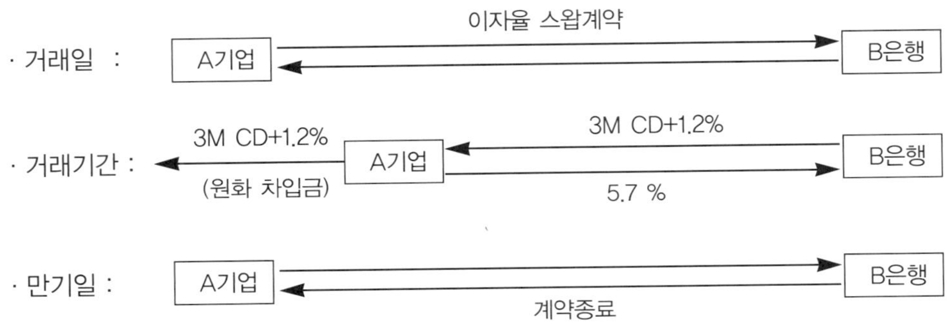

▶ 거래구조와 현금흐름

스왑기간에 기업은 은행으로부터 변동금리(3M CD +1.2%)를 받아서 기존 대출은행에게 지급하고, 그 대신 고정금리(연 5.7%)를 스왑은행인 B은행에게 지급한다. **이 거래로 변동금리부 원화차입금 일부가 고정금리부 원화차입금(연 5.7%)으로 전환되었다.** 만약 향후 이자율이 예상과 달리 하락하면 손실을 보게 된다.

③ 통화 · 이자율스왑(Currency IRS) 사례

A기업은 3년 만기 원화자금이 필요하고 B기업은 3년 만기 달러자금이 필요한 상태이다. 이때, A기업이 외환시장의 상황을 점검해 보니 원화자금을 직접 조달하는 것보다 외

화대출로 조달한 달러를 원화로 스왑하는 것이 상대적으로 원화자금의 조달비용을 절감할 수 있다.

반면에 A기업은 외화자금을 직접 조달하는 것보다 회사채를 발행하고 조달한 원화자금을 달러로 스왑하는 것이 상대적으로 외화자금의 조달비용을 절약할 수 있는 상황에 있다.

[그림 7-3] 통화 · 이자율스왑의 구조와 현금흐름

〈사례〉 A기업은 3년만기 외화차입금 USD5,000,000을 연 LIBOR+1.4%에 조달한 외화자금을 B은행과 원화에 대하여 교환환율 1,120원에 통화 · 이자율스왑을 통하여 두 통화를 교환하고자 한다. 이때 적용되는 환율 1,120은 현물환율이다.

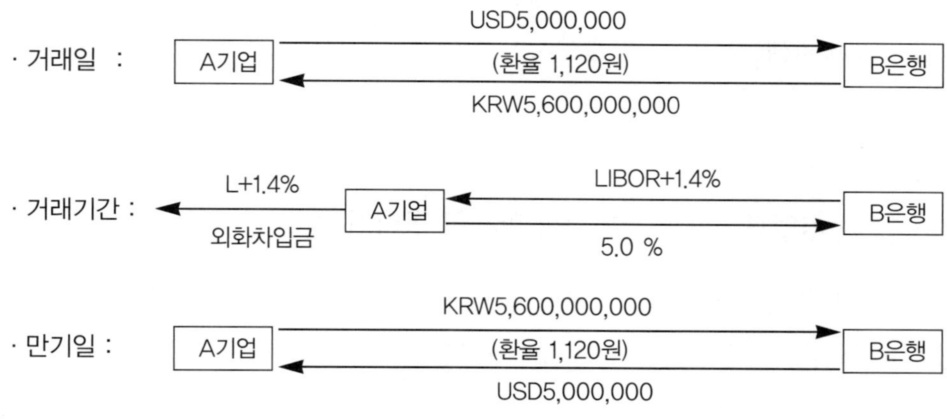

▶ 거래구조와 현금흐름

스왑기간에는 A기업은 B은행으로부터 변동금리(LIBOR+ 1.4%)를 받아서 투자자에게 지급하고, 그 대신 약정한 대로 고정금리(연 5.0%)를 B은행에게 지급한다. 반대로 B은행은 고정금리(연 5.0%)를 A기업으로부터 받고 그 대신 변동금리(LIBOR+1.4%)를 A기업에게 지급한다.

그리고 만기일에도 거래일의 교환환율 1,120원을 적용하여 원금을 서로 재교환함으로써 거래가 종료된다. 즉, 만기일에 A기업은 KRW5,600,000,000을 B은행에게 주고 교환환율 1,120원을 적용하여 USD5,000,000을 받았다.

결론적으로 A기업은 통화 · 이자율스왑(CIRS)을 통하여 외화자금을 조달하였지만 ① 이 자금을 원화자금과 교환하여 원화자금을 운영할 수 있고, ② 자금시장 상황에 따라 외화자금을 조달함으로써 원화자금의 조달비용을 절약할 수도 있다. 또한 ③ 만기에는 외화자금 매입환율이 1,120원(스왑거래일의 외화자금 매도환율)으로 확정되었으므로 환위험을 회피할 수 있다.

그러나 이 스왑거래도 만기일 시장환율이 1,120원 아래로 하락하면 기업은 상대적인 기회손실이 발생한다. 반대로 만기일 시장환율이 1,120원 위로 상승하면 기업은 상대적인 기회이익이 발생한다.

3) 수출의존기업과 수입의존기업의 환위험 관리전략

앞에서 환위험관리를 위해서 내부관리기법과 외부관리기법을 소개하였다. 수출의존기업과 수입의존기업은 다음과 같은 내부관리전략(기법)을 구사하면서 환위험을 회피할 수 있다.

① 수출의존기업

외화자산 〈 외화부채 ⇒ 외화부채 보유전략

수출의존기업은 외화부채 보유전략이 환위험관리에 유리하다. 그 이유는 수출의존기업의 환위험은 원 · 달러환율이 하락하는 경우에 발생하기 때문이다. 수출의존기업이 외

화차입금 조달비중을 높여 외화부채 보유전략을 선택했을 때 환율이 하락하게 되면 기업의 수출가격(판매가격)의 하락으로 인한 매출감소 현상이 발생하게 되고, 이는 매출총이익의 감소로 나타난다. 반면에 영업외수익에서는 외화차입금에서 발생하는 외환차익 또는 외화환산이익으로 환헷지 효과를 얻을 수 있다.

그러나 시장환율이 예상과 달리 상승하게 되면 수출가격 상승으로 인한 매출증가분을 영업외비용에서 외화차입금에서 발생하는 외환차손 또는 외화환산손실이 잠식하게 되므로 기업은 상대적인 기회손실이 발생한다.

② 수입의존기업

외화자산 〉 외화부채 ⇒ 외화자산 보유전략

수입의존기업은 외화자산 보유전략이 환위험관리에 유리하다. 그 이유는 수입의존기업의 환위험은 원 · 달러환율이 상승하는 경우에 발생하기 때문이다. 수입의존기업이 외화예금 및 외화금융상품에 대한 보유비중을 높여 외화자산 보유전략을 선택하였을 때 환율이 상승하게 되면 수입원재료 및 수입상품의 가격상승으로 인한 원가상승 현상이 발생하게 되고, 이는 매출총이익의 감소로 나타난다. 반면에 영업외수익에서는 외화예금 및 외화금융상품에서 발생하는 외환차익 또는 외화환산이익이 환헷지 효과를 얻을 수 있다.

그러나 시장환율이 예상과 달리 하락하게 되면 수입원가의 하락으로 증가한 판매마진의 상승분을 영업외비용에서 외화예금 및 외화금융상품에서 발생하는 외환차손 또는 외화환산손실이 잠식하게 되므로 기업은 상대적인 기회손실이 발생한다.

제 8 장 단기지급능력 분석 (Short-Term Solvency)

제8장 주요내용

- 순운전자본/필요운전자금/현금흐름의 관계
- 정(+)의 운전자본구조와 업종 및 특성
- 부(-)의 운전자본구조와 업종 및 특성
- 정(+)의 운전자본구조인 경우에 매출/순운전자본/현금흐름/수익성의 관계
- 부(-)의 운전자본구조인 경우에 매출/순운전자본/현금흐름/수익성의 관계
- 현금전환기간과 필요운전자금의 상호관계
- 단기자금과 장기자금의 비교
- 기업의 차입능력과 단기지급능력의 관계
- 기업의 단기지급능력평가에 중요한 점검사항

‘기업의 단기지급능력(Short - term Solvency)을 어떻게 평가할 수 있을까?’ 전통적인 이론에서는 자산의 유동성을 기업의 단기지급능력의 측정기준으로 삼고 있으며, 최근에 와서는 현금흐름도 단기지급능력의 측정기준으로 이용되고 있다.

기업의 단기지급능력에 영향을 미치는 중요한 요소로는 ① 매출액, ② 운전자본(working capital), ③ 유동성(liquidity), ④ 현금흐름(cash flow), ⑤ 기업의 차입능력(debt capacity)을 들 수 있다.

본 장에서는 운전자본, 유동성, 현금흐름에 대한 분석, 매출액을 포함한 이들 요소들의 종합적인 상호관계에 대한 분석과 기업의 차입능력에 대한 분석을 해 보기로 하자.

제1절 운전자본과 유동성 (Working Capital & Liquidity)

1. 운전자본의 개념과 의미(Working Capital)

최근에는 운전자본의 개념이 다음과 같이 정리되고 있다.[1)]

- 운전자본(working capital) : 유동자산
- 순운전자본(net working capital) : (유동자산 − 유동부채)*

  * 이 개념을 운전자본이라고도 함

- 영업운전자본(operating working capital) :

= (매출채권+재고자산+미수금 등) − (매입채무+미지급금 등)

= {유동자산 − (현금* + 유가증권)} − {유동부채 − (단기차입금* + 유동성장기부채)}

* 현금 : 단기금융상품 및 유동성파생상품자산 포함

* 단기차입금 : 유동성파생상품부채 포함

※ 유동성 장기부채 : 유동성원 · 외화 장기차입금+유동성사채

---

1) Krishna G. Palepu, Paul M. Healy, Victor L. Bernard, "Business Analysis&Valuation", Second Edition, South-Western College Publishing(2000), Chapter 9, pp.11, and Eugene F. Brigham, Louis C. Gapenski, Michael CEhrhardt, "Financial Management Theory and Practice", Ninth Edition, The Dryden Press(1999), pp.792.

대부분의 금융기관들 운전자본을 분석할 때 순운전자본의 개념으로서 **'매출채권+재고자산－매입채무'** 의 개념을 **사용**하고 있다. 일반적으로 유동자산에서 현금, 단기금융상품 및 유가증권을 빼고 나면 매출채권과 재고자산이 차지하는 비중이 가장 크다. 마찬가지로 유동부채에서 단기차입금과 유동성장기부채를 빼고 나면 매입채무가 차지하는 비중이 가장 크기 때문이다.

따라서 ① 재고자산, ② 매출채권, ③ 매입채무, 이 세 가지 요소만 순운전자본 분석에 반영시켜도 순운전자본의 크기 및 변동을 파악하는 데 큰 문제가 없으며, **순운전자본 변동의 핵심원인**이기 때문이다.

그러므로 실무적으로 많이 사용되는 순운전자본의 개념을 다음과 같이 정의할 수 있다.

재고자산+매출채권－매입채무 = 순영업운전자본 또는 협의의 순운전자본

따라서 '재고자산+매출채권－매입채무' 의 개념을 협의의 순운전자본 혹은 순영업운전자본(net operating working capital)이라 할 수 있다.[2] 과거 일부 학자들 사이에서 '유동자산－유동부채' 의 개념을 운전자본(working capital)이라 하고 유동자산을 총운전자본(gross working capital)이라 하여 지금까지도 이 개념은 가끔 혼용되기도 한다.

과거 한국의 기업회계기준(과거 현금흐름표 대신 재무상태변동표를 사용했을 때)에서는 유동자산에서 유동부채를 뺀 차액의 개념을 순운전자본이라 하였다.

2) 일부 학자는 순영업운전자본(net operating working capital)을 {(현금 + 재고자산 + 매출채권)－(매입채무 + 미지급)}이라고도 한다. Eugene F Brigham, op. cit., pp.792.

한편, 순운전자본은 유동자산에서 유동부채를 뺀 차액을 말한다. 바꾸어 말하면, 순운전자본이란 기업이 지급해야 할 유동부채 전부를 어느 날 갑자기 채권자들로부터 일시에 상환요청을 받았을 때 보유하고 있는 유동자산 전부를 처분하여 현금화한 자금으로 유동부채 전부를 상환하고 남는 자금을 의미할 수 있다.

이와 같이 순운전자본은 유동자산으로 유동부채를 상환하고 남는 여유자산을 의미하므로 순운전자본의 크기가 기업의 단기지급능력을 평가하는 데 중요한 요소로 사용된다. 그러므로 순운전자본이 클수록 그 기업의 단기지급능력이 크다고 할 수 있고, 순운전자본의 크기는 기업의 지급능력에 대한 완충장치(cushion)라고 할 수 있다. 일반적으로 매출액이 증가하면 '순운전자본 ÷ 매출액'의 비율은 일정할 수 있지만 순운전자본의 크기는 증가한다. 즉 매출이 증가하면 이에 따른 매출채권도 증가하게 되고 적정비율(생산량의 몇 퍼센트)의 재고자산을 유지하기 위해서는 운전자금이 필요하게 되는데, 이것이 곧 필요운전자금이다.

그러므로 순운전자본의 크기가 증가할수록 추가운전자금이 필요하게 된다. 경영진은 순운전자본의 증가를 억제하려고 하지만 그 정도가 심해지면 채권자들로부터 단기지급능력을 의심받게 된다. 한편, 업종별로 특성이 있기 때문에 '적당한 크기의 순운전자본'이라는 개념은 없지만 단기지급능력 분석과 관련하여 유동비율은 200%가 적당하다고 전통적 이론은 말하고 있다. 현실적으로는 유동비율이 200%가 되는 기업은 별로 없으며 유동비율은 낮지만 오히려 단기지급능력이 우수한 기업들이 많이 있다.

2. 유동성의 개념과 의미 (Liquidity)

1) 유동성의 의미 (Liquidity)

유동성(liquidity)은 기업이 보유하고 있는 자산을 현금으로 전환할 수 있는 용이성을 말한다. 현금으로 쉽게 전환할 수 있는 자산은 총자산 중에서 유동자산으로 분류되며 그 중에서도 유동성이 높은 자산으로서 금, 시장성있는 유가증권 등을 들 수 있다. 일반적으로 유동성이라는 개념은 단기유동성을 의미하고 자산을 1년 이내에 현금화할 수 있는 능력을 말한다. **보유자산의 시장성과 예상시장가치가 높게 평가되면 그 기업의 유동성능력은 높다**고 하겠다. 따라서 전통적인 유동성 분석에 관한 이론에서는 자산의 유동성 분석을 단기지급능력 분석에 있어서 가장 중요하게 취급하였다.

2) 정태적유동성

기업의 유동성능력에 대한 측정도구로 유동비율(=유동자산 ÷ 유동부채)을 가장 많이 사용하고 있고 중요시하고 있다. 이 비율이 높으면 기업의 유동성과 단기지급능력이 높다고 평가하고 있다.

그러면 '과연 유동비율이 높아지면 기업의 유동성능력이 향상되었다고 할 수 있을까?' 이에 대한 정확한 해답을 구하기 위해서는 유동성개념을 정태적유동성과 동태적유동성으로 구분해야 한다. 기업이 지급불능상태에 직면했을 때 혹은 청산상태에 이르렀을 때 유동자산을 처분하여 유동부채를 상환하려는 경우와 관련지어 보면, 유동비율이 높아지면 기업의 유동성이 향상되었다고 할 수 있다.

이때의 유동성은 **정태적유동성**의 개념을 의미하는 것이다. 따라서 정태적유동성은 청산(liquidation)개념으로서 자산의 가치를 분석하기 위해서는 ① **자산의 시장성(현금전환의 용이성)**과 ② **자산의 시장가치(처분시 받을 수 있는 현금)**에 **초점**을 두어야 한다.

3) 동태적유동성

현실적으로 분석대상 기업은 지급불능상태 혹은 청산상태에 직면한 기업이 아니라 영업활동을 활발히 하고 있는 계속기업(going concern)이다. 만약 유동비율의 증가 원인이 매출채권의 증가이고 매출채권에 대한 외상기간의 30일 연장이 그 원인이라면, 이 기업은 제품을 판매하고 발생한 매출채권이 과거에는 60일 후에 회수할 수 있었으나 이제는 90일 후에 현금으로 회수할 수 있게 된 것이다. 그러므로 유동비율이 향상되어 수치상으로는 기업의 유동성이 향상되었으나 실제로는 기업의 유동성(동태적유동성)은 악화한 것이다.

예를 들어 A기업은 30일 외상판매를 하고 B기업은 60일 외상판매를 하며 C기업은 90일 외상판매를 한다면 A, B, C 기업 중 어느 기업의 유동성능력이 높을까? 당연히 A〉B〉C 순서대로 유동성이 높다. 왜냐하면 A기업은 다른 기업에 비하여 상품판매로 인한 현금유입속도가 가장 빠르기 때문인데 이 **현금유입속도가 곧 동태적유동성**이다. 따라서 동태적유동성은 기업의 판매활동으로 인한 현금유입속도를 말하므로 동태적유동성의 개념을 반드시 고려하여 기업의 유동성능력을 분석해야 한다. 동태적유동성에 대한 분석을 위해서는 매출채권회수기간, 현금전환기간(cash conversion cycle)의 변동을 분석하는 것이 매우 유용하다.

아울러 **현금유입크기도 동태적유동성**이 된다. 예를들어 A기업과 B기업이 각각 매출채권을 100억원씩 보유하고 있을때 두 기업의 매출채권명세서를 점검해 보니 A기업의 매출채권은 100억원 중에서 40억원은 90일 이내에, 40억원은 91~120일 사이에서, 나머지 20억원은 121~180일 사이에서 만기가 도래하고, 반면에 B기업의 매출채권은 100억원 중에서 20억원은 90일 이내에 40억원은 91~180일 사이에서 나머지 40억원은 181~240일 사이에서 만기가 도래한다고 하자. 이때 두 기업은 같은 금액의 매출채권을 각각 100억원씩 보유하고 있지만 A기업은 향후 6개월이내에 매출채권의 회수로 현금이 100억원 유입되지만 B기업은 60억원만 유입된다. 따라서 **6개월 단기간을 기준으로 볼**

때 만기에 두 기업의 매출채권이 모두 정상적으로 결제된다면 A기업이 B기업보다 현금유입액이 크므로 단기지급능력이 더 우수하다.

현실적으로 계속기업에 있어서 기업의 단기지급능력은 기업의 판매활동에서 유입되는 ① 현금유입속도와 ② 현금유입크기에 따라 좌우된다. 즉 현금유입속도가 빨라지거나 크기가 증가하면 단기지급능력은 강화되고, 현금유입속도가 늦어지거나 크기가 감소하면 단기지급능력은 약화되는 것이다. 예를 들어 어떤 기업이 원재료를 신용구매한 반면 매출은 현금판매를 통하여 이루어진다면, 매출에서 유입된 현금이 회계상으로는 비용으로 계상되지만 실제로는 현금유출이 발생하지 않고 현금잔고로 남아 있게 된다. 이러한 영업활동에서 유입된 현금이 현실적으로는 만기 도래하는 유동부채의 상환에 사용되고 있기 때문이다.

기업의 유동성능력은 ① 정태적 개념에서는 ⓐ 유동자산의 시장성과 ⓑ 시장가치(혹은 순운전자본의 크기)로 측정할 수 있다. 그러나 ② 동태적 개념에서는 계속기업을 분석대상으로 삼기 때문에 그 기업의 영업활동으로부터 매월 혹은 분기별 유입되는 ⓐ 현금유입속도(매출채권회수기간과 현금전환기간)와 ⓑ 현금유입크기(매출액)가 그 기업의 유동성능력이 되며 단기지급능력이 된다.

결론적으로 보수적인 관점에서 전통적인 정태적유동성의 개념을 중요시하고, 동태적 유동성의 분석은 유동성분석에 있어서 보완적인 분석법으로 사용하면 좋을 것이다. 예를 들면, 어떤 기업에 있어서 유동비율하락 현상이 매출채권회수기간의 감소가 원인이라면 이는 판매대금회수에서 현금유입이 빨라져 기업입장에서는 오히려 유동성이 향상되었으므로, 유동비율은 하락하였으나 기업의 유동성을 나빠졌다고 평가를 할 필요는 없다는 의미이다.

제2절 기업의 운전자본구조와 현금흐름 (Working Capital Structure & Cash Flow)

금융기관에서 주로 사용되는 협의의순운전자본의 개념을 사용하여 기업의 운전자본구조를 설명하기로 한다. 기업의 운전자본구조를 나누면 (1) 정(+)의 운전자본구조, (2) 부(−)의 운전자본구조, (3) 제로 운전자본구조로 구분할 수 있다.

1. 정(+)의 운전자본구조와 현금흐름

정(+)의 운전자본구조인 기업은 협의의순운전자본 금액이 항상 플러스(+) 금액을 나타내는 구조로서 이를 식으로 나타내면 다음과 같다.

협의의순운전자본 = 재고자산 + 매출채권 − 매입채무 〉 0, 즉
= 재고자산 + 매출채권 〉 매입채무

매출의 변화와 운전자본의 변화를 동시에 분석하는 것은 기업의 단기지급능력을 분석하는데 있어서 매우 중요하다. 제10기에 제일상사의 재무상태표는 다음과 같다.

[표 8-1] 제일상사의 재무상태표 (제10기)

(단위: 백만원)

· 비유동자산 :	14,000	· 자본금 :	10,000
		· 이익잉여금 :	13,000
· 재고자산 :	8,000		
· 매출채권 :	9,000	· 매입채무 :	8,000
합 계 :	31,000	합 계 :	31,000

앞 표에서 제일상사의 순운전자본은 9,000백만원(= 8,000 + 9,000 - 8,000)으로 플러스(+)금액을 나타낸다. 이것은 기업이 시장에서 매출을 유지하기 위해서 1년 동안 평균 필요운전자금이 9,000백만원이라는 의미이다. 드물지만 차입금에 의존하지 않고 영업을 하는 기업(무차입 기업)도 있겠지만 일반적으로 기업은 이 자금을 지원하기 위하여 금융기관으로부터 차입금을 사용하고, 1년 동안 평균단기차입금 9,000백만원이 된다.

1) 매출증가와 운전자본의 증가

정(+)의 운전자본구조인 기업에 있어서 "매출증가가 운전자본과 현금흐름에 어떠한 영향을 미치는가?"를 살펴보자.

만약 **제일상사의 매출액이 내년에 두 배로 증가하고 영업활동과 관련된 다른 조건은 변화가 없고, 생산능력은 있으며 손익은 발생하지 않는다고 가정하자.** 바꾸어 말하면, 영업활동과 관련된 다른 조건은 변화가 없다는 의미는 매입채무결제기간, 재고자산보유기간, 매출채권 회수기간 등에는 변화가 없다는 것을 말한다.

이와 같이, 영업활동에 가장 중요한 구매활동, 생산활동, 판매활동과 관련된 조건들이 변화가 없을 때, 만약 **매출액이 두 배로 증가하게 되면 당연히 매입채무금액, 재고자산금액, 매출채권금액도 모두 각각 두 배로 증가하게 된다.**

참고 : 예를 들어, 제일상사 10기 매출액 36,500백만원, 매입채무결제기간 80일, 재고자산보유기간 80일, 매출채권회수기간 90일이라면, 10기 매입채무금액은 8,000백만원(= 36,500/365일X80일), 재고자산금액 8,000백만원, 매출채권금액 9,000백만원(= 36,500/365일X90일)이 된다. 만약 매입채무결제기간 80일, 재고자산보유기간 80일, 매출채권회수기간 90일은 변하지 않고 11기에 매출만 2배로 증가, 즉 73,000백만원이 되면 11기 매입채무금액은 16,000백만원(= 73,000/365일X80일), 재고자산금액은 16,000백만원, 매출채권금액은 18,000백만원(= 73,000/365일X90일)으로 모두 각각 2배로 증가하게 된다.

(예) 1년 평균매출채권 금액 = 매출액 / 365일 X 평균매출채권회수기간

따라서 1년 후에 11기 재무상태표는 [표 8-2]로 변하게 되고, AAAAA에 들어갈 계정과목을 생각해 보자.

[표 8-2] 제일상사의 재무상태표 (제11기)

(단위: 백만원)

· 비유동자산 :	14,000	· 자본금 :	10,000
		· 이익잉여금 :	13,000
· 재고자산 (8,000 × 2) :	16,000		
· 매출채권 (9,000 × 2) :	18,000	· 매입채무 (8.000 × 2) :	16,000
			39,000
		· AAAAA :	9,000
합 계	48,000	합 계	48,000

영업환경에 변화가 없이 매출만 2배로 증가한다면 매입채무금액, 재고자산금액, 매출채권금액도 모두 각각 2배로 증가하게 된다. 즉, 매출의 2배 증가는 그 기업의 순운전자본을 원래 9,000백만원에서 18,000백만원(= 16,000 + 18,000 − 16,000)으로 9,000백만원 증가시키게 되었다.

매출증가는 추가적인 필요운전자금 9,000백만원 증가를 유발시키고, 이는 현금유출을 발생시킨다. 따라서 매출이 증가해도 이익이 발생하지 않는다고 가정했으므로 단기차입금으로 추가적인 필요운전자금을 지원해야 한다.

2) 매출감소와 운전자본의 감소

앞에서와 마찬가지로 다른 영업환경에 변화는 없으며 단지, 매출만 1/2로 감소하게 된다면 1년 후 제일상사의 11기 재무상태표는 [표 8-3]로 변하게 되고, BBBBB에 들어갈 계정과목을 생각해 보자.

[표 8-3] 제일상사의 재무상태표 (제11기)

(단위: 백만원)

· 비유동자산 :	14,000	· 자본금 :	10,000
		· 이익잉여금 :	13,000
· 재고자산 (8,000×1/2) :	4,000		
· 매출채권 (9,000×1/2) :	4,500	· 매입채무 (8.000×1/2) :	4,000
	22,500		
· BBBBB :	4,500		
합 계	27,000	합 계	27,000

이번에는 매입채무금액, 재고자산금액, 매출채권금액도 모두 1/2씩 각각 감소하게 된다. 즉, 매출의 1/2감소는 그 기업의 순운전자본을 원래 9,000백만원에서 4,500백만원(= 4,000 + 4,500 − 4,000)으로 4,500백만원 감소시키게 된다.

달리 말하면 매출감소는 추가적인 순운전자금 4,500백만원 감소를 유발시키고, 이는 현금유입이다. 따라서 이익이 발생하지 않았음에도 불구하고 매출 1/2감소는 순운전자본을 1/2 감소시켜 현금 4,500백만원을 발생시켰다.

결론적으로 정(+)의 운전자본구조기업은 (1) 매출이 증가하면 운전자본이 증가(B/S에서 현금유출 사항발생)하고, (2) 매출이 감소하면 운전자본도 감소((B/S에서 현금유입 사항발생)한다는 사실을 알 수 있다. 따라서 정(+)의 운전자본구조기업은 매출과 운전자본은 서로 정(+)의 비례관계를 갖는다.

2. 정(+)의 운전자본 구조의 특성 및 업종

정(+)의 운전자본 구조의 개념, 현상, 특성, 업종 및 현금흐름분석을 정리하면 다음과 같다.

1) 개 념

① 협의의 순운전자본 (매출채권+재고자산-매입채무) 〉 0

② 순운전자본 (유동자산-유동부채) 〉 0

③ 영업운전자본 〉 0

2) 현 상

① 매출과 순운전자본(NWC)은 정(+)의 비례관계에 있다.

② 정(+)의 구조가 심할수록 매출이 증가하면 NWC는 상대적으로 더 많이 증가한다.
(즉, 현금유출이 더 많이 발생하여 차입의존도가 높아진다)

③ 정(+)의 구조가 심할수록 유동비율이 높은 경향을 갖는다.
(순운전자본의 증가는 유동비율의 상승요인으로 작용하기 때문)

3) 특 성

① 정(+)의 구조가 심할수록 상대적으로 제조공정기간이 길다.

② 정(+)의 구조가 심할수록 상대적으로 매출채권회수기간이 길다.

③ 매출채권회수기간과 제조공정기간의 합이 매입채무결제기간 보다 길다.

4) 업 종

일반제조업, 건설업, 조선업, 엔지니어링업, 페인트제조업, 철강제조업, 제약업, 도매업, 전산업, (법률, 회계) 등은 대부분 정(+)의 운전자본구조를 나타낸다.

5) 현금흐름분석

① 매출증가 → NWC증가 → 현금유출* → 차입금증가 → 이자증가 → 수익성악화요인 → 유동비율의 상승요인

② 매출감소 → NWC감소 → 현금유입* → 차입금감소 → 이자감소 → 수익성향상요인 → 유동비율의 하락요인

* 현금유출 : 현금흐름표의 영업활동으로 인한 자산 · 부채변동에 (−)요인이다.

* 현금유입 : 현금흐름표의 영업활동으로 인한 자산 · 부채변동에 (+)요인이다.

답안 : [표 8-2]의 AAAAA = 단기차입금, [표 8-3]의 BBBBB = 현금

참고1 : **순운전자본과 영업활동으로 인한 자산 · 부채변동**

실무적으로 보면 매출이 증가하고 순운전자본(NWC)이 증가하면 현금흐름표의 '영업활동으로 인한 자산 · 부채변동' 이 현금유출(−)을 나타내지만 가끔 현금흐름표의 '영업활동으로 인한 자산 · 부채변동' 이 현금유입(+)을 나타내는 사례를 볼 수 있다. 그 이유는 해당 기업은 '기타유동자산' 과 '기타유동부채' 의 비중이 상대적으로 크기 때문이다.

참고2 : **심한구조**

A, B 두 기업 모두 매출액은 100억원, A기업의 순운전자본은 20억원, B기업의 순운전자본은 30억원이다. 이 경우 두 기업 모두 순운전자본>0 이므로 정(+)의 운전자본구조에 해당되지만 B기업이 A기업보다 상대적으로 정(+)의 구조가 심한 경우에 해당된다. 그 이유는 같은 매출액을 실현하기 위해서 B기업이 A기업 상대적으로 더 많은 운전자본이 필요하기 때문이다.

한편 정(+)의 운전자본구조는 매출과 운전자본은 정(+)의 비례 관계에 있지만 경영진이 운전자본을 관리하는 해는 매출이 증가해도 운전자본은 감소하게 된다. **운전자본관리(working capital management)의 목적은 재무구조 개선과 수익성 향상에 있으며 매출이 증가하는데 운전자본은 감소하는 현상을 말한다.**

따라서 기업이 정(+)의 운전자본구조라 하더라도 운전자본의 관리(즉, 매출이 증가하는데도 운전자본이 감소하는 현상) 등으로 인하여 매출과 순운전자본(혹은 영업운전자본)은 항상 정(+)의 비례관계를 유지하는 것이 아니라 일반적으로(약 70%) 정(+)의 비례관계를 유지한다. 그러나 **(1)정(+)의 구조가 상대적으로 심할수록 또는 (2)매출의 변동성이 클 수록 매출과 순운전자본(혹은 영업운전자본)의 관계가 정(+)의 비례관계를 유지할 확률이 높아진다.**

참고3 : **운전자본의 관리(working capital management)**

정(+)의 운전자본구조 인데도 매출이 증가하는데도 운전자본이 감소하는 현상을 말한다. 그 목적은 적정운전자본(혹은 최소운전자본 + 쿠션)의 관리를 통하여 영업현금흐름을 증대시켜 차입금을 감소시키고 재무구조를 개선시키는데 있다.

3. 부(−)의 운전자본구조와 현금흐름

부(−)의 운전자본구조인 기업은 협의의순운전자본 금액이 항상 마이너스(−)의 금액을 나타내는 구조로서 이를 식으로 나타내면 다음과 같다.

> 협의의순운전자본 = 재고자산 + 매출채권 − 매입채무 〈 0 즉,
> = 재고자산 + 매출채권 〈 매입채무

부(−)의 운전자본구조인 기업은 "매출증가가 운전자본과 현금흐름에 어떠한 영향을 미치는가?"를 살펴보자. 아래 표는 서울상사의 재무상태표 10기를 나타낸다.

[표 8-4] 서울상사의 재무상태표 (제10기)

(단위: 백만원)

· 비유동자산 :	12,000	· 자본금 / 이익잉여금 :	7,000
		· 장기부채 :	1,000
· 재고자산 :	3,000		
· 매출채권 :	1,000	· 매입채무 :	8,000
합 계	16,000	합 계	16,000

표에 있는 서울상사의 순운전자본은 −4,000백만원(= 3,000 + 1,000 − 8,000), 즉 마이너스(−)의 순운전자본을 나타낸다. 이 의미는 기업의 필요운전자금은 매입채무(즉 공급자신용)에 의하여 충분히 지원받고 있어 차입금이 필요 없다는 것을 의미한다.

기업은 매입채무(8,000백만원)로 재고자산(3,000백만원)과 매출채권(1,000백만원)을 충분히 지원하고 4,000백만원이 남았고, 그 자금은 비유동자산 일부에 투자되었다. 만약 서울상사의 매입채무금액이 8,000백만원이 아니고 4,000백만원이었으면 비유동자산을 구입하기 위해서 금융기관으로부터 4,000백만원을 추가로 차입해야 한다.

1) 매출증가와 운전자본의 감소

앞에서와 마찬가지로 다른 영업환경에 변화는 없으며 단지, 매출만 2배로 증가하게 된다면 서울상사의 재무상태표는 1년 후에는 [표 8-5]로 변하게 되고, CCCCC에 들어갈 계정과목을 생각해 보자.

[표 8-5] 서울상사의 재무상태표 (제11기)

(단위: 백만원)

· 비유동자산 :	12,000	· 자본금 / 이익잉여금 :	7,000
· 재고자산 (3,000×2) :	6,000	· 장기부채 :	1,000
· 매출채권 (1,000×2) :	2,000	· 매입채무 (8.000×2) :	16,000
	20,000		
CCCCC :	4,000		
합 계	24,000	합 계	24,000

다른 조건들의 변화가 없이 매출만 2배로 증가한다면 매입채무금액, 재고자산금액, 매출채권금액도 모두 각각 2배로 증가하게 된다. 즉, 매출의 2배 증가는 그 기업의 순운전자본을 원래 −4,000백만원에서 −8,000백만원(= 6,000 + 2,000 − 16,000)으로 추가로 −4,000백만원 감소시키게 된다. 달리 말하면 매출증가는 추가적인 필요운전자금 4,000백만원 감소를 유발시키고, 이는 추가적으로 발생한 현금유입이 된다.

따라서 부(−)의 운전자본구조인 기업은 영업활동과 관련된 조건들에 변화가 없다면 손익과는 무관하게 매출이 증가하면 순운전자본이 감소(B/S에서 현금유입)하고 이로 인한 현금유입이 발생된다. 그러므로 부(−)의 운전자본구조기업과 정(+)의 운전자본구조기업의 당기순이익이 서로 같다고 전제할 때, 매출이 증가하면 부(−)의 운전자본구조기업이 정(+)의 운전자본구조기업 보다 영업활동에서 유입되는 현금흐름이 상대적으로 더 많이 유입된다.

2) 매출감소와 운전자본의 증가

앞에서와 마찬가지로 다른 영업환경에 변화는 없으며 단지, 매출만 1/2로 감소하게 된다면 서울상사의 재무상태표는 1년 후에는 [표 8-6]으로 변하게 되고, DDDDDD에 들어갈 계정과목을 생각해 보자.

[표 8-6] 서울상사의 재무상태표 (제11기)

(단위: 백만원)

· 비유동자산 :	12,000	· 자본금 / 이익잉여금 :	7,000
· 재고자산(3,000×1/2) :	1,500	· 장기부채 :	1,000
· 매출채권(1,000×1/2) :	500	· 매입채무(8.000×1/2) :	4,000
			12,000
		DDDDD :	2,000
합 계	14,000	합 계	14,000

이번에는 매입채무금액, 재고자산금액, 매출채권금액도 모두 1/2씩 각각 감소하게 된다. 즉, 매출의 1/2감소는 마이너스(-) 순운전자본을 −4,000백만원에서 −2,000백만원(= 1,500 + 500 − 4,000)으로 축소시키고 이는 순운전자본 2,000백만원 증가가 그 원인이다. 즉, 매출감소는 순운전자금 2,000백만원 증가를 유발하여 현금유출을 발생시킨다. 따라서 추가적인 필요운전자금의 증가는 단기차입금으로 지원해야한다

결론적으로 부(−)의 운전자본구조기업은 (1) 매출이 증가하면 운전자본은 반대로 감소(B/S에서 현금유입 사항발생)하고, (2) 매출이 감소하면 운전자본은 반대로 증가(현금유출 사항발생)한다는 사실을 알 수 있다. 따라서 부(−)의 운전자본구조기업은 매출과 운전자본은 서로 반대의 현상을 나타내는 부(−)의 비례관계를 갖는다.

4. 부(-)의 운전자본 구조의 특성 및 업종

부(-)의 운전자본 구조의 특징을 정리하면 다음과 같다.

1) 개 념

① 협의의 순운전자본 (매출채권+재고자산-매입채무) < 0

② 순운전자본 (유동자산-유동부채) < 0

③ 영업운전자본 < 0

2) 현 상

① 매출과 순운전자본(NWC)는 부(-)의 비례관계에 있다.

② 부(-)의 구조가 심할수록 매출이 증가하면 NWC는 상대적으로 더 많이 감소한다.
(즉, 현금유입이 더 많이 발생한다.)

③ 부(-)의 구조가 심할수록 유동비율이 낮은 경향을 갖는다.
(순운전자본의 감소는 유동비율의 하락요인으로 작용하기 때문)

3) 특 성

① 부(-)의 구조가 심할수록 상대적으로 제조공정기간이 짧다.

② 부(-)의 구조가 심할수록 상대적으로 매출채권회수기간이 짧다.

③ 매출채권회수기간과 제조공정기간의 합이 매입채무결제기간 보다 짧다.

4) 업 종

숙박업, 백화점, 소매업, 약국, 병원, 여객운수, 항공운수, 과자제조업 등에서 부(-)의 운전자본구조가 나타난다.

5) 현금흐름분석

① 매출증가 → NWC감소 → 현금유입 → 차입금감소 → 이자감소 → 수익성향상요인 → 유동비율의 하락요인

② 매출감소 → NWC증가 → 현금유출 → 차입금증가 → 이자증가 → 수익성악화요인→ 유동비율의 상승요인

답안 : [표 8-5]의 CCCCC = 현금, [표 8-6]의 DDDDD = 차입금

이와 같이 부(−)의 운전자본구조인 기업의 매출이 계속적으로 증가하면 정(+)의 운전자본구조인 기업에 비하여 영업활동에서 유입되는 현금이 상대적으로 많으므로 이를 재투자에 사용하면 사업장을 상대적으로 쉽게 늘여 갈 수 있다. 즉 은행의 차입금에 의존하지 않고 그들의 사업을 쉽게 확장할 수 있다.

그러나 부(−)의 운전자본구조인 기업은 매출이 감소하는 경우에는 운전자본이 증가하는 현상이 나타나므로 심각한 유동성문제를 발생시킬 위험이 상대적으로 매우 높다. 그러므로 부(−)의 운전자본구조기업은 정(+)의 운전자본기업에 비하여 상대적으로 많은 현금성자산을 보유하거나 여유 있는 당좌차월한도 등을 보유하고 있어야 한다.

참고 : **Zero 운전자본구조의 특성**

Zero 운전자본구조는 순운전자본(혹은 영업운전자본)=0, 혹은 (매출채권+재고자산−매입채무)=0 경우에 해당된다. 이 구조의 특성은 매출의 변동에는 운전자본이 영향을 받지 않는다는 것이다. 달리 말하면 매출이 증가해도 순운전자본은 zero이고, 매출이 감소해도 순운전자본은 zero라는 의미이다. 따라서 현실적으로는 zero 운전자본구조를 갖는 기업은 거의 없다.

참고 : 적정현금수준 결정모형

재무관리 관점에서 외국학자들 사이에서 '기업의 보유현금에 대한 적정수준'에 관하여 연구가 활발한 적이 있다. 예를들면, 보몬(W.J.Baumol, 1952)의 현금관리모형과 밀러-오(M.H.Miller-D.Orr, 1966)의 현금관리 모형이 있다. 그 이후로는 신규 모형에 대한 연구가 거의 없는데 이는 적정 현금수준을 찾기가 어렵기 때문이다. 적정 현금수준을 결정하는 모형개발을 위해서는 기업의 운전자본구조를 ① 정(+) 운전자본구조와 ② 부(-)의 운전자본구조로 구분하는 것이 필수조건이라 하겠다.

제3절 매출/수익성/운전자본/유동성/현금흐름관계

일반적으로 기업의 재무제표를 분석해 보면 기업은 매출이 증가하면 운전자본이 증가(①)하는 경우가 있고, 반대로 운전자본이 감소(③)하는 경우를 발견할 수 있다. 그리고 기업의 매출이 감소하면 운전자본이 감소(②)하는 경우가 있고, 반대로 운전자본이 증가(④)하는 경우도 있다는 사실을 알 수 있다.

1. 매출(P/L) / 운전자본(B/S) / 현금흐름(C/F) 상호관계

① 매출증가 → NWC증가 → 현금유출 → 차입금증가 → 이자증가 → 수익성악화요인 → 유동비율의 상승요인

② 매출감소 → NWC감소 → 현금유입 → 차입금감소 → 이자감소 → 수익성향상요인 → 유동비율의 하락요인

③ 매출증가 → NWC감소 → 현금유입 → 차입금감소 → 이자감소 → 수익성향상요인 → 유동비율의 하락요인

④ 매출감소 → NWC증가 → 현금유출 → 차입금증가 → 이자증가 → 수익성악화요인 → 유동비율의 상승요인

이상 4가지 유형에서 기업의 매출이 증가하면 운전자본이 증가(①)하고, 매출이 감소하면 운전자본이 감소(②)하는 경우가 있다. 이 현상은 **정(+)의 운전자본구조기업**에 일반적으로 나타나는 유형이다. 반면에 기업의 매출이 증가하면 운전자본이 감소(③)하고, 매출이 감소하면 반대로 운전자본이 증가(④)하는 경우가 있다. 이 현상은 **부(−)의 운전자본구조기업**에 일반적으로 나타나는 유형이다.

따라서 기업의 매출(P/L), 운전자본변동(B/S), 현금흐름(C/F)의 상호관계를 정확히 분석하기 위해서는 먼저 (1) 정(+)의 운전자본구조 현상과 부(−)의 운전자본구조 현상을 충분히 이해하고, (2) 분석대상 기업이 정(+)의 운전자본구조에 속하는가? 혹은 부(−)의 운전자본구조에 속하는가? 를 파악해야 한다.

덤핑판매를 제외하면 기업의 매출에는 판매마진이 숨어있어 매출이 증가하면 영업현금흐름은 약수터의 샘물처럼 솟아난다. 운전자본구조와는 상관없이 다른 조건이 동일하다면 4가지(① ~ ④) 현상에서 자금사정이 상대적으로 가장 좋은 경우, 즉 영업현금흐름이 상대적으로 가장 많이 유입되는 경우는 ③번이다. 그 이유는 매출증가(P/L)에서 유입되는 영업현금흐름 뿐만 아니라 운전자본감소(B/S)에서도 영업현금흐름이 유입되기 때문이다.

이상 4 가지 현상에서 자금사정이 가장 나쁜 경우, 즉 영업현금흐름이 가장 적게 유입되는 경우는 ④번이다. 그 이유는 매출감소(P/L)로 인하여 영업현금흐름 유입이 감소하고 또한 운전자본증가(B/S)에서 현금유출이 발생하기 때문이다. 그리고 2번째로 자금사정이 좋은 경우는 ①이다. 그 이유는 매출증가(P/L)가 영업현금흐름의 증가에 미치는 영향(크기)이 일반적으로 운전자본증가(B/S)에서 발생하는 현금유출 보다 크기 때문이다. 또한 3번째로 자금사정이 좋은 경우는 ②이다. 그 이유는 매출감소(P/L)가 영업현금흐름의 감소에 미치는 영향이 일반적으로 운전자본감소(B/S)에서 발생하는 현금유입 보다 크기 때문이다.

결론적으로 이상 4가지 현상에서 다른 조건은 서로 모두 같다고 가정하면 자금사정이 상대적으로 좋은 순서, 즉 **영업현금흐름이 상대적으로 많이 들어오는 순서는 ③ → ① → ② → ④ 순이 될 것이다.** 그러므로 **부(−)의 운전자본구조 기업은 매출이 감소하는 상황(④)이 발생하면 영업현금흐름이 악화될 가능성이 매우 높다.** 그러므로 부(−)의 운전자본구조기업이 정(+)의 운전자본구조기업 보다 상대적으로 현금성자산의 보유 잔고가 많거나 혹은 여유있는 당좌차월한도를 유지해야 한다.

제4절 현금전환기간과 필요운전자금 (Cash Conversion Cycle/Working Capital Requirements)

1. 매출채권회수기간(Receivables Collection Period)

매출채권회전율 = 매출액 / 평균매출채권[3)]

매출채권회전율(accounts receivable turnover)은 '기업의 평균매출채권이 1년 동안 몇 번이나 현금으로 회수되는가'를 나타낸다. 즉 1년 동안 평균매출채권이 현금으로 전환되는 평균 횟수를 나타낸다.

매출채권회수기간[4)] = 365일 / 매출채권회전율

$$= 365일 \div \frac{매출액}{평균매출채권} = \frac{평균매출채권}{매출액} \times 365일$$

예를 들어 매출액 2,500백만원, 기초매출채권 200백만원, 기말매출채권 300백만원일 때 매출채권회전기간을 구해 보자.

3) 평균매출채권 = (기초매출채권 + 기말매출채권) / 2

4) 매출채권회전기간을 계산하는 데 있어서는 기말매출채권 잔액보다 평균매출채권액을 사용하는 것이 보다 정확하다.

$$\text{매출채권회전기간} = \frac{(200+300)/2}{2{,}500} \times 365 = 36.5\text{일}$$

이 의미는 기업이 평균적으로 36.5일마다 평균매출채권 250백만원을 채무자들로부터 받는다는 뜻이고, 1년 동안 250백만원(평균매출채권)을 10번(=365일/36.5일) 받는다는 의미이다.

만약 매출액은 변동이 없는데 매출채권회전기간이 45일로 길어졌다면 1년 동안에 판매대금 약 308백만원을 8.1번(=365일/45일)만 받게 된다. 따라서 판매대금 회수에 있어서 대손이 발생하지 않는다면, 판매로 인하여 유입되는 금액의 크기는 변함이 없는 반면 매출채권회전기간이 36.5일에서 45일로 길어지게 되어, 결국 현금유입의 속도가 늦어지게 된다.

주의 : 매출채권회수기간의 변화가 시장상황의 변화를 반영하였는지를 점검한다.
예를 들어 매출채권회수기간이 연장되면 ① 신제품 판촉으로 인한 일시적 현상인가? 아니면 ② 매출부진을 극복하기 위한 외상판매기간의 확대인가?를 점검한다.

매출채권회수기간이 늘어나면 ① 부실채권의 증가, ② 판매촉진을 위한 의도적인(혹은 경쟁심화로 인한 어쩔 수 없는) 외상판매기간의 확대, ③ 판매부진으로 인한 매출액의 감소 등을 점검해야 한다. 이를 위해서는 매출채권회수기간과 매출채권의 변화를 함께 분석해야 하고 각각의 추세분석이 필요하다. 반면에 기업이 매출채권회수기간을 심하게 줄여서 현금유입의 속도(동태적유동성)를 향상시키면, 즉 평소 제공하던 외상기간을 단축하면 결국 고객의 수가 감소하게 되어 매출액이 감소하게 된다. 그러므로 '**어떤 기업의 매출채권회수기간이 수 년간 큰 변동이 없다면 대체로 안정적인 매출신장을 지속하는 기업**'이라고 볼 수 있다.

2. 재고자산[5]보유기간 (Stock Turnover Period)

재고자산회전율 = 매출액 / 평균재고자산[6]

재고자산회전율(inventory turnover)은 '원재료 혹은 반제품과 같은 평균재고자산이 1년 동안에 몇 번이나 판매되는가'를 나타낸다. 즉 1년 동안 평균재고자산이 판매되는 평균 횟수를 나타낸다.

재고자산보유기간 = 365일 / 재고자산회전율

$$= 365 \div \frac{\text{매출액}}{\text{평균재고자산}} = \frac{\text{평균재고자산}}{\text{매출액}} \times 365\text{일}$$

예를 들어 매출액 2,500백만원, 기초재고자산 150백만원, 기말재고자산 200백만원일 때 재고자산회전기간을 구해 보자

$$\text{재고자산회전기간} = \frac{(150+200)/2}{2{,}500} \times 365 = \text{약 } 25.6\text{일}$$

5) 재고자산 구매비용은 매출원가의 일부이므로 매출원가를 매출액 대신 사용하기도 한다. 그러나 매출액으로 보유 재고자산을 몇 번 결제할 수 있는가 하는 의미와 뒤에 설명되는 현금전환기간을 구하는 데는 같은 기준(매출액)을 적용해야 하기 때문에 매출액 개념을 사용하는 것이 더 좋다.

6) 평균재고자산 = (기초재고자산 + 기말재고자산) / 2

이 의미는 평균재고자산 175백만원이 평균 25.6일(보유기간)마다 모두 판매된다는 뜻이다. 바꾸어 말하면 재고자산이 구매되어 판매되기까지 평균 25.6일간은 재고자산(원재료, 중간제품, 완제품 등) 형태로 보유되는 기간이다. 이 기간은 원재료에서 완제품이 되기까지의 생산기간과 완제품 형태의 보유기간으로 구성된다. 따라서 재고자산회전기간은 재고자산보유기간, 즉 평균재고자산의 평균보유기간이 된다.

만약 재고자산(완제품)이 외상으로 판매되어 매출채권으로 전환된다면, 재고자산이 현금으로 전환되기까지는 재고자산회전기간과 매출채권회전기간을 더하여 구할 수 있다. 한편, '재고자산이 구매되어 현금으로 회수되기까지'를 **영업순환기간**(operating cycle)이라고 한다.

주의 : 재고자산보유기간이 연장되면 ① 매출부진으로 인한 재고증가인가? 아니면 ② 향후 예상되는 수요증가를 위한 원재료의 사전확보인가?를 점검.

3. 매입채무결제기간 (Payables Payment Period)

매입채무회전율 = 매출액 / 평균매입채무[7)]

매입채무회전율(accounts payable turnover)은 '기업이 평균매입채무를 1년 동안 몇 번이나 지급하는가' 를 나타낸다. 즉 1년 동안 평균매입채무가 결제되는 평균 횟수를 나타낸다.

매입채무결제기간 = 365일 / 매입채무회전율

$$= 365 \div \frac{\text{매출액}}{\text{평균매입채무}} = \frac{\text{평균매입채무}}{\text{매출액}} \times 365\text{일}$$

예를 들어 매출액 2,500백만원, 기초매입채무 180백만원, 기말매입채무 240백만원일 때 매입채무회전기간을 구해 보자.

$$\text{매입채무회전기간} = \frac{(180+240)/2}{2{,}500} \times 365\text{일} = \text{약 } 30.7\text{일}$$

이 의미는 기업이 평균매입채무 210백만원을 채권자들에게 평균 30.7일(외상기간)마다 1번씩 지급하는 것을 뜻한다. 따라서 매입채무회전기간은 매입채무결제기간, 즉 평균매입채무의 평균결제기간(매입채무 신용기간 : 물건 구매 후 결제까지의 외상기간)을 말한다.

7) 평균매입채무 = (기초매입채무 + 기말매입채무) / 2

주의 : 매입채무결제기간이 연장되면 이것이 ① 원재료 공급자들의 경쟁으로 인한 시장상황이 반영된 경우인가? 아니면 ② 금융기관으로부터 차입능력의 약화로 기존 공급자들보다 외상기간을 보다 길게 공여하는 새로운 공급자로 교체 했거나 혹은 기존 공급자에게 외상기간의 연장을 요구한 경우인가?를 점검

그러므로 기업 입장에서는 기업의 신용이나 명성에 손상이 가지 않는 범위 내에서 외상기간을 가능한 길게 받으려고 한다. 신설기업의 경우는 신용이 축척되지 않았기 때문에 긴 신용기간을 받기가 어렵다. 만약 어떤 기업의 매출채권회수기간이나 재고자산보유기간은 변하지 않고 매입채무결제기간만 길어진다면 순운전자본이 크게 감소하기 때문에 대출을 해준 금융기관이나 채권자들에게는 그 기업의 유동성 악화의 경고신호로 보여져 채권자 입장에서 볼 때 오히려 리스크가 높은 기업(a high risk company)으로 간주된다.

4. 영업순환기간과 현금전환기간 (Operating Cycle/Cash Conversion Cycle)

제조업체의 주요 영업활동을 살펴보면 원재료의 현금구매 → 생산 → 판매 → 매출채권의 회수로 요약할 수 있으며, 이 영업활동을 현금흐름을 중심으로 영업 순환과정을 살펴보면 현금유출 → 재고자산의 발생 → 판매 → 매출채권의 발생 → 현금유입으로 나타난다. **영업순환기간(operating cycle)은 재고자산보유기간과 매출채권회수기간의 합**을 말한다.

그러므로 영업순환기간 동안의 운전자금이 필요하게 된다. 만약 매출액이 2,400백만원이라면 70일 동안 영업활동을 지원할 수 있는 운전자금 460백만원(= 2,400백만원

/365일×70일)이 영업활동 과정(1년동안 5.2회)에서 항상 필요하게 되고, 영업활동에 필요한 이 운전자금이 곧 필요운전자금이다.

현실적으로는 영업순환기간만큼의 운전자금이 필요한 것은 아니다. 왜냐하면 원재료(재고자산)를 구매할 때 현금으로 구매하는 것이 아니라 대부분 신용(30일 혹은 60일 외상구매 등)으로 구매하기 때문이다. 따라서 **실질적으로 운전자금이 필요한 기간을 산출하려면 영업순환기간에서 재고자산을 신용으로 구매한 기간(매입채무결제기간)을 빼야 한다.** 그러므로 영업순환기간에서 매입채무결제기간을 뺀 기간을 현금전환기간(cash conversion cycle) 혹은 순거래기간(net trade cycle)이라고 한다. 그러므로 **현금전환기간은 필요운전자금의 산정기준**이 된다.

영업순환기간과 현금전환기간과의 관계는 다음 [그림 8-1]과 같다.

[그림 8-1] 영업순환기간(operating cycle)과 현금전환기간(cash conversion cycle)

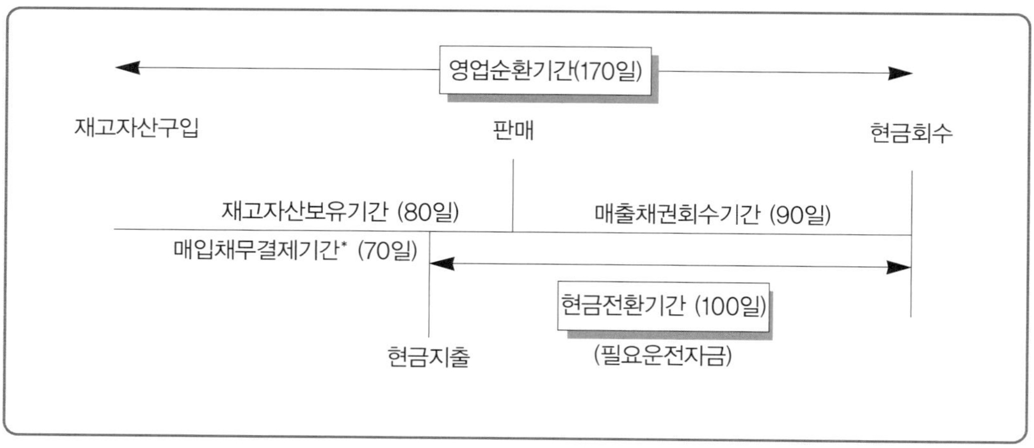

※ 자료 : George W. Gallinger, P Basil Healey, "Liquidity Analysis and Management", Addison-Wesley Publishing Company Inc, pp.170~173.

* 공급자신용(Supplier's Credit)과 자생적금융(Spontaneous Source of Financing)에 해당(pp.290 참조)됨.

5. 현금전환기간과 필요운전자금 (Cash Conversion Cycle/Working Capital Requirements)

현실적으로 기업은 영업순환기간에서 매입채무결제기간을 차감한 현금전환기간만 필요운전자금을 지원하면 된다.

〈예제 8-1〉

어떤 기업의 매출액이 2,500백만원이고, 재고자산회전기간이 51일, 매출채권회전기간이 73일, 매입채무회전기간이 61일(각각의 회전기간은 모두 매출액 개념을 사용하여 계산을 하였다. 왜냐하면 현금전환기간을 구하거나 필요운전자금을 구하기 위해서는 같은 기준을 적용해야 하기 때문이다)일 때 현금전환기간과 필요운전자금을 구하라.

[풀이]

재고자산회전기간 : 51일
매출채권회전기간 : 73일
매입채무회전기간 : (61일)
1. 현금전환기간 : 63일 (= 51 + 73 − 61)
2. 필요운전자금 : 2,500백만원 / 365일 × 63일 = 432백만원

〈예제 8-2〉

서울상사의 재무상태는 다음과 같다.

제10기에는 매출채권회전기간 20일, 재고자산회전기간 87일, 매입채무회전기간 18일, 제11기에는 매출채권회전기간 15일, 재고자산회전기간 79일, 매입채무회전기간 24일, 매출액 5,600백만원이다. 이때 10기와 11기의 현금전환기간을 각각 구하고, 11기에는 10기에 비하여 영업활동 과정에서 현금이 얼마나 더 유입되었는지를 구하라.

[풀이]

	11기	10기
매출채권회전기간	15일	20일
재고자산회전기간	79일	87일
매입채무회전기간	(24일)	(18일)
1. 현금전환기간	70일	89일

2. 11기에는 10기에 비하여 현금전환기간이 19일 단축되었다.

따라서 11기에는 영업활동 과정에서 10기에 비하여 현금이 292백만원(=5,600백만원/365일×19일)만큼 더 유입되었다.

〈예제 8-3〉

10기 매출액 5,000백만원, 현금전환기간 80일, 11기 매출액 5,600백만원, 현금전환기간 75일, 이때 10기와 비교하여 11기 현금흐름을 분석하시오.

[풀이]

	11기	10기
· 매출액	5,600백만원	5,000백만원
· 현금전환기간	75일	80일

1. 10기 필요운전자금 : 1,096백만원(=5,000/365×80)
2. 11기 필요운전자금 : 1,151백만원(=5,600/365×75)

11기 현금흐름을 분석해 보면 현금전환기간이 단축되었음에도 불구하고 매출액의 증가로 인하여 오히려, 필요운전자금(순운전자본)이 증가하여 55백만원만큼 현금유출이 발생하였다.

제5절 장 · 단기자금의 특성과 유동자산 지원정책 (Current Assets Financing Policy)

1. 장 · 단기자금의 특성(Short-term/Long-term Funds)

1) 장 · 단기자금의 정의

단기(short-term), 중기(medium-term), 장기(long-term)에 대한 정확한 정의는 없지만 일반적으로 단기는 1년 이내, 중기는 7년 미만, 장기는 7년 이상을 말한다. 그러나 실무적으로 단기와 장기는 구분하지만 중기는 좀처럼 구분하지 않는다. 따라서 단기자금은 차입기간(즉 만기일)이 1년 이내인 자금을 의미하고 장기자금은 1년을 초과하는 자금을 의미한다고 할 수 있다.

예를 들어 당좌차월, 어음할인, CP(commercial paper) 발행, 단기차입금 등은 단기자금에 속하며 만기일이 1년을 초과하는 외화대출, 변동금리부채권(FRN:floating rate note), 회사채 발행, 전환사채 발행 등은 장기자금에 속한다. 물론 상환 부담이 없는 자기자본도 장기자금에 속한다.

2) 조달속도와 용이성

구 분	단기자금	장기자금
조달속도	빠르다	느리다
용이성	쉽다	어렵다

기업이 금융기관과 상담 후 기업으로 자금이 유입되는 속도면에서 보면 단기자금의 유입속도가 장기자금의 유입속도보다 빠르다. 일반적으로 금융기관(채권자) 입장에서는 단기자금 대출은 대체로 심사가 신속하지만 장기자금대출은 단기대출에 비하여 심사기간이 길다. 왜냐하면 원금회수의 불확실성이 크기 때문이다.

예를 들어 회사채(3년 만기)를 발행하거나 신디케이트론(syndicated loan) 형태로 장기자금을 조달하는 경우는 준비기간부터 자금이 유입되기까지 몇 개월(대개 2~4개월)이 걸린다. 왜냐하면 장기자금을 조달하려는 기업은 회사채 인수기관 및 대출기관(loan agent)을 선정해야 하고, 그 기관은 자금조달 해당 기업을 분석하고 기업소개서(Information memorandam)를 작성한 후(혹은 작성하면서 동시에) 시장조사를 통한 발행금리를 정한다. 그리고 사전에 회사채 발행 혹은 신디케이트 론에 참여할 금융기관들을 모집해야 하기 때문이다.

한편, 단기자금의 조달은 당좌차월한도, 어음할인한도, CP(commercial paper)발행한도 등이 약정된 경우에는 신청 즉시 자금을 조달할 수 있다. 그리고 조달금액이 클수록 장 · 단기자금의 구분 없이 유입속도는 늦어지고 자금조달의 용이성은 낮아진다고 할 수 있다.

3) 자금의 유연성 (Flexibility)

자금의 유연성(flexibility)이란 자금이 필요할 때 쉽게 사용하고 또 사용하고 있는 자금을 차입자가 원할 때는 언제든지 상환하거나 혹은 만기 전에 조기상환에 대한 제약 없이 상환할 수 있는 것을 의미한다.

구 분	단기자금	장기자금
유연성	높다	낮다

장기자금은 단기자금에 비하여 자금의 유연성이 낮다. 그 이유는 일반적으로 외화대출과 같은 장기자금 대출약정서(loan agreement)에는 조기상환시에는 조기상환 비용을 차입자가 부담하도록 하고 있으며, 경우에 따라서는 이 비용이 조기상환에 상당한 부담이 될 수 있기 때문이다.

또한 대체로 장기자금 대출약정서에는 차입자의 재무비율준수조항(financial covenant)과 차입자준수사항(covenants) 등이 있기 때문에 자금을 만기까지 사용하는데 제약을 받는 경우가 있다.

4) 조달비용과 회수위험

구 분	단기자금	장기자금
조달비용	낮다	높다
회수위험	낮다	높다

채권자(대출자) 입장에서 보면 장기자금은 차입자의 미래의 영업전망에 대한 불확실성이 크기 때문에 단기자금에 비하여 원금회수에 대한 위험이 훨씬 높다. 따라서 이러한 회수위험 때문에 일반적으로 장기자금에 대한 공급이 상대적으로 수요에 비하여 적으므로 장기자금은 유연성이 낮음에도 불구하고 대출이자가 단기자금보다 높다.

따라서 **채권자 입장에서 보면 장기자금은 회수위험이 높은 반면 수익성이 높고, 단기자금은 회수위험이 낮은 반면 수익성이 낮다**고 할 수 있다. 차입자 입장에서 보면 장기자금은 조달비용이 높고 자금의 유연성이 낮은 반면 상환 및 연장 부담이 만기까지는 없다(단, 대출약정서에 차입자준수사항 등이 있을 때 차입자가 준수사항 등을 위반하지 않았을 경우).

2. 재무관리 관점에서 본 자산의 구분

[그림 8-2] 유동자산의 구분

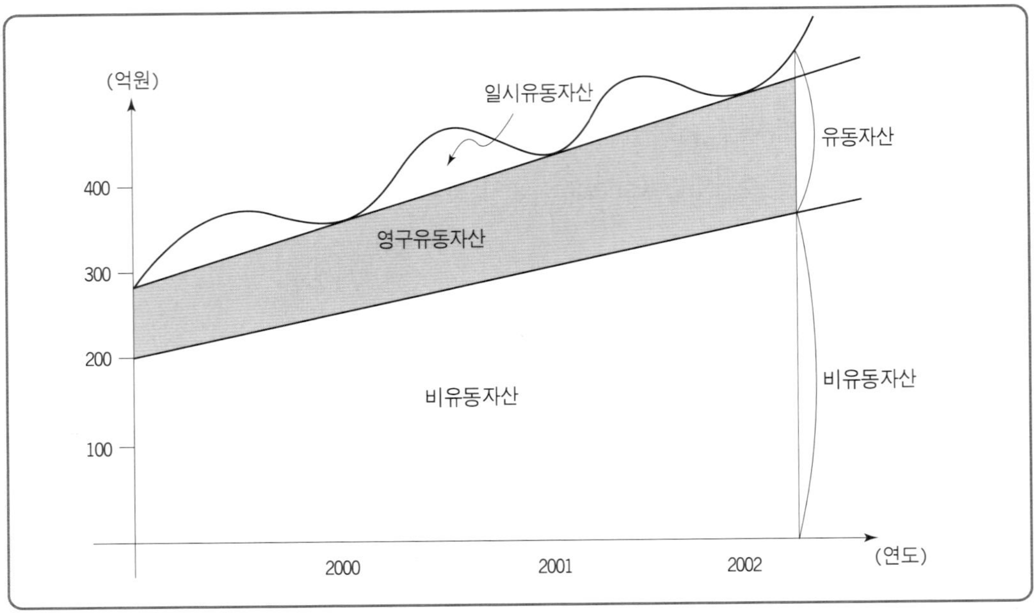

[그림 8-2]가 나타내는 바와 같이 일반적으로 기업의 유동자산의 규모는 항상 변동하며, 이 경우 유동자산을 계절적인 요인 등으로 발생하는 변동적인 부분과 일정수준을 항상 유지하는 부분으로 나눌 수 있다. 다시 말해 유동자산이 일시적으로 발생하는 부분을 일시유동자산(temporary current assets)이라 하고, 항상 필요한 특정부분을 영구유동자산(permanent current assets)이라 할 수 있다. 그러므로 영구유동자산은 재무관리의 관점에서 보면 단기자산이 아니라 장기자산으로 취급해야 한다.[8]

따라서 재무관리의 관점에서 총자산을 단기자산과 장기자산으로 나누어 보면 [그림 8-3]과 같다.

---

8) Eugone F. Brighcun, op. cit, pp.835-838.

[그림 8-3] 유동자산의 구분

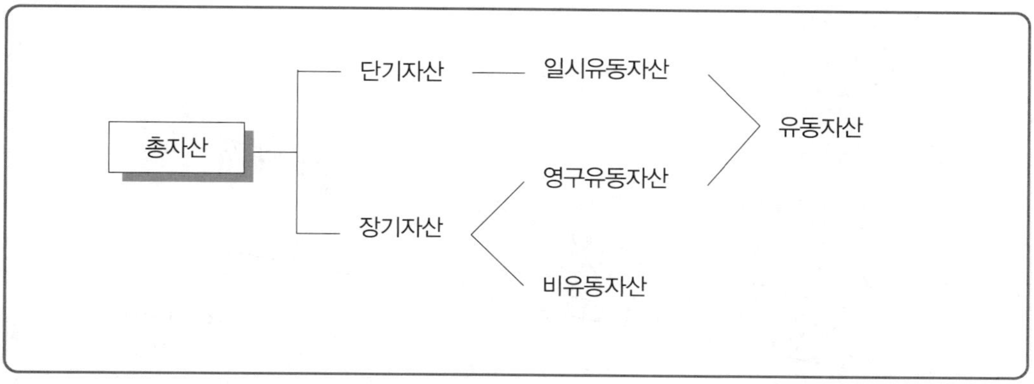

그림에서 본 바와 같이 유동자산을 일시유동자산과 영구유동자산으로 구분한 후 금융지원의 기본이론을 적용하면, 단기자산(일시유동자산)은 단기자금으로 지원하고 장기자산(=영구유동자산+비유동자산)은 장기자금으로 지원하는 것이다.

3. 운전자본 지원정책(Working Capital Financing Policy)

운전자본 지원정책(working capital financing policy)에는 만기일치법(maturity matching approach or self-liquidating approach)이 있는데 이를 소개하면 다음과 같다.[9]

9) Eugene F. Brigham, op. cit., pp.835~838.

[그림 8-4] 만기일치법(maturity matching approach)

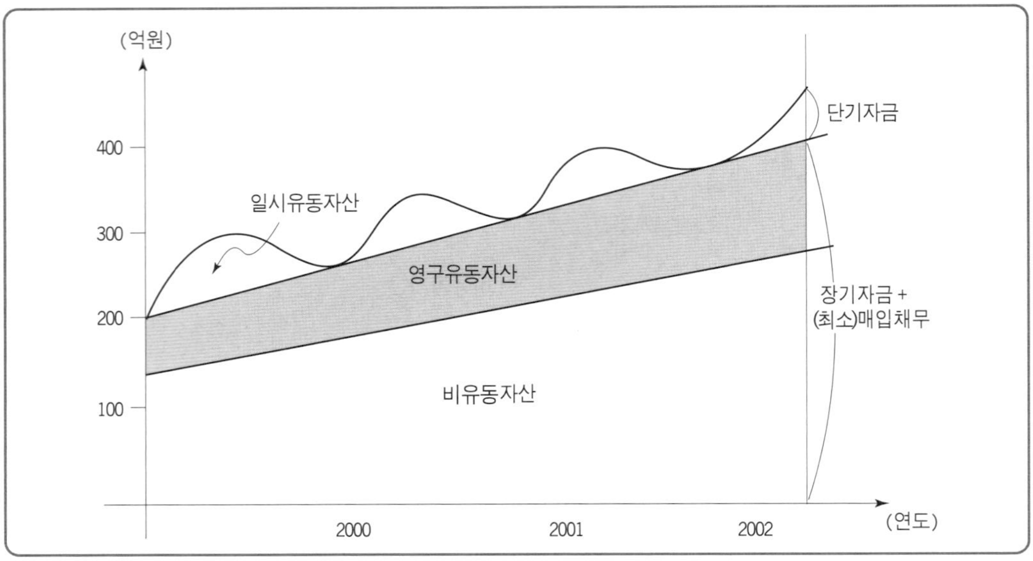

운전자본 지원방법 중에서 [그림 8-4]가 소개하는 만기일치법은 자산의 만기와 자금의 만기를 일치시키는 방법이다. 즉 유동자산의 변동적인 부분인 일시유동자산은 단기자금으로 지원하고, 장기자산(= 영구유동자산 + 비유동자산)은 장기자금(자기자본 혹은 장기차입금) 및 (최소)매입채무로 지원하는 방법을 말한다.

주의 : 여기서 최소매입채무를 생각해 볼 수 있다. 기업이 원재료를 구매할 때 공급자로부터 60~90일 동안 신용을 공여받는다면 최소매입채무는 60일간 매입채무를 의미하는 것이다. 기업의 최소매입채무(공급자의 최소신용공여기간 60일)를 장기자금으로 취급하는 이유는 시장상황에 큰 이변이 없는 한 물품구매시 공급자로부터 최소한 60일 정도의 신용은 항상 공여받을 수 있으므로 채권자가 공여하는 최소신용공여기간(최소매입채무)은 장기자금 중에서 만기가 없는 자기자본과 같이 사용할 수 있기 때문이다.[10] 이때 신용공여기간은 매입채무결제기간이 된다.

---

10) 이와 같이 구매활동 과정에서 공급자로부터 지원받는 금융을 'Spontaneous Source of Financing'이라고 한다. Eugene F. Brigham, op. cit., pp.840.

바꾸어 말하면 만기일치법은 〈금융지원의 기본〉 이론을 충실히 지키는 금융지원 방법이라고 할 수 있다. **만기일치법**(maturity matching approach or self-liquidating approach)이라고 하는 이유는 유동자산은 1년에 한 번 이상 혹은 여러 번 현금으로 전환되기 때문에 일시유동자산이 현금으로 전환되는 자금으로 단기차입금을 상환하고, 비유동자산은 감가상각방법을 통하여 그 기간 동안 투자자금이 현금으로 유입되므로 그 자금으로 장기자금을 상환할 수 있도록 하기 때문이다.

그러나 **현실적으로 만기일치법을 지키기는 불가능하다.** 왜냐하면 자산의 내용연수를 정확히 측정하기 어렵고, 투자하려는 유형자산의 내용연수가 5년 이상일 경우 신용이 아주 좋은 우량기업은 5년 이상 장기자금으로 지원할 수 있지만 신용이 낮은 기업은 내용연수와 일치하는 기간의 장기자금을 구할 수 없기 때문이다. 실제로 신용도가 상대적으로 낮은 기업은 유형자산(기계장치, 건물, 토지 등)에 투자할 때 만기가 없는 자기자본(유상증자 대금)으로 지원하거나 심지어 단기차입금으로 지원하는 경우가 종종 있다.

제6절 비율분석 (Ratio Analysis)

단기지급능력 분석을 위한 비율분석에는 여러 가지가 있다. 전통적으로 중요하게 사용되는 비율과 최근에 사용되는 현금흐름 관련 비율 몇 가지만 소개하면 다음과 같다.

1. 유동비율(Current Ratio)

유동비율 = 유동자산 / 유동부채 (예 : 1.7배 혹은 170%)

유동비율은 기업의 단기지급능력과 유동성능력을 측정하는 척도로서 전통적으로 가장 많이 사용되는 정태비율이다. 이론적으로 이 비율은 2.0배 혹은 200%가 적당하다고 하지만 현실적으로는 유동비율이 200%까지 되는 기업은 거의 없고 대부분이 40~150%를 기록하고 있다. 그리고 유동비율이 낮으면서도 단기지급능력이 우수한 기업들이 많이 있다.

적정비율 200%는 채권자 입장에서 볼 때의 적정비율이지 경영자 입장에서는 아니다. 왜냐하면 높은 유동비율을 유지하기 위하여 필요운전자금을 금융기관으로부터 조달했다면, 이는 수익성과 부채비율을 악화시키기 때문이다. **이 비율의 변화 원인으로 가장 중요한 계정과목은 ① 매출채권의 변동, ② 재고자산의 변동, ③ 매입채무의 변동, ④ 단기차입금의 변동, ⑤ 유동성장기부채의 변동** 등을 들 수 있다.

유동비율이 증가한 경우는 대체로 다음과 같은 사항이 원인이 되고 있다.

- 매출채권의 증가 : 매출에 따른 매출채권의 증가, 판매경쟁 및 매출촉진을 위한 신용기간의 확대(60일 외상판매 → 90일 외상판매), 부실채권의 증가 등
- 재고자산의 증가 : 수요증대를 대비한 원재료의 사전확보, 불량제품의 누적으로 인한 재고량의 증가, 매출부진으로 인한 제품 재고의 증가 등
- 매입채무의 감소 : 거래처로부터 외상구매기간의 단축 등
- 단기차입금 및 유동성장기부채의 감소 : 호전된 현금흐름으로 단기차입금의 상환, 신규 장기차입금으로 단기차입금의 일부상환, 단기차입금의 일시상환, 유동성장기부채의 감소 등

일반적으로 유동비율이 향상되면 기업의 유동성능력 혹은 단기지급능력이 강화된 것으로 본다. 그러나 유동비율의 향상 원인이 영업상황이 악화된 결과(판매부진으로 인한 재고자산의 증가 혹은 판매촉진을 위한 신용판매기간의 확대 등)이거나 혹은 단기차입금 상환을 위한 장기차입금의 증가로 부채비율은 오히려 증가한 경우가 종종 있다. 따라서 유동비율이 증가하면 이론상(비율상) 기업의 단기지급능력은 강화된 것으로 이해되지만 이것이 기업에 대한 청신호만을 의미하는 것은 아니다. **이 비율은 수년간 추세분석을 할 때 의미가 있으며, 같은 업종의 산업평균비율과 비교하면 더욱 의미가 있다.**

참고 : 장기차입금 상환기간이 짧을수록 유동비율이 상대적으로 하락하고, 2~3년 만기 회사채의 유동성부분이 유동부채로 이동하게 되면 그해 유동비율은 크게 하락한다.

2. 당좌비율(Quick Ratio)

당좌비율 = (유동자산 − 재고자산) / 유동부채(예 : 1.1배 혹은 110%)

당좌비율(quick ratio)은 산성시험비율(acid-test ratio)이라고도 불려진다. 이 당좌비율은 기업의 유동성 측정을 더욱 보수적으로 하기 위해 사용된다. 산식에서 **유동자산에서 재고자산을 빼는 이유는**, ① 재고자산에 대한 가치는 평가방법에 따라 달라질 수 있으며, ② 재고자산의 질에 대한 평가는 기업 입장에서 주관적으로 행해질 수 있기 때문이다. 예를 들어 시장가치가 없는 불량제품도 적정가치로 장부에 계상할 수 있기 때문이다.

③ 재고자산(완제품)이 판매되더라도 현실적으로 현금판매 부분은 적고 대부분 외상매출 형태로 판매되기 때문이다. 그러므로 재고자산이 판매되더라도 판매 후 현금 회수까지는 또 다른 회수기간, 즉 매출채권 회수기간이 걸리기 때문에 계속기업을 전제하면 재고자산을 차감하는 것이 현실적인 측정방법이다. 그러므로 **당좌비율을 유동비율과 비교해 보면, 같은 정태비율이라 해도 당좌비율이 좀더 기업의 동태적유동성을 분석할 수 있는 비율**이라고 할 수 있다.

3. 현금 대 유동부채 비율(Cash to Current Liability)

현금 대 유동부채 비율 = (현금 + 현금등가물) / 유동부채×100 = (%)

현금 대 유동부채 비율은 유동부채와 현금(및 즉시 현금화할 수 있는 자산)의 비교를 나타내는 비율이다. 바꾸어 말하면 '유동부채를 상환할 수 있는 현금자산을 얼마나 보유하고 있는가'를 나타내는 비율이다. 현금등가물의 대표적인 것은 시장성 있는 유가증권(증권, 국채 등)이다.

한편, **이 비율이 높을수록 단기지급능력은 높다고 하겠지만 현실적으로는 그 반대의 경우가 많다.** 부채비율이 낮고 금융기관으로부터 좋은 신용평가를 받고 있는 기업일수록 최소한의 현금 잔고를 유지하려는 노력을 기울이고 있기 때문이다. 부채비율이 높은 부실기업은 오히려 단기지급능력을 강화하거나 과시하기 위해서 의도적으로 회계말에 현금잔고를 많이 유지하는 경향이 있다.

4. 운전자본구조비율 (Net Working Capital to Sales)

운전자본구조비율 = 순운전자본(혹은 영업운전자본) / 매출액 (%)

※ 1. 순운전자본 = 매출채권 + 재고자산 − 매입채무

2. 영업운전자본 = (매출채권 + 재고자산 + 미수금 등) − (매입채무 + 미지급금 등)

운전자본구조비율은 영업활동에 사용된 필요운전자금이 매출액에서 얼마나 차지하는가를 측정하는 비율이다. 이 비율은 '순운전자본이 매출액에 얼마나 기여하는가'를 보여주는 **매출에 대한 운전자본의 효율성을 나타내는 비율**이다. 이 비율은 낮을수록 적은 운전자본으로 높은 매출을 창출하는 의미로서 운전자본의 효율적인 관리를 의미한다. 그러나 이 비율이 너무 낮으면 오히려 유동성에 문제를 야기시킬 수 있다.

또한 이 비율은 운전자본구조비율을 나타낸다. 이 비율이 플러스(+)이면 정(+)의 운전자본 구조이고, 마이너스(−)이면 부(−)의 운전자본 구조에 해당된다. 그리고 이 비율이 정(+)을 나타내면서 상대적으로 높으면 이 기업은 정(+)의 운전자본구조이면서 상대적으로 심한구조에 해당된다. 반면에 이 비율이 부(−)를 나타내면서 상대적으로 낮으면 부(−)의 운전자본 구조이면서 상대적으로 심한구조에 해당된다. 따라서 비율은 기업의 운전자본구조 판별에 매우 중요하게 사용되며, 그 예는 다음과 같다.

▶ **운전자본구조비율 (순운전자본 대 매출비율)의 예**

(1) 70% : 정(+)의 운전자본 구조이면서 상대적으로 심한구조

(2) 30% : 정(+)의 운전자본 구조이면서 상대적으로 약한구조

(3) 0% : 제로(zero) 운전자본구조(매출변화에 운전자본이 영향을 받지 않음)

(4) −30% : 부(−)의 운전자본 구조이면서 상대적으로 약한구조

(5) −50% : 부(−)의 운전자본 구조이면서 상대적으로 심한구조

5. 순운전자본 대 자산 비율 (Net Working Capital to Total Assets)

$$\text{순운전자본 대 자산 비율} = \frac{\text{순운전자본}^{11)}}{\text{총자산}} \times 100 = (\%)$$

11) 순운전자본 : 협의의 순운전자본 = (매출채권+재고자산−매입채무), 혹은 영업운전자본 {= (매출채권 + 재고자산 + 미수금 등) − (매입채무 + 미지급금 등)}

순운전자본 대 자산 비율은 운전자본의 투자를 위하여 조달해야 하는 필요운전자금이 총자산에서 얼마나 차지하는가를 측정하는 비율이다. 이 비율에 대한 특징을 살펴보면 현금판매를 위주로 하는 소매업이나 식당, 창고형할인마트 등은 이 비율이 매우 낮거나 오히려 마이너스(−)를 나타낸다.

이 비율이 낮아진다면 그 원인으로는 ① 원재료구입에 있어서 외상에 너무 의존한 경우, ② 최근에 공장을 신축했거나 생산설비를 증설한 경우, ③ 순운전자본 관리를 한 경우, ④ 매출액이 증가하였음에도 불구하고 순운전자본이 감소한 경우 등이다. 특히, ④의 경우는 매출액 증가에 따른 적절한 운전자본의 지원이 없었기 때문에 운전자본에 투자를 하지 않은 과도판매(over-trading)상황이므로 유동성의 부족을 나타낼 수 있으니 주의해야 한다.

6. 매출 대 유동부채 비율(Sales to Current Liabilities)

$$\text{매출 대 유동부채 비율} = \frac{\text{매출액}}{\text{유동부채}} \quad \text{(예 : 2.5배 혹은 250\%)}$$

당해 연도에 발생한 매출채권에 대손이 발생하지 않고 판매대금이 당해 연도에 모두 회수된다고 가정하면, 매출액은 1년 동안 기업에 유입되는 현금이 된다. 따라서 매출 대 유동부채 비율은 매출액으로 단기지급의무인 유동부채를 몇 번이나 상환할 수 있는가를 측정하는 비율이다.

현실적으로 대부분의 대기업은 차입능력(debt capacity)도 있고 주주의 자본력도 있다. 그러므로 기업의 유동성이 나빠졌다고 단기지급능력이 크게 악화되는 것은 아니다. 그러나 중소기업은 주주의 자본력도 약하고 차입능력도 부족하여 대기업처럼 금융기관들로부터 언제나 사용할 수 있는 크레디트라인(credit line, 당좌차월 또는 신용장개설한도 등)이 많지 않기 때문에 회수되는 판매대금이 곧 단기지급능력이 된다.

중소기업들은 자금조달능력이 낮기 때문에 매출이 중요하며 판매대금이 만기에 제대로 회수되지 않으면 지급불능의 상태에 빠질 수도 있다. 따라서 이 비율은 대기업보다는 중소기업에 더욱 의미가 있다.

7. 현금흐름 유동성 비율(Cash Flow-Liquidity Ratio)

$$\text{현금흐름 유동성 비율} = \frac{(\text{현금} + \text{유가증권} + \text{영업현금흐름}^{*})}{\text{유동부채}} \quad (\text{예 : 40\%})$$

* 영업현금흐름 : 현금흐름표상의 현금흐름(영업활동으로 인한 현금흐름)

기업이 보유하고 있는 자산 중에서 유가증권은 현금과 같은 자산이다. 그리고 현금흐름은 기업이 영업활동에서 유입되는 (판매수익에서 현금의 유출을 수반하는 비용을 지급한 후의)현금으로서 그 크기에 따라 부채상환 혹은 시설투자에 사용할 수 있는 자금이다. 현금흐름 유동성 비율(cash flow-liquidity ratio or operating cash flow ratio)은 **정태비율에 동태적 개념인 현금흐름을 보완함으로써 실질적으로 기업의 단기 지급능력을 측정할 수 있는 매우 중요한 비율**이 된다.

이 비율은 클수록 단기지급능력이 우수하다고 할 수 있으며, 이 비율의 변화원인은 거의 현금흐름의 크기에 의존한다. 왜냐하면 기업은 효율적인 운전자금의 관리를 위해서 최소한의 현금 잔고만을 유지하려는 노력을 기울이기 때문에 현금잔고가 유동부채에서 차지하는 비율은 대체로 작기 때문이다. 만약 어떤 기업이 당해 연도에 당기순이익의 감소 혹은 적자를 발생시켰는데 주요 원인이 현금의 지출을 수반하지 않은 감가상각비라면, 그 기업은 수익성은 악화되었지만 이 비율은 증가하게 된다. 실질적으로 이 기업의 단기지급능력은 수익성과는 무관하게 향상될 수 있다.

8. EBTDAP 대 유동부채 비율

EBTDAP 대 유동부채 비율 = EBTDAP*/유동부채 (예 : 80%)

※ EBTDAP = (세전순이익+감가상각비+무형자산상각비+당기충당금전입액*)

※ 당기충당금전입액 = (당기현금흐름표상의 비현금비용 부분의)퇴직급여+대손상각비+기타충당금

EBTDAP 대 유동부채 비율은 세전순이익 개념을 사용하므로 이자비용 지급후 영업활동에서 유입된 현금흐름으로 1년이내에 만기가 도래하는 유동부채를 얼마나 상환할 수 있는가? 하는 것을 측정하는 비율로써 **단기지급능력(즉 단기부채상환능력)을 측정하는 데 매우 유용**하다.

9. 기업의 현금보유전략과 인출가능금액

인출가능금액 = 단기대출한도 - 단기차입금 (재무상태표 유동부채)

단기대출은 기업이 금융기관과 약정하고, 그 약정조건 이내이면 언제라도 자금을 인출(차입금 증가)할 수 있는 금융한도(예, 당좌차월한도, 운전자금한도 등)를 말한다. A은행이 기업에 당좌차월한도 100억원(실질 차입금 50억원), B은행이 운전자금한도 200억원(실질 차입금 100억원), C은행이 당좌차월한도 300억원(실질 차입금 150억원)을 각각 공여하고 있다면, 해당 기업의 단기대출한도는 600억원(3개 은행 단기대출한도의 합)이 된다.

그리고 3개 은행 실질차입금의 합은 당기 재무상태표 유동부채에 단기차입금 300억원(=50억원 + 100억원 + 150억원)으로 기록된다. 따라서 해당 기업의 인출가능금액은 300억원(단기대출한도 600억원 - 단기차입금 300억원)이 된다.

기업의 현금보유전략은 인출가능금액과 재무상태표의 '현금 및 현금성자산' 금액 간에 매우 밀접한 관계가 있다. 그 이유는 만약 기업이 인출가능금액에 여유가 있으면 보유현금(예금금리는 대출금리에 비하여 상대적으로 매우 낮음)을 줄이는 전략을 선택할 것이고, 만약 기업이 인출가능금액에 여유가 없으면 유동성확보를 위하여 보유현금을 늘리는 전략을 선택할 것이기 때문이다.

제7절 기업의 차입능력 (Financial Debt Capacity)

기업의 차입능력(financial debt capacity)은 상환재원 5가지 중에서 재차입(refinancing)에 해당되고, 기업이 금융기관들로부터 공여 받은 크레디라인(credit line : 당좌차월한도 또는 수출어음할인한도 등)의 여유에서 나온다. 예를 들면 (1) **단기대출한도사용률(credit line utilization ratio)이 낮은 기업일수록 차입능력이 우수하다**. 그리고 (2) **금융기관에 크레디라인을 신청하면 쉽게 받을 수 있는 기업일수록 차입능력이 우수하다**고 하겠다.

예를 들어 재벌그룹 관계회사는 부채비율이 다소 높거나 수익성이 낮더라도 금융기관들로부터 쉽게 크레디라인(credit line)을 받고 그 크레디라인을 여유 있게 사용한다. 중소기업 또는 단독기업들은 부채비율이 높거나 수익성이 낮으면 금융기관에 담보를 제공하지 않고 추가로 여신을 제공받기가 어렵다. 부채비율이 똑같이 높거나 수익성이 낮더라도 재벌그룹 관계회사의 차입능력이 중소기업 또는 단독기업의 차입능력보다 상대적으로 높다.

만약 특정기간에 물건을 많이 팔았는데 금융시장에 자금경색과 같은 상황이 발생하여 자금회수에 문제가 발생하면 기업의 차입능력, 즉 금융기관으로부터 여유 있는 크레디라인을 보유하고 있느냐에 따라 그 기업의 운명이 달라질 수 있다.

한편 소위 말하는 **'흑자도산'은 일시적인 지급불능상태를 극복하지 못하는 유동성문제에서 발생한다**. 그러므로 기업에 차입능력이 있다면 이러한 위기상황을 쉽게 극복하고 계속기업으로 성장할 수 있다.

제8절 단기지급능력 핵심점검사항 (Short-Term Solvency)

기업의 지급능력에 있어서 "단기지급능력이란 무엇인가?" 이러한 질문은 여신담당책임자 혹은 기업분석가에 있어서는 매우 중요한 화두에 해당된다. 지금까지 배운 많은 분석기법과 분석대상을 중심으로 '단기지급능력점검' 을 위하여 주요점검 핵심사항을 정리하면 다음과 같다.

1. 재무점검 핵심항목

1) 자산점검 핵심항목

(1) 매출채권증가 (매출액과 대손상각비 추세를 함께 점검)

(2) 재고자산증가 (원재료, 재공품, 제품 및 매출액 추세를 함께 점검)

(3) 현금가능자산 {현금및현금성자산* + 단기금융상품 + 유가증권(장기성증권유동성부분 포함)}

* 유동성파생상품자산은 제외

(4) 외화자산과 외화부채의 비교 (환율 추세와 함께 점검)

2) 부채점검 핵심항목

⑴ 매입채무증가 (시장에서 신용공여 상황과 기업의 자금사정을 함께 점검)

⑵ 단기차입금 (금융기관점검, 예; 제1금융권 혹은 제2금융권)

⑶ 유동성장기부채(분기별 상환예정금액 점검)

⑷ 인출가능금액

3) 자본점검 핵심항목

⑴ 자본구성 (① 자본금, ② 주식발행초과금, ③ 재평가차액, ④ 이익잉여금)과 설립연도

⑵ 자본변동 (부채비율과 차입금비율)

⑶ 자기주식 (취득가격 대비 예상처분가격 점검)

4) 손익점검 핵심항목

⑴ 매출액 (판매가격, 판매량 추세 점검)

⑵ 매출총이익 (재료비, 노무비, 제조경비 점검)

⑶ 당기순이익 (이자수익–이자비용), 유형 · 투자 · 외환 · 파생 · 지분법(이익–손실)

⑷ 대손상각비 및 대손상각비/매출액(%)

5) 현금흐름점검 핵심항목

⑴ 영업운전자본의 전망 – (운전자본구조 점검)

⑵ 영업현금흐름의 전망

⑶ (영업현금흐름+현금가능자산)/유동성장기부채 (%)

2. 비재무점검 핵심항목

(1) 제품선호도 (성능, 디자인, 적정판매가격)

(2)시장점유율과 시장지위

(3) 산업점검 (수요와 공급 예측)

(4) 차입능력점검 (단기대출한도사용률)

제9장 장기지급능력분석 (Long-Term Solvency)

제9장 주요내용

- 자본구조분석
- 차입금구조의 5가지 구분
- 우발채무비율의 중요성
- 자본시장 가치의 유용성
- 자본구조와 금융레버리지의 관계
- 지속가능성 성장률의 유용성과 한계
- 수정부채비율의 중요성
- 매출현금흐름과 현금흐름 예측방법
- 기업의 미래현금 창출능력 점검법
- 장기지급능력 핵심 점검사항

제1절 자본구조분석 (Capital Structure Analysis)

1. 자본구조분석

기업의 자본구조(capital structure or financial structure)는 기업이 영업활동을 영위하기 위해서 필요한 자산, 혹은 투자할 자산에 사용된 자본구조, 즉 서로 다른 성격의 자금조합을 말한다. 예를 들면 주주로부터 나온 자금과 채권자로부터 공여받은 자금의 조합을 말한다.

바꾸어 말하면 창립자나 경영자는 기업의 신설과 확장을 위하여 기업의 자본구조를 고민하게 되고, 이 필요자금을 위하여 '주주로부터 공여받을 부분과 채권자로부터 공여받을 부분을 어떻게 구성할 것인가?' 하는 **주주부분과 채권자부분의 조합비율**(자기자본과 타인자본의 조합비율), 즉 부채비율을 고민하게 된다.

한편, **채권자부분**은 다시 두 가지로 나눌 수 있다. ① 물품(원재료) 판매자가 기업에 공여한 신용(spontaneous financing), 즉 매입채무 등(**이자가 수반되지 않는 비금융채무**)과 ② 금융기관이 공여한 장 · 단기차입금(**이자가 수반되는 금융채무**)이 있다.

그러면 다음의 〈예제 9-1〉과 〈예제 9-2〉를 통하여 자본구조의 의미를 생각해 보자.

〈예제 9-1〉

자본구조가 서로 다른 A, B, C 3기업의 특징에 대하여 설명하라.

(단위 : 백만원)

자본구조	A	B	C
단기차입금	200	150	250
단기채무(매입채무, 미지급배당금 등)	200	250	150
유동부채	400	400	400
장기차입금	200	150	250
장기채무(매입채무, 장기미지급금 등)	200	250	150
비유동부채	400	400	400
자본총계	400	400	400
자산총계	1,200	1,200	1,200
부채비율	200%	200%	200%

[풀이]

자본구조	A	B	C
차입금(장, 단기 포함)	400(33.3%)	300(25.0%)	500(41.7%)
매입채무(장, 단기 포함)	400(33.3%)	500(41.7%)	300(25.0%)
자본총계	400(33.3%)	400(33.3%)	400(33.3%)
합 계	1,200(100.0%)	1,200(100.0%)	1,200(100.0%)

A기업 : 이 기업은 자본구조가 이자를 지급하는 차입금(33.3%), 이자를 지급하지 않는 채무(33.3%), 주주(33.3%)에 균등히 의존하고 있다.

B기업 : 이 기업의 자본구조는 이자를 지급하지 않는 채무(41.7%)에 많이 의존하고 있다. 따라서 B기업의 매입채무결제기간이 A기업의 매입채무결제기간보다 길므

로 B기업의 대외신용도가 A기업의 대외신용도보다 우량한 것으로 추정된다. 왜냐하면 A기업이나 B기업의 부채비율은 각각 200%밖에 되지 않는 건실한 자본구조(산업평균비율이 200% 이상이라면)를 가지고 있기 때문이다. 그러므로 **매입채무결제기간이 길면 그 기업의 현금전환기간이 짧아지므로 현금흐름이 빨라지고 필요운전자금도 상대적으로 적게 요구되기 때문**이다. 따라서 B기업은 A기업에 비하여 현금흐름이 양호하고 차입금 규모도 작기 때문에 금융비용이 절감되어 수익성은 향후 B기업이 A기업보다 양호할 것으로 판단된다.

C기업 : 이 기업의 자본구조는 **이자를 지급하는 채무(41.7%)에 많이 의존**하는 특징을 갖고 있다. 반면에 이자를 지급하지 않는 매입채무(25.0%) 의존은 상대적으로 A기업에 비하여 낮다. 이것으로 C기업이 A기업보다 대외신용도가 낮다는 것을 알 수 있으며, 높은 금융비용 때문에 수익성도 C기업이 A기업보다 불량하다고 판단된다.

결론적으로, 기업의 현금흐름이 양호한 순서는 B 〉 A 〉 C이며, 수익성이 높은 순서도 B 〉 A 〉 C 이다.

〈예제 9-2〉

서울상사의 자본구조가 지난 3년 동안 다음과 같이 변했을 때 향후 발생할 수 있는 위험에 관하여 논하라.

자본구조	10기	11기	12기
차입금(장, 단기 포함)	25.0%	33.3%	41.7%
매입채무(장, 단기 포함)	41.7%	33.3%	25.0%
자본총계	33.3%	33.3%	33.3%
합 계	100.0%	100.0%	100.0%
부채비율	150%	150%	150%

[풀이]

우선 서울상사의 자본구조 변화의 특징을 살펴보면 차입금의 비중이 매년 증가하여 제12기에는 자본구조에서 41.7%나 차지하게 되었다. 반면에 이자를 수반하지 않는 매입채무는 매년 감소하여 제12기에 와서는 자본구조에서 차지하는 비중이 25.0%로 하락하였다.

이러한 변화의 특징을 가지고 있는 이 기업에 향후 발생될 위험을 살펴보면, 차입금의 증가로 인한 금융비용이 증가하여 수익성의 악화가 예상된다. 차입금의 증가 원인은 매입채무결제기간의 단축으로 현금전환기간이 길어져 운전자금은 더욱 필요해지고 현금유입의 속도는 점점 늦어지기 때문이다.

결론적으로 이 기업은 제12기에 수익성 및 현금흐름의 악화가 예상되므로 장기지급능력이 점차 약화될 것으로 예측된다. 그리고 정태적유동성은 변함이 없지만 동태적유동성이 악화(현금유입의 속도가 늦어져)되어 단기지급능력도 약화되었다고 볼 수 있다. 그러나 낮은 부채비율 때문에 차입능력에는 아직 별 문제가 없다고 할 수 있다.

2. 자본구조와 금융레버리지 (Capital Structure/Financial Leverage)

자본구조(capital structure)와 금융레버리지(financial leverage)와의 관계를 알아보자. 일반적인 경우를 전제하면 모든 기업의 자본구조는 주주부분과 채권자부분으로 구성된다. 단지 이 구성비율(예, 1:1 혹은 1:2)이 다를 뿐이다.

한편, 당기순이익은 전적으로 주주의 몫이다. 왜냐하면 채권자의 몫은 지급이자 혹은 구매가격 형태로 이미 지급되었기 때문이다. 그리고 당기순이익은 주주에게 배당금을 지급하고 남는 부분은 이익잉여금으로 자본에 전입된다. 이 부분은 당장 주주에게 지급은 안 되었지만 1주당 가치를 증대시키므로 결국 주주가 보유하고 있는 주식의 가치를 증대시키는 것이다.

또한 **차입금융**(debt financing : 금융기관에서 자금을 차입하여 기업의 영업활동에 사용하고)사업이 성공하게 되면 주주의 몫인 당기순이익이 더욱 증가하게 된다. 즉 **금융레버리지**(financial leverage : 일반적으로 **재무레버리지**라고 함) 효과를 통하여 더욱 증가한 것이다. 이 상승효과는 자본금 외에 추가적인 차입금융에서 발생한 효과이므로 '재무레버리지효과'란 표현보다는 **'금융레버리지효과'**란 표현이 더 적합하다. 다음의 〈예제 9-3〉과 〈예제 9-4〉를 통하여 금융레버리지효과를 살펴보자.

〈예제 9-3〉

A기업의 총자산은 100,000백만원이며, 이 기업의 자본구조는 50% 주주부분과 50% 채권자부분으로 구성되어 있다(단위 : 백만원).

차입금	50,000 (50%)
자본금	50,000 (50%)
자 산	100,000 (100%)

금융비용이 10%, 법인세율이 40%, 영업이익이 20,000백만원일 때, 자기자본이익률(= 당기순이익/자본금×100)을 구하라.

[풀이]

영업이익 :	20,000	
이자비용 :	(5,000)	← 50,000 × 10%
세전이익 :	15,000	
법인세 :	(6,000)	← 15,000 × 40%
당기순이익 :	9,000	
자기자본이익률 =	9,000 / 50,000 = 18%	

〈예제 9-4〉

만약 다른 조건(예제 9-3)은 변함이 없고 영업이익만 20,000백만원에서 40,000백만원으로 두 배 증가한다면 자기자본이익률은 얼마나 증가할까?

[풀이]

영업이익 :	40,000	← 20,000 × 2
이자비용 :	(5,000)	
세전이익 :	35,000	
법인세 :	(14,000)	← 35,000 × 40%
당기순이익 :	21,000	
자기자본이익률 =	21,000 / 50,000 = 42%	

영업이익은 20,000백만원에서 40,000백만원으로 2배 증가한 반면에 자기자본이익률은 18%에서 2배가 넘는 42%를 나타내었다. 이와 같이 **영업이익이 2배로 증가했는데 자기자본이익률이 2배 이상 증가한 것이 바로 금융레버리지효과**이다. 즉 2배 이상 증가한 부분(6% = 42% − 18% × 2)이 **정(+)금융레버리지효과 부분**이다.

그렇다면 '왜 이러한 금융레버리지효과가 발생할까?' 그 이유는 차입금융의 비용으로 지급되는 **금융비용은 변동비용이 아니라 고정비용이기 때문**이다. 이러한 사실은 다음의 〈예제 9-5〉를 보면 잘 알 수 있다.

〈예제 9-5〉

만약 다른 조건(예제9-3)은 변함이 없고 영업이익이 20,000백만원에서 10,000백만원으로 50% 감소했다면 자기자본이익률은 얼마나 감소할까?

[풀이]

영업이익 :	10,000	← 20,000 × 50%
이자비용 :	(5,000)	
세전이익 :	5,000	
법인세 :	(2,000)	← 5,000 × 40%
당기순이익 :	3,000	
자기자본이익률 =	3,000 / 50,000 = 6%	

계산을 해보면 당기순이익이 66.7%나 감소하여 자기자본이익률은 18%에서 1/2 이상 하락한 6%가 된다. 그러므로 2배이상 하락한 부분(-3% = 6%-18%×1/2)이 **부(-)의 금융레버리지효과 부분**이다.

그러므로 이자비용은 영업이익과는 관련 없는 고정비용인 것을 알 수 있다. 따라서 영업이익이 감소하면 부(-)의 금융레버리지 효과로 인하여 주주의 몫이 더욱 줄어들게 된다.

제2절 자본시장가치 (Market Capitalization)

1. 자본시장가치(Market Capitalization)

자본시장가치(market capitalization)는 자본총계에 대한 시장가치를 나타내는 개념으로 기업가치(valuation)를 의미한다. 상장기업의 가치는 그 기업의 자본시장가치(market capitalization)로 나타난다. 기업의 자기자본 가치를 평가하려면 먼저 자산가치를 평가하고 평가한 자산가치에서 (지급금액이 확정된) 부채총계를 빼면 구할 수 있다. 그러나 기업의 미래현금창출능력을 고려한 기업의 자산가치를 평가한다는 것이 단순하고 쉬운 작업이 아니다.

상장기업의 자본시장가치(market capitalization)는 현재 증권거래소에서 거래되고 있는 1주당 시장가격을 알면 다음과 같이 쉽게 계산할 수 있다.

(1) 자본금 / 액면가격 = 발행주식수

(2) 발행주식수 X 1주당 시장가격 = 자본시장가치

즉 자본시장가치(market capitalization)는 자본금을 액면가격으로 나누어 발행주식수를 먼저 구하고, 여기에 1주당 (현재 거래소에서 거래되는)시장가격을 곱하여 구할 수 있다.

〈예제 9-6〉

A기업의 자본총계는 550억원, 자본금 200억원, 부채총계 1,100억원, 부채비율 200%, 1주당 액면가 5,000원, 1주당 시장가격이 18,000원일 때, 이 기업의 자본시장가치(market capitalization)를 구하시오.

[풀이]

1. 20,000,000,000 ÷ 5,000 × 18,000 = 72,000,000,000
2. 18,000 ÷ 5,000 × 20,000,000,000 = 72,000,000,000

〈예제 9-7〉

앞의 예제를 참고하여 A기업의 1주당 장부(이론)주식가격을 구하시오.

[풀이]

1. 20,000,000,000 ÷ 5,000 = 4,000,000주(발행주식수)
2. 55,000,000,000(자본총계) ÷ 4,000,000(발행주식수)
   = 13,750원(1주당 이론주가)

일반적으로 **주식시장이 호경기에 직면하면 상장기업의 자본시장가치가 자본총계보다 크다.** 그러나 **주식시장이 침체되면 자본시장가치가 자본총계보다 작은 경우가 많이 발생한다.** 즉 기업의 영업은 정상적으로 진행되거나 호전되고 있음(물론 당기순이익을 기록하였음)에도 불구하고 1주당 시장가격은 액면가격이하로 거래되는 경우가 발생한다.

(1) 자본시장가치 〉 자본총계 : 1주당 시장가 〉 1주당 장부주가 → 고평가
(2) 자본시장가치 〈 자본총계 : 1주당 시장가 〈 1주당 장부주가 → 저평가

기업가치(Valuation)가 주식가격으로 평가받는다고 하면 주식가격에는 기업가치 중에서 (1) 현재자산가치와 (2) 미래수익가치가 반영되어 있다. 그러므로 기업가치를 단순히 현재자산가치 관점에서만 주식가격을 평가한다면 시장에서 거래되는 주식가격이 장부주가 보다 높으면 고평가 되었고, 그 반대면 저평가 되었다고 볼 수 있다. 현실적으로 주식시장이 호경기에 있으면 대부분의 상장주식은 고평가 상태에서 거래된다.

기업가치(자본시장가치) → 현재자산가치 (1주당 장부주가)
기업가치(자본시장가치) → 미래수익가치 (미래현금창출능력의 반영)

기업의 M&A가치는 (1) 현재자산가치, (2) 미래수익가치, 외에도 (3) 경영권프리미엄(대주주가치에 대한 프리미엄) 및 (4) M&A 대상기업에 대한 수요와 공급 등에 큰 영향을 받는다. 한편 미래수익가치(미래현금창출능력) 평가를 위해서는 여러 가지 주요 변수에 시나리오를 적용하여 현금흐름을 구하는 시나리오분석(현금흐름할인모형)을 주로 사용한다.

〈예제 9-8〉

A기업의 자본총계는 550억원, 부채총계 1,100억원, 자본금200억원, 부채비율 200%, 1주당 액면가 5,000원, 1주당 시장가격 18,000원일 때, 이 기업의 자본시장가치를 구하고, '자본시장가치를 적용한 부채비율' 을 구하시오.

[풀이]

1. 자본시장가치 : 72,000,000,000 = 20,000,000,000 / 5,000 × 18,000
   = 18,000 / 5,000 × 20,000,000,000
2. 자본시장가치부채비율: 152.8% = 1,100억원 / 720억원

참고 : 일반적인 부채비율 보다 자본시장가치를 적용한 부채비율이 낮다는 의미는 분석기업의 장부주가 보다 시장주가가 상대적으로 높다는 것을 의미하고, 시장주가가 상대적으로 높을수록 자본시장가치가 증가하므로 '자본시장가치 부채비율'은 하락한다. 이와 같은 경우는 시장투자가들이 분석기업에 대하여 기업의 미래현금창출능력을 상대적으로 높게 평가한다는 뜻이다.

제3절 금융채무구조 (Financial Debts Structure)

1. 차입금구조의 5가지 구분

'Debts Structure' 혹은 'Financial Debts Structure'는 실무적으로 차입금구조를 나타낸다.

기업의 장기지급능력을 측정하기 위해서는 기업이 상환해야 할 차입금의 크기(금액), 성격(원화차입금과 외화차입금의 구분), 기간(단기와 장기), 장기차입금인 경우 상환 스케줄, 장기차입금의 유동성부분이 단기차입금 중에서 차지하는 비율 등 기업의 차입금구조를 파악하는 것이 매우 중요하다. 왜냐하면 기업의 영업활동에서 유입되는 현금흐름이 예측 가능하고, 차입금의 구조가 파악되면 경영자 입장에서는 차입금관리를 보다 쉽게 할 수 있으며, 채권자 입장에서는 기업의 부채상환능력을 점검해 볼 수 있기 때문이다.

1) 단기차입금과 장기차입금의 구분

단기차입금과 장기차입금을 구분하는 것은 총차입금에 대한 상환의무를 단기상환의무와 장기상환의무로 구분하는 것이다. 그 이유는 차입금에 대한 단기상환능력과 장기상환능력을 파악하는 데 중요한 참고가 되기 때문이다. 기업회계기준은 이를 유동부채와 고정부채에서 각각 구분하여 표시하고 있다.

2) 유동성장기차입금과 단기차입금의 구분

장기차입금 중 유동성부분을 단기차입금과 구분하는 것으로서 총단기차입금 중에서 연장이 가능한 부분과 반드시 상환해야 하는 부분을 구분하는 것으로 매우 의미가 있다. 특히 장기차입금의 유동성부분의 구분은 기업의 부채상환능력(debt serviceability)을 측정하는 데 중요하게 사용된다. 기업회계기준은 장기차입금의 유동성부분을 유동부채에서 구분하여 표시하고 있다.

3) 장기차입금의 연도별 상환금액 구분

장기차입금의 연도별 상환금액을 구분함으로써 지난 수년간 영업활동에서 유입되는 현금흐름액의 크기를 고려하여 경영자 입장에서는 차입금관리를 장기적이고 안정적으로 할 수 있다. 그리고 채권자 입장에서는 연도별 장기부채의 상환의무 정도를 파악함으로써 기업의 장기지급능력에 대한 분석을 용이하게 한다. 기업회계기준은 장기차입금의 연도별 상환을 주석사항에 구분하여 표시하고 있다.

4) 총차입금의 원화차입금과 외화차입금의 구분

외화차입금(외화대출, 해외전환사채 등)이 총차입금에서 차지하는 비율이다. 총차입금에서 외화차입금의 비중이 큰 기업일수록 총차입금을 원화차입금과 외화차입금으로 구분하는 것은 매우 중요하다. 왜냐하면 원화가치가 하락(환율인상)하면 외화차입금이 많은 기업은 큰 금액의 외환차손이나 외화환산손실이 발생하게 되고, 반면에 원화가치가 상승(환율하락)하면 큰 금액의 외환차익이나 외화환산이익이 발생할 수 있기 때문이다. 따라서 순외화차입금이 많은 기업일수록 환율의 변동이 기업의 손익에 큰 영향을 미친다.

5) 외화차입금의 단기차입금과 장기차입금의 구분

원화가치가 하락(환율인상)하면 외화단기차입금의 상환에서 외환차손이 발생하게 되고 외화장기차입금으로부터 외화환산손실이 발생하게 된다. 그러나 다음 해에 환율하락이 예측된다면 남아 있는 외화장기차입금으로부터 외환차익과 외화환산이익을 기대해 볼 수 있으므로, 내년에 예상되는 외화환산이익으로 금년의 외화환산손실을 만회할 기회를 가질 수도 있는 것이다. 여기에서 외화차입금의 장 · 단기 구분의 의미를 찾을 수 있다.

기업의 차입금구조를 파악하기 위하여 앞에서 언급한 5가지 구분들을 요약하여 그림으로 나타내면 다음과 같다.

[그림 9-1] 차입금구조의 5가지 구분

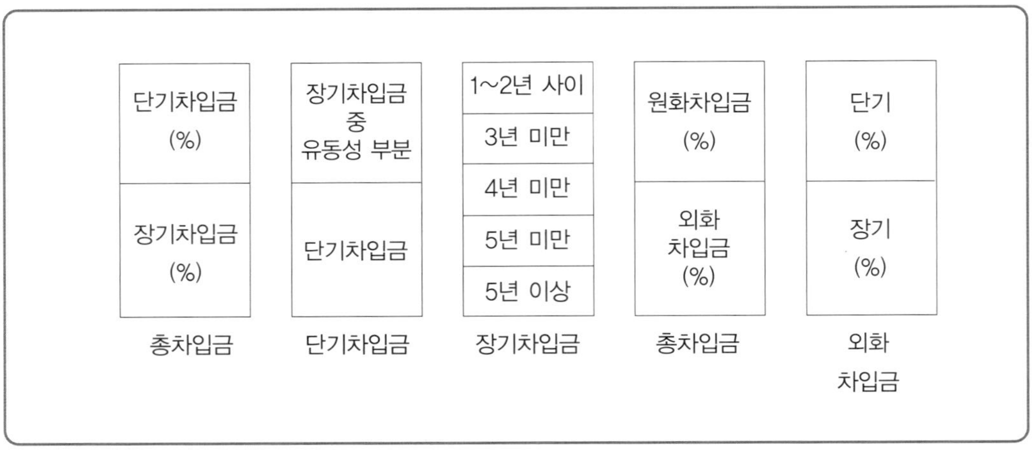

제4절 비율분석 (Ratio Analysis)

1. 레버리지 비율(Leverage Ratio)

1) 차입금비율(Gearing Ratio)

$$\text{차입금비율} = \frac{\text{차입금총계}}{\text{자기자본(순자기자본)}} \text{ (예, 1.7배 혹은 170\%)}$$

※차입금총계 : 단기차입금+유동성장기부채+장기차입금+사채(전환사채, 신주인수권부사채 포함)

차입금비율(gearing ratio)은 기업의 부채 중에서 이자를 지급하는 차입금과 자기자본의 비교를 말하며, 이 비율은 금융기관에 대한 부채상환의 부담을 측정하는 자료로 사용된다. 이 비율이 낮으면 그 기업의 차입금 상환에 대한 부담이 낮다고 볼 수 있다.

이 비율이 높은 기업은 판매가 잘 되는 호경기에는 상대적으로 많은 차입금이 정(+)의 레버리지 효과를 가져오기 때문에 이익(즉 자본이익률 : ROE)에 크게 기여한다. 반면에 불경기에는 오히려 이자 부담으로 수익성을 악화시키고 이익을 감소시키게 된다.

이 비율이 크게 증가하면 ① **당기순손실로 인한 자본의 축소** ② **차입금의 증가** ③ **매출신장을 지원하기 위한 자산의 확대(시설투자)가 원인인** 경우가 많다.

참고 : **순차입금비율 (Net Gearing Ratio)**

= (차입금총계 – 현금 및 단기금융상품) / 자기자본(순자기자본)

현금을 많이 보유하고 있는 기업의 경우에 차입금비율과 비교하여 분석하는 것이 바람직하다.

2) 부채비율(Debt/Equity Ratio)

$$부채비율 = \frac{부채총계}{자기자본(순자기자본)} \text{ (예, 2.5배 혹은 250\%)}$$

부채비율은 기업의 자본구조(capital structure)를 나타낸다. 즉 채권자부분과 주주부분의 구성비(예를 들어 2:1 혹은 3:1)를 나타낸다. 이 비율이 높으면 자본구조가 취약하기 때문에 부채상환능력이 약하다고 볼 수 있다. 그러므로 이 비율이 낮으면 금융기관으로부터 추가차입이 용이하고 물품공급자로부터 신용을 공여받기가 용이해 진다.

대체로 차입금비율과 부채비율은 같이 움직인다. 예를 들어 장기차입금 혹은 단기차입금이 증가하면 두 비율은 상승하게 되고, 자본금이 증가하면 두 비율은 하락한다. 그러나 실무적으로 차입금비율은 변하지 않았거나 약간 하락했는데 부채비율은 증가한 경우를 실무적으로 종종 발견할 수 있다. **이 경우는 차입금은 약간 감소했거나 증가하지 않았는데 대체로 매입채무가 크게 증가한 경우**이다.

만약 매입채무결제기간이 길어져 현금전환기간 단축의 결과 유입된 자금으로 장 · 단기 차입금의 일부를 상환한 것이면, 매입채무증가액이 차입금감소액보다 큰 경우로써 유동성비율(유동비율과 당좌비율)은 하락한다. 달리 표현하면 순운전자본의 감소로 인한 차입금의 감소로 수익성의 향상이 기대된다. **이 현상은 우량기업과 부실기업에서 나타나는데 부채비율이 낮으면 우량기업이고, 부채비율이 높으면 부실기업인 경우가 많다.**

참고 : **순부채비율 (Net Debt Equity Ratio)**
= (부채총계 – 현금 및 단기금융상품) / 자기자본(순자기자본)
현금을 많이 보유하고 있는 기업의 경우에 부채비율과 비교하여 분석하는 것이 바람직하다.

3) 이자보상비율(Interest Coverage Ratio)

$$① \text{ 이자보상비율} = \frac{\text{당기순이익} + \text{(순)이자비용} + \text{세금}}{\text{(순)이자비용}} \quad \text{(예 : 1.2배)}$$

이자보상비율은 기업이 차입금융의 결과 얻어진 이익(이자 및 세금지급전 이익)으로 차입금융의 비용인 이자비용을 충분히 지급할 수 있는가를 측정하는 비율이다. **이 비율은 최소 1.2배 이상**은 되어야 한다. 만약 이 비율이 1.0배라면 '소위 은행 좋은 일만 한 셈' 이 되는 것이다. 이 비율이 만약 1.0 이하 상태가 지속되면 차입경영에 대한 실패를 나타내므로 채권자들로부터 추가적인 신용공여를 받기 어려울 뿐만 아니라 이자비용도 지급할 수 없는 상태에 빠질 수 있기 때문이다.

이 비율을 분석할 때는 차입금에 대한 이자비용의 성격, 즉 변동이자율(외화장기차입금인 경우는 리보금리, 혹은 단기차입금인 경우는 변동금리) 부분과 확정이자율(원화장기차입금인 경우는 3년 회사채 금리, 혹은 단기차입금인 경우는 고정금리) 부분을 고려해야 한다. 따라서 그 해 시장금리가 상승 분위기에 있다면 당연히 차입금 중에서 확정금리를 지급하는 차입금이 많을수록 이자비용의 증가에 대한 위험은 적을 것이다.

만약 이 비율이 하락한다면 ① 매출의 감소 ② 판매마진의 축소 ③ 차입금의 증가 ④ 이자율의 상승 등을 점검해 봐야 한다. 이 비율이 지속적으로 하락한다면 채권자들에 대하여 중대한 위험신호가 될 것이다.

이자보상비율을 구할 때 간단히 다음과 같은 공식을 사용하기도 한다.

$$② \text{ 이자보상비율} = \frac{\text{영업이익}}{\text{이자비용}} \quad (\text{예} : 1.2\text{배})$$

4) 고정재무비용 보상비율(Fixed Charge Coverage Ratio)

$$\text{고정재무비용 보상비율} = \frac{(\text{영업이익}+\text{리스비용})}{(\text{이자비용}+\text{리스비용})} \quad (\text{예} : 1.5\text{배})$$

리스비용은 리스자산에 대한 원금상환 부분을 제외한 리스사용료(혹은 할인료)를 말한다. 즉 리스사용료를 이자비용과 같은 개념으로 보는 것이다. 특히 리스를 많이 이용하는 기업에 대해서는 이자보상비율보다는 고정재무비용 보상비율을 사용하는 것이 더 현실적인 분석방법이라 할 수 있다.

이 비용은 투자된 자산이 차입금융으로 조달되었으면 이자비용을 지급해야 하고 리스방법으로 조달되었으면 리스사용료를 지급해야 하므로 '투자된 자산이 금융비용을 충분히 지급할 수 있는가' 를 점검하게 하고 아울러 '수익성 있는 자산에 제대로 투자가 이루어졌는가' 를 알 수 있게 한다. 따라서 이 비율이 높을수록 투자비용에 대한 지급능력이 우수하고 수익성이 높다고 할 수 있다.

2. 부채 대 매출 비율(Total Liabilities to Sales Ratio)

$$\text{부채 대 매출 비율} = \frac{\text{총부채}}{\text{매출액}} \times 100 = (\text{예 : } 75\%)$$

부채 대 매출 비율은 기업이 판매활동을 통하여 1년간 유입되는 현금액(대손이 없고 당해 판매된 매출채권은 당해 회수되는 것으로 가정)에서 총부채가 차지하는 비율을 나타낸 것이다. 이 비율은 기업의 채무를 변제할 수 있는 부채상환능력을 측정하는 데 유용하게 사용된다.

이 비율은 보수적 관점에서 100%를 초과하면 기업의 채무변제능력에 대한 위험을 나타내는 적신호로 받아들여야 한다. 이 비율이 100%를 초과하게 되면 현실적으로 판매활동에서 유입되는 현금으로 부채를 상환하기에는 매우 부족한 상태에 직면하게 되고 그 다음 해에는 추가적인 자금이 더욱 필요하게 된다. 그러므로 이 비율이 급속히 악화될 때 만약 채권자들로부터 추가적인 신용공여를 외면당하게 되면 그 기업은 지급불능상태에 빠지게 된다.

따라서 이 비율이 높은 기업이 채권자들로부터 지속적으로 지원을 받고 계속기업으로 존재하려면 괄목할 만한 매출성장을 이루든지, 아니면 주주의 지원으로 자본금을 증액시키고 그 자금으로 차입금의 일부를 상환함으로써 이 비율을 낮추어야 한다.

3. 비유동장기적합률의 역

$$\text{비유동장기적합률의 역} = \frac{(\text{자기자본} + \text{비유동부채})}{\text{비유동자산}} \times 100 = (\text{예} : 80\%)$$

주주로부터 지원받은 금융(자기자본)과 상환의무가 1년을 초과하는 비유동부채는 장기자금에 해당된다. 이 비율이 100%를 초과하면 장기자산(비유동자산) 투자에 장기자금이 충분히 지원되었다는 것을 의미하고, 또한 '금융지원기본' 이론에 적합하게 자금을 지원했다는 의미이다.

반대로 비율이 100%이하이면서 낮을수록 그 기업은 부채상환에 대한 부담(만기 도래하는 단기차입금의 상환 및 연장에 대한 부담)이 크다. 왜냐하면 투자자금 회수기간이 긴 장기자산 투자에 단기자금이 일부 지원되었기 때문이다. 따라서 이 비율은 '금융지원기본' 이론을 점검할 수 있는 비율로 적절하다.

4. 배당금보상비율(Dividend Coverage Ratio)

$$\text{배당금비율} = \frac{\text{(당기순이익} - \text{우선주 배당금)}}{\text{보통주 배당금}} \quad \text{(예 : 2.5배)}$$

당기순이익에서 우선주 배당금을 차감하는 이유는 의결권을 가진 보통주를 소유한 주주 입장에서는 의결권이 없는 우선주에 대한 배당금을 금융비용으로 간주하기 때문이다. 그러므로 이 비율은 보통주를 소유한 주주에게 가장 관심 있는 비율이라고 할 수 있다.

만약 배당금비율이 1.0배 이하를 나타내면 경영자는 기업이 남긴 순이익 이상을 주주에게 지급한 것이다. 따라서 몇 년간 이 비율이 1.0배 이하이면 이 기업의 자기자본은 축소되고 기업의 자본구조는 약화될 것이다. 이 경우에 경영자가 대주주이거나 소유주라면 향후 사업에 대한 전망을 어둡게 보고 투자자금의 회수에 오히려 관심이 많다고 판단된다. 이런 현상은 소유와 경영이 분리되지 않는 중소기업에서 가끔 볼 수 있다. 이러한 중소기업은 몇 년 이내에 도산하게 된다.

5. 부채상환능력비율(Debt Service Ratio)

$$\text{부채상환능력비율} = \frac{\text{영업현금흐름}}{\text{유동성장기부채상환액'*}} \quad \text{(예 : 1.5배)}$$

*유동성장기부채상환액 (당기현금흐름표상의 재무활동으로 인한 현금유출부분)

이 비율은 영업활동에서 유입된 현금흐름(현금흐름표상의)으로 시설투자에 조달된 장기차입금(외화대출, 회사채 등)을 상환할 능력, 즉 장기부채상환능력을 측정하는 비율이다. 이 비율에 사용되는 현금흐름 속에는 이자와 세금을 지급한 후의 세후당기순이익 개념이 사용되었기 때문에 장기차입금 사용에 대한 금융비용을 지급한 후 장기차입금에 대한 원리금상환능력을 측정하는 비율이다.

따라서 **이 비율은 1.0배 이상이면 양호하다**고 할 수 있다. 이 비율은 외국 금융기관들이 기업의 장기지급능력을 측정하기 위하여 많이 사용하는 비율이다.

참고 : **영업현금흐름 ÷ 유동성장기부채**

영업현금흐름으로 유동부채에 있는 유동성장기부채를 나누어 보면(내년도 영업현금흐름에 큰 변동이 없다면) 내년도 부채상환능력을 점검해 볼 수 있다.

6. 우발채무비율(Contingent Liabilities to Net Worth Ratio)

$$우발채무비율 = \frac{우발채무}{순자기자본} \times 100 = (\%)$$

※순자기자본 = 자본총계 – 무형자산

차입금비율과 부채비율이 기업의 장부에 계상되어 있는 확정채무를 파악하고 관리하는 비율이라면, 우발채무비율은 기업의 부채계정에는 포함되어 있지 않으나 영업행위를 하는 과정에서 발생한 채무로서 미래에 지급행위가 발생할 수도 있고 혹은 발생하지 않을 수도 있는 우발채무를 파악하여 관리하는 비율이다. 그러므로 부채비율에서 관리되는 총부채는 총자산의 크기에 제한되어 있으나, 향후 지급의무가 발생할 수 있는 우발채무는 총자산의 크기에 제한을 받지 않는다. 즉 발생할 수 있는 우발채무금액은 경우에 따라서는 그 기업의 자산가치(자기자본)를 초과할 수도 있기 때문이다.

그러므로 우발채무비율은 최악의 시나리오를 가정하여 미래에 지급행위가 발생할 수 있는 채무금액을 파악하고 관리하는 것이다. 우발채무를 순자기자본으로 나누는 이유는 자기자본으로 우발채무금액을 얼마나 충당할 수 있는가를 측정하기 위한 것이다. 금액이 확정된 우발채무의 대표적인 것으로는 관계회사의 차입금에 대한 관계회사앞 지급보증이 있다.

과거 우리나라의 많은 기업이 도산한 사례가 있었다. 그 중에는 도산기업 자체의 영업이나 수익성은 그다지 나쁘지 않았으나 부도난 관계회사들의 차입금에 대한 보증채무 때문에 결국 도산(지급불능상태)할 수밖에 없었던 기업들이 많이 있었다.

제5절 지속가능성장률 (Sustainable Growth Rate)

1. 지속가능성장률 (Sustainable Growth Rate)

앞에서 설명한 바와 같이, 기업의 매출은 일반적으로 핵심자산과 정(+)의 비례관계를 갖는다. 그러므로 기업의 매출이 증가하기 위해서는 핵심자산이 선행적으로 증가해야 한다. 따라서 기업은 핵심자산 투자를 위하여 내부유보금과 외부에서 조달하는 장 · 단기 차입금에 주로 의존한다. 이로 인하여 일반적으로 기업이 투자를 크게 하게 되면 재무구조가 나빠지곤 한다. 그리고 재무구조의 악화는 기업의 차입능력을 약화시키므로, 만약 투자가 실패하여 투자로 인한 추가 매출실현이 이루어지지 않으면 부채 상환능력이 약해지게 되고, 차입능력 마저 약해져 재차입(refinancing)이 어려워질 수 있다.

그러면 성장기업의 예를 살펴보기로 하자.

[표 9-1] K기업 10기 손익계산서와 재무상태표

(단위 : 억원)

손익계산서	금액
1. 매출액	800
2. 매출원가(80%)	(640)
3. 세전이익	100
4. 법인세(34%)	(34)
5. 당기순이익	66
- 배당금	(22)
- 유보금	44

차변		대변	
1. 유동자산	200	1. 부채총계	250
		(차입금	150)
		(매입채무	100)
2. 비유동자산	300		
		2. 자본총계	250
자산합계	500	부채와 자본총계	500

* 배당률 1/3 (약 33.3%), 22 = 66 X 1/3, * 유보율 2/3 (약 66.7%), 44 = 66 X 2/3
※ 부채비율: 100% = 250 / 250
(가정) 1. 총자산은 매출과 같은 비율로 증가함.
2. 비현금비용 등은 고려하지 않음

이때 K기업은 11기 매출액이 20% 성장할 것으로 예측하고, 이를 위하여 새로운 투자(유형자산취득)에 100억원이 필요한 것으로 평가되었다. 이때 외부차입금을 구하면 다음과 같다.

[표 9-2] K기업 11기 손익계산서와 재무상태표

(단위 : 억원)

손익계산서	금액
1. 매출액	960
2. 매출원가(80%)	(768)
3. 세전이익	120
4. 법인세(34%)	(40.8)
5. 당기순이익	79.2
- 배당금	(26.4)
- 유보금*	52.8

차변		대변	
1. 유동자산	240	1. 부채총계	250
		(차입금	150)
		(매입채무	100)
2. 비유동자산	360		
		2. 자본총계	302.8
자산합계	600	부채와 자본총계	552.8
		외부차입금	47.2

* 세전이익 120 = 100 X 120%, * 유보율 2/3 (약 66.7%), 52.8 = 79.2 X 2/3
* 자본총계: 302.8 = 250(10기) + 52.8(11기 유보금), 자산합계 : 600=500 X 120%
※ 부채비율: 98.15% = (250 + 47.2) / 302.8

외부차입금은 47.2억원이 된다. 실무적으로는 매출이 증가하면 영업관련 자산도 증가하지만 매입채무와 같은 영업관련 부채도 증가한다. 그러므로 매입채무도 20% 증가하게 된다면 매입채무가 120이 되므로 외부차입금은 47.2 → 27.2(=47.2-20)로 축소된다.

지속가능성장률 (sustainable growth rate)은 현재 유지되고 있는 자기자본이익률

(ROE: return on equity)을 전제로 기업의 자본구조, 즉 부채비율을 악화시키지 않는 전제 하에서 최대매출성장률을 의미한다. 다른 한편으로는 지속가능성장률 (Sustainable Growth Rate)은 적정재무구조를 전제한 신규차입금의 최대금액을 찾는데 유용하다.

지속가능성장률(SGR) = ROE X b / (1 - ROE X b)

※ ROE(return on equity) : 당기순이익 / 자본총계
b : 내부유보율(1 - 배당률), (배당률 = 배당금 / 당기순이익)

〈예제 9-9 〉

K기업은 11기 매출액이 20% 성장할 것으로 예측하고, 이를 위하여 새로운 자산투자가 100억원 필요한 것으로 평가되었다. 이때 지속가능성장률(SGR) 공식을 사용하고, 10기 재무자료(자본총계 250억원, 당기순이익 66억원, 유보율 2/3)를 기준으로 같은 재무구조(예 부채비율)을 유지하는 조건을 전제로 최대 매출성장율(지속가능성장율)을 구하시오.

[풀이]

10기 ROE: 0.264 = 66/250, b = 2/3
지속가능성장률 = 0.264 × (2/3) / (1 - 0.264 × (2/3) = 21.36%

그러면 K기업이 10기 재무제표를 기준으로 부채비율 100%를 유지하는 전제로 11기 매출성장율 21.36%를 설정했을 때 외부차입금을 구해 보면 다음과 같다.

[표 9-3] K기업 11기 손익계산서와 재무상태표

(단위 : 억원)

손익계산서	금액
1. 매출액*	970.9
2. 매출원가(80%)	(776.7)
3. 세전이익*	121.4
4. 법인세(34%)	(41.3)
5. 당기순이익	80.1
- 배당금	(26.7)
- 유보금*	53.4

차변		대변	
1. 유동자산	242.7	1. 부채총계	250
		(차입금	150)
		(매입채무	100)
2. 비유동자산	364.1		
		2. 자본총계	303.4*
자산합계	606.8	부채와 자본총계	553.4
		외부차입금	53.4

* 매출액: 970.9 = 800 X 121.36% * 세전이익 121.4 = 100 X 121.36%,
* 유보율 2/3 (약 66.7%), 53.4 = 80.1 X 2/3, 자산합계 : 606.8=500 X 121.36%
※ 부채비율: 100% = (250 + 53.4) / 303.4
* 자본총계 : 303.4 = 250(10기) + 53.4(11기 유보금)

만약 매입채무도 21.36% 증가하게 된다면 매입채무가 121.4가 되므로 외부차입금은 53.4 → 32(=53.4−21.4)로 축소된다. 즉, 매입채무의 증가만큼 외부차입금은 축소된다.

2. 지속가능성장률의 유용성과 한계

1) 지속가능성장률의 유용성

(1) 재무구조가 악화되지 않은 것(혹은 적정재무구조)을 전제로 최대 매출성장률을 사전에 파악할 수 있다.

(2) 재무구조가 악화되지 않은 것(혹은 적정재무구조)을 전제로 최대매출성장률에 필요한 신규차입금의 최대금액을 사전에 파악할 수 있다.

(3) 적정재무구조를 관리하면서 기업규모를 확대할 수 있다.

2) 지속가능성장률의 한계

(1) 세전이익의 증가율이 매출증가율과 정(+)의 비례관계를 갖는다고 전제하고 있다.

(2) 당기의 자기자본이익률(ROE)이 차기에도 유지된다고 전제하고 있다.

(3) 매출과 총자산이 정(+)의 비례관계를 갖는다고 전제하고 있다(투자한 자산의 역할이 반드시 매출로 실현된다고 전제하고 있다).

(4) 기업부실예측과는 거의 무관하다. 왜냐하면 기업부실 원인분석 사례연구를 보면 기업부실에 가장 중요한 원인이 '매출감소' 이므로, 덤핑이 아닌 판매마진이 있는 정상매출인 경우에 (과도한 차입이 부실원인이 되는 경우는 많아도) '높은 매출성장' 이 기업부실의 원인이 되는 경우는 거의 없기 때문이다.

제6절 수정부채비율 (Adjusted D/E Ratio)

1. 수정부채비율의 필요성 (Adjusted D/E Ratio)

부채비율(Debt/Equity Ratio: 부채총계/자기자본)은 기업의 자본구조(capital structure)를 나타내므로 이 비율이 높으면 자본구조가 취약해진다. 그러므로 이 비율이 높은 기업은 차입능력(refinancing)이 약해지고, 아울러 금융채권자 입장에서는 부채상환능력이 약하다고 평가한다. 그러므로 금융기관에서는 전통적으로 부채비율을 장기지급능력 점검에 중요한 비율로 평가하고 있다.

실무적으로 많은 기업을 분석해 보면 기업마다 경영진, 주주, 금융채권자, 투자자와 관련하여 각자 서로 입장이 다르다 보니 기업입장에 따라 재무제표에 기업가치를 다소 다르게 나타내기도 한다. 특히 다음과 같은 사항이 있는 기업은 부채비율을 수정하여야 일반적인 기업의 부채비율과 제대로 비교분석(상대분석)을 할 수 있다.

1) 무형자산이 많은 기업

무형자산의 가치를 인정하지 않는 보수적인 개념(자세한 설명은 3장에서 순자기자본을 참고 바람)을 적용하므로 수정부채비율 계산에 자기자본 대신 순자기자본(=자본총계 - 무형자산)의 개념을 사용한다.

2) 현금가능자산*이 많은 기업

* 현금가능자산: 현금 및 현금성자산, 단기금융상품, 유가증권(유동성장기유가증권포함)

현금성자산이 많은 기업은 그 자산으로 차입금 일부를 상환할 수 있으므로 부채총계에서 차감한다(단, 인출이 제한된 예금은 현금가능자산에서 제외함).

3) 상장된 투자유가증권이 많은 기업 (관계사유가증권 제외)

투자유가증권 중에서 관계사증권(지분법투자주식)을 제외하고 남은 금액은 현금화하여 차입금 일부를 상환할 수 있으므로 부채총계에서 차감한다(주석사항을 참고함).

4) 장부에 있는 토지가액이 공시지가에 비하여 저평가된 기업

장부에 있는 토지금액에 시장가격이 반영되어 있지 않고, 토지장부금액이 토지공시지가 보다 낮으면 그 차액을 자본총계에 가산한다(재평가차액을 반영하는 개념).

5) 파생상품자산(유동자산와 비유동자산 포함)이 있는 기업

기업이 환위험을 회피하기 위하여 파생상품(예; 통화선도와 스왑) 거래를 하지만 이들 거래는 항상 대칭거래이므로 파생상품자산(포지션)이 있으면 파생상품부채(포지션)가 존재한다. 만약 부채총계와 자산총계가 똑 같은 2개 기업이 있을 때, A기업은 환위험을 회피하기 위하여 파생상품 거래를 하고, B기업은 파생상품 거래를 하지 않았다면 부채비율은 B기업 보다 A기업이 높게 나타난다.

그 이유는 A기업에는 파생상품자산(포지션)과 파생상품부채(포지션)이 장부에 계상되기 때문이다. 따라서 파생상품 만기에는 자산포지션과 부채포지션이 소멸되고 이익과 손실이 발생할 수 있다. 그러므로 부채총계에서 파생상품자산을 차감한다. 그 이유는 파생상품 자산가치가 파생상품 부채가치보다 작은 경우가 있기 때문이다.

6) 자기주식을 취득한 기업

자기주식을 취득한 기업은 자기주식 취득금액 만큼 자본총계에 가산하고 부채총계에서 차감한다. 그 이유는 기업이 주가를 유지하기 위하여 현금(10억원)을 인출하여 자기주식(10억원)을 취득하면 자산총계(100억원)는 현금인출 만큼 감소하여 90억원으로 축소되고, 자본총계(40억원)은 자기주식 취득금액 만큼 자본조정에서 마이너스(-) 10억원만큼 조정되어 자본총계는 30억원으로 감소된다. 그 결과 자기주식 취득기업은 부채비율이 상승하게 된다.

향후에 자기주식을 같은 가격(10억원)에 시장에서 다시 처분한다면 자본총계는 10억원 증가하여 40억원으로 환원되고, 발생된 현금 10억원이 자산에 유입되어 자산총계도 100억원으로 환원되기 때문이다. 즉, **자기주식의 처분은 현금성자산의 증가와 자본증가를 유발하기** 때문이다.

2. 수정부채비율의 계산 (Adjusted D/E Ratio)

수정부채비율(adjusted D/E Ratio)은 원칙적으로 (1) 보수적인 관점에서 (2) 진실 된 기업가치를 분석하기 위하여 많은 기업을 대상으로 우량여부를 상대적으로 평가하는데 그 목적이 있다. 그러므로 비율 계산에는 자기자본(자본총계) 개념보다는 순자기자본 개념을 사용하고, 이를 산식으로 나타내면 다음과 같다.

$$수정부채비율 = \frac{부채총계 - 현금가능자산 - 투자유가증권 - 자기주식}{순자기자본 + 토지저평가차액 + 자기주식}$$

※ 토지저평가차액 : 공시지가 - 장부가액

참고 : 조선산업을 예로 들면 선수금을 많이 받으면 부채비율이 증가하게 되고, 수주를 통하여 미래에 받을 선수금에 대하여 환헷지를 목적으로 파생금융 상품거래를 하면 부채비율은 더욱 상승한다. 그리고 차입금이 거의 없는 기업은 일반적으로 선급금이 증가하는 현상이 나타난다. 이러한 경우에는 선급급도 부채총계에서 차감한다.

〈예제 9-10 〉

A기업의 재무상태는 다음과 같다. 자본총계 200억원, 부채총계 800억원, 부채비율 400%, 무형자산 20억원, 현금가능자산 70억원, 투자유가증권 100억원(지분법적용투자주식 40억원 포함), 저평가된 토지공시지가차액 150억원, 파생상품자산 65억원, 파생상품부채 60억원, 자기주식 30억원 일때 수정부채비율을 구하시오.

[풀이]

$$\text{수정부채비율} = \frac{800 - 70 - (100 - 40) - 65 - 30}{180^{*} + 150 + 30} = 159.7\%$$

* 순자기자본: 180 = 200 - 20

참고 : **부채비율과 수정부채비율**

2008년 회사채등급이 AA-인 삼성중공업의 부채비율이 약 1,035%를 나타내었고, 이를 수정부채비율의 개념으로 계산하면 약 169%로 하락하였다. 부채비율이 이렇게 높은 주된 이유는 (1)선박수주의 증가로 선수금이 매우 증가하였고, 또한 (2)선수금(이미 받은 선수금과 추가로 수주한 확정계약에서 향후 받을 선수금)에서 발생할 환위험을 회피하기 위한 파생금융상품계약의 증가에 있다. (자산총계 약 26.1조원, 부채총계 약 23.8조원, 자본총계 약 2.3조원, 파생금융상품자산 약 12.6조원, 파생금융상품부채 약 12.5조원, 선수금 약 8.6조원)

제7절 매출현금흐름과 현금흐름예측

1. 매출현금흐름

기업의 미래현금흐름을 보다 정확히 예측하기 위해서는 먼저 (1) 기업의 운전자본 구조를 이해해야 하고, 그 다음으로 (2) 영업현금흐름의 구조를 이해해야 한다.

영업현금흐름을 구하는 공식은 다음과 같다.

영업현금흐름은 영업손익(당기순이익+비현금비용−비현금수익)에서 발생하는 현금

영업현금흐름 = 당기순이익 + 비현금비용 − 비현금수익 + 영업운전자본변동*

* 영업운전자본변동= 영업활동으로 인한 자산 · 부채변동

흐름과 자산부채변동(영업운전자본변동)에서 발생하는 현금흐름이 혼합되어 있다. 영업운전자본변동을 좌변으로 이동시키면 다음 식을 얻을 수 있다.

기업의 미래현금흐름을 보다 정확히 예측하기 위해서는 영업현금흐름의 개념 보다는

영업현금흐름 − 영업운전자본변동 = 당기순이익 + 비현금비용 − 비현금수익

매출현금흐름의 개념을 사용하는 것이 보다 유용하다. 매출현금흐름을 소개하면 다음과 같다.

매출현금흐름 = 1) 당기순이익 + 비현금비용 − 비현금수익

2) 영업현금흐름 − 영업운전자본변동

매출현금흐름[1]은 **영업현금흐름에서 영업운전자본변동을 차감한 개념**으로서 기업의 영업활동 과정에서 유동자산과 유동부채의 변동에서 발생하는 현금의 유입과 유출 사항을 배제한 순수한 판매활동에서 조달된 현금흐름 즉, 영업손익에서만 발생하는 현금흐름만을 의미한다. 일부 금융기관에서는 매출현금흐름을 **현금당기순이익**이라고도 한다.

매출현금흐름의 속성은 손익현금흐름에 속하고, 판매마진 현금흐름에 속한다. 따라서 기업의 현금창출능력분석과 장기지급능력분석에 매우 중요하다. **매출과 매출현금흐름은 대체로 정(+)의 비례관계에 있다.** 영업현금흐름도 이론적으로는 매출과 정(+)의 비례관계에 있으나 그 확률은 상대적으로 낮다. 그 이유는 영업현금흐름에는 영업운전자본의 변동이 포함되어 있기 때문이다. 또한 운전자본 중에서 중요한 매출채권과 재고자산은 경영진의 그 해 판매전략과 재고자산(예: 원재료) 보유전략에 따라 매출의 변동과 무관하게 변동하기도 하기 때문이다. 따라서 연도별 추세를 보면 **영업현금흐름은 매출추세와 무관한 해가 많고, 그 변동성이 매우 크다. 반면에 매출현금흐름추세는 상대적으로 안정성이 높다.** 그 이유는 기업의 판매마진 변동성은 심하지 않기 때문이다.

---

1) 본서 초판 1쇄 인쇄에서는 매출현금흐름을 순현금흐름이라고 하였으나 외국의 일부 학자들 중에서는 현금흐름표상 맨 마지막의 현금흐름의 증감을 net cash flow라고 하기 때문에 혼돈을 피하기 위하여 (학계에서 이름을 정할 때까지 영업활동으로 인한 자산과 부채의 변동에서 발생한 현금의 유입과 유출을 배제하고 순수하게 판매활동에서 유입되는 현금흐름만을 의미하는 뜻으로) 매출현금흐름이라 하였다. 외국의 학자들 중에서는 매출현금흐름을 의미 그대로 cash flow before (net) working capital investment or operating cash flow before (net) working capital movement라 한다. 실무적으로 일부 외국 금융기관들 중에서는 매출현금흐름을 gross cash flow라 하기도 한다. 그러나 순운전자본의 감소가 있었던 경우 또는 부(−)의 순운전자본의 구조를 가진 기업의 경우는 gross cash flow 금액이 (현금흐름표상의) cash flow 금액 보다 작게 된다. 한편, 외국의 학자들 중에서 많은 학자들은 현금흐름표상의 영업활동으로 인한 현금흐름, 즉 순운전자본의 변동을 반영한 현금흐름을 operating cash flow (영업현금흐름)이라 한다. 그러나 일부 학자들은 현금흐름분석을 위하여 자신의 언어로서 매출현금흐름에 이자비용을 더하여 operating cash flow라 하기도 한다. 이에 필자는 현금흐름분석을 위하여 현금흐름에 관련된 용어로서, ① 매출현금흐름, ② 영업현금흐름(=매출현금흐름+순운전자본의 변동, 즉 현금흐름표상의 영업활동으로 인한 현금흐름), ③ 투자현금흐름(투자활동으로 인한 순현금흐름), ④ 재무현금흐름(재무활동으로 인한 순현금흐름), ⑤ 현금의 증감, 등으로 구분하면 현금흐름분석에 많은 도움이 될 것이라 생각된다.

2. 매출현금흐름의 중요성

유동자산과 유동부채의 변동에서 발생하는 영업운전자본의 변동은 영업현금흐름에 영향을 미친다. 즉, 영업운전자본의 증가(현금유출)는 영업현금흐름의 감소요인으로 작용하고, 영업운전자본의 감소(현금유입)는 영업현금흐름의 증가요인으로 작용한다.

이를 수식으로 나타내면 다음과 같다.

영업현금흐름 = 당기순이익 + 비현금비용 − 비현금수익 + 영업운전자본변동*

영업현금흐름 = 당기순이익 + 비현금비용 − 비현금수익 +/− 운전자본감소/(증가)*

A 기업 : 160 = 160 + 70 − 30 − 40 (운전자본 증가형)

B 기업 : 160 = 110 + 50 − 30 + 30 (운전자본 감소형)

매출현금흐름 = 영업현금흐름 + 운전자본증가액 = 영업현금흐름 − 운전자본감소액

대부분의 일반제조업들은 정(+)의 운전자본 구조를 가지고 있으며 이러한 기업들은 매출이 증가하면 대체로 영업운전자본도 증가하게 된다. 즉, A기업 유형(운전자본 증가형)으로 나타난다. 그러므로 매출이 증가했음에도 불구하고 특정연도에 운전자본의 관리를 통하여 영업운전자본이 감소하여 (현금흐름표상의) 영업현금흐름이 증가한 경우(즉,

B기업 유형: 운전자본 감소형)에 그 다음 해에 매출이 증가해도 영업운전자본이 감소하여 영업현금흐름의 증가에 기여할 것으로 판단한다면 이 기업의 영업현금흐름 예측에 있어서 큰 오류를 범할 수 있다.

실무적으로 보면 기업이 정(+)의 운전자본구조라 하더라도 운전자본의 관리(즉, 매출이 증가하는데도 운전자본이 감소하는 현상) 등을 이유로 매출과 영업운전자본은 항상 정(+)의 비례관계를 유지하지 않고, 대체로(약 70%) 정(+)의 비례관계를 유지한다. 그러나 정(+)의 구조가 심할수록 매출과 영업운전자본의 정(+)의 비례관계 확률은 높아진다.

3. 영업현금흐름비율과 매출현금흐름비율

영업현금흐름비율은 다음과 같이 구할 수 있다.

영업현금흐름비율 = 영업현금흐름 / 매출액 (%)

실무적으로 많은 기업의 영업현금흐름비율 추세를 분석해 보면 기업의 판매마진에 큰 변동이 없더라도 영업현금흐름에 영업운전자본변동이 포함되어 있기 때문에 회계연도마다 영업운전자본의 증가 혹은 감소를 반복하게 된다. 이 운전자본의 증감으로 영업현금흐름비율은 변동성이 심하게 나타난다.

매출현금흐름비율 = 매출현금흐름 / 매출액, (%)
1) (당기순이익 + 비현금비용 − 비현금수익) / 매출액, (%)
2) (영업현금흐름 − 영업운전자본변동) / 매출액, (%)

실무적으로 많은 기업의 매출현금흐름비율 추세를 분석해 보면 매출현금흐름에는 영업운전자본변동이 배제되어 있기 때문에 판매마진에 큰 변동이 없으면 비율 추세도 큰 변동이 없음을 알 수 있다. 결론적으로 매출현금흐름비율 추세가 영업현금흐름비율 추세보다 상대적으로 훨씬 안정적이라는 사실을 발견할 수 있다.

따라서 기업의 현금흐름을 예측할 때에는 영업현금흐름 개념보다 매출현금흐름 개념을 사용하는 것이 더 유용하다.

〈예제 9-11〉

> 영업현금흐름 160억원, 영업활동자산부채변동 30억원(+), 즉 운전자본의 감소 현상일 때 매출현금흐름을 구하시오
>
> **[풀이]**
>
> 매출현금흐름 = 영업현금흐름 − 운전자본감소액 = 160 − 30 = 130(억원)

〈예제 9-12〉

> 영업현금흐름 160억원, 영업활동자산부채변동 30억원(−), 즉 운전자본의 증가 현상일 때 매출현금흐름을 구하시오
>
> **[풀이]**
>
> 매출현금흐름 = 영업현금흐름 + 운전자본증가액 = 160 + 30 = 190(억원)

만약 **정(+)의 운전자본 구조를 가진 기업인 경우에 특정연도에 영업운전자본의 감소가 있었다면 다음연도의 현금흐름을 예측할 때는 반드시 매출현금흐름을 기준으로 분석해야 한다.** 왜냐하면 영업운전자본은 어떤 해는 증가하고 어떤 해는 감소하기도 하며 경우에 따라 경영자의 의도로 조정(예; 운전자본의 관리)이 가능하기 때문이다.

4. 운전자본과 현금흐름 사례연구(H 건설사)

앞에서 살펴본 바와 같이, 기업의 운전자본구조에 따라 매출증가(P/C)는 운전자본(B/S)에 영향을 미치고 운전자본은 영업현금흐름(C/F)에 영향을 미친다. 그러면 부록에 첨부된 H건설사 5년간 매출액, 매출현금흐름, 영업현금흐름을 분석해 보면 다음과 같다.

[표 9-4] H건설사 운전자본과 현금흐름 분석사례

(단위; 백만원이하 절사)

구분	52기	51기	50기	49기	48기
A.매출액	435,643	413,614	463,526	426,366	471,743
B.매출현금흐름	39,475	55,611	41,088	46,549	25,936
C.영업활동자산부채변동	(5,560)	10,074	35,361(3)	90,126(2)	(22,795)(1)
D.영업현금흐름	33,915	65,685	76,449	136,675	3,141

(1) 공사미수금증가 (22,044), 매입채무감소(44,697)

(2) 공사미수금감소 50,575, 재고자산감소 25,304, 선급금감소 17,437

(3) 공사미수금감소 29,001, 재고자산감소 16,805, 미수금감소 11,023

1) H건설사의 운전자본구조

H건설사는 정(+)의 운전자본구조에 속한다. 왜냐하면, 48 - 52기 순운전자본(및 영업운전자본)추세를 보면 항상 순운전자본금액 〉 0(및 영업운전자본〉0) 상태를 유지하기 때문이다.

2) 매출과 영업활동자산부채변동(C/F)

- 49기: 매출감소 → 영업활동자산부채변동(+) : 운전자본감소 현상
- 50기: 매출증가 → 영업활동자산부채변동(+) → 운전자본관리 현상
- 51기: 매출감소 → 영업활동자산부채변동(+) : 운전자본감소 현상
- 52기: 매출증가 → 영업활동자산부채변동(−) : 운전자본증가 현상

3) 매출현금흐름비율과 영업현금흐름비율

[표 9-5] H건설사 매출현금흐름과 영업현금흐름 분석사례

(단위; 백만원이하 절사, %)

구분	52기	51기	50기	49기	48기
A.매출액	435,643	413,614	463,526	426,366	471,743
B.매출현금흐름	39,475 (9.1)	55,611 (13.4)	41,088 (8.9)	46,549 (10.9)	25,936 (5.5)
C.운전자본*	(5,560)	10,074	35,361	90,126	(22,795)
D.영업현금흐름	33,915 (7.8)	65,685 (15.9)	76,449 (16.4)	136,675 (32.1)	3,141 (0.1)

* 운전자본: 영업활동자산부채변동

상기 표를 보면 지난 5년(48 – 52기) 동안 매출현금흐름비율은 평균 9.6%를 나타내었고, 48기(5.5%)와 51기(13.4%)를 제외하면 대체로 안전적인 비율수준을 유지하고 있다. 반면에 영업현금흐름비율은 대체로 변동성이 매우 크다는 사실을 알 수 있으며, 특히 48기는 운전자본(영업활동자산부채변동) 증가가 영업현금흐름비율(0.1%) 하락에 영향을 미쳤고, 49기는 운전자본 감소가 영업현금흐름비율(32.1%) 상승에 매우 큰 영향을 미쳤기 때문이다.

일반적으로 매출과 매출현금흐름금액은 정(+)의 비례관계를 갖는데 H건설사는 비례관계를 나타내지 않고 있다. 그 이유는 건설산업은 수주산업이기 때문에 판매마진의 실현원리가 일반제조업체와는 다르기 때문이다. 당기 제조원가는 당기 재료비(철판 및 철강), 노무비 및 제조경비가 반영되지만 매출(즉, 판매가격)은 2~3년 전에 수주한 수주잔고가 공사기성에 따라 소멸되면서 매출로 실현되기 때문이다.

예를 들어, 2~3년 전에 판매마진이 높은 즉, 부가가치가 높은 건설사업(혹은 선박)을 수주하였으면 당기에는 매출현금흐름비율이 상승하고, 반면에 2~3년 전에 판매마진이 낮은 건설사업(혹은 선박)을 수주하였으면 당기에는 매출현금흐름비율이 하락하는 특징이 있다.

5. 매출현금흐름과 영업현금흐름의 추정

한편 제품의 판매단가와 수량을 예상할 수 있다면 다음 해의 매출액을 예상할 수 있다. 예상 매출액에 지난 몇 년간의 매출현금흐름비율의 평균을 적용하면 예상 매출현금흐름을 구할 수 있다.

〈예제 9-13〉 매출현금흐름비율의 적용사례

지난 몇 년간 매출현금흐름비율의 평균이 30%일 때 제품가격이 1개당 100,000원(10기)에서 120,000원(11기)으로 상승할 것으로 예상되고 판매량도 10만개(10기)에서 13만개(11기)로 증가할 것으로 예상된다. 10기에 비하여 11기에는 매출현금흐름이 얼마나 더 증가하는가?

[풀이]

<u>10기</u>

매출액	: 100,000 × 100,000 = 10,000,000,000원
매출현금흐름	: 10,000,000,000원 × 30% = 3,000,000,000원

<u>11기</u>

예상 매출액	: 120,000 × 130,000 = 15,600,000,000원
예상 매출현금흐름	: 15,600,000,000원 × 30% = 4,680,000,000원

답 : 4,680,000,000원(11기) − 3,000,000,000원(10기) = 1,680,000,000원

〈예제 9-14〉 매출현금흐름을 이용한 영업현금흐름의 추정

지난 몇 년간 매출현금흐름비율의 평균이 30%일 때 제품가격이 1개당 100,000원(10기)에서 120,000원(11기)으로 상승할 것으로 예상되고 판매량도 10만개(10기)에서 13만개(11기)로 증가할 것으로 예상된다. (1) 10기 A기업의 영업운전자본은 플러스(+) 50억원이었고 평균증가율은 20%이다. (2) 10기 B기업의 영업운전자본은 마이너스(−) 30억원이었고 평균감소율은 10%이다. 이때 (1) 11기 A기업과 (2) B기업의 영업현금흐름을 각각 추정하시오.

[풀이]

(1) A기업은 영업운전자본이 플러스(+) 50억원이므로 정(+)의 운전자본구조이다.
(2) B기업은 영업운전자본이 마이너스(−) 30억원이므로 부(−)의 운전자본구조이다.

[11기 추정자료]

(단위: 백만원)

구분	(1)매출액	(2)매출현금흐름	(3)영업운전자본	(4)영업현금흐름
A 기업	15,600	4,680	(1,000)	3,680
B 기업	15,600	4,680	300	4,980

(1) 매출액: 120,000 × 130,000 = 15,600,000,000원
(2) 매출현금흐름 : 15,600 × 30% = 4,680
(3) 영업운전자본 :
A기업: 5,000(10기 영업운전자본) X 20% = 1,000 : 운전자본의 증가는 현금유출 → (1,000)
B기업: −3,000(10기 영업운전자본) X 20% = −300 : 운전자본의 감소는 현금유입 → 300

제8절 기업과 미래현금창출능력 (Cash Generating Power)

'미래현금창출능력을 가진 기업'은 '미래현금창출능력을 가진 제품'을 생산하는 기업이다. 그러면 '미래현금창출능력을 가진 기업'이 그렇지 않은 기업과 비교해 볼 때 영업상 혹은 재무상으로 차별되는 것 혹은 우월한 점은 무엇인가? '미래현금창출능력을 가진 기업'에는 일반적으로 다음과 같은 재무상 및 영업상의 공통점을 나타낸다.

(1) 매출증가: 판매가격상승과 판매수량증가 → 동반상승

(2) 영업이익의 증가 (영업이익률 유지 및 증가)

(3) 매출증가와 동반한 매출현금흐름의 증가
(매출현금흐름/매출액(%) 및 매출현금흐름/자본금(%)비율 유지 및 증가)

(4) 시장점유율과 시장지위 향상

이상 4가지 현상이 동시에 발생하면 그 기업의 미래현금창출능력은 매우 우수하다고 평가할 수 있다. 현실적으로 이상 4가지 현상이 매년 동시에 수년간 발생한 기업은 드물다. 그 대신 미래현금창출능력이 높은 기업은 이상 4가지 사항이 장기적으로 향상추세에 있음을 발견할 수 있다.

기업이 미래현금창출능력을 계속적으로 유지하려면 4가지 중에서 판매가격상승과 판매수량증가의 동반상승이 가장 중요하다. 왜냐하면, 판매수량은 감소해도 원가상승을 이유로 같은 업종에서 판매가격을 상승시킨 경우에도 매출증가 현상이 나타날 수 있고,

판매가격은 같은 수준이지만 판매수량만 증가해도 매출증가 현상이 나타날 수 있기 때문이다. 이러한 경우에는 대체로 영업이익률 혹은 매출현금흐름은 향상되지 않는다.

또한, 판매가격 하락을 통하여 시장지위나 시장점유율을 향상시켜도 영업이익률 및 매출현금흐름은 감소하게 된다. 그리고 매출이 증가하고 영업이익률 및 매출현금흐름이 향상되어도 시장지위 혹은 시장점유율이 하락하는 경우도 많다. 이 경우는 흔하지는 않지만 그해 특별히 시장에서 특정제품에 대한 수요가 크게 증가하는 경우이다.

따라서 이 기업의 미래현금창출능력은 경쟁기업에 비하여 상대적으로 낮다고 평가된다. 그러므로 이 기업은 단기전망에 비하여 장기전망은 상대적으로 밝지가 않다. 그 이유는 시장지위나 시장점유율이 악화되고 있기 때문에 특별수요가 사라지면 매출 감소폭이 클 수 있기 때문이다.

제9절 장기지급능력 핵심 점검사항 (Long-Term Solvency)

기업의 지급능력에 있어서 "장기지급능력이란 무엇인가?" 이러한 질문은 여신담당책임자 혹은 기업분석가에 있어서는 매우 중요한 화두에 해당된다. '장기지급능력점검'을 위하여 주요 점검 대상 항목을 정리하면 다음과 같다.

1. 재무점검 핵심항목

1) 자산점검 핵심항목

(1) 생산시설증설(시설투자) 후에 매출증가 점검

(2) 지분법적용투자주식 (시장가격 또는 장부가치 증가 혹은 감소)

(3) 비핵심자산 (가치 증가 혹은 감소)

2) 부채점검 핵심항목

(1) 부채총계와 차입금합계 추세

(2) 장기차입금 연도별 상환계획 (주석에서 점검)

(3) 우발채무금액과 우발채무비율 (%)

3) 자본점검 핵심항목

(1) 자본총계와 자본시장가치 비교 (장부주가와 시장주가)

(2) 수정부채비율 (%)

(3) 연결수정부채비율 (%)

4) 손익점검 핵심항목

(1) 수익성 (예 : 매출총이익율과 영업이익률) 점검

(2) 원재료비, 원유가격, 환율변동 추세점검

(3) 연결매출액, 연결영업이익, 연결당기순이익

5) 현금흐름점검 핵심항목

(1) 매출과 매출현금흐름 추세 (및 전망)

(2) 매출현금흐름비율 (%)과 매출현금흐름/자본금 비율(%)

(3) 매출현금흐름/유동성장기부채 (연도별상환금액)

(4) 연결매출현금흐름비율 (%)

2. 비재무점검 핵심항목

(1) 제품선호도 (브랜드인지도)

(2) 시장점유율과 시장지위

(3) 산업(수요와 공급)전망

(4) 오랜 업력, 대주주 자금력, 경영진

(5) 수주잔고 및 수주내용

(6) 노사관계와 기술력

참고 : 단기지급능력과 장기지급능력 점검대상을 구분하여 정리하였지만 항목에 따라 정확히 구분되지 않는 사항도 일부 있다. 그럼에도 불구하고 구분하는 취지는 구분하면서 결론을 정리한 글이 상대적으로 더 좋은 내용을 논리적으로 많이 담을 수 있기 때문이다.

제 10 장 기업부실과 부도징후 (Business Failure)

제1절 기업의 부실 (Business Failure)

제2절 기업부실 원인의 연구사례

제3절 부실원인인 기업의 외적요인과 내적요인

제4절 기업의 부실화과정 연구사례

제5절 기업부실의 징후

제6절 기업부실유형

제10장 주요내용

- 용어의 개념

  ① 기업부실 ② 지급불능 ③ 채무불이행

  ④ 파산 ⑤ 도산

- 중소기업의 부도원인 중에서 반드시 점검해야할 사항 2가지
- 중소기업의 부도원인 중 판매부진의 결정적인 1차 세부원인 2가지
- 재무상태표에서 발견할 수 있는 기업의 부실징후
- 손익계산서에서 발견할 수 있는 기업의 부실징후
- 현금흐름표에서 발견할 수 있는 기업의 부실징후
- 경영자 행동에서 발견할 수 있는 기업의 부실징후
- 종업원 행동에서 발견할 수 있는 기업의 부실징후
- 재무활동에서 발견할 수 있는 기업의 부실징후
- 구매 및 판매활동에서 발견할 수 있는 기업의 부실징후

제1절 기업의 부실 (Business Failure)

1. 기업부실의 개념

기업신용분석가(credit analyst) 또는 투자자들 사이에서 'A기업은 부실 징후가 보인다' 혹은 'A기업의 부실은 더욱 심화되는 것 같다' 라는 말을 종종 듣게 된다. 그러면 어떤 사항에 기준을 두고 'A라는 기업이 부실화되었다' 고 말을 했을까? 여러 가지 기준이나 근거를 들 수 있지만 그 중에서 기업부실에 대한 중요한 기준을 몇 가지 제시해 보면 ① 신규투자의 실패로 인한 큰 손실의 발생, ② 영업환경의 악화로 인한 연속적인 적자발생, ③ 차입금증가로 인한 재무상태의 악화, ④ 자본이 잠식된 상태 등을 기업이 부실화된 상태로 볼 수 있다.

기업이 부실화되면 채권자 입장에서는 원금과 이자의 정상적인 회수가 걱정이 될 것이고, 주주 · 투자자 입장에서는 투자자금에 대한 회수와 배당금이 줄 것을 걱정할 것이다. 기업부실을 채권자 및 투자자에 대한 부채상환능력과 비용지급능력(배당금 또는 이자비용 등)에 기준을 둔다면, **기업부실은 기업의 부채상환능력 및 비용지급능력이 크게 약화되었거나 약화되어 가는 과정이 심화되고 있는 상태**라고 정의할 수 있다.

기업부실과 관련하여 사용되는 용어로서 ① 부실(failure), ② 지급불능(insolvency), ③ 채무불이행(default), ④ 파산(bankruptcy)과 도산 등이 있으며, 이 용어들은 때로는 상호 중복적으로 사용되지만 다음과 같이 구분할 수 있다.

1) 부실(Failure)

기업부실은 경제적부실(economic failure)과 법적부실(legal failure)로 나눌 수 있다. **경제적부실**은 경제적 기준에서 볼 때 실현된 투자수익률이 위험을 고려한 유사한 투자에서 발생하는 수익률보다 지속적으로 낮은 상태를 의미한다. 따라서 투자수익이 투자원가를 보상하기에 불충분한 수익과 기업의 자본비용을 밑도는 평균수익률도 해당된다고 할 수 있다. **법적부실**은 법적인 지급의무가 있는 기업이 채권자의 청구권을 만족시키지 못한 상태를 의미한다고 할 수 있다.

그러므로 어떤 기업이 수년간 경제적 부실 상태가 지속되었다고 하더라도 채권자에 대한 지급의무를 충실히 했거나 지급의무(부채)가 거의 없는 경우는 법적부실과는 관련이 없는 것이다.

2) 지급불능(Insolvency)

지급불능은 기업의 영업상황이 악화되어 영업활동에서 유입되는 현금흐름 및 유동성이 악화되거나 차입능력이 약화되어 일어나는 현상이다. 지급불능상태는 기술적지급불능(technical insolvency)과 파산적지급불능(insolvency in bankrupt)으로 나누어진다.

기술적지급불능은 일시적인 유동성의 부족으로 발생하는 지급불능상태를 말한다. 기업은 영업활동 과정에서 이러한 일시적인 지급불능상태에 종종 직면할 수 있다. 반면에 **파산적지급불능**은 일시적인 상태가 아니라 만성적인 유동성의 부족상태라고 할 수 있다. 예를 들어 기업의 총부채가 총자산의 가치를 초과하는 경우, 즉 기업의 실제 순자산가치가 마이너스(−)의 상태를 나타내는 경우이다. 따라서 파산적지급불능은 기술적지급불능보다 기업부실이 훨씬 심각한 상태로서 대체로 파산으로 진전된다.

3) 채무불이행(Default)

채무불이행(default)은 채무자와 채권자의 관계에서 발생하는 것으로서 기술적이며 법적으로 사용되는 용어이다. 채무불이행(default)도 공식적채무불이행과 기술적채무불이행으로 나누어진다. **공식적채무불이행**은 지급불능 혹은 상환능력의 상실로 인하여 채무를 만기에 갚을 능력이 없음을 만기 전에 모든 채권자들에게 표명하는 것이다. 즉 도산(부도) 직전의 상태인 것이다. 따라서 채무불이행을 사전에 표명함으로써 경우에 따라 채권자와 채무자가 협의하여 채권상환을 얼마 동안 유예해 주거나 상환일정을 조정해 주기도 한다. 일반적으로 채무불이행(default)이라 하면 공식적채무불이행을 말한다.

기술적채무불이행은 채무자가 채권자와의 계약을 위반하여 법적처리의 근거가 되었을 때 발생한다. 예를 들어 대출계약서(loan agreement) 내용 중 기업이 지킬 것을 의무화하고 있는 재무비율준수조항(financial covenant)에서 '유동비율 150% 이상' 혹은 '부채비율 300% 이하' 와 같이 의무조항을 채무자가 위반하는 경우에는 기술적채무불이행이 된다. 이러한 기술적채무불이행은 일반적으로 채무자와 채권자간에 재무비율준수조항을 수정(완화)함으로써 해결된다. 이 경우는 그 기업의 재무구조가 악화되었다는 신호이다. 그렇지만 이 이유로 기업이 공식적채무불이행으로 바로 진행되는 경우는 드물다.

4) 파산(Bankruptcy)과 도산

파산이란 경제적 파탄을 의미하는 법률용어로서 채무기업이 자력으로는 회생이 불가능하다고 판단될 때 채무기업 또는 채권자들이 법원에 기업의 폐지를 신청하고 법원이 그들의 요구를 받아들여 파산을 선고하게 된다. 따라서 파산은 법원의 파산선고에 따라 기업의 영업활동은 종식되고 재산은 처분되어 이해관계자들에게 분배됨으로써 기업이 청산(liquidation)되는 것을 의미한다. 그러나 법원은 대체로 기업의 총부채가 총자산의 시장가치를 초과하여 기업의 실질적인 순자산가치(자기자본 가치)가 마이너스(−)상태에 이른 제한적인 경우에 파산을 선고한다.

한편, 현실적으로 '도산'과 '파산'이란 용어는 구분 없이 혼용되어 사용되고 있다. 국어사전을 찾아보면 도산은 '기업이 빚을 많이 지고 망하는 것' 혹은 '기업의 경영이 잘 안 되어 거덜남'이라고 정의되어 있으며, 파산은 '재산이 모두 없어져 버리는 것', 혹은 '채무자가 그 채무를 완제할 수 없는 상태에 빠졌을 때 그 채무자의 총재산을 모든 채권자에게 공평히 변제할 것을 목적으로 하는 재판상의 제도'라고 정의되어 있다.

그러나 현실적으로 사용되는 '도산'의 의미를 보면, 도산이란 기업 등이 경영상태의 악화로 인하여 지급능력이나 부채상환능력을 상실하여 채권자의 청구권을 만족시키지 못한 상태로 정의할 수 있다. 즉 지급불능상태라고 할 수 있다. 기업의 부도, 화의신청, 법정관리 신청, 워크아웃 신청, 채권자에게 경영권 포기각서 제출 등은 지급불능상태이므로 기업이 도산상태에 빠졌다고 할 수 있다. 따라서 도산은 파산을 포함한 지급불능상태인 경우에 널리 통칭되는 용어라고 할 수 있다.

2. 도산과 회생

세계 대부분의 국가에서는 청산과 회생(갱생) 절차를 인정하고 있으며 대개 다음 사항을 기준으로 삼고 있다. 기업의 내재가치 또는 경제가치가 현시점에서 청산가치보다 크다면, 사회정책적 관점이든 또는 기업소유주 관점이든 회생을 시도하게 된다. 그러나 청산가치가 경제적 존속가치를 능가한다면 청산을 선택하게 된다.

회생과 청산의 문제는 대체로 채권자들 사이에서 결정되는 '사적처리'와 '법적처리'로 나누어진다. **사적처리**는 대체로 기업의 회생을 위한 것이며 채무자가 채권자들과 협의를 통하여 채무의 일부면제 혹은 상환유예 등을 받아냄으로써 기업의 회생을 시도하거나 채권자들의 양해를 구하고 채무변제를 위하여 자산의 전부 또는 일부를 제3자에게 양도하는 것이다. **기업회생을 위한 사적처리에는 은행관리와 기업개선작업(workout)이 있다.**

법적처리는 기업의 회생과 청산을 모두 취급하며 기업과 채권자들 사이에서 합의가 도출되지 않을 때 법에 의존하여 처리하는 것이다. 정부는 법률체계를 일원화하기 위하여 도산관련 4법 즉, 회사정리법, 화의법, 파산법, 개인채무자회생법을 통합하고, '채무자 회생 및 파산에 관한 법률(2005. 03. 31)'을 제정하고 2006년 4월 1일부터 시행하고 있다.

[그림 10-1] 도산기업의 처리과정

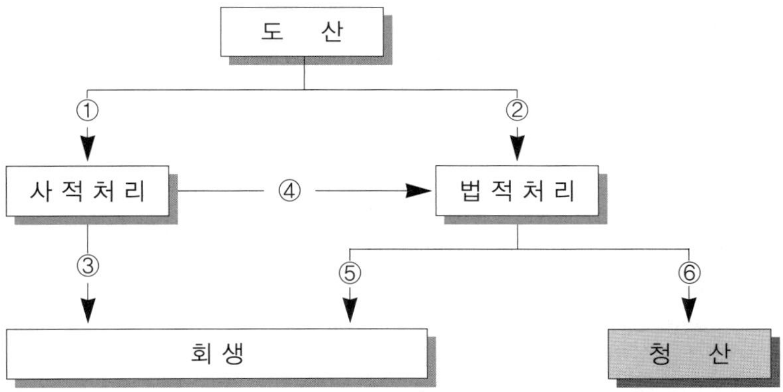

① 법외적인 방법에 의한 회생의 시도
② 법적인 방법에 의한 도산의 처리
③ 채권자와 채무자의 사적 합의에 의한 회생
④ 사적 합의에 실패하여 법에 의존
⑤ 회생의 신청
⑥ 청산의 신청

※ 자료 : 전성빈 · 김건우 · 김민철 편역, 『기업의 재무위기와 도산』, 한국신용분석사회, pp.375.을 일부 수정.

따라서 새로 시행되는 '채무자 회생 및 파산에 관한 법률' 은 과거 회사정리법과는 달리 법적용 대상을 기업 뿐만 아니라 개인 및 외국인(법인 포함)으로 확대하고 법률체계를 단순화하였다. 예를 들면, '화의절차(화의법)' 또는 '회사정리절차(회사정리법)' 을 '회생절차(채무자 회생 및 파산에 관한 법률)' 로 단일화하였다.

도산기업은 먼저 채권자와 채무자간의 합의에 의하여 사적으로 채무조정을 시도할 수 있으나 상호간에 의견조정이 이루어지지 않을 경우에는 법적제도를 이용할 수 있다. 이 과정을 도식화하면 [그림 10-1]과 같다.

한편, 법적처리에 사용되는 법률인 '채무자 회생 및 파산에 관한 법률' 은 재정적 어려움으로 인하여 파탄에 직면해 있는 채무자에 대하여 채권자, 주주 등 이해관계인의 법률관계를 조정하여 채무자 또는 그 사업의 효율적인 회생을 도모하거나, 회생이 어려운 채무자의 재산을 공정하게 분배하는 것을 목적으로 한다.

제2절 기업의 부실화과정 연구사례

앞 절에서 기업부실의 개념과 부실원인을 살펴보았다. 본 절에서는 기업부실의 과정을 살펴보기로 하자. 기업의 부실화과정에 대한 분석은 정상기업이 부실기업으로 변하는 과정에 대한 분석으로서 동태적인 분석이어야 한다.

1. 기업의 부실화과정 연구사례

김선기 · 황석화 · 김건우는 기업의 부실화과정을 6단계로 나누었다. 이들의 부실화과정을 소개하면 [표 10-11]과 같다.[1]

[표 10-11] 기업의 부실화과정

제1단계	제2단계	제3단계	제4단계	제5단계	제6단계
비효율적 경영관리	판매 부진	수익성 저하	자금부족	자금조달능력 부족	도 산
· 전략적 계획 수립 및 그 수행에 오류 · 환경변화에 부적응	· 과다경쟁 · 가동률 저하	· 손실발생 · 자본잠식	· 타인자본 의존도 심화 · 금융비용 증가	· 자산매각 · 사채 등 암금융	부도

1) 김선기 · 황석화 · 김건우, 「기업부실화의 원인, 징후 및 예측」, 한국신용평가(주) pp.75~77.

2. 일본 상공리서치의 부실화과정과 단계별 부실징후

[그림 10-2] 기업의 도산 원인과 도산 경로, 부실 징후의 관계

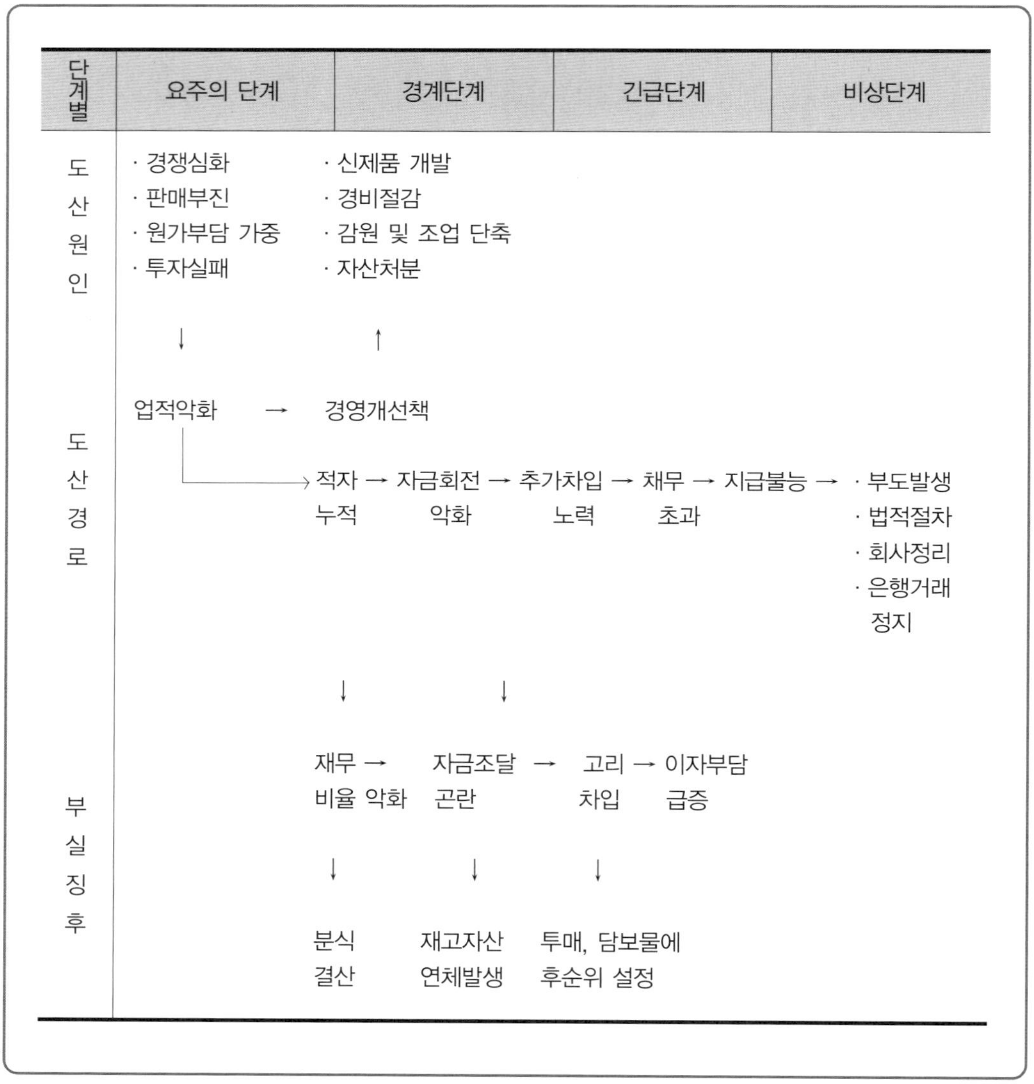

※ 자료 : 윤석철 · 김병기, 『경영분석론』, 학문사, pp. 361에서 재인용.

제3절 기업부실 원인의 연구사례

1. 상장기업(대기업)의 부실원인

우리나라 상장기업의 부도원인에 대한 연구로서는 문창업의 『상장기업의 부실화 원인과 그 징후』가 있으며 그 내용을 요약하면 다음과 같다.[2)]

본 연구는 상장기업 중 도산해서 상장이 폐지된 기업과 부도 또는 법정관리를 신청하여 현재 관리종목에 편입된 52개 기업을 대상으로 하였다. 이들 52개사를 업종별로 분류해 보면 어업이 1개사, 음식료가 2개사, 섬유가 2개사, 의복이 7개사, 가죽 · 신발업이 3개사, 목재가 1개사, 펄프 · 종이가 3개사, 제약이 4개사, 화학이 1개사, 고무가 1개사, 비금속광물이 2개사, 철강이 1개사, 조립금속이 1개사, 영상 · 음향 · 통신이 11개사, 정밀 · 광학기기가 2개사, 가구업이 1개사, 건설이 1개사, 도매가 8개사로 나타났다.

자본금 규모별(대형 750억원 이상, 중형 350억~750억원, 소형 : 350억원 미만)로 보면, 상장 소형사라 할 수 있는 회사가 거의 대부분이고 그 중 150억원 미만이 전체의 82%를 차지했다.

---

2) 문창업, 대신경제연구소, 『계간대신』, 제8권, 제1호

한편, 상장기업의 부실원인은 여러 가지 측면에서 서로 연계성이 있으며 복합되어 있다. 그러나 그 원인들 중에서 가장 근본적인 원인을 유형별로 분류해 보면 다음의 [표 10-1]과 같다.

[표 10-1] 상장기업의 부실유형(원인)

기업부실의 유형(원인)	주요 업종	회사수(%)
1. 수출경쟁력 약화와 내수경쟁 치열	의류, 전자, 도매업	22(42.3%)
2. 치열한 판매경쟁 속에 무리한 시설투자 또는 사업다각화	철강, 종이	6(11.5%)
3. 전방산업의 불황에 따른 매출부진	가죽, 신발	5(9.6%)
4. 무리한 시설투자 및 해외진출, 사옥건설, 사업다각화	도매, 가구, 의류	4(7.7%)
5. 경쟁과열에 따른 판매부진	종이, 제약	4(7.7%)
6. 증설 또는 매출부진 중 관련사 부도	비금속, 조립금속	4(7.7%)
7. 노사분규로 거래선 이탈	광학기기, 음향통신	3(5.7%)
8. 수입제품 반덤핑 공세 및 범람, 경쟁치열	정밀, 음향통신	2(3.9%)
9. 원재료 가격상승 속 과도한 시설투자, 사업다각화	어업, 식료품 가공	2(3.8%)
합 계		52(100%)

2. 중소기업의 부도원인

중소기업 부도의 원인에 대한 연구로는 기업은행의 조사역인, 신장용 · 임이규 · 이형열에 의해 발표된『최근 중소기업 부도의 원인과 대책』을 요약해 소개하면 다음과 같다.

1) 조사 개요

여신거래 부도업체 308개사를 대상으로 하였다.

여신담당이 직접 면담조사를 통하여 부도원인을 파악하였다.

2) 부도기업의 개요

이번 조사의 대상이 된 308개 부도기업의 산업별 구성을 보면 제조업이 87.7%이며, 나머지 12.3%는 비제조업이다. 규모별로는 종업원 수 50인 미만 규모의 업체가 전체의 70%, 종업원 200인 이상의 규모가 큰 중소기업은 2.9%에 불과하였다.

3) 조사 결과

① 종합적인 부도원인

조사결과 종합적인 부도원인을 유형별로 분류해 보면 다음의 [표 10-2]과 같다.

[표 10-2] 부도원인의 유형별 분류

항 목	주원인(제1원인)	부원인(제2원인)
1. 판매부진	28.4 %	19.6 %
2. 판매대전 회수부진	22.3 %	3.1 %
3. 투자실패	15.9 %	11.9 %
4. 원가상승 및 마진율 하락	14.0 %	27.6 %
5. 관련기업 도산	7.2 %	8.8 %
6. 방만경영	4.8 %	14.0 %
7. 재무관리 소홀	4.2 %	10.4 %
8. 기 타	3.2 %	4.6 %
합 계	100.0 %	100.0 %

'판매부진' 과 '판매대전 회수부진' 이 여전히 중소기업 부도를 주도하고 있으며, '원가 인상과 마진율 하락' 과 같은 구조적인 경영애로 요인의 누적과 경영관리상의 미숙은 부도를 가속화시키는 것으로 분석된다. 이 밖에 '투자실패' 도 부도의 주요 원인으로 나타났다.

② 업종별 부도원인

[표 10-3] 업종별 부도 원인

(단위 : %)

구 분	제조업			비제조업			
	경공업	중화학공업	소 계	건 설	서비스	도소매	소 계
판매부진	34.2	21.7	27.4	50.0	50.0	22.3	36.8
판매대전 회수부진	19.8	25.1	23.1	6.5	8.5	21.1	13.3
투자실패	16.7	17.4	17.0	8.3	12.5	5.6	7.9
방만경영	3.2	7.0	5.2	–	–	5.6	2.6
관련기업 도산	4.1	10.4	7.3	8.3	4.5	28.9	15.7
원가상승 및 마진율 하락	14.4	13.3	13.3	25.0	7.5	16.5	15.8
재무관리 소홀	4.0	3.5	3.7	1.9	17.0	–	7.9
기 타	3.6	1.6	3.0	–	–	–	–
합 계	100.0	100.0	100.0	100.0	100.0	100.0	100.0

③ 기업부도에 영향을 미친 세부 원인들

[표 10-4] 부도원인에 대한 세부 원인

부도원인	1차 세부 원인	2차 세부 원인
1. 판매부진 (28.4%)	· 수요(수주) 부진 (41.9%)	· 해당 업종의 경기침체 (48.7%) · 대체품 출현 (26.9%) · 모기업으로부터의 수주부진 (24.4%) 합 계 (100.0%)
	· 경쟁심화 (28.5%)	· 중소기업간의 과당경쟁 (64.2%) · 후발국과의 경쟁심화 (28.5%) · 대기업 참여로 인한 경쟁심화 (7.3%) 합 계 (100.0%)

부도원인	1차 세부 원인	2차 세부 원인
	· 마케팅의 열세 (14.8%)	· 판매처 개척 노력 미흡 (54.8%) · 시장조사 기능 미약 (31.0%) · 제품의 홍보부족 (14.2%) 합 계 (100.0%)
	· 생산, 기술력의 열세 (14.8%) 합 계 (100.0%)	
2. 판매대전 회수부진 (22.3%)		
3. 투자실패 (15.9%)	· 무리한 사업확장 (73.6%) · 신제품 투자의 실패 (10.1%) · 사업전환 투자의 실패 (8.1%) · 부동산 투자자금의 고정화(6.3%) · 무리한 자동화 투자 (1.9%) 합 계 (100.0%)	
4. 원가상승 및 마진율 하락 (14.0%)	· 원자재 구득난 가격상승 (37.1%) · 인력난 및 임금상승 (27.9%) · 출혈 · 덤핑 판매 (18.6%) · 차입금에 대한 금융비용 증가 (16.4%) 합 계 (100.0%)	
5. 관련기업 도산 (7.2%)		
6. 방만경영 (4.8%)	· 경영자의 자질부족 (47.9%) · 경영자간의 대립 · 분열(33.3%) · 경험, 기술지식 부족 (12.5%) · 자기과신과 정치지향성 (6.3%) 합 계(100.0%)	
7. 재무관리 소홀 (4.2%)		
8. 기 타 (3.2%)		
합 계 (100.0%)		

3. 부도기업의 재무적 특성

산업은행의 여신심사역인 이찬호 · 송광현에 의해 발표된 「부도거래처 Data 분석을 통한 부도업체의 특성 및 심사포커스 연구」를 소개하면 다음과 같다.[3)]

1) 조사대상업체

2000년 이후 부도발생 사례중에서 재무제표분석이 가능한 190개사를 대상으로 하였다.

2) 재무적 특성

① 안정성지표 특성

[표 10-5] 부도거래처의 업종별 안정성지표 비교

업종		표본	부채비율		차입금의존도		유형자산/총자산	
업종별	코드	업체수	부도평균	산업평균	부도평균	산업평균	부도평균	산업평균
전체평균		190	583.8%	100.3%	61.6%	21.40%	44.6%	39.21%
음식료	15	9	466.0%	98.4%	57.8%	24.37%	60.3%	39.85%
섬유	17	7	464.7%	155.9%	61.2%	34.31%	58.3%	41.28%
제지	21	6	585.8%	111.9%	64.5%	31.83%	54.8%	49.42%
화학	24	12	772.2%	82.2%	80.7%	22.66%	50.7%	38.90%
고무플라스틱	25	12	446.9%	124.8%	62.8%	30.08%	51.2%	44.84%
비금속	26	8	414.7%	82.4%	53.0%	26.00%	46.2%	47.56%
조립금속	28	15	451.7%	123.0%	52.8%	28.37%	44.7%	37.41%

3) 2007년 (사)신용분석사연합회에서 주관한 '신용분석 및 여신심사 우수사례 현상공모'에서 입상한 논문

업종		표본	부채비율		차입금의존도		유형자산/총자산	
업종별	코드	업체수	부도평균	산업평균	부도평균	산업평균	부도평균	산업평균
기계	29	19	496.1%	118.4%	55.2%	22.97%	35.6%	29.78%
컴퓨터	30	10	782.3%	106.9%	85.8%	20.27%	22.1%	19.30%
전자	32	23	622.2%	61.5%	63.2%	15.12%	31.5%	43.20%
자동차, 부품	34	22	661.7%	117.0%	62.9%	16.97%	59.4%	39.99%
도매	51	5	503.5%	171.7%	56.1%	31.54%	37.0%	26.04%
숙박	55	3	545.8%	46.0%	80.2%	14.44%	96.1%	63.70%

부도업체의 평균 부채비율은 580%를 상회하여 산업평균 대비 전업종이 매우 높게 나타났다. 부도거래처의 부채비율이 높은 것은 수익성악화에 따른 자본잠식이며 또 하나는 차입금의존도가 높은 것이다. 평균 차입금 의존도는 61.6%로서 전업종 공히 높은 수준이었으나, 특히 화학, 컴퓨터, 숙박업은 80%를 상회하였다.

[표 10-6] 차입금/유형자산 비율 비교

구분	차입금/총자산	유형자산/총자산	차입금/유형자산
부도평균 (전체)	61.6%	44.6%	138.1%
산업평균 (전체)	21.4%	39.21%	54.6%

아울러 유형자산/총자산 비율은 산업평균과 큰 차이를 나타내지 않았으나 부도업체의 비율이 다소 높게 나타났다. 장치산업이 아닌 경우 이 비율이 높은 것은 자산의 효율성이 낮다는 것을 의미한다. 이외에도 특히 유의해야 할 것은 [표 10-6]과 같이 부도거래처의 경우 차입금 규모가 유형자산 규모를 크게 상회하고 있다는 사실이다.

② 수익성지표 특성

[표 10-7] 부도거래처의 업종별 수익성지표 비교

업종		업체수	매출원가율		영업이익률		이자보상비율		매출액순이익율	
업종별	코드		부도평균	산업평균	부도평균	산업평균	부도평균	산업평균	부도평균	산업평균
전체평균		190	87.34%	81.87%	-2.78%	5.98%	-0.09	4.97	-9.18%	5.31%
음식료	15	9	92.18%	73.77%	-5.23%	8.18%	-0.65	5.71	-10.07%	6.78%
섬유	17	7	81.94%	86.42%	7.22%	1.00%	1.18	0.46	-1.54%	1.50%
제지	21	6	85.04%	82.80%	3.76%	4.84%	0.67	2.08	0.64%	2.69%
화학	24	12	101.37%	77.72%	-14.83%	6.86%	-1.79	5.06	-24.29%	5.80%
고무플라스틱	25	12	85.49%	84.24%	5.93%	4.13%	1.37	2.73	-0.13%	4.08%
비금속	26	8	81.70%	78.05%	4.61%	8.31%	1.58	3.49	-1.82%	5.32%
조립금속	28	15	87.99%	83.57%	1.85%	6.33%	1.33	4.02	2.81%	4.85%
기계	29	19	84.04%	81.85%	2.86%	5.04%	0.98	4.18	-0.93%	3.29%
컴퓨터	30	10	82.93%	86.69%	-15.60%	-1.90%	-3.60	-15.2	-20.41%	-4.28%
전자	32	23	91.54%	77.61%	-16.16%	7.79%	-1.92	9.07	-22.59%	7.25%
자동차, 부품	34	22	87.20%	85.39%	1.32%	3.82%	0.17	4.58	-5.58%	5.21%
도매	51	5	89.39%	82.83%	-1.70%	3.63%	1.20	3.13	-2.51%	3.24%
숙박	55	3	16.79%	59.39%	0.04%	6.14%	-0.20	2.54	-7.38%	12.42%

업종별 특이사항으로 섬유, 고무플라스틱 업종은 부도거래처의 영업이익률이 산업평균을 상회하였다는 점과 업종간 수익성지표의 차이가 매우 크다는 사실을 들 수 있다.

예를 들어 음식료, 화학, 컴퓨터, 전자업 등은 부도시 적자폭이 매우 큰 것으로 나타났는데, 이는 이 업종들이 다른 업종보다 수익의 변동성이 높고, 따라서 적자적환 또는 흑자전환이 비교적 자주 발생한다는 것을 의미하는 것이다.

③ 활동성지표 특성

[표 10-8] 부도거래처의 업종별 활동성지표 비교

업종		업체수	총자산회전율		매출채권회전율		재고자산회전율	
업종별	코드		부도평균	산업평균	부도평균	산업평균	부도평균	산업평균
전체평균		190	0.9	1.1	9.6	7.3	14.4	10.2
음식료	15	9	1.2	0.9	11.2	7.9	9.6	9.9
섬유	17	7	0.7	1.0	8.4	6.5	16.5	6.2
제지	21	6	0.8	0.9	7.8	5.4	19.2	9.3
화학	24	12	0.6	1.0	7.6	6.0	9.9	8.6
고무플라스틱	25	12	1.1	1.2	7.5	6.2	12.3	10.5
비금속	26	8	0.8	0.7	11.9	4.9	17.8	10.2
조립금속	28	15	0.9	1.2	6.3	5.3	15.2	10.2
기계	29	19	1.0	1.3	7.8	5.7	18.1	10.8
컴퓨터	30	10	1.0	1.1	7.1	6.3	6.1	7.0
전자	32	23	0.9	1.1	10.1	11.2	12.5	13.4
자동차, 부품	34	22	0.8	1.3	12.7	8.4	16.4	16.8
도매	51	5	2.4	1.6	15.6	7.3	14.8	12.4
숙박	55	3	0.2	0.3	28.9	31.9	28.7	12.1

부도거래처의 활동성이 산업평균 대비 크게 저조할 것이라는 예상과 달리 전반적인 회전율 지표는 산업평균과 유사하게 나타났다. **매출채권회전율 및 재고자산회전율은 오히려 산업평균 보다 양호한 수준으로 나타났다.** 부도직전이라 하더라도 매출액의 감소가 크지 않은 상황에서 **현금화 가능한 자산을 처분함**에 따라 이같은 결과가 나온 것으로 판단된다.

따라서 기업체의 회전율을 평가할 때는 1회계연도의 정태적 분석보다 동태적 추세분석이 중요하며, 보유자산의 세부내용을 검토하여 실질적인 회전율을 파악하는 것이 중요하다.

4. 기업부실 자가진단 항목

[표 10-9] 차입금/유형자산 비율 비교

경영진단 항목	도산 직전 상태
1. 매출(수주거래처 단가)이 점점 줄어든다 2. 금융부담이 계속 늘어난다. 3. 대손이 증가한다 4. 가동률(인원설비자재)이 감소한다 5. 경비가 갈수록 증가한다. 6. 순이익률이 감소한다 7. 차입금이 늘어 변제가 어려워졌다 8. 지급어음, 외상매입지급을 연장했다 9. 외상매출어음이 부도났다 10. 종업원 임금지급이 늦어졌다 11. 차입금 때문에 은행에 자주 드나든다 12. 원천세, 보험료 납부가 더욱 늦어진다 13. 소액이지만 사채를 이용하고 싶었다 14. 외상채권 회수지연으로 운전자금을 차입했다 15. 채권회수 불능이 일어났다 16. 과다한 설비투자로 운영자금을 빌려쓴다 17. 적자가 생겨 자금을 빌렸다 18. 재고누적으로 돈을 빌려쓴다	1. 능력있는 사원이 계속 그만둔다 2. 자금조달을 위해 분식결산을 했다 3. 주거래은행이 대출을 거절했다 4. 어음을 남발했다 5. 어음을 지급기일 전에 회수했다

총 18개 항목을 체크해 5개 이상이 해당되면 극히 위험한 상태, 4개가 해당되면 불안한 상황, 반면 3개 이하일 경우에는 아직은 건강한 상태지만 주의해야 할 수준이라고 한다. 이익감소, 자금난 악화, 차입금 과다상태 등 3개 부문으로 나누어진 이들 항목은 매출, 금융비용, 외상회수 등 전반적인 항목에 대해 체크한다.

이 18개 항목과는 별도로 5개 항목을 만들어 이들 항목 중 2개 이상이 해당되면 기업이 부도 또는 도산 직전에 있다고 경고한다.

제4절 부실원인인 기업의 외적요인과 내적요인

앞에서 논의된 기업부실에 대한 여러가지 원인을 종합하여 정리해 보면 기업부실의 원인은 기업의 외적요인과 내적요인 두 가지로 나누어진다. 그에 관련된 원인요소들을 종합하여 나타내 보면 [표 10-10]과 같다.

[표 10-10] 부실원인인 기업의 외적요인과 내적요인

기업외적요인

- 경기요인 : 경제불황, 구매력 감소 등
- 산업요인
  - 국제정치요인: 무역마찰, 전쟁, 규제조치, 시장개방 등
  - 시장요인 : 출혈경쟁, 덤핑판매, 대체품 출현, 원자재난과 가격상승, 대기업의 진출, 하청구조의 변화, 소비구조의 변화, 유통구조의 변화
- 우발적요인 : 경영자 사망, 거래기업 도산, 천재지변(지진, 홍수), 화재 등

기업내적요인

- 경영자 요인 : 경영자의 자질부족, 경영진간의 대립 · 분열, 경험 · 기술 · 지식 부족, 자기과신, 정치참여, 경영의 방임 등
- 사업구조요인 : 부적절한 시설투자, 사업다각화, 사업전환, 사업확장, 부적절한 합작투자 등
- 판매요인 : 판매부진(수주부진, 경쟁심화, 판매처개척 노력미흡, 제품의 홍보부족, 시장조사 기능 미약)과 판매대금 회수부진
- 생산기술요인 : 생산시설의 노후, 제품개발의 부족, 노사분쟁, 원재료확보 문제, 인력난 등
- 재무요인 : 현금흐름과 금융비용관리 및 장 · 단기 채무의 관리능력 부족, 차입능력 약화 등
- 관리요인 : 시설 · 인사 · 노무 관리능력 결여 등

제5절 기업부실의 징후

기업이 부실화되어 가는 과정에서는 여러 가지 부실징후가 나타나게 된다. 달리 말하면, 부실화가 진행되는 기업은 초기에는 어떤 방법을 사용하든 그 부실을 은폐할 수 있겠지만, 부실의 정도가 심화되면 그 징후를 감출 수 없게 된것이다.

기업부실의 징후는 그 기업의 재산상태, 영업상태, 현금흐름 등을 보여 주는 재무제표에서 발견할 수도 있지만, 비재무적 요소인 경영진이나 종업원의 태도에서도 발견할 수가 있다.

1. 재무제표에서 발견할 수 있는 부실징후

1) 재무상태표

- 필요이상의 현금잔고를 유지(차입금 혹은 부채비율이 증가함에도 불구하고)한다.
- 결산기일 직전에 현금잔고를 증액(지급능력이 양호함을 보여 주려고)한다.
- 매출채권이 증가(판매부진에서 벗어나기 위하여 신용판매기간을 연장한 경우, 회수가 불가능한 채권이 누적됨에도 대손상각을 하지 않은 경우 등)한다.
- 재고자산이 증가(판매부진의 결과, 퇴화된 재고자산의 증가 등)한다.

- 투매(핵심단기자산의 처분)으로 인한 급격히 순운전자본(추가 차입이 어려운 도산 직전의 현상)이 감소한다.
- 매입채무와 선수금 등이 비정상적으로 증가(자금확보에 총력을 기울임)한다.
- 타인자본 의존도가 심화(유상증자의 병행 없이)된다.
- 신규 단기차입금이 증가(매출이 증가하지 않는 상황에서도)한다.
- 자본잠식 상태에 빠진다.
- 부채비율의 증가, 차입금비율의 증가 등 각종 자산 및 자본 관련 비율이 계속적으로 악화된다.
- 부채총계/매출액은 일년 동안의 판매수익으로 회사의 부채를 모두 상환할 수 있는지 여부를 측정할 수 있는 비율이다. 따라서 이 비율은 보수적 관점에서 100% 이상이면 위험하다고 할 수 있다.

2) 손익계산서

- 매출액이 계속적으로 감소(계속되는 판매부진, 혹은 생산시설 투자이후에도 감소하는 경우에는 매우 위험함)한다.
- 매출원가가 상승(제조원가의 상승을 제품가격에 제대로 전가할 수 없는 경우)한다.
- 매출이 부진한 가운데에도 지속적인 판매비와 일반관리비가 증가(특히 대손상각비와 충당부채의 증가)한다.
- 만성적인 금융비용이 증가(누적되는 차입금 증가로 인하여 혹은 차입금은 더 이상 늘지 않는데 금융비용이 증가하는 경우)한다.
- 당해 연도에 큰 금액의 당기순손실이 발생하거나 혹은 2년 연속 순손실을 기록한다.
- 매출총이익률, 영업이익률, 당기순이익률, 이자보상비율 등 수익성 관련 비율이 계속적으로 악화된다.
- 매출채권증가율과 재고자산증가율이 각각 매출액증가율보다 급격히 상승하는 경우이다. 만약 매출채권증가율이 매출액증가율보다 높은 경우, 즉 판매는 늘어나도

대금회수가 제대로 되지 않는 경우라면 이를 지원하기 위한 운전자금이 더욱 필요하게 된다. 그리고 재고자산증가율이 매출액증가율보다 급격히 높아진다면 판매수익의 일부가 계속적으로 재고자산에 잠기거나 불량재고가 증가하는 것을 나타내는 것이다.

3) 현금흐름표

- 영업활동에서 유입된 현금흐름이 급격히 감소(기업의 부채상환능력의 약화)한다.
- 매출현금흐름의 지속적인 감소(혹은 매출감소와 동반한 매출현금흐름의 급격한 감소)
- 현금흐름이 부족하여 신규 단기차입금으로 만기 도래하는 장기차입금을 상환하는 경우(차입능력의 약화와 부채상환능력의 악화)이다.
- 단기차입금으로 유형자산 혹은 투자자산에 투자(금융지원의 기본을 위배하는 경우로서 단기차입금이 정상적으로 연장이 되지 않을 경우 가까운 미래에는 가중된 상환부담에 직면하게 됨)한다.
- 자금조달의 주된 원천이 단기차입금인 경우(차입능력의 약화가 의심됨. 금융시장 혹은 은행으로부터 장기자금의 조달이 어려운 경우)가 있다.
- 배당금을 과다하게 지급(대기업에는 드문 현상이나, 사업 전망이 어두운 중소기업의 경우 부도 2~3년 전에 가끔 나타나는 현상)하는 경우가 있다.

2. 기업활동에서 발견할 수 있는 부실징후

1) 경영자

- 경영진이 빈번하게 교체되거나 갑작스럽게 교체된다.
- 외출이 늘어나고 면담 회피가 증가한다.
- 지급 및 상환계획에 대한 약속 위반, 언행 불일치가 증가한다.
- 자금조달 능력이 의심스러운 과도한 투자계획을 제시하거나 논리가 불충분한 밝은 미래상을 제시한다.

2) 종업원

- 직장을 옮길 생각을 종종 이야기한다.
- 퇴사하는 종업원 수가 증가한다.
- 재무담당자가 자주 자리를 비우거나 채권자 방문을 기피한다.
- 사기가 저하되고 불안해한다.
- 회의가 증가하고 회의시간이 길어진다.
- 소재를 밝히지 않는 외출을 자주 한다.

3) 재무활동

- 대출금 만기 며칠전에 갑자기 대출금의 연장을 요청한다.
- 단기대출금 만기 며칠전부터 재무담당자가 면담이나 통화를 기피한다.
- 대출금에 연체이자가 발생한다.
- 회계자료의 공개를 기피한다(각종 명세서의 공개 등).
- 단기금융시장에서 융통어음을 할인한다는 소문이 들린다.
- 사채시장에서 자금을 조달하기 시작한다.

- 외부감사인에 의한 회계감사의 결과 '부정적의견'이나 '의견거절'의 감사의견을 받는다.
- 회계처리 방법의 변경으로 이익을 과대표시하는 등의 회계분식을 시도한다.
- 주요 자산의 양도 및 매각을 통하여 자금을 마련한다.

4) 구매 및 판매활동

- 현금을 마련하기 위하여 정상제품을 재고처리나 이월상품으로 위장하여 덤핑판매를 실시한다(순운전자본의 급격한 감소가 발생).
- 납기지연, 클레임 증가, 반품증가 등의 현상이 빈번히 발생한다.
- 오래된 매입처(원자재, 생산자재 등)를 갑자기 교체한다.
- 예전과는 달리 채권회수에 전력을 다하거나, 미래의 판매에 지장을 줄 정도로 무리하게 채권회수를 강행한다(현금조달에 총력을 기울이는 경우).
- 주요 바이어가 도산한다.
- 물품 구매시 가격할인보다는 외상기간을 늘리는 데 초점을 둔다.
- 직원들에게 자사 물품을 강매한다.

제6절 기업부실유형

기업부실은 기업의 부채상환능력과 비용지급능력(배당금 또는 이자비용 등)이 크게 약화되었거나 약화되어 가는 과정이 심화되고 있는 상태이다. 이러한 기업부실은 기업의 외적요인과 내적요인에서 그 원인이 발생하고, 기업부실의 유형도 다양하다.

대기업과 중소기업의 부실원인에 관한 여러 논문을 참고하면 다음과 같이 다양한 기업부실유형을 정리할 수 있다.

1. 매출감소형

이 유형은 기업부실 원인 중에서 가장 중요한 원인으로 모든 업종에 적용된다. 업종으로는 **경기에 민감한 업종 건설업과 서비스업** 등에서 많이 발생한다.

2. 회수부진형

이 유형은 매출채권회수부진이 원인으로 **(1) 특정 판매처에 대한 매출비중이 높은 경우** 또는 **(2) 매출채권회수기간이 긴 경우**에 발생한다. 업종으로는 **자동차부품제조업, 중화학공업, 건설업, 조선업, 엔지니어링업**에서 종종 발생한다. 그 이유는 일반적으로 공사금액이 크고 공사기간이 길기 때문이다. 과거 해외건설업 중에서 수주는 많이 하여 매출은 증가하였으나 공사미수금의 회수에 문제가 부실의 원인이 된 사례가 있었다.

3. 투자실패형

이 유형은 장치산업과 같이 생산시설에 대한 투자가 대규모로 발생하는 업종 혹은 대규모 부동산 투자를 필요로 하는 업종(즉 투자기간이 긴 업종)에서 많이 발생한다. 특히, 금융기관 차입으로 투자를 하였으나 투자실패, 즉 투자로 인하여 생산된 신제품이 시장에서 호응을 받지 못하여 투자자금을 상환할 수 없는 경우에 종종 발생한다. 업종으로는 자동차제조업, 반도체제조업, 부동산개발업, 콘도미니엄체인업 등을 들 수 있다.

4. 원가상승형

이 유형은 전 업종에 해당되는 원인으로 발생한 원가상승을 판매가격에 쉽게 전가하지 못하기 때문에 발생한다. 예로 수입의존기업인 경우에는 해외현물시장에서 발생하는 가격상승 또는 환율상승이 원가상승의 원인이 된다. 수입의존 업종으로 정유업(원재료: 원유), 제지제조업(펄프), 철강제조업(철광석), 가구제조업(원목), 제분업(밀), 제당업(사탕수수) 등을 들 수가 있으며, 예외적으로 정유업은 원유의 가격상승이 국내 판매가격으로 전가가 매우 빠른 업종이다.

5. 연쇄도산형

이 유형은 관계회사의 부도 혹은 모회사의 부도로 인하여 발생한 악영향이 해당기업의 신용등급을 하락시키거나 혹은 차입능력이 어렵게 된 경우에 종종 발생한다. 과거에는 관계회사 간에 상호지급보증으로 인한 연쇄도산이 많았다. 이 유형은 관계사 혹은 자회사가 많은 그룹에 속한 기업에서 발생한다.

6. 확장경영형

이 유형은 흔히 방만경영형이라고 할 수 있다. 최초에는 단독기업이면서 사업이 잘 되어 성장이 매우 빨랐던 기업이 투자능력 혹은 경영능력을 초과하여 사업을 무리하게 확장하면서 발생한다. 기업부실은 무리한 사업확장, 사업다각화, 기업인수 등이 그 원인이 된다. 이 유형은 과거의 성장을 믿고 자신의 능력을 과대평가하거나 또는 지나친 욕심이 그 원인이 된다.

7. 자금부족형

이 유형은 자금조달능력이 상대적으로 약한 신설기업, 대규모 투자가 오랜 기간에 지속되는 장치산업 및 같은 매출규모에 비하여 상대적으로 많은 운전자금을 필요로 하는 업종에서 종종 발생한다. 따라서 연구개발비용이 크고 그 기간이 업종, 제조공정기간이 상대적으로 긴 업종 및 매출채권회수기간이 상대적으로 긴 업종에서 발생할 수 있다. 업종으로 건설업, 조선업, 엔지니어링업, 제약업 등을 들 수 있다.

8. 노사분규형

장치산업이거나 자본집약적인 업종이라도 노동집약적인 업종에서 주로 발생한다. 과거 사례를 보면 대체노동력을 구하기가 어려운 경우, 남성노동자가 노조원의 대부분인 경우 및 노조가 속한 단체가 강성인 경우에 노사분규가 상대적으로 많이 발생하였다. 따라서 기업분석 시에는 노조유무, 과거 파업유무, 소속단체, 노조원구성비 등을 분석하는 것이 중요하다. 업종으로는 금속제조업, 자동차제조업, 조선업 등을 들 수 있다.

제 11 장 회계분식과 기업부실예측

제1절 회계분식 (window-dressing)

제2절 기업부실예측 (Business Failure Forecast)

제11장 주요내용

- 용어의 개념
  ① 회계분식 ② 회계오류
- 주주, 투자자, 채권자 및 기타 입장에서 이익(매출)의 과대표시 목적
- 종업원, 세무관청 및 주주 입장에서 이익(매출)의 과소표시 목적
- 주주 및 채권자 입장에서 자산의 과대(혹은 부채의 과소)표시 목적
- 주주 및 채권자 입장에서 자산의 과소(혹은 부채의 과대)표시 목적
- 매출분식유형
- 자산과 수익분식유형
- 자산 · 부채 · 자본 분식유형
- 비용과소 · 자산과대 분식유형
- 비용과대 · 자산과소 분식유형

제1절 회계분식 (window-dressing)

1. 회계분식의 개념

회계분식(window dressing)은 해당 기업에 이해관계가 있는 자(예를 들면, 주주 · 투자자 집단, 채권자 집단, 원료공급자, 국세청 등)들에게 의도적으로 기업의 재산상태 또는 영업결과를 좋게 보이게 하거나, 아니면 나쁘게 보이게 할 목적으로 관련 계정과목을 과대 혹은 과소하게 표시하거나 누락시키는 것을 말한다.

따라서 회계분식은 발생된 재무사항을 재무제표 작성책임자의 의도된 지시에 따라 은폐하거나 변형하기도 하는 것을 말한다. 그러나 회계오류는 회계작성자의 지식부족이나 실수에 의하여 발생되므로 오류는 의도적이지 않으며 목적이 없는 것이 재무제표분식과 다르다.

회계분식은 기업회계기준이 정한 재무제표의 작성기준을 위반하면서 할 수가 있고, 그 작성기준 범위 내에서 회계처리를 변경함으로써 분식의 목적을 달성할 수도 있다.

2. 회계분식의 목적

회계분식이란 의도적으로 이루어지는 것이므로 경영자가 대주주와 상의하는 경우가 많으므로 결국 분식의 지시 및 묵과는 그 기업의 경영자가 한다고 보아야 한다. 분식은 그 대상과 목적에 따라 다양하게 나타나며, 회계분식은 크게 4가지 형태로 나눌 수 있다.

- 이익(매출)의 과대표시
- 이익(매출)의 과소표시
- 자산의 과대(혹은 부채의 과소)표시
- 자산의 과소(혹은 부채의 과대)표시

이상 4가지 경우가 목적에 따라 적절히 사용되며 이것을 정리해 보면 다음과 같다.

1) 이익(매출)의 과대표시 목적

- 주주 대상 – 경영자가 적정한 배당을 유지함으로써 주주들로부터 신임을 얻을 목적, 악화된 경영상태를 은폐하거나 특별상여금을 받을 목적 등
- 투자자 대상 – 상장회사인 경우 유상증자를 하기전 주가를 높일 목적, 대주주와 교감을 가지고 주가상승으로 시세차익을 얻을 목적, 국내외 투자자를 유치할 목적 등
- 채권자 대상 – 금융기관으로부터 만기 도래하는 차입금에 대하여 안정적으로 연장을 받거나 신규대출을 일으킬 목적, 실물채권자로부터 향후 계속적인 신용을 공여받거나 신용기간을 늘릴 목적 등
- 기 타 – 기업이 도산하여 법적절차가 진행중인 경우 회생의 가능성을 보여 주기 위한 목적, 기업의 인수 및 합병이 예상될 때 기업의 영업가치를 높이기 위한 목적 등

2) 이익(매출)의 과소표시 목적

이 경우는 주로 경영자가 대주주와 의논하여 결정한다.

- 노조 · 종업원 대상 : 노조나 종업원들의 임금인상을 억제할 목적
- 세무관청 : 탈세 목적
- 주주대상 : 경영자가 회사자금을 유용할 목적
- 정부당국 : 제품가격을 인상하기 위한 분위기를 조성할 목적
- 기　　타 : 거액의 이익실현으로 인한 사회적인 비난을 사전에 제거하기 위한 목적

3) 자산의 과대(혹은 부채의 과소)표시 목적

- 투자자 대상 : 기업의 자산가치를 높게 보여 인수 및 합병시 유리한 고지를 점령할 목적이거나, 기업을 양도할 때 양도대금을 높일 목적, 주당 가치를 높여서 주가를 상승시킬 목적
- 채권자 대상 : 금융기관이나 실물채권자에게 채무상환능력이 양호함을 보이거나 채무부담액이 적음을 보이기 위한 목적

4) 자산의 과소(혹은 부채의 과대)표시 목적

- 주주 대상 : 경영자가 기업의 재산을 유용할 목적
- 채권자 대상 : 부도 직전 기업재산의 일부를 빼돌릴 목적

3. 회계분식의 유형

회계분식방법 중에서 자주 사용되는 방법을 소개하면 다음과 같다.

1) 매출(수익) 분식유형

- 선수금을 당기매출로 계상 (매출과대 계상)
- 매출과 매출채권을 과대계상 (매출과대 계상)
- 수출신용장을 받고 선적 전에 차기매출을 당기매출로 계상 (매출과대 계상)
- 가공의 매출액과 매출채권계상 (매출과대 계상)
- 매출과 매출채권 누락 (매출과소 계상)

2) 자산과 수익 분식유형

- 회수된 매출채권 미계상 (자산과소 및 수익과소 계상)
- 유가증권 과대계상으로 평가이익 발생 (자산과대 및 수익과대 계상)

3) 자산 · 부채 · 자본 분식유형

- 매출채권과 매입채무의 상계 (자산과소 및 부채과소 계상)
- 선급금과 선수금상계 (자산과소 및 부채과소 계상)
- 유동성장기부채 미분류 (유동부채과소 계상)
- 임원가수금을 자본전입으로 분류 (부채과소 및 자본과대 계상)
- 부채성충당금을 이익잉여금에 계상 (부채감소 및 자본과대 계상)

4) 비용과소 · 자산과대 분식유형

- 감가상각비 미계상 (비용과소 및 자산과대 계상)
- 감가상각내용연수 연장 (비용과소 및 자산과대 계상)
- 연구개발비상각연수 연장 (비용과소 및 자산과대 계상)
- 공장증설 후에 정율법에서 정액법으로 회계처리변경 (비용과소 및 자산과대 계상)
- 재고자산평가 혹은 유가증권 평가손실 미계상 (비용과소 및 자산과대 계상)

5) 비용과대 · 자산과소 분식유형

- 대손충당금 과대계상 (비용과대 및 유동자산과소 계상)
- 자본적지출을 수익적지출로 계상 (비용과대 및 비유동자산과소 계상)
- 연구개발비 및 감가상각비상각연수 단축 (비용과대 및 자산과소 계상)

참고 : 실무적으로 보면 회계분식에 가장 많이 사용되는 방법은 (1) 시설투자 후에 감가상각방법의 변경(정율법 → 정액법), (2) 감가상각내용연수의 연장, (3) 당기비용의 이연처리, (4) 연구개발비상각연수의 연장 순이다.

〈예제 11-1〉 부실재고자산의 추정

당기매출액 1,500억원, 당기말 재고자산 350억원, 평균재고자산보유기간(적정재고일수) 50일 일 때 부실재고자산 추정금액을 계산하시오?

[풀이]

1. 1,500억원 / 365일 × 50일 = 205억원
2. 350억원 – 205억원 = 145억원

〈예제 11-2〉 차입금누락의 점검

당기 이자가 150억원, 차입금 평균잔액이 1,000억원, 평균시장이자율이 6% 일 때 차입금 누락을 점검하시오?

[풀이]

1. 예상차입금총계 = 150억원 / 6% = 2,500억원,
2. 예상차입금누락액 = 2,500 – 1,000 = 1,500억원

제2절 기업부실예측 (Business Failure Forecast)

1. 금융기관의 미래현금창출능력

기업 뿐만아니라 금융기관을 분석하는 심사역 입장에 있어서도 금융기관의 차변가치는 대변가치 보다 더 중요하다. 그 이유는 기업과 마찬가지로 차변에 (1) 금융기관의 실체, (2) 금융기관의 미래현금창출능력, (3) 금융기관의 기업가치가 숨어 있기 때문이다. 반면에, 금융기관의 대변에는 기업과는 달리 비금융채무가 거의 없기 때문에, (1) 금융채무와 (2) 자기자본으로 구분되어 자본구조(capital structure)는 오히려 금융기관이 더 단순하다.

금융기관의 미래현금창출능력은 차변 즉, 총자산에 있으며 한마디로 '자산의 건전성'에 있다. 그러므로 **기업부실에 대한 예측은 모든 금융기관의 꿈이고, 모든 금융기관이 가장 중요시하는 최대관심사항**이다. 따라서 금융기관들의 최대관심사를 해결하고자 많은 학자, 금융인, 금융기관이 오늘 현재까지 노력해오고 있다.

과거 기업부실예측을 위해 노력하고 발표된 많은 모형 및 판별함수가 있는데 그 중에서도 올슨(ohlson; 1970-1976 자료분석), 자브그렌(Zavren; 1972-1978 자료분석), 길버트(Gilbert; 1974-1983 자료분석), 알트만(E. Altman: 1968 Z-Score 모형발표, 1977 Zeta 모형발표, 1996 K-Score 모형발표) 등이 있다. 이들 중에서도 기업부실 예측모형 연구분야에 있어서는 알트만(E. Altman)이 선구자였으며 그의 Z-Score 모형이 가장 유명했으며 이를 소개하면 다음과 같다.

2. Z-모형 판별함수분석법

Z-모형판별함수 분석법은 미국의 알트만(Altman, 1968)교수에 의하여 개발되었으며, 그 목적은 기업도산에 영향을 줄 것으로 판단되는 주요 변수를 규명하고 측정함으로써 기업도산전 도산징후를 사전에 파악하는 것이다. 이 모형은 과거에 많은 금융기관들이 참고로 하는 모형 중의 대표적인 기업부실 예측모형이라 할 수 있다.

표본에 사용된 기업 수는 총 66개였으며 이들은 각각 33개 기업으로 구성된 두 개의 기업집단으로 구성되었다. '기업집단 1'은 도산기업 집단으로서 1946~1965년 사이에 미국의 파산법에 따라 파산을 신청한 제조업 33개로 구성되었고, '기업집단 2'는 건전기업 집단으로서 1966년 현재 존속하고 있는 기업들이었다.[1)]

그는 기업도산 예측에 중요한 '항목' 5가지를 유동성, 수익성, 레버리지, 지불능력, 활동성으로 선정하고, 과거 이용 빈도를 고려하여 기업평가에 유용한 지표로 사용된 22개의 재무비율을 선정하고, 그 22개 변수 중에서 기업도산 예측에 가장 중요하다고 생각되는 5개의 변수를 선정하여 Z-모형판별함수를 만들었다.

따라서 Z-모형판별함수는 5개의 변수에 가중치를 부여한 후 합산하는 형태의 함수에 대상 기업의 관련 변수를 적용시킴으로써 점수를 구할 수 있는 선형모형이며 다변량분석 기법이다. Z-모형분석은 다음과 같이 최초의 모형에서 2차에 걸쳐 수정되었다.

---

1) Edward I. Altman, "Corporate Financial Distress", John Wiley & Sons Inc, pp.105~125., 전성빈 · 김건우 · 김민철 편역, 「기업의 재무위기와 도산」, 한국신용분석사회, pp.214~234

1) 최초 Z-모형판별함수

· X_1 = 운전자본(유동자산 － 유동부채) / 총자산

· X_2 = 잉여금*(이익잉여금 + 자본잉여금) / 총자산

· X_3 = 이자와 세금차감전이익 / 총자산

· X_4 = 자본의 시장가치(market value of equity)* / 총부채

· X_5 = 매출액 / 총자산

· Z = 종합점수

* 이익잉여금만을 의미하였으나 실무적으로는 자본잉여금을 포함함.

* 자본의 시장가치(market capitalization)는 상장기업인 경우는 총발행 주식수에 증권거래소에서 거래되는 1주당 주식가격을 곱하면 구할 수 있다.

· 도산 1년 전의 Z-모형판별함수

$$Z = 1.2(X_1) + 1.4(X_2) + 3.3(X_3) + 0.6(X_4) + 1.0(X_5)$$

판정기준 ; $Z < 1.81$: 도산 가능영역

$Z > 3.0$: 건전영역

$1.81 \le Z \le 3.0$: 판정 유보영역

추세분석으로부터 다음의 두 가지 중요한 결론을 얻었다. 첫째는 모든 비율이 도산연도에 근접할수록 악화되었다. 둘째는 각 비율 ($X_1 - X_5$)들의 심각한 추세 변화는 대부분 도산 2~3년전에 발생하였다.

2) 1차 수정된 Z-모형판별함수

· 도산 1년 전의 Z-모형판별함수

$$Z' = 0.72(X_1) + 0.85(X_2) + 3.1(X_3) + 0.42(X_4)^* + 1.0(X_5)$$

* 비상장기업의 적용을 위해서 X_4에서 시장가치 대신 장부가치, 즉 자본총계(tangible net worth = 자본금 + 잉여금)로 대신한다.

판정기준 ; Z ′ < 1.23 : 도산 가능영역

Z ′ > 2.90 : 건전영역

1.23 ≤ Z ′ ≤ 2.90 : 판정 유보영역

3) 2차 수정된 Z-모형판별함수

· 도산 1년전의 Z-모형판별함수

$$Z'' = 6.56(X_1) + 3.26(X_2) + 6.72(X_3) + 1.05(X_4)$$

2차 수정된 Z-모형판별함수에서는 X_5(매출액/총자산)가 제외되었다. 그 이유는 자산회전율은 산업에 따라 민감하게 변하기 때문에 산업효과를 최소화하기 위함이다.

판정기준 ; Z″ < 1.10 : 도산 가능영역

Z″ > 2.60 : 건전영역

1.10 ≤ Z″ ≤ 2.60 : 판정 유보영역

<결론> 분석의 결과는 기업이 도산한 연도로부터 2년전의 회계연도에서 부실징후가 예측 가능하였고, 예측의 정확도는 도산 2년전인 경우는 평균 70%이며, 도산 전 회계연도인 경우는 90% 이상을 나타내었다.

<문제점> 연구대상으로 선정된 도산기업 집단의 대부분이 소기업(평균자산 규모 : 9.6백만달러 이하)이며 제조업종의 기업들이었다.

이상의 결과를 보면 외부감사인의 감사를 받은 재무제표를 수년간 분석함으로써 기업의 부실을 비교적 정확히 예측할 수 있음을 알 수 있다.

3. 한국은행의 부실예측 판별함수

한국은행 은행감독원은 1982년에 대출심사 및 사후관리 업무를 위하여 보다 합리적인 신용평가기법 개발을 위한 한 방법으로서 판별분석(discriminant analysis)을 통하여 기업부실을 예측함으로써 사전에 기업부실을 예방할 수 있는 부실예측 판별함수를 개발하였다.[2)]

1) 표본기업

재무상태가 비교적 우량한 22개 우량기업군(G_1)과 1981년중 부도, 적색 혹은 관리기업체로 지정된 21개 부실기업군(G_2)

2) 재무비율

일반적으로 사용되는 86개 재무비율중 G_1평균과 G_2평균과의 차이가 비교적 큰 재무비율 20개 (성장율 2개, 자산 · 자본비율 7개, 손익비율 7개, 자산 · 자본회전율 4개)를 선정하였다. 그리고 이 선정된 20개 재무비율중에서 다시 두 기업군을 가장 잘 판별할 수 있는 7개 재무비율과 이 비율들에 대한 계수(coefficient)를 결정하였다.

X_1: 자기자본비율 (자기자본/총자산)

X_2: 유동비율 (유동자산/유동부채)

X_3: 고정장기적합률의 역수{(자기자본+고정부채)/(고정자산−이연자산)}

X_4: 순운전자본대 총자본(총자산)비율{(유동자산−유동부채)/총자산}

X_5: 자본금경상이익률 (경상이익/자본금)

X_6: 총자본(총자산)회전율 (매출액/총자산)

X_7: 경영자본(경영자산)회전율 (매출액/경영자산*)

* 경영자산: 총자산−투자자산−건설중인자산 −이연자산

---

2) 한국은행(은행감독원 여신관리국),「판별분석에 의한 기업평가방법」(1982.8), pp.9−15.

3) 판별함수(discriminant function)

선택된 7개 재무비율과 가중치에 의하여 도출된 판별함수는 다음과 같다.

$$D = 5.323 - 0.0326X_1 - 0.0258X_2 - 0.0076X_3 + 0.0596X_4 - 0.0045X_5 + 2.271X_6 - 2.783X_7 \quad \text{식(2-1)}$$

이때 $X_1 \sim X_5$ 는 %, $X_6 \sim X_7$은 배수를 나타내므로 식(2-1)을 다음과 같은 간편식으로 변경하면 $X_1 \sim X_5$ 도 배수의 산식을 다같이 적용할수 있는 식(2-2)로 나타낼수 있다.

$$D = 5.32 - 3.26X_1 - 2.58X_2 - 0.76X_3 + 5.96X_4 - 0.45X_5 + 2.27X_6 - 2.78X_7 \quad \text{식(2-2)}$$

4) 판별구간

A군 : $D < -1.597$: 건전기업군

B군 : $-1.597 \leq D < 0.038$: 건전기업군

C군 : $0.038 \leq D < 1.673$: 불건전기업군

D군 : $1.673 \leq D$: 불건전기업군

5) 모형의 신뢰도 : 97.67%

	투입업체	판정결과		
		불건전	건전	신뢰도
우량기업	22	(0)	22	97.67%
부실기업	21	20	(1)	(42/43)

4. 주식가격을 반영한 부실예측모형

많은 은행 중에서 상장기업을 대상으로 주식가격을 반영하는 부실예측모형을 개발한 은행도 있었으나 그 유용성은 낮아 별로 활용되지 못하고 있다. 왜냐하면 주식가격은 기업의 내재가치, 즉 미래현금창출능력에 의해서만 가격이 변동하지 않기 때문이다. 주식가격은 때로는 기업의 내재가치와는 전혀 무관하게 시장에서 수요와 공급에 의하여 변동하는 경우가 더 많기 때문이다.

시장에서 주식가격을 변동시키는 핵심요인인, 기업의 내재가치를 변동시키는 요인(예; 가격상승, 수주증가, 판매마진증가 등) 외에 국내주식시장을 움직이는 주요 변수에는 세계경기, 국내경기, 업종별 세계경기, 업종별 국내경기, 원 · 달러환율, 국내금리, 통화정책, 국내기관투자가의 동향, 외국기관투자가의 동향, 개인투자가의 동향 등이 있기 때문이다.

5. 신용등급평가모형

1) 중소기업 신용평가표

금융기관들은 중소기업신용평가표, 대기업신용평가표 혹은 업종별 신용평가표를 사용하고 있으며 이 중에서 중소기업신용평가표를 소개하면 다음과 같다.

중소기업 신용평가표

(총자산 OO억원 이상: 도소매 및 기타 서비스업용)

1. 업체명:
2. 업종:
3. 결산년도:
4. 작성일:
5. 유효기일:

부점장

구분		평가항목	배점	A	B	C	D	E	평점
재무상태	안정성	자기자본비율	6	6	4.8	3.6	2.4	1.2	
		유동비율	6	6	4.8	3.6	2.4	1.2	
		차입금의존도	4	4	3.2	2.4	1.6	0.8	
		현금흐름/총부채	4	4	3.2	2.4	1.6	0.8	
	수익성	매출액경상이익률	6	6	4.8	3.6	2.4	1.2	
		총자본순이익률	9	9	7.2	5.4	3.6	1.8	
	활동성	총자본회전율	5	5	4	3	2	1	
		영업자본회전율	5	5	4	3	2	1	
	생산성	총자본투자효율	5	5	4	3	2	1	
		부가가치율	5	5	4	3	2	1	
	성장성	매출액증가율	5	5	4	3	2	1	
		총자본증가율	5	5	4	3	2	1	
사업성	성장전망	추정매출액증가율	2	2	1.6	1.2	0.8	0.4	
	수익전망	추정매출액영업 이익증가율	2	2	1.6	1.2	0.8	0.4	
	시장성	거래조건 및 판매안정도	4	4	3.2	2.4	1.6	0.8	
		업종의 유망성	2	2	1.6	1.2	0.8	0.4	
	경쟁력	인력개발	2	2	1.6	1.2	0.8	0.4	
		입지조건 및 서비스수준	3	3	2.4	1.8	1.2	0.6	
거래신뢰도	은행거래 상황	여신거래기간, 연체여부,규제사실여부	2	2	1.6	1.2	0.8	0.4	
	사업안정성	사업장 및 주택보유, 권리침해여부	2	2	1.6	1.2	0.8	0.4	
	업력	기업체업력	2	2	1.6	1.2	0.8	0.4	
	세평	동업계 세평 등	2	2	1.6	1.2	0.8	0.4	
경영능력	경영성과	흑자경영기간 및 경상이익추세	2	2	1.6	1.2	0.8	0.4	
	경영자능력	경영형태	2	2	1.6	1.2	0.8	0.4	
		경영전략	2	2	1.6	1.2	0.8	0.4	
		경영자경력	2	2	1.6	1.2	0.8	0.4	
	노사관계및 근로조건	노사관계	2	2	1.6	1.2	0.8	0.4	
		근로조건	2	2	1.6	1.2	0.8	0.4	
신용평점			100						
작성자									

2) 신용등급평가모형

금융기관들은 중소기업신용평가표, 대기업신용평가표 혹은 업종별 신용평가표를 사용하여 신용등급평가모형으로 사용하고 있으며 이를 소개하면 다음과 같다.

신용등급 평가모형(중소기업)

(광 · 제조 산업 등)

1. 업체명:
2. 업종:
3. 결산년도:

부점장

구분		평가항목	평가기준	배점	등급	평점	등급	평점
업종별 평가항목	안정성	자기자본비율	%	6				
		고정장기적합률	%	6				
		당좌비율	%	2.5				
		차익금의존도	%	3.5				
	수익성	총자본경상이익률	%	9				
		매출액영업이익률	%	6				
	활동성	총자본회전율	회	4.5				
		영업자산회전율	회	4.5				
	생산성	설비투자효율	%	4.5				
		부가가치율	%	4.5				
	성장성	유형고정자산증가율	%	4.5				
		매출액증가율	%	4.5				
공통평가항목	사업성	성장전망	%	2				
		수익전망	%	2				
	시장성	판매전망 및 시장개척력		6				
		업종유망성		2				
	경쟁력	인력개발		3				
		기술개발 및 품질혁신		4				
		가격경쟁력		2				
		국제경영력		2				
	경영능력	경영자의 경영능력		4				
		노사관계		2				
		근로조건 및 복지수준		2				
	신뢰성	은행거래신뢰도		3				
		세평		2				
	기타항목	업력		2				
		규모		2				
		금융규제		(−4)				
신용등급						( )		( )
기업체 부실화징후 평가결과			정상 ( ) 주의 ( ) 부실가능 ( )					
			통계 : %, 체크 : 일반 ( )개 일반 ( )개					
			영업활동후의 현금흐름액 : 천원					
작성자		(인)	확인자					(인)

제 3 부 K-IFRS 재무제표분석과 기업부실예측모형

제 12 장 K-IFRS 재무제표분석 (K-IFRS Financial Statements Analysis)

제 1 절 K-GAAP와 K-IFRS 주요 재무차이

제 2 절 기업분석과 연결재무제표 (Consolidated Financial Statements)

제 3 절 K-IFRS 재무제표분석 (K-IFRS Financial Statements)

제 4 절 K-IFRS 현금흐름표 분석기법 (K-IFRS Cash Flow Analysis)

제 5 절 K-IFRS 현금흐름분석 사례연구

제12장 주요내용

- K-GAPP와 K-IFRS의 주요 재무차이
- K-IFRS 재무제표 분석의 문제점
- K-IFRS 연결재무제표의 유용성 및 한계
- K-IFRS 재무상태표 분석
- K-IFRS 포괄손익계산서 분석
- K-IFRS 현금흐름표 분석 (현금흐름표 유형 2가지)
- K-IFRS 현금흐름분석 포인트
- K-IFRS 현금흐름분석 사례연구

제1절 K-GAAP와 K-IFRS 주요 재무차이

1. K-GAAP와 K-IFRS 주요 재무차이*

K-GAAP과 K-IFRS를 상호 비교하면 회계처리 혹은 재무제표 작성에 있어서 여러 가지 차이가 발생하며 그 중에서 기업분석과 관련하여 중요한 재무차이를 정리하면 다음과 같다.

[표 12-1] K-GAAP와 K-IFRS 주요 재무차이

	K-GAAP	K-IFRS
1. 이자비용	영업활동	재무활동(영업활동)
2. 이자수익	영업활동	투자활동(영업활동)
3. 배당금수익	영업활동	투자활동(영업활동)
4. 배당금지급	재무활동	재무활동(영업활동)
5. 상업어음할인	할인어음 우발채무관리	차입금증가, 매출채권증가
6. 단기매매증권처분(취득)	투자활동	영업활동
7. 재고자산평가	후입선출법 (O)	후입선출법 (X)
8. 아파트분양	진행기준	완공기준(원칙)
9. 마일리지(포인트)	충당부채	선수수익
10. 선박회사	감가상각후 잔존가치 Zero	마지막에도 잔존가치 상존
11. 지급보증(건설사)	우발채무	금융보증부채(우발채무의 일부금액)
12. 처분예정부동산	유형자산(비유동자산)	매각예정비유동자산(독립계정과목)

* 권성일, 「K-IFRS 재무제표분석」, 한국금융연수원 (2011.12)참고.

	K-GAAP	K-IFRS
13. 영업권	매년 상각 (예; 20년이내, 정액법)	매년 평가 후 자산반영 (비용감소, 순이익증가)
14. 연결대상	1) 지분 50%이상 2) 30%초과 최대주주 3) 총자산100억미만 제외	1) 지분 50%이상 2) 실질지배력 대주주
15. 토지평가차액	자본(잉여금)	당기손익(이익잉여금)
16. 모기업, 자회사, 손자회사	연결주체: 모기업	연결주체: 모든 기업
17. 미사용연차	회계 없음	미지급비용증가, 급여증가

2. K-IFRS 재무제표분석의 문제점

(1) 자산평가방법이 서로 다르면 같은 업종의 기업에 대한 상호 비교가 어렵다.

(2) 무형자산의 가치 및 R&D투자 가치에 대한 공정가액 평가에 대한 객관적인 기술인증 공인기관이 필요하다.

(3) 토지평가차액을 당기손익(이익잉여금)에 반영하므로 본 영업활동에서 발생하는 순이익이 누적되는 이익잉여금이 과대표시 된다.

(4) IFRS회계의 자율성은 또 다른 회계분식의 가능성을 유발시킬 수 있다.

(5) 지배기업의 연결재무제표인 경우 연결대상이 지분 50%이상 또는 실질적으로 지배력을 보유기준이므로 지분이 40%인 관계기업 중에서 기업의 영업실적 또는 재무구조가 나쁘면 실질적인 지배력이 없다는 이유로 연결대상에서 제외하는 문제점이 발생할 수 있다.

제2절 기업분석과 연결재무제표 (Consolidated Financial Statements)

1. K-IFRS 연결재무제표의 유용성 (Consolidated Financial Statements)

K-IFRS 재무제표는 연결재무제표 작성을 원칙으로 하고 있다. 기업분석에 연결재무제표는 왜 필요할까? 가장 중요한 이유는 연결재무제표를 사용하지 않으면 서로 다른 두 개의 비즈니스 그룹이 있을 때 이 두 그룹에 대한 비교분석, 즉 상대분석을 정확히 하기가 어렵다.

예를 들어 보자. 관계기업(affiliated company) 또는 종속기업(subsidiary)이 있는 A기업(모기업 혹은 지배기업: parent company)의 매출액은 100억원, 종속기업의 매출액은 30억원이다. 마찬가지로, 관계기업 또는 종속기업이 있는 B기업의 매출액도 100억원, 종속기업의 매출액은 30억원이다. 그런데 A기업의 매출액 100억원 중에는 종속기업에 판매한 매출이 없었고, B기업의 매출액 100억원 중에는 중속기업에 판매한 매출이 10억원 있었다. (단순화를 위하여 A, B 두기업 모두 종속기업의 지분을 각각 100% 보유하고 있다고 가정, 즉 비지배지분이 없는 경우를 가정함.)

A기업 매출액 100억원과 종속기업 매출액 30억원으로 연결손익계산서를 만들면 A기업은 종속기업에 판매한 매출이 없기 때문에 연결매출액은 130억원이 된다. 그러나 B기업 매출액 100억원에는 종속기업에 판매한 매출액이 10억원 있기 때문에 같은 그룹 간에

발생한 내부거래는 서로 상계되어 연결매출액은 120억원이 된다. 그러므로 종속기업 또는 관계기업이 있는 기업은 내부거래를 이용하면 매출액을 의도적으로 부풀릴 수 있다.

이와 같이 종속기업이 있는 A, B 두 기업을 정확히 상대분석하기 위해서는 두 기업간에는 동일한 기준을 적용해야 한다. A, B 두 기업의 재산상태와 영업상태를 정확히 비교하기 위해서는 연결매출액, 연결영업이익, 연결당기순이익(이상 P/L 주요항목), 연결자산총계, 연결부채총계, 연결자본총계(이상 B/S 주요항목), 연결영업현금흐름, 연결매출현금흐름(이상 C/F 주요항목) 등 주요 항목의 비교분석이 필요하다.

일반적으로 연결재무제표에는 모기업과 종속기업(관계기업) 간에 발생한 다음과 같은 사항이 제거된다.

(1) 내부거래의 상계

(예; 모기업의 매출액과 종속기업의 매출원가의 상계)

(예; 모기업의 매출채권과 종속기업의 매입채무의 상계)

(2) 모기업의 투자주식과 종속기업의 자본(자본금 및 이익잉여금)의 상계

(3) 미실현이익의 제거 등

(예; 모기업의 재고자산감소, 종속기업의 매출원가증가)

이와같이, 연결재무제표에서는 모기업과 종속기업과의 관계에서 발생하는 내부거래, 미실현이익 및 채권과 채무등이 서로 상계되므로 개별재무제표에 숨어 있는 거품을 제거할 수 있기 때문에 기업의 진실된 가치에 보다 가까이 접근하는데 그 유용성이 있다.

기업분석가 입장에서는 같은 회계방법으로 작성된 비교재무상태표만 있으면 기업의 재무제표분석에는 별로 문제가 되지 않는다. 바꾸어 말하면, 연결재무제표는 복잡한 과정을 거쳐야 하므로 작성이 어렵다. 그러나 연결재무제표 분석은 개별재무제표 분석과 다를 바가 없기 때문에 연결재무제표 분석이라고 달리 어려워할 필요는 없다.

2. K-IFRS 연결재무제표의 한계

연결재무제표도 개별재무제표에 비하여 다음과 같은 한계를 갖고 있다.

(1) 개별기업에 대한 투자 혹은 여신의사결정에는 일반적으로 개별재무제표가 필요하다. 그 이유는 연결재무제표로만 개별기업의 매출액, 순이익, 재무구조 등을 짐작하기가 어렵기 때문이다.

(2) 지배기업의 연결재무제표인 경우 연결대상이 지분 50%이상 또는 실질적으로 지배력을 보유하는 기업이므로 지분이 40%인 관계기업 중에서 기업의 영업실적 또는 재무구조가 나쁘면 실질적인 지배력이 없다는 이유로 연결대상에서 제외하는 문제점이 발생할 수 있다.

(3) 연결재무제표에 작성되는 연결대상 기업 수가 달라지든지 혹은 수는 같더라도 기업이 교체되는 경우가 발생하면 비교연결재무제표 분석에 문제가 발생하게 된다.

(4) 두 그룹간의 사업에 이질성이 있으면 상대분석(비교분석)이 어렵다. 예를들어, S상사와 L상사가 있는데 두 기업 모두 모기업으로써 각각 3개의 자회사를 가지고 있다. 그런데 S상사의 자회사는 건설업, 반도체, 조선업에 속하고 L상사의 자회사는 호텔업, 백화점, 유통업에 속한 경우가 이에 해당된다.

제3절 K-IFRS 재무제표분석 (K-IFRS Financial Statements)

1. K-IFRS 재무상태표분석

1) K-IFRS 재무상태표

K-IFRS 재무상태표가 나타내는 재무상태에 대한 주요 의미는 K-GAAP으로 작성된 재무상태표의 의미와 같다. 그리고 기업의 재무상태에 대한 표시방법이 다르다고 해서 기업가치 혹은 기업의 부채상환능력 등이 변하는 것은 아니다.

기업의 재무상태표가 K-GAAP에서 K-IFRS로 변경되면 총자산과 부채 및 자본에서 다소 변화가 발생한다. 그러므로 같은 기업을 대상으로 K-GAAP 재무상태표(예; 전기)와 K-IFRS 재무상태표(예; 당기)를 비교하면 문제가 발생한다. 그러나 전기와 당기를 같은 K-IFRS로 작성된 재무상태표를 분석할 때는 별로 문제가 되지 않는다.

K-GAAP으로 기업의 재무상태표를 작성하더라도 기업의 업종 혹은 기업의 평가방법에 따라 상대적으로 유리한 기업이 있고 반대로 불리한 기업이 있다. 이와 마찬가지로 기업의 업종 혹은 기업에 따라 K-IFRS 재무상태표로 전환하면 상대적으로 유리한 기업이 발생할 수 있고 반대로 불리한 기업이 발생할 수 있다.

그러므로 기업분석이라는 넓은 의미에서 보면 K-GAAP으로 재무상태표를 작성하던 또는 K-IFRS으로 재무상태표를 작성하던 기업분석가 입장에서는 같은 회계방법으로 작성된 비교재무상태표만 있으면 기업의 재무제표분석에는 별로 문제가 되지 않는다.

2) K-IFRS 재무상태표의 구조와 내용

[표 12-2] K-IFRS 재무상태표의 구조와 내용

K-IFRS 계정과목	K-GAAP 계정과목
유형자산	
무형자산	개발비, 산업재산권, 영업권
투자부동산	
종속(관계)기업투자자산	지분법적용투자주식, (관계사대여금)
장기금융자산 (기타금융자산)	만기보유금융자산, 매도가능증권, 장기예치금, 장기투자자산
장기매출채권 및 기타채권	종업원장기대여금, 관계사대여금, 장기미수금, 보증금, 회원권
I. 비유동자산합계	
재고자산	
매출채권 및 기타채권	매출채권, 대여금, 미수금, 미수수익
선급금 및 선급비용	
단기금융자산 (기타금융자산)	단기금융상품, 단기매매증권, 유동성만기보유증권
파생금융상품자산	
기타유동자산	이연법인세자산, (선급금), (선급비용)
현금 및 현금성자산	
II. 유동자산합계	
III. 매각예정비유동자산	
IV. 자산총계	
자본금	
자본잉여금	
자본조정 / 자기주식	
적립금 / 재평가적립금	기타포괄손익누계액
이익잉여금 (결손금)	
I. 자본총계	
사채	
장기차입금	원화 및 외화장기차입금, 장기리스미지급금
확정급여부채	(퇴직급여충당부채-퇴직보험예치금-퇴직연금운용자산))
이연법인세부채	
충당부채	충당성부채누계액
기타비유동부채	장기미지급금, 장기선수금, 수입보증금, (판매보증충당부채)
1. 비유동부채합계	
단기차입금	원화 및 외화단기차입금, 단기리스미지급금
유동성장기부채	유동성장기차입금, 유동성사채
금융리스부채	
매입채무 및 기타채무	매입채무, 미지급금, 미지급비용, 예수금 등
선수금 및 선수수익	
파생금융상품부채	
기타유동부채	(선수금), (선수수익), 충당부채, 이연법인세부채, 미지급법인세 유동성장기미지급금, 금융지급보증계약부채, 부가세예수금
2. 유동부채합계	
II. 부채총계	
III. 자본 및 부채총계	

▶ **K-IFRS 재무상태표의 특징**

K-IFRS 재무상태표는 계정과목이 매우 단순화 되었다. 즉 K-GAAP에서 독립적으로 구분되는 많은 계정과목이 표에서 보는 바와 같이 유사한 계정과목으로 통폐합되었다. 그러므로 **주석사항 점검이 매우 중요하게 되었다.** 특히, 장 · 단기지급능력 점검을 위하여 여러 재무비율을 분석하는 경우에는 주석사항의 점검이 매우 중요하다.

3) K-IFRS 재무상태표 분석방법론

① 당기 재무상태표분석

당기 K-IFRS 재무상태표 분석 시에 **차변 점검포인트는 총자산에서 핵심자산(핵심단기자산 및 핵심장기자산)이 차지하는 비중**이다. 또한, **대변 점검포인트는 자본구조**(capital structure) 분석은 3분법 분석을 실시하며 **(1) 금융채무, (2) 비금융채무, (3) 자본의 비중을 분석**하는 것이다.

② 비교 재무상태표분석

K-IFRS 비교재무상태표 분석 시에 차변 점검포인트는 총자산의 증가 가운데 핵심자산의 증가가 얼마나 있으며, 이는 매출증가에 단기요인인가? 혹은 장기요인인가?를 점검한다. 또한, 대변 점검포인트는 (1) 금융채무, (2) 비금융채무, (3) 자본 중에서 어떤 부문의 비중이 증가했는가?를 분석한다.

③ 자금지원의 적정성분석

끝으로 **핵심자산과 비핵심자산을 구분하지 않고 자산의 증가에 대한 자금의 지원이 '금융지원의 기본' 이론에 맞게 적절히 지원되었는가를 평가**한다.

4) K-IFRS 재무상태 분석포인트

(1) **순운전자본**(매출채권+재고자산-매입채무)과 **현금전환기간**(매출채권회수기간+재고자산보유기간-매입채무결제기간) → 주석사항점검

(2) **영업운전자본의 계산:** 매출채권 및 기타채권 - 매입채무 및 기타채무 → B/S

(3) **운전자본구조의 판정** → 재무상태표 점검

① 순운전자본(혹은 영업운전자본) 〉 0 → 정(+)의 운전자본구조

② 순운전자본(혹은 영업운전자본) 〈 0 → 부(-)의 운전자본구조

(4) **유동비율, 당좌비율 등 여러 단기지급점검 재무비율** → 기존방식과 동일

(5) **부채비율, 순운전자본, 자본시장가치 등 여러 장기지급 능력점검** → 기존방식과 동일

(6) **우발채무, 수정부채비율 등 여러 장기지급 능력점검** → 기존방식과 동일

참고 : K-IFRS 재무상태표는 단순화 되었지만, 상세한 주석사항의 공시를 요구하고 있으므로 주석사항을 자세히 살펴보면 K-GAAP 재무상태표와 분석에는 큰 차이가 없다.

2. K-IFRS 포괄손익계산서분석

1) K-IFRS 포괄손익계산서

기업의 손익계산서가 K-GAAP에서 K-IFRS로 변경되면 매출과 수익성에 다소 변화가 발생한다. 그러나 이것은 K-GAAP 손익계산서와 K-IFRS 포괄손익계산서를 비교할 때 발생하는 문제일 뿐이다. 따라서 전기와 당기를 같은 K-IFRS로 작성된 포괄손익계산서를 분석할 때는 문제가 되지 않는다.

K-GAAP 손익계산서와 K-IFRS 포괄손익계산서를 비교하면 K-IFRS 포괄손익계산서가 K-GAAP 손익계산서에 비하여 계정과목이 다음과 같이 단순해졌다는 것을 알 수 있다.

매출액 - 매출총이익 - 영업이익(손실) - 법인세 = 당기순이익

당기순이익 - 기타이익(손실) = 총포괄손익

K-GAAP으로 기업의 손익계산서를 작성하더라도 기업의 업종 혹은 기업의 평가방법에 따라 상대적으로 유리한 기업이 있고 반대로 불리한 기업이 있다. 이와 마찬가지로 기업의 업종 혹은 기업에 따라 K-IFRS 포괄손익계산서로 전환하면 상대적으로 유리한 기업이 있고 반대로 불리한 기업이 있다.

그러므로 기업분석이라는 넓은 의미에서 보면 K-GAAP으로 손익계산서를 작성하던 K-IFRS으로 포괄손익계산서를 작성하던 기업분석가 입장에서는 같은 회계방법으로 작성된 비교포괄손익계산서만 있으면 재무제표분석에 별 문제가 없다.

2) K-IFRS 포괄손익계산서의 구조와 내용

[표 12-3] K-IFRS 포괄손익계산서의 구조와 내용

K- IFRS 계정과목	K-GAAP 계정과목
I. 매출액	
매출원가	
II. 매출총이익	
판매비	판매비
관리비	관리비
III. 영업이익(손실)	
기타수익 (영업외수익 중)*	유형/투자/외환(처분, 평가, 환산) 이익, 수입수수료 기타비유동자산처분이익, 매각예정비유동자산처분이익
기타비용 (영업외비용 중)*	유형/투자/외환(처분, 평가, 환산) 손실, 기타대손상각비 재고자산폐기손실, 기부금, 지급보증료, 무형자산손상차손 매출채권및 기타채권손상차손, 관계기업투자자산손상차손
금융수익	이자수익, 배당금수익, 파생상품거래이익, 금융자산처분이익 장기예치금투자이익, 금융자산처분이익
금융원가 (금융비용)	이자비용, 파생상품거래손실, 금융자산처분손실
종속기업투자자산처분이익	지분법관련이익
종속기업투자자산처분손실	지분법관련손실
IV. 법인세차감전순이익(손실)	
법인세(비용)수익	
VI. 당기순이익(손실)	
매도가능증권평가이익(손실)	
보험수리적이익(손실)	
VII. 세후기타포괄이익(손실)	
VIII. 총포괄손익	
IX. 기본주당순이익(손실)	

* 기타수익과 기타비용을 영업이익 전에 표시하는 기업도 있음(향후에는 표시방법이 통일될 것으로 예상됨)

3) K-IFRS 포괄손익계산서 분석포인트

K-IFRS 포괄손익계산서에서는 영업외비용과 영업외수익이 통합되어 그 구성이 단순화 되었다. 따라서 기업의 수익성분석에는 다음사항의 점검이 중요하다.

(1) 판매가격과 판매수량추세 (및 시장에서 수요와 공급추세)
(특히, 건설 및 조선과 같은 수주산업인 경우는 수주시점에 수주잔고/매출액 점검)

(2) 매출총이익률 = 매출총이익 / 매출액, (%)
(① 원재료가격, ② 노무비, ③ 제조경비의 변동 및 원인)

(3) 영업이익률 = 영업이익 / 매출액, (%)
(판관비에서 비중이 높은 계정과목의 변동 및 원인)

(4) 당기순이익의 증감이 매출액의 증감과 독립적인경우
① 기타수익(영업외수익에 해당)과 ② 기타비용(영업외비용에 해당)의 세부내역이 대부분 주석사항에 공시되어 있으므로 다음사항을 중심으로 확인한다.

▶ 기타수익: 유형 · 투자 · 외환(처분, 평가, 환산) 이익

▶ 기타비용: 유형 · 투자 · 외환(처분, 평가, 환산) 손실

3. K-IFRS 현금흐름표분석

1) K-IFRS 현금흐름표와 K-GAAP 현금흐름표의 차이

재무제표가 K-GAAP에서 K-IFRS로 변경되면서 재무상태표, 손익계산서, 현금흐름표 중에서 가장 K-GAAP과 유사한 재무제표가 현금흐름표이다. K-IFRS 현금흐름표의 구조에서 이자지급이 현금흐름표에 반영된 것 외에는 기존 K-GAAP 현금흐름표 구조를 그대로 유지하고 있다. K-IFRS 현금흐름표의 구조와 내용은 차입금에 대한 이자의 지급을 영업활동으로 분류(유형1) 하느냐 혹은 재무활동으로 분류(유형2) 하느냐에 따라 현금흐름표의 구조와 내용이 조금 차이가 발생한다.

그러면 (유형1)과 (유형2)의 공통된 K-IFRS 현금흐름표의 구조와 K-GAAP 현금흐름표의 구조에서 나타나는 차이를 살펴보면 다음과 같다.

(1) 투자활동현금흐름(투자활동으로 인한 현금유입액과 투자활동으로 인한 현금유출액)과 재무활동현금흐름(재무활동으로 인한 현금유입액과 재무활동으로 인한 현금유출액)의 표시방법은 K-IFRS는 K-GAAP과 동일하게 표시된다.

(2) 영업현금흐름의 표시방법은 K-IFRS에서는 K-GAAP과 다르게 표시된다.

(3) K-GAAP 영업현금흐름 안에 있는 비현금비용(현금의 유출이 없는 비용)가산 항목과 비현금수익(현금의 유입이 없는 수익)차감 항목이 K-IFRS에는 영업현금흐름 안에 있는 '조정' 항목으로 통합되어 표시된다.

(4) K-GAAP 영업현금흐름 안에 있는 '영업활동으로 으로 인한 자산 · 부채의 변동' 항목은 K-IFRS에는 영업현금흐름 안에 '자산 및 부채의 증감' 또는 '운전자본의 변동' 항목으로 표시된다.

2) K-IFRS 현금흐름표의 2 가지 유형

[표 12-4] K-IFRS 현금흐름표의 구조와 내용 (유형1)

과목	K-GAAP	과목	K-IFRS
I. 영업활동현금흐름	150	**I. 영업활동현금흐름**	150
1. 당기순이익	100	(1) 영업에서 창출된 현금	160
2. 비현금비용가산	130	가. 당기순이익	100
3. 비현금수익(차감)	-30	나. 조정 (이자비용포함)	110
4. 영업활동자산부채변동	-50	다. 자산 및 부채의 증감	-50
		(2) 이자의 수취	0
		(3) 배당금의 수취	0
		(4) 법인세의 환급	0
		(5) 이자의 지급	-10
II. 투자활동 현금흐름	-200	**II. 투자활동 현금흐름**	-200
(1) 투자활동 현금유입	100	(1) 투자활동 현금유입	100
(2) 투자활동 현금유출	-300	(2) 투자활동 현금유출	-300
III. 재무활동 현금흐름	90	**III. 재무활동 현금흐름**	90
(1) 재무활동 현금유입	200	(1) 재무활동 현금유입	200
(2) 재무활동 현금유출	-110	(2) 재무활동 현금유출	-110
IV. 현금성자산의 증가(감소)	40	**IV. 현금성자산의 증가(감소)**	40
(1) 기초현금	100	(1) 기초현금성자산	100
(2) 기말현금	140	(2) 기말현금성자산	140

* 나. 조정: 110 = 130(비현금비용가산) - 30(비현금수익차감) + 10(이자비용)

▶ K-IFRS 현금흐름표(유형1)의 특징

(유형1)의 특징은 'I.영업활동현금흐름' 안에 있는 '(1) 영업활동에서 창출된 현금' 중에서 '나.조정' 부분에 '이자의 지급'이 포함되고, 반면에 'I.영업활동현금흐름' 안에서 독립된 계정과목으로 '(4) 이자의 지급'을 표시하는 구조이다. 그러므로 '(1) 영업활동에서

창출된 현금' 내에서 이자지급을 '나.조정' 에서 가산하고, 독립된 계정과목인 '(4) 이자의 지급' 에서 차감하므로 K-IFRS 영업현금흐름은 K-GAAP 영업현금흐름과 같은 금액으로 표시된다.

결론적으로 K-IFRS 영업활동현금흐름, 투자활동현금흐름 및 재무활동현금흐름 각각 금액이 모두 K-GAAP 영업활동현금흐름, 투자활동현금흐름 및 재무활동현금흐름 각각 금액과 모두 일치하므로 K-IFRS 현금성자산의 증감은 K-GAAP 현금성자산의 증감과 같아진다.

▶ K-IFRS 현금흐름표(유형1)의 문제점

'이자지급'이라는 계정과목을 'I.영업현금흐름' 안에서 '(1) 영업활동에서 창출된 현금' 중에서 '이자의 지급' 을 포함시키고, 동시에 같은 'I.영업활동현금흐름' 안에서 '(5) 이자의 지급' 에서 차감하므로 결국 K-IFRS 영업현금흐름은 K-GAAP 영업현금흐름과 같아진다. **이러한 표시방법은 현금흐름표만 복잡하고 어렵게 만들 뿐 현금흐름표 이용자들에게는 별다른 유용성이 없다.**

[표 12-5] K-IFRS 현금흐름표의 구조와 내용 (유형2)

과목	K-GAAP	과목	K-IFRS
I. 영업활동현금흐름	150	**I. 영업활동현금흐름**	160
1. 당기순이익	100	(1) 영업에서 창출된 현금	160
2. 비현금비용가산	130	가. 당기순이익	100
3. 비현금수익(차감)	-30	나. 조정 (이자비용포함)	110
4. 영업활동자산부채변동	-50	다. 자산 및 부채의 증감	-50
		(2) 이자의 수취	0
		(3) 배당금의 수취	0
		(4) 법인세의 환급	0
II. 투자활동 현금흐름	-200	**II. 투자활동 현금흐름**	-200
(1) 투자활동 현금유입	100	(1) 투자활동 현금유입	100
(2) 투자활동 현금유출	-300	(2) 투자활동 현금유출	-300
III. 재무활동 현금흐름	90	**III. 재무활동 현금흐름**	80
(1) 재무활동 현금유입	200	(1) 재무활동 현금유입	200
(2) 재무활동 현금유출	-110	(2) 재무활동 현금유출(이자포함)	-120
IV. 현금성자산의 증가(감소)	40	**IV. 현금성자산의 증가(감소)**	40
(1) 기초현금	100	(1) 기초현금성자산	100
(2) 기말현금	140	(2) 기말현금성자산	140

* 나. 조정: 110 = 130(비현금비용가산) - 30(비현금수익차감) + 10(이자비용)

* (2) 재무활동 현금유출: -120 = -110(K-GAAP 재무활동 현금유출) -10(이자의 지급)

▶ K-IFRS 현금흐름표(유형2)의 특징

(유형2)의 특징은 'I.영업활동현금흐름' 안에 있는 '(1) 영업에서 창출된 현금' 중에서 '나.조정' 부분에 '이자의 지급'을 포함하고, 반면에 'III.재무활동 현금흐름' 중에서 '(2) 재무활동으로 인한 현금유출'에서 '이자의 지급'을 차감하는 구조이다. 따라서 (유형2) 구조에서는 영업활동현금흐름금액이 K-GAAP 영업활동현금흐름금액 보다 '이자의 지급' 금액만큼 가산하여 표시된다. 반면에 '재무활동으로 인한 현금유출액' 금액이 K-

GAAP에서 보다 '이자의 지급' 금액만큼 가산하여 표시된다.

결론적으로 이자금액만큼 영업활동현금흐름금액이 증가하고 동시에 재무활동현금유출금액도 증가하므로, 결국 K-IFRS 현금성자산의 증감은 K-GAAP 현금성자산의 증감과 같아진다. (유형2)구조는 "이자의 지급 '을 영업활동이 아니고 재무활동으로 보는 개념이다.

▶ K-IFRS 현금흐름표(유형2)의 유용성

당기순이익 전에 이미 지급된 '지급이자' 를 재무활동에서 지급하기 위하여 다시 영업활동현금흐름에 이자지급을 가산하는 형식을 취하여, 결국 (유형2) K-IFRS 영업활동현금흐름은 'K-GAAP 금융비용지급전 영업활동현금흐름' 의 개념이 되었다. 따라서 이 유형은 현금흐름 분석법인 구분분석법에서 '금융비용지급전 영업활동현금흐름' 의 개념으로 재무활동에서 비용지급능력을 점검하는 유용성은 있다.

▶ K-IFRS 현금흐름표(유형2)의 문제점

(유형2)의 영업현금흐름은 (유형1)의 영업현금흐름에 비하여 이자비용 만큼 영업현금흐름이 과대표시 된다. 따라서 차입금비중이 높고, 이자비용이 많은 기업이 영업현금흐름을 상대적으로 과대표시하기 위하여 (유형2)를 선택할 가능성이 높다.

▶ (유형2)의 문제점 해결방안

K-GAAP 영업현금흐름의 크기와 동일한 (유형1)의 영업현금흐름으로 전환하여 분석한다.

3) K-IFRS 현금흐름 분석포인트

① K-GAAP 현금흐름

▶ 영업현금흐름 = 당기순이익 + 비현금비용 − 비현금수익 + 영업활동자산부채변동

영업현금흐름 = 매출현금흐름 + 영업활동자산부채변동

▶ 매출현금흐름 = 당기순이익 + 비현금비용 − 비현금수익

= 영업현금흐름 − 영업활동자산부채변동

② K-IFRS 현금흐름(유형1)

▶ 영업현금흐름 = (1)영업에서창출된현금{당기순이익 + 조정(이자비용포함) + 자산및부채증감} + (2)이자수취 + (3)배당금수취 − (4)이자비용

▶ 매출현금흐름 = 영업현금흐름 − 자산및부채증감

〈예제 12-1〉

영업현금흐름 150억원, 자산및부채증감 50억원(−), 즉 운전자본의 증가현상일 때 매출현금흐름을 구하시오(유형1).

[풀이]

매출현금흐름 = 영업현금흐름 + 운전자본증가 = 150 + 50 = 200(억원)

〈예제 12-2〉

영업현금흐름 150억원, 자산및부채증감 30억원(+), 즉 운전자본의 감소 현상일 때 매출현금흐름을 구하시오(유형1).

[풀이]

매출현금흐름 = 영업현금흐름 − 운전자본감소 = 150 − 30 = 120(억원)

③ K-IFRS 현금흐름 (유형2)

▶ 영업현금흐름 = (1) 영업에서 창출된 현금 {당기순이익 + 조정(이자비용포함) + 자산 및 부채증감} + (2) 이자수취 + (3) 배당금수취 – 이자비용 (재무활동현금유출에서 찾음)

▶ 매출현금흐름 = 영업현금흐름 – 자산 및 부채증감

〈예제 12-3〉

영업현금흐름 160억원, 자산및부채증감 50억원(–), 즉 운전자본의 증가현상이고, 재무활동현금유출액 중에서 이자지급 10억원이 포함되어있다(유형2).

이때 매출현금흐름을 구하시오(유형2).

[풀이]

매출현금흐름 = 영업현금흐름 + 운전자본증가 –이자비용(재무활동현금유출액 중)

200(억원) = 160 + 50 – 10

〈예제 12-4〉

영업현금흐름 160억원, 자산및부채증감 30억원(+), 즉 운전자본의 감소현상이고, 재무활동현금유출액 중에서 이자지급 10억원이 포함되어있다(유형2).

이때 매출현금흐름을 구하시오(유형2).

[풀이]

매출현금흐름 = 영업현금흐름 – 운전자본감소 –이자비용(재무활동현금유출액 중)

120(억원) = 160 – 30 – 10

제4절 K-IFRS 현금흐름표 분석기법 (K-IFRS Cash Flow Analysis)

1. 비교분석법의 적용

[표 12-3] K-IFRS 현금흐름표(유형1)를 현금흐름표 분석기법 중의 하나인 비교분석법을 적용하여 나타내면 다음과 같다.

[표 12-6] 비교분석법(1) - (운전자본의 증가형)

현금의 유출		현금의 유입	
A(다). 운전자본의 (증가)*	: (50)	Ⅰ. 영업활동에서 유입된 현금흐름	: 200
		(1)영업에서 창출된 현금	: 210
		가. 당기순이익	: 100
		나. 조정(이자비용포함)	: 110
		(2-4)이자지급, 법인세 등	: (10)
B. 투자활동으로 인한 현금유출액	: (300)	Ⅱ. 투자활동으로 인한 현금유입액	: 100
C. 재무활동으로 인한 현금유출액	: (110)	Ⅱ. 재무활동으로 인한 현금유입액	: 200
D. 현금유출액의 합계	: (460)	Ⅳ. 현금유입액의 합계	: 500
· 현금및현금성자산의 증가	: 40	· 현금및현금성자산의 감소:	

* 운전자본의 (증가): '다. 자산 및 부채의 증감'이 현금유출(-)인 경우

★ 주의 : '자산 및 부채의 증감'이 차변으로 이동하면 '(1) 영업에서 창출된 현금'과 Ⅰ. '영업활동에서 유입된 현금흐름' 금액은 각각 '자산및부채의 증감' 금액 만큼 가산된다.

[표 12-7] 비교분석법(2) - (운전자본의 감소형)

(단위: 십억원)

현금의 유출		현금의 유입	
A. 투자활동으로 인한 현금유출	:	Ⅰ. 영업활동에서 유입된 현금흐름	:
		(1) 영업에서 창출된 현금	:
		가. 당기순이익	:
		나. 조정(이자비용포함)	:
		(2-4) 이자지급, 법인세(납부) 등	:
B. 재무활동으로 인한 현금유출	:	II. (다)운전자본의 감소	:
		III. 투자활동으로 인한 현금유입	:
		IV. 재무활동으로 인한 현금유입	:
C. 현금유출액의 합계	:	V. 현금유입액의 합계	:
· 현금및현금성자산의 증가	:	· 현금및현금성자산의 감소	:

* 운전자본의 감소: ‘ 다. 자산 및 부채의 증감’ 이 현금유입(+)인 경우

★ 주의: ‘자산 및 부채의 증감’ 이 대변에서 독립적으로 구분되면 ‘(1) 영업에서 창출된 현금’ 과 ‘영업활동에서 유입된 현금흐름’ 금액은 각각 ‘자산 및 부채의 증감’ 금액 만큼 차감된다.

▶ 현금흐름 분석포인트

1) 현금유입에 중요한 3~4가지 계정과목을 찾고 자금사용의 적정성을 점검한다. 분석의 핵심기준은 핵심자산투자이며, 자금사용이 핵심자산에 투자한 경우에는 적정한 것으로 평가한다.

2) 현금유출에 중요한 3~4가지 계정과목을 찾고 자본구조의 변화(① 금융채무, ② 비금융채무, ③ 자본)를 점검한다.

3) 핵심자산 및 비핵심자산을 구분하지 않고 자산증가에 대한 자금지원의 적정성, 즉 ‘금융지원의 기본’ 의 적정성을 점검한다.

2. 구분분석법의 적용

[표 12-8] 구분분석법의 적용

(단위: 십억원)

현 금 흐 름 분 석		
Ⅰ. (운전자본 및 금융비용지급전) 영업활동에서 유입된 현금흐름*		: 207
(1) 영업활동에서 창출된 현금	: 217	
가. 금융비용(순이자비용)차감전이익*	: 107	
나. 조정 (이자비용포함)	: 110	
(2-4) 이자지급, 법인세(납부) 등	: (10)	
Ⅱ.. 운전자본의 (증가)/감소(영업활동으로 인한 자산 · 부채변동)		: (50)
· 매출채권의 (증가)/감소		
· 매입채무의 증가/(감소) 등		
· 기타		
Ⅲ. 영업활동으로 인한 현금흐름(영업현금흐름)		: 157
Ⅳ. 금융비용과 유동성장기부채상환액		: (87)
1. 금융비용(순이자비용)		: (7)
2. 유동성장기부채상환액(가정)		: (80)
Ⅴ. 금융비용과 유동성장기부채 차감후 현금흐름		: 70
Ⅵ. 투자활동으로 인한 현금흐름		:(200)
· 유형자산의 순증가*		
· 유가증권의 순감소*		
· 기타		
Ⅶ. 투자활동 후 현금흐름		: (130)
Ⅷ. 재무활동으로 인한 현금흐름		: 170*
· 유상증자		
· 장기차입금의 순증가 등		
· 기타		
Ⅸ. 현금의 증감		: 40
1. 기 초 현 금		: 100
2. 기 말 현 금		: 140

* 가. 금융비용차감전이익 = 당기순이익 + 금융비용 = 100 + 7 = 107

· 금융비용(순이자비용)=(이자비용+할인료+지급보증료)−(이자수익+배당금수익) = 10(이자비용) − 3(이자수익: 가정) = 7

· 할인료: 매출채권처분손실 혹은 매출채권매각손실

Ⅷ. 재무활동으로 인한 현금흐름: 90 + 80(유동성장기부채) = 170

제5절 K-IFRS 현금흐름분석 사례연구

1. 비교분석법적용 사례연구

연 결 현 금 흐 름 표
제 57(당) 기 20X2년 1월 1일부터 20X2년 12월 31일까지제
56(전) 기 20X1년 1월 1일부터 20X1년 12월 31일까지

[표 12-9] P 주식회사와 그 종속기업

(단위 : 원)

과목	제 57(당) 기	제 56(전) 기
Ⅰ. 영업활동현금흐름	5,954,801,124	(20,139,759,918)
(1) 영업에서 창출된 현금	16,246,995,977	(11,630,671,972)
가. 당기순이익	1,106,966,898	(11,727,430,829)
나. 조정	18,184,604,947	22,298,141,234
감가상각비	4,812,070,857	5,159,015,374
퇴직급여	2,243,062,897	2,335,496,125
복리후생비	132,240,210	-
주식보상비용	205,467,497	493,122,003
무형자산상각비	227,168,180	412,468,982
대손상각비	347,398,423	1,495,456,766
이자비용	11,187,536,099	9,726,767,903
파생상품평가손실	1,554,020,660	-
관계기업처분손실	-	4,766,312

과목	제 57(당) 기	제 56(전) 기
지분법손실	17,375,140	18,752,321
외화환산손실	420,466,750	9,646,275,765
유형자산처분손실	7,298,570	158,338,794
생물자산처분손실	-	9,000
무형자산손상차손	125,346,760	1,396,826,098
매각예정자산처분손실	-	793,625,100
법인세비용	876,130,077	1,535,047,438
기타영업외비용	-	32,343,525
기타금융자산처분이익	(38,842,583)	(2,588,419)
지분법이익	(235,257,171)	-
파생상품평가이익	-	(9,673,403,436)
외화환산이익	(1,359,982,719)	(419,967,514)
대손충당금환입	-	(474,431)
이자수익	(632,129,380)	(695,638,454)
배당금수익	(6,000,000)	(13,414,000)
재고자산평가손실(환입)	105,195,943	(66,870,437)
무형자산처분이익	-	(5,818,181)
유형자산처분이익	(53,136,356)	(29,416,000)
생물자산처분이익	-	(2,579,400)
무형자산손상차손환입	(213,280,093)	-
종속기업처분이익	(1,537,544,814)	-
다. 자산 및 부채의 증감	(3,044,575,868)	(22,201,382,377)
매출채권및기타채권의 감소(증가)	(10,760,100,524)	(6,740,947,580)
재고자산의 감소(증가)	7,672,392,593	(15,493,899,218)
매입채무및미지급금의 증가(감소)	4,943,810,992	4,732,377,767
기타유동부채의 증가(감소)	(1,994,277,852)	720,280,694
퇴직금의 지급	(2,942,481,260)	(5,483,547,269)
퇴직연금운용자산의 감소(증가)	36,080,183	64,353,229
(2) 이자의 수취	446,778,026	799,641,840

과목	제 57(당) 기	제 56(전) 기
(3) 배당금의 수취	90,000,000	13,414,000
(4) 법인세의 환급	9,627,491	277,789,312
(5) 이자의 지급	(10,838,600,370)	(9,599,933,098)
Ⅱ. 투자활동현금흐름	(14,092,082,750)	(19,270,988,638)
기타금융자산의 감소	2,043,514,484	1,234,990,304
단기대여금의 감소	8,397,726,001	2,290,000,000
유형자산의 처분	55,058,182	423,300,473
무형자산의 처분	-	21,818,181
생물자산의 처분	-	10,500,000
관계기업지분의 처분	-	617,920,000
매각예정자산의 처분	-	5,850,000,000
기타금융자산의 증가	(2,948,418,300)	(6,784,384,461)
단기대여금의 증가	(12,381,500,000)	(4,340,000,000)
유형자산의 취득	(8,416,063,117)	(16,639,242,410)
무형자산의 취득	-	(1,807,293,435)
생물자산의 취득	(2,400,000)	(30,540,000)
관계기업지분의 취득	(840,000,000)	(118,057,290)
Ⅲ. 재무활동현금흐름	9,576,426,207	27,480,386,988
파생상품의 감소	5,099,270,097	1,155,153,099
단기차입금의 증가	32,225,001,930	29,539,802,082
사채의 발행	12,500,000,000	19,662,668,920
장기차입금의 증가	2,730,346,226	8,892,000,000
유상증자	1,635,029,010	-
자기주식의 처분	7,784,229,986	-
거래보증금의 증가	100,000,000	10,000,000
파생상품의 증가	-	(1,012,387,311)
단기차입금의 감소	(14,388,404,428)	(23,599,874,656)
사채의 상환	(7,500,000,000)	-
유동성사채의 상환	(10,218,498,000)	(2,500,000,000)

과목	제 57(당) 기	제 56(전) 기
유동성장기부채의 상환	(19,896,940,878)	-
유동성금융리스부채의 상환	(373,607,736)	(343,182,746)
배당금의 지급	(120,000,000)	(1,565,485,000)
자기주식의 취득	-	(2,708,307,400)
거래보증금의 감소	-	(50,000,000)
Ⅳ. 현금및현금성자산의 증가(감소)	1,439,144,581	(11,930,361,568)
Ⅴ. 기초의 현금및현금성자산	5,340,460,384	17,270,821,952
Ⅵ. 기말의 현금및현금성자산	6,779,604,965	5,340,460,384

[분석사례] A. 앞에 첨부된 P사의 57기 K-IFRS 현금흐름표를 사용하여 비교분석표를 작성하고, B. 그 결과를 〈신용분석의 3단계〉분석법을 적용하여 분석하시오.

[표 12-10] K-IFRS 연결현금흐름표 비교분석법의 적용

(단위: 십억원)

현금의 유출		현금의 유입	
A(다). 운전자본의 (증가)*	: (3.0)	Ⅰ. 영업활동 유입된 현금(매출현금흐름)	: 8.9
· 매출채권및기타채권의 증가	: (10.7)	(1) 영업에서 창출된 현금 :	19.2
· 재고자산의 감소	: 7.7	가. 당기순이익 :	1.1
· 매입채무및미지급금의증가	: 4.9	나. 조정(이자비용포함) :	18.1
· 퇴직금의 지급	: (2.9)	(2-4) 이자지급, 법인세 등 :	(10.3)
· 기타	: (2.0)		
B. 투자활동으로 인한 현금유출액	: (14.1)	Ⅱ. 투자활동으로 인한 현금유입액	: 0.0
· 단기대여금 순증가	: (4.0)	Ⅲ. 재무활동으로 인한 현금유입액	: 40.1
· 유형자산의 취득	: (8.4)	· 단기차입금의 순증가	: 17.9
· 기타금융자산의 순증가	: (0.9)	· 사채의 순증가	: 5.0
· 기타	: (0.8)	· 자기주식처분	: 7.8
C. 재무활동으로 인한 현금유출액	: (30.5)	· 파생상품감소	: 5.1
· 유동성장기부채상환	: (30.4)	· 장기차입금증가	: 2.7
· 배당급지급	: (0.1)	· 유상증자	: 1.6
D. 현금유출액의 합계	: (47.6)	Ⅳ. 현금유입액의 합계	: 49.0
· 현금및현금성자산의 증가	: 1.4	· 현금및현금성자산의 감소 :	

* (1)영업에서 창출된 현금 : 19.2 = 16.2 + 3.0(운전자본의 증가)
Ⅰ.영업활동에서 유입된 현금흐름 : 8.9 = 5.9 + 3.0(운전자본의 증가)

※ 상계작업
1. 단기대여금증가 (12.4), 단기대여금감소 8.4, 상계 후: 단기대여금 순증가 (4.0)
2. 기타금융자산증가 (2.9), 기타금융자산감소 2.0, 상계 후: 기타금융자산 순증가 (0.9)
3. 단기차입금증가 (32.2), 단기차입금감소 14.3, 상계 후: 단기차입금 순증가(17.9)
4. 사채발행 12.5, 사채상환 (7.5), 상계 후: 사채의 순증가 5.0

▶ 현금유입 주요 계정과목

(1) 단기차입금 순증가 179억원 (2) 매출현금흐름 89억원
(3) 자기주식처분 78억원 (4) 사채순증가와 장기차입금증가 77억원
(5) 재고자산 77억원

▶ 현금유출 주요 계정과목

(1) 유동성장기부채상환 304억원 (2) 매출채권및기타채권의 증가 107억원
(3) 유형자산취득 84억원 (4) 단기대여금 순증가 40억원

앞에서 비교분석법을 적용하여 현금흐름을 분석한 내용을 '신용분석의 3단계' 논리적 분석법을 사용하여 분석한 내용은 다음과 같다.

① 현상파악

제57기에는 영업활동, 투자활동, 재무활동에서 약 490억원 현금이 유입되었으며 유출사항은 약 476억원 발생하였다. 그 결과 현금은 약 14억원 증가하였다.

② 원인분석

총현금유입액 490억원은 영업활동인 매출현금흐름에서 89억원(당기순이익 11억원)과 재무활동에서 401억원(주로 단기차입금 순증가 179억원, 자기주식처분 78억원, 사채순

증가와 장기차입금증가 77억원)이 주요 현금유입원이었다. 반면에 총현금유출액 476억원은 재무활동에서 305억원(주로 유동성장기부채상환 304억원), 투자활동에서 141억원(주로 유형자산의 취득 84억원과 단기대여금순증가 40억원) 및 운전자본증가에 30억원(참고; 매출채권및기타채권의 증가 (10.7), 재고자산감소 7.7, 매입채무및미지급금의 증가 4.9)을 사용하였다.

③ 진단과 전망

연결현금흐름표 분석결과를 종합해 보면 P사는 제57기 자금사용은 주로 유동성장기부채상환 304억원과 유형자산취득 84억원에 투자되었다. 반면에 매출현금흐름 89억원으로 투자에는 자금이 부족하였고, 보유하던 자기주식 78억원과 파생상품자산 51억원을 처분하고, 부족한자금은 금융채무 256억원(단기차입금 순증가 179억원, 사채순증가 50억원, 장기차입금증가 27억원)을 조달하였다. 특이사항으로 주식매수선택권행사(유상증자)로 16억원이 유입되었다.

결론적으로 총차입금은 48억원 감소하였고, 자기주식처분과 유상증자로 57기 연결재무구조(연결부채비율: 56기 166% → 57기 145%)가 개선되었다. 그러므로 내년에는 금융비용이 조금 감소할 것으로 예상된다.

2. 구분분석법적용 사례연구

[표 12-11] K-IFRS 연결현금흐름표 구분분석법의 적용

(단위: 십억원)

P사 57기 - 현 금 흐 름 분 석		
Ⅰ. (금융비용지급전) 영업활동에서 유입된 현금(매출흐름흐름)*		: 25.8
(1) 영업활동에서 창출된 현금	: 36.1	
가. 금융비용(순이자비용)차감전이익*	: 18.0	
나. 조정 (이자비용포함)	: 18.1	
(2-4) 이자지급, 법인세(납부) 등	: (10.3)	
Ⅱ. 운전자본의 (증가)/감소(자산 및 부채의 증감)		: (3.0)
· 매출채권및기타채권의 증가	: (10.7)	
· 재고자산의 감소	: 7.7	
· 매입채무및미지급금의 증가	: 4.9	
· 기타	: (4.9)	
Ⅲ. 금융비용지급전 영업현금흐름		: 22.8
Ⅳ. 금융비용과 유동성장기부채상환액		: (47.3)
· 금융비용(순이자비용)	: (16.9)	
· 유동성장기부채상환	: (30.4)	
Ⅴ. 금융비용과 유동성장기부채 차감후 현금흐름		: (24.5)
Ⅵ. 투자활동으로 인한 현금흐름		: (14.1)
· 유형자산의 취득	: (8.4)	
· 단기대여금의 순증가	: (4.0)	
· 기타	: (1.7)	
Ⅶ. 투자활동 후 현금흐름		: (38.6)
Ⅷ. 재무활동으로 인한 현금흐름		: 40.0*
· 금융채무증가	: 25.6	
· 자기주식처분	: 7.8	
· 파생상품자산감소및기타	: 6.6	
Ⅸ. 현금의 증감		: 1.4
1. 기 초 현 금		: 5.3
2. 기 말 현 금		: 6.7

* 가. 금융비용차감전이익 = 당기순이익 + 금융비용 = 1.1 + 16.9 = 18
· 금융비용(순이자비용)=금융원가(연결P/L) - 금융수익(연결P/L) = 18.2 - 1.3 = 16.9
Ⅷ. 재무활동으로 인한 현금흐름: 9.6 + 30.4(유동성장기부채) = 40.0

한편, P사 57기 연결현금흐름표를 구분분석법을 적용하고 분석한 내용은 다음과 같다.

▶ 57기 현금흐름분석

57기 금융비용(순금융비용)은 169억이었고, 금융비용지급전 매출현금흐름 258억원으로 운전자본의 증가에 30억을 지원하고 금융비용지급전 영업현금흐름은 228억원을 나타내었다. 이 자금으로 금융비용(169억원)과 유동성장기부채상환(304억원)을 지원하기에는 245억원이 부족하였다. 또한, 투자활동에서 141억원(주로 유형자산취득 84억원과 단기대여금순증가 40억원) 사용용도가 추가되어 투자에 부족한 자금은 386억원으로 증가하였다.

이 부족한 자금을 지원하기 위하여 자기주식(78억원)과 파생상품자산(51억원)을 처분하고, 부족한 자금은 금융채무(단기차입금 순증가 179억원, 사채순증가 50억원 및 장기차입금증가 27억원)에 의존하였다. 그 결과 기말현금은 기초현금에 비하여 14억원 증가한 67억원을 나타내고 있다.

57기 현금흐름분석 결과 영업활동으로 이자비용에 대한 비용지급능력은 충분하지만 부채상환능력(유동성장기부채의 상환)은 다소 부족하였다. 이를 위하여 자기주식과 파생상품자산을 처분하고 부족한 자금은 금융채무에 의존하였다. 총차입금은 전기에 비하여 48억원 감소하였고, 자기주식처분과 유상증자로 57기 연결재무구조(연결부채비율: 56기 166% → 57기 145%)가 개선되었다. 그러므로 내년에는 금융비용이 조금 감소할 것으로 예상된다.

제 13 장 현금흐름분석을 이용한 기업부실예측모형(I & II)

제13장 주요내용

- 기업활동과정에서 현금유출과 관련한 현금지급의 우선순위에 대한의 이해
- 〈현금흐름악화와 기업부실화과정 6단계〉에서 단계별 현금흐름의 특징
- 현금흐름분석을 이용한 기업부실예측모형의 이해
- 기업부실예측모형(KSI 모형)을 이용한 현금흐름분석표의 이해

제1절 현금흐름분석을 이용한 기업도산 연구사례

1. 기업의 현금지급 우선순위

기업의 영업활동이 본격화되면 여러 가지 이유(외상구매에 대한 대금결제, 이자지급 및 원금상환, 배당금지급, 세금납부 등) 다양한 지급의무가 발생하게 된다. 그러나 이러한 지급의무 중에는 자주 발생하는 경우도 있으며 1년에 한두 번 정도 발생하는 것도 있다. 반면에 지급이 지정된 지급일에 반드시 이루어져야 하는 지급의무, 지급일을 연기할 수 있는 지급의무, 혹은 경우에 따라 지급의무가 발생할 수도 있고 안 할 수도 있는 지급의무도 있다. 예를 들어 영업결과가 나쁘면 지급의무가 면제될 수 있는 법인세 혹은 배당금에 대한 지급 등이 있다.

성숙기업의 영업활동 과정에서 발생하는 주요 현금지급의무, 발생빈도, 지급일의 연기가능 여부를 고려하여 현금지급의무의 우선순위를 나타내면 다음 [표]와 같다.

[표 13-1] 영업활동에서 발생되는 주요 현금지급의무

현금의 유출		
주요 현금 지급의무	빈 도	지급일 연기가능 여부
· 금융기관 이자지급	1개월에 여러 번	×
· 유동성장기차입금의 상환	1년에 몇 번	×
· 단기차입금의 상환	1년에 여러 번	△
· 외상매입금의 지급(운전자본)	1개월에 여러 번	△
· 원재료 현금구매(운전자본)	1개월에 여러 번	○
· 배당금지급	1년에 1~2번	×
· 세금지급(법인세, 주민세 등)	1년에 1~2번	×
· 장기차입금의 조기상환	1년에 1~2번	○
· 자산투자(부동산, 생산시설 등)	매년, 2~3년마다	○

(×:연장 불가 △:연장 가능 ○:연장 용이)

기업은 제품의 현금판매나 외상매출금의 회수에서 유입된 자금으로 1개월에 여러 번 금융기관에 이자를 지급하고, 증가하는 필요운전자금을 지원한다. 그리고 1년에 몇 번씩 도래하는 유동성장기부채를 상환한다. 그리고 1년에 1-2번 지급해야 할 세금이나 배당금을 지급한다. 만약 영업활동에서 유입된 현금이 남으면 그 자금으로 필요한 자산을 구매하거나, 혹은 재무구조를 개선하고 금융비용을 줄이기 위하여 단기차입금을 상환하거나 이자가 높은 장기차입금을 조기에 상환할 수도 있다.

현금흐름분석을 위하여 아래 [그림]이 보여주는 현금지급의 우선순위에 따라 사용하는 것으로 간주한다. 그리고 1년간 기업의 현금유입액의 크기를 현금지급 우선순위에 따라 현금유출액의 크기와 비교하는 분석을 통하여 그 기업의 (1)현금창출능력, (2)이자지급능력, (3)부채상환능력, (4)배당금지급능력, (5)운전자본지원능력, (6)투자지원능력 등을 점검해 볼 수 있다.

[그림 13-1] 기업의 현금지급 우선순위 (현금의 유입과 유출 비교분석)

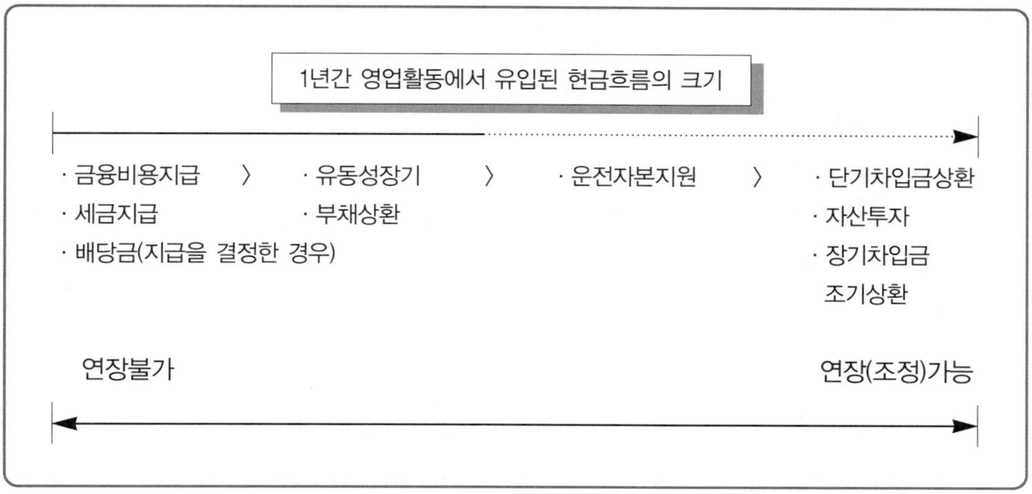

현금지급의 우선순위에 따라 현금의 유입과 유출을 비교분석하면 기업은 1년 동안 영업활동에서 조달된 현금으로 우선 (1)금융비용, 세금, 배당금을 지급하고 (2)만기 도래하는 유동성장기부채를 상환한다. 만약 남은 자금이 있으면 (3)증가하는 운전자본을 지원하고 (4)남은자금이 있으면 단기차입금상환, 자산투자(건물구매, 생산시설의 교체 등), 이자가 높은 장기차입금을 만기 전에 상환할 수 있다.

2. 현금흐름악화와 부실화과정 6단계

기업이 1년 동안 영업활동을 하면서 발생되는 현금지급사항(현금흐름표상에서) 중에서 가장 중요한 현금유출 내용을 앞 절에서 지적한 기업의 현금지급 우선순위에 따라 정리하면 다음과 같다.

[표 13-2] 현금흐름표상의 주요 현금유출 사항

· 현금흐름(CF) : 영업현금흐름 - 영업활동자산부채변동 + 금융비용 · 현금지급 우선순위에 따른 주요 현금유출 ; A : 금융비용* B : 배당금지급 C : 유동성장기부채상환액, C/2 : 유동성장기부채상환액의 1/2 D : 운전자본의 지원(증가), E : 자산투자, 장기차입금 조기상환 등 ※ 세금 : 세후당기순이익의 개념을 사용함으로써 세금은 이미 지급한 것으로 간주함

* 금융비용 = (이자비용 + 매출채권처분손실 + 지급보증료) - (이자수익 + 배당금수익)

※ 영업현금흐름 영업활동으로 인한 자산 · 부채변동 = 매출현금흐름

지금까지 논의해온 현금지급의 우선순위에 의하여 '1년 동안 영업활동에서 유입된 현금을 가지고 1년 동안 지급해야 할 현금(현금지급의무)의 어느 정도를 충당할 수 있는가?' 에 현금흐름분석의 초점을 두었다. 현금유입액이 현금유출을 만족시키는 정도를 5가지로 구분하였고 이 5가지 현금흐름의 정도에 따라 기업의 부실화과정을 6단계로 나누어 설명할 수 있다.

[그림 13-2] 현금흐름악화와 부실화과정 6단계

기업의 부실단계	현금흐름 상태	재무제표에 나타난 현상	기업의 행동
〈제1단계〉 양호한 현금흐름 (우량기업)	현금흐름 ≧ 금융비용 + 배당금 + 유동성장기차입금상환액 + 운전자본의 증가 (CF≧A+B+C+D)	· 지속적인 매출증가 · 높은 수익성 · 부채비율의 하락	· 장기차입금상환 · 연구개발투자 · 직원교육투자
⇩			
〈제2단계〉 안정적인 현금흐름 (정상기업)	현금흐름 ≧ 금융비용 + 배당금 + 유동성장기차입금상환액 (CF≧A+B+C)	· 안정적인매출 · 안정적인 수익성 · 안정적인 부채비율	· 연구개발투자 · 금융비용 절감 노력
⇩			
〈제3단계〉 현금흐름의 약화(감소) (관찰대상 기업)	현금흐름 ≧ 금융비용 + 배당금 + 유동성장기차입금상환액의 1/2 (CF≧A+B+C/2)	· 안정적인매출, 혹은 매출부진 · 수익성악화 · 차입금증가 · 부채비율증가	· 매출확대노력 · 수익성향상추구 · 장기차입금 확보에 주력
⇩			
〈제4단계〉 현금흐름의 악화 (요주의 기업)	현금흐름 ≧ 금융비용 + (배당금) (CF≧A+B)	· 매출부진 · 이익의 감소, (손실발생) · 부채비율악화	· 재무구조개선 노력(유상증자, 자산재평가 등) · 구조조정고려 혹은 실시
⇩			
〈제5단계〉 현금흐름의 악화 심화 (경계기업)	현금흐름 〈 금융비용 + (배당금) (CF〈A+B)	· 매출부진 · 연속적자 · 적자확대	· 현금확보주력 · 사채시장이용 · 구조조정실시
⇩			
〈제6단계〉 지급불능 (도산)			

3. 현금흐름분석과 기업도산 연구사례

1) 분석대상

45개 지급불능기업(1997 – 1998년)

(부도, 화의신청, 법정관리신청, 워크아웃신청, 경영권포기각서제출 등)

2) 현금흐름 분석기간

도산 전 3년간 현금흐름 (45개 기업 현금흐름표 3년자료)

1997–1998년 동안은 한국의 기업역사에 있어서 가장 많은 상장회사들이 부도를 내었을 것이다. 이 기간에 부도, 화의신청, 법정관리신청, 워크아웃신청, 경영권포기각서제출 등 지급불능상태(도산)에 도달한 기업을 대상으로 도산 전 3년 동안 〈현금흐름악화와 부실화과정 6단계〉 분석법을 이용하여 현금흐름을 분석한 결과는 다음 표와 같다.

[표 13-3] 도산기업들의 도산 전 3년 동안 현금흐름 분석

	도산전 3년간 현금흐름 상태	기업수	누적율
1	**5단계-5단계**-5단계	**15(33.3%)**	**(33.3%)**
2	**5단계-5단계**-(4, 3, 2단계 중 1개)	**7(15.6%)**	**(48.9%)**
3	**5단계-4단계**-(4, 3, 2단계 중 1개)*	**9(20.0%)**	**(68.9%)**
4	**5단계**-3단계-(3, 2단계 중 1개)	**3(6.7%)**	**(75.6%)**
5	**5단계**-2단계-2단계	**1(2.2%)**	**(77.8%)**
6	4단계-4단계-(4, 3, 2단계 중 1개)	4(8.8%)	(86.6%)
7	4단계-3단계-(3, 2단계 중 1개)	3(6.7%)	(93.3%)
8	4단계-2단계-2단계	0	(93.3%)
9	3단계-(3, 2단계 중 1개)-(3, 2단계 중 1개)	3(6.7%)	(100%)
10	2단계-2단계-2단계	0	
		45(100%)	(100.0%)

* 보수적 판정 포함

상기 표가 보여주는 바와 같이 도산 전 3년 동안 현금흐름 상태를 분석한 결과 다음과 같은 결론을 얻을 수 있었다.

(1) 도산 전 3년 동안 현금흐름상태가 제5단계를 연속적으로 유지한 기업이 조사대 4 5개 중 15개(33.3%)나 되었다.

(2) 도산 전 3년 동안 현금흐름상태가 제5단계 상태를 2년 동안 나타낸 기업이 7개 (15.6%)나 되었고 누적율은 48.9%를 나타내었다.

(3) 도산 전 3년 동안 현금흐름상태가 제5단계와 제4단계이거나 이 상태 보다 더 나쁜 상태를 나타낸 기업이 모두 31개(68.9%)나 되었다. 따라서 기업의 현금흐름분석 과정에서 현금흐름상태가 2년 동안에 제5단계가 2번 있거나 제5단계와 제4단계가 각각 1번씩 있으면 상당한 주의를 기울여야 한다.

(4) 도산기업 중 도산 전 3년 동안에 제5단계 상태가 한번이라도 있는 경우는 모두 77.8%를 차지하였다.

결론적으로 경영자나 채권자, 투자자들은 기업의 현금흐름상태가 일단 제5단계 상태에 직면하면 상당한 주의를 기울이고, 경영자입장에서는 그 다음해의 최대과제를 현금흐름의 회복에 두어야 할 것이다.

제2절 현금흐름분석을 이용한 대기업부실예측모형 - KSI모형(I)

1. 현금흐름분석을 이용한 대기업부실예측모형 - KSI모형(I)

현금흐름악화와 부실화과정 6단계를 이용하여 만든 부실예측모형으로서 현금흐름분석을 이용한 대기업 부실예측모형인 KSI모형(I)을 소개하면 다음과 같다.

[표 13-4] 대기업 부실예측모형 - KSI모형(I)[1]

(단위: 금액)

현금흐름분석	금액	등급
I. 금융비용지급전 매출현금흐름 (KSI CF) 1. 당기순이익(손실) : ××× 2. 비현금비용가산 : ××× 3. 비현금수익(차감) : ××× 4. 금융비용 (A)* : ×××	×××	
II. 금융비용과 배당금지급 (A+B) • 금융비용 (A) : ××× • 배당금지급 (B) : ×××	(×××)	
III. 금융비용 · 배당금지급 후 현금흐름(CF−A−B)	Ⅰ−Ⅱ<0 Ⅰ−Ⅱ>0	5등급 (경계) 4등급 (요주의
Ⅳ. 유동성장기부채상환액(C)의 1/2 (C/2)	×××	3등급 (정상)
V. (CF−A−B−C/2)	Ⅲ−Ⅳ>0	
VI. 유동성장기부채상환액(C)의 나머지1/2 (C/2)	×××	2등급 (우량)
VII. (CF−A−B−C)	Ⅴ−Ⅵ>0	

1) 모형(I)을 개인이 출판 등 지면에 사용할 경우에는 출처를 밝혀 주시고, 금융기관에서 기업부실예측 및 리스크관리에 사용할 경우에는 저자의 동의를 바랍니다.

현금흐름분석		금액	등급
VIII. 운전자본의 변동 (D)*			
• 매출채권의 (증가)/감소	: ×××	×××	1등급 (최우량)
• 재고자산의 (증가)/감소	: ×××		
• 매입채무의 증가/(감소)	: ×××		
IX. CF-A-B-C+/-D		Ⅶ+/-Ⅷ>0	
현금흐름상태		**판 정**	

* 금융비용 = (이자비용 + 매출채권처분손실 + 지급보증료) - (이자수익 + 배당금수익)

※ (이자비용+매출채권처분손실+지급보증료)<(이자수익+배당금수익)인 경우에는 금융 비용을 Zero로 함(매우 예외적으로 금융채무 보다 금융자산이 큰 경우임).

※ 금융비용이 Zero인 경우에는 매출현금흐름 = KCI CF.

※ 유동성장기부채=유동성장기차입금+유동성사채+유동성전환사채+유동성신수인수권부사채

* D가 현금유출이면 Ⅶ에서 차감하고, D가 현금유입이면 Ⅶ에 가산함.

기업부실예측모형(KSI모형I & II)과 현금흐름의 개념

부실기업사례연구 결과를 보면 기업부실의 가장 중요한 원인은 매출부진이고, 기업부실의 시작은 매출감소에 있다. 매출감소가 심화되어 그 수준이 손익분기점을 상회하지 못하게 되면, 판매마진이 소멸되고 심지어 역마진이 발생한다. 이와 관련하여 KSI모형의 출발점은 기업의 흥망에 가장 영향을 주는 매출 속에 내재되어 있는 판매마진현금흐름, 즉 매출현금흐름(9장 7절)이고, 모형에 사용되는 현금흐름의 개념은 기업의 금융비용지급능력을 평가하기 위하여 '금융비용지급전매출현금흐름' 개념을 사용하고 있다.

1) 1등급 - 최우량기업

금융비용지급전 매출현금흐름으로 금융비용과 배당금을 지급하고, 만기 도래한 유동성장기부채를 상환하고, 남은 자금으로 운전자본의 증가를 지원하고도 자금이 남는 자금잉여상태이다. 따라서 기업은 남은 잉여자금으로 핵심 혹은 비핵심 장기자산에도 투자할 만큼 현금흐름이 매우 풍부한 상태이다. 1등급 기업은 최우량기업에 해당된다.

1등급은 대체로 현금흐름이 아주 양호하고 재무구조가 튼튼한 우량기업의 경우로 기업이 시설투자를 하고, 3-4년이 지난 후 매출이 꾸준히 증가하고 장기차입금의 일부분이 상환되어 부채비율이 감소하고, 추가투자를 위한 신규차입이 별로 없는 상태로 현금흐름분석에 있어 최우량등급에 해당된다.

1등급기업의 재무특징

1등급인 경우에는 자금잉여상태이므로 그해 재무상태표에는 다음 3가지 현상이 나타난다. ① 남은 잉여자금을 사용하지 않으면 현금가능자산(현금 및 현금성자산, 단기금융상품, 유가증권 등)이 증가한 경우, ②남은 잉여자금을 핵심 혹은 비핵심 장기자산취득에 사용하면 유형자산 또는 투자자산이 증가한 경우, ③ 남은 잉여자금을 추가 차입금상환에 사용하면 단기차입금상환 또는 장기차입금 조기상환을 하는 경우이다.

2) 2등급 - 우량기업

금융비용지급전 매출현금흐름으로 금융비용과 배당금을 지급하고, 유동성장기부채는 상환이 가능하지만, 운전자본의 증가까지 지원하기에는 자금이 조금 부족한 상태이다. 이 상태는 현금흐름이 과거 투자에 사용한 장기차입금을 계획대로 상환하기에는 충분하다. 그러나 매출증가에 따라 발생하는 필요운전자금의 증가를 지원하기 위해서는 신규차입이 필요하고, 단기차입금에 의존해야하는 상태이다. 2등급 기업은 우량기업에 해당된다.

따라서 2등급 상태는 유동성장기부채의 상환금액이 대체로 신규 단기차입금보다 크므로 차입금 규모는 감소하는 추세를 나타내고, 기업의 현금흐름이 양호한 경우이다.

유동성장기부채의 특징

단기차입금은 기업과 대출은행간 협의로 만기에 상환하는 경우 보다는 연장하는 경우가 대부분인 금융채무이다. 반면에 유동성장기부채(유동성장기차입금+유동성사채+유동성전환사채+유동성신수인수권부사채 등)는 비유동부채에 있던 장기금융부채가 만기가 1년미만이 되면 유동부채로 재분류된 계정과목이다. 단기차입금과는 달리 반드시 만기에는 상환을 해야 하는 금융채무이다(만약, 감사인이 유동성장기차입금을 유동성장기부채라 표기하고, 유동성사채, 유동성전환사채, 유동성신주인수권부사채을 각각 별도로 표시해도 모두 합산한다.)

3) 3등급 – 정상기업(관찰대상)

금융비용지급전 매출현금흐름으로 금융비용과 배당금을 지급하고, 유동성장기부채의 상당부분(1/2이상)만을 상환할 수 있을 뿐이다. 따라서 유동성장기부채상환액의 부족분은 회사채를 발행하거나 혹은 은행으로부터 신규차입을 해야 한다. 또한 운전자본이 증가하면 단기차입금도 증가하게 되어 차입금규모의 분수령(즉, 총차입금이 감소하거나 증가하는 경계점)이 되는 시점이다. 3등급 기업은 정상기업 혹은 일반기업으로 볼 수 있지만 부실가능성에 대하여는 관찰대상이다.

이때 만기도래한 유동성장기부채의 상환을 위하여 장기차입금 또는 회사채에 의존하는 것은 적절하다고 볼 수 있지만, 만약 단기차입금에 의존하게 된다면 미래의 특정기간에 동시에 만기되는 단기차입금 상환부담으로 지급능력이 위험하게 될 수 있다. 따라서 3등급 기업은 장기자금 확보에 주력을 하게 되지만, 차입능력이 약한 기업은 신규 단기차입금으로 만기도래한 유동성장기부채를 상환할 수밖에 없기 때문에 기업의 단기차입금 상환부담은 점차 가중된다.

4) 4등급 – 요주의기업

금융비용지급전 매출현금흐름으로 금융비용과 배당금을 지급하고 유동성장기부채의 일부(1/2이하)만을 지급할 수 있다. 따라서 유동성장기부채상환액의 부족분과 운전자본의 증가분에 소요되는 자금을 추가로 차입해야 한다. 4등급 기업에서는 매출의 감소, 이익의 감소 혹은 손실의 발생, 부채비율의 악화 등의 새로운 악화징후를 발견할 수 있다. 4등급 기업은 위험이 발견되는 수준으로 요주의대상이다.

또한 4등급 기업은 배당을 하지 않는 경우가 많고, 4등급 수준이 연속되면 금융기관으로 부터 신규차입이 어려워질 수 있고, 유상증자 혹은 자산재평가, 자산매각, 수익성 있는 사업부문의 양도, 등을 고려하게 된다.

만약 기업의 현금흐름이 4등급 상태에 있을 때 갑작스런 불경기의 도래, 관련기업의 부도, 자금시장의 경색 등의 현상이 나타나면, 신규차입이 어려워져 만기도래하는 유동성장기부채를 상환할 부채상환능력을 상실하게 된다. 소위 말하는 기업의 '흑자도산' 은 3등급 혹은 4등급에서 가끔 발생하게 된다.

5) 5등급 – 경계기업

금융비용지급전 매출현금흐름으로 금융비용과 배당금지급조차 충분히 지급할 수 없는 상태이다. 5등급 기업은 자금의 확보에 최선의 노력을 기울이게 된다. 대표적인 방법으로써 매출채권과 재고자산을 처분(핵심단기자산처분 – 투매현상)하고, 또한 매입채무결제기간을 연장(90일에서 120일로)함으로써 순운전자본을 더욱 감소시키고 여기서 유입된 자금으로 금융비용지급과 유동성장기부채상환과 같은 재무활동에 사용하기도 한다. 5등급 기업은 가장 위험한 상태로 경계기업이다.

5등급 기업의 재무제표에서는 매출감소, 연속적자, 자본잠식상태 등을 발견할 수도 있다. 또한 정상적으로 금융기관으로부터 신규차입이 어려워져 사채시장에서 높은 금리를 지불하고 융통어음을 발행하여 자금을 조달하기도 한다.

6) 지급불능 (도산)

기업의 현금흐름이 4-5등급 상태에 이르렀을 때 경영진이 조기에 구조조정을 준비하지 않거나 혹은 실시하지 않는다면, 그 기업은 결국 대출금융기관과 채권자(원재료 등 외상공급자)들로부터 외면당하고, 지급불능(도산)의 상태에 도달하게 된다.

KSI모형(I)과 회사채신용등급

KSI모형(I)은 기업의 신용등급을 나타내는 회사채신용등급과는 다르다. KSI모형(I)은 기업의 부실가능성을 알려주는 현금흐름분석모형이다. 회사채등급이 우량인 A- 이상인 많은 기업들을 KSI모형(I)에 적용해 보니 대부분 1-2등급을 나타내었고, A+ 이상인 기업들은 대부분 1등급을 나타내었다. 만약, 회사채등급이 A- 이상인 기업인데 2-3년 동안 2-3등급으로 평가된다면 그 기업은 향후 회사채등급이 하향조정 될 가능성이 매우 높다고 판단된다.

2. 2010년 이전 부실기업과 KSI모형(I) 적용사례

2010년 이전에 지급불능상태에 직면한 6개 중견기업은 다음과 같다.

기업명	지급불능 내용	연도
1. HD건설	부도 및 워크아웃	2000년 10월
2. HJ컴퓨터	회사정리절차개시신청	2005년 6월
3. MDS기업	부도 및 은행거래정지	2002년 1월
4. WO기업	부도 및 코스탁상장폐지	2008년 3월
5. SS건설	회생절차개시	2008년 12월
6. TS LCD	회생절차개시신청 (파생금융상품거래손실로 자본잠식)	2008년 9월

상기 6개 기업에 대하여 지급불능상태가 발생하기 이전 3년 동안 재무제표를 구하여 KSI모형에 적용해 보면 다음과 같은 결과를 얻을 수 있다

기업명	지급불능 내용	연도
1. HD건설	5*등급(3년전), 4등급(2년전), 4등급(1년전)	2000년 10월
2. HJ컴퓨터	5등급, 3등급, 5등급	2005년 6월
3. MDS기업	5등급, 5*등급, 5등급	2002년 1월
4. WO기업	3등급, 3등급, 3*등급	2008년 3월
5. SS건설	4등급, 4*등급,5*등급	2008년 12월
6. TS LCD	1등급, 1등급, 4등급	2008년 9월

* 보수적 판정 포함

3. 최근 상장대기업 조선사 KSI모형(I) 적용사례

1) 대우조선해양

(단위 ; 십억원)

연도	회계방법	CF	(A)	(B)	(C/2)	(C/2)	D	등급	자금사정
2010	K-GAAP	1,154	(0)	(95)	(145)	(145)	(1,280)	2+	좌동
2011	K-IFRS	1,392	(0)	(95)	(91)	(91)	(1,423)	2+	좌동
2012	K-IFRS	705	(0)	(95)	(355)	(355)	(1,479)	2−	3

* 대우조선해양의 금융비용은 Zero {이자비용 〈(이자수익+배당금수익)} 인 경우

(1) 2010년

금융비용지급전 매출현금흐름의 규모가 매우 커서 배당금지급, 유동성장기부채상환, 운전자본증가에 지원하고도 자금이 남는 자금잉여상태로 등급은 2+ 로 우량 수준을 나타내었다. 그 해 자금사정은 운전자본의 증가규모(매출채권증가 1,323, 선수금감소 637)가 매우 커서 2+ 등급 수준을 나타내었다.

(2) 2011년

등급은 2+로 우량 수준을 나타내었다. 그 해 자금사정은 유동성장기부채 규모가 상대적으로 작았지만, 운전자본의 증가규모(미청구공사증가 385, 매입채무감소 352)가 컸기 때문에 2+등급 수준을 나타내었다.

(3) 2012년

금융비용지급전 매출현금흐름의 규모가 축소되었지만 등급은 2−로 우량 수준을 나타내었다. 그 해 자금사정은 금융비용지급전 매출현금흐름규모의 축소, 유동성장기부채 규

모가 상대적으로 크고, 또한 운전자본의 증가규모(초과청구공사감소 1,363)도 커서 보수적으로 판정하면 3등급 수준을 나타내었다. 그 부족한 자금은 사채발행, 단기차입금, 장기차입금 순으로 지원하였다.

2) 삼성중공업

(단위 : 십억원)

연도	회계방법	CF	(A)	(B)	(C/2)	(C/2)	D	등급	자금사정
2010	K-GAAP	1,259	(0)	(108)	(0)	(0)	(316)	1+	좌동
2011	K-IFRS	883	(0)	(108)	(56)	(56)	485	1+	좌동
2012	K-IFRS	1,379	(0)	(108)	(513)	(513)	(2,652)	2-	3

(1) 2010년

금융비용지급전 매출현금흐름의 규모가 매우 커서 배당금지급, 유동성장기부채상환, 운전자본증가에 지원하고도 자금이 남는 자금잉여상태로 등급은 1+로 최고우량 수준을 나타내었다. 그 해 자금사정도 1+등급 수준을 나타내었다. 남은 잉여자금은 단기차입금 상환과 장기차입금 조기상환에 사용하고 남은 자금은 단기금융상품취득에 사용하였다.

(2) 2011년

금융비용지급전 매출현금흐름의 규모가 축소되었지만 등급은 1+로 최고우량 수준을 나타내었다. 그 해 자금사정도 1+등급 수준에 운전자본의 감소로 인한 추가 현금유입으로 잉여자금 규모가 더욱 커졌다. 그 잉여자금은 대부분 단기차입금상환에 사용하였다.

(3) 2012년

등급은 2-로 우량 수준을 나타내었다. 그 해 자금사정은 유동성장기부채 규모가 상대적으로 크고, 또한 운전자본의 증가규모(미청구공사증가 1,116, 선수금감소 876)가 상대적으로 컸기 때문에 보수적으로 판정하면 3등급 수준을 나타내었다. 그 부족한 자금은 사채발행, 단기차입금, 장기차입금 순으로 지원하였다.

3) 현대중공업

(단위 : 십억원)

연도	회계방법	CF	(A)	(B)	(C/2)	(C/2)	D	등급	자금사정
2010	K-GAAP	4,335	(0)	(212)	(0)	(0)	(3,667)	1+	좌동
2011	K-IFRS	2,531	(0)	(429)	(0)	(0)	(1,423)	1+	좌동
2012	K-IFRS	1,860	(0)	(245)	(150)	(150)	(4,040)	2-	3

(1) 2010년

금융비용지급전 매출현금흐름의 규모가 매우 커서 배당금지급, 유동성장기부채상환, 운전자본증가에 지원하고도 자금이 남는 자금잉여상태로 등급은 1+로 최고우량 수준을 나타내었다. 그 해 자금사정도 1+등급 수준을 나타내었다. 남은 잉여자금은 대부분 단기차입금상환에 사용하였다. 금융채무의존도가 예상과는 달리 대부분 단기차입금에 의존하고 있는 것이 특징이고, 만기도래하는 유동성장기부채가 거의 없다(그동안 금리가 하락추세에 있었기 때문임).

(2) 2011년

금융비용지급전 매출현금흐름의 규모가 축소되었지만 등급은 1+로 최고우량 수준을 나타내었다. 그 해 자금사정도 1+등급 수준을 나타내었다. 남은 잉여자금은 대부분 유형자산취득과 종속기업 및 관계기업의 취득에 사용하였다. 금융채무 의존도가 대부분 단기차입금에 의존하고 있어 만기도래하는 유동성장기부채가 거의 없다(그동안 금리가 하락추세에 있었기 때문임).

(3) 2012년

금융비용지급전 매출현금흐름의 규모가 축소되었지만 등급은 2-로 우량 수준을 나타내었다. 그 해 자금사정은 운전자본의 증가규모(초과청구공사감소 1,673, 미청구공사증가 1,005)가 상대적으로 컸기 때문에 보수적으로 판정하면 3등급 수준을 나타내었다. 그 부족한 자금은 대부분 장기금융부채로 지원하였다(그동안 장기차입금의존도가 매우 낮았기 때문임).

4) STX조선해양

(단위 : 십억원)

연도	회계방법	CF	(A)	(B)	(C/2)	(C/2)	D	등급	자금사정
2010	K-IFRS	219	(19)	(14)	(228)	(228)	(638)	4+	4-
2011	K-IFRS	237	(17)	(15)	(294)	(294)	(317)	4+	4-
2012	K-IFRS	△382	(29)	(15)	(517)	(517)	133	5-	좌동

※ 2013년 4월 채권금융기관과의 자율협약을 신청함.

(1) 2010년

매출(3,940십억원)규모에 비하여 금융비용지급전 매출현금흐름(219십억원, 약5.5%)의 규모가 경쟁조선사에 비하여 상대적으로 매우 낮다. 그 결과 등급은 4+로 요주의 수준을 나타내었다. 그 해 자금사정은 운전자본의 증가(초과청구공사감소 1,042) 때문에 보수적으로 판정하면 조금 낮은 4-등급 수준을 나타내었다. 그 부족한 자금은 사채발행, 보유하던 현금 및 현금성자산 순으로 지원하였다.

(2) 2011년

등급은 4+로 요주의 수준을 나타내었다. 그 해 자금사정은 운전자본의 증가(초과청구공사 감소 355) 때문에 보수적으로 판정하면 조금 낮은 4-등급 수준을 나타내었다. 그 부족한 자금은 대부분 사채발행, 보유하던 현금 및 현금성자산 순으로 지원하였다.

(3) 2012년

금융비용지급전 매출현금흐름이 마이너스(-)를 나타내어 등급은 5-로 경계 수준을 나타내었다. 그 해 자금사정은 운전자본의 감소(초과청구공사증가 169, 매입채무증가192)로 인한 현금유입이 있었지만 금융비용지급전 매출현금흐름 마이너스(-)를 흑자로 전환시키기에는 부족하여 5등급 수준을 나타내었다. 그 부족한 자금은 대부분 단기차입금, 보유하던 현금 및 현금성자산 순으로 지원하였다.

4. 대기업부실예측모형 - KSI모형(I)의 유용성과 한계

1) KSI모형(I)의 유용성

KSI모형(I)에 많은 국내우량기업(예; 회사채등급 A- 등급이상)들을 적용해 보니 대부분 매년 1-2 등급을 나타내었고, 일반기업(예; 회사채등급 BBB- - BBB+)들을 적용해 보니 대부분 매년 2-3 등급을 나타내었다. 그러므로 KSI모형(I)은 대기업의 부실예측 평가에 긍정적인 면이 크다고 볼 수 있다.

2) KSI모형(I)의 한계

기업의 차입능력이 낮거나 혹은 다른 이유로 기업이 차입금 전액을 단기차입금에만 의존하는 경우, 혹은 상대적으로 장기차입금 의존도가 낮거나 또는 매우 낮은 중소기업인 경우에는 등급판정에 문제가 발생한다.

예를 들어, 극단적으로 장기차입금이 아예 없어서 유동성장기부채(C)가 전혀 없거나 또는 유동성장기부채(C)가 너무 작으면 그 해 금융비용지급전 매출현금흐름이 매우 악화되어도 모형등급이 2등급(정상등급)이 나오는 오류가 발생할 수 있다.

제3절 현금흐름분석을 이용한 중소기업부실예측모형-KSI모형(II)

1. 중소기업 부실예측모형의 개발배경

기업부실원인 중에는 '투자실패'가 있는데 이는 신규투자에서 기대한 만큼의 매출이 실현되지 않은데 그 원인이 있다. 기업이 매출증대를 위하여 핵심자산투자(즉 공장증설 및 자본적지출)에 투자를 하고 그 투자가 성공하게 되면 매출이 증가하고, 규모의 경제에 달성하면 기업의 수익성이 향상되고, 이는 매출현금흐름의 증가로 나타난다. 결국 매출증가가 핵심자산투자를 위해 차입한 장기차입금의 상환재원이 된다.

일반적으로 기업은 공장증설투자에 필요한 자금은 재무안정성과 금융지원기본을 위하여 장기차입금에 의존한다. 그러나 차입능력이 약한 중소기업은 공장증설에도 단기차입금에 의존하는 경우가 많다.

수정모형개발에서는 핵심변수인 유동성장기부채(C) 대신에 금융채무합계(T, 차입금합계)로 교체하였다. 그리고 유동성장기부채의 1/2(C/2) 대신에 금융채무합계(T)의 일부분(T/9)로 교체하였다. 기업이 추가투자를 하지 않는다고 가정할 때, 투자가 성공하게 되면 유입되는 현금흐름으로 결국에는 장기차입이던 혹은 단기차입금이던 상환하기 때문이다.

2. 변수의 교체와 변수 T/9의 의미

중소기업에도 적용할 수 있는 모형개발을 위하여 수년간 고민 끝에 주요 변수를 금융채무합계(T)로 교체하기로 결정하였다. 또한 최근 수년간 많은 부실중소기업에 대하여 T/7, T/8, T/9, T/10, T/11 등을 적용하여 실행한 시뮬레이션을 실시한 결과 C/2를 대신할 변수로 T/9로 결정하였다.

참고로 T/7을 변수로 모형에 적용하면 상대적으로 등급이 불량으로 판정되어 정상기업이 불량기업으로 판정되는 오류가 발생하고, T/11을 변수로 모형에 적용하면 상대적으로 등급이 우량으로 판정되어 불량기업이 정상기업으로 판정되는 오류가 발생하게 된다.

업종에 따라 다소 차이는 있지만 유형자산에 대한 내용연수가 대략 10 – 15년 사이에 있다. 그러므로 T/9의 의미는 기업이 차입금으로 공장을 증설하고 투자가 성공하면, 1년 동안 발생하는 금융비용지급전 판매마진 현금흐름(즉 금융비용지급전 매출현금흐름)으로 배당금지급, 금융비용지급 후에 공장증설을 위한 차입금의 1/9은 상환하는 것(투자자금 회수에 최소 9년 소요됨)을 의미한다.

3. 중소기업 부실예측모형 – KSI모형(II)

KSI모형(I)을 응용한 중소기업 부실예측모형인 KSI모형(II)은 다음과 같다.

[표 13-5] 중소기업 부실예측모형 – KSI모형(II)[2)]

(단위: 금액)

<table>
<tr><th>현금흐름분석</th><th>금액</th><th>등급</th></tr>
<tr><td>I. 금융비용지급전 매출현금흐름 (KSI CF)
1. 당기순이익(손실) : ×××
2. 비현금비용가산 : ×××
3. 비현금수익(차감) : ×××
4. 금융비용(A)* : ×××</td><td>×××</td><td></td></tr>
<tr><td>II. 금융비용과 배당금지급 (A+B)
• 금융비용 (A) : ×××
• 배당금지급 (B) : ×××</td><td>(×××)</td><td></td></tr>
<tr><td>III. 금융비용 · 배당금지급 후 현금흐름(CF−A−B)</td><td>I − II <0
I − II >0</td><td>5등급 (경계)
4등급 (요주의</td></tr>
<tr><td>IV. 금융부채합계액(T)의 1/9 : (T/9)</td><td>(×××)</td><td rowspan="2">3등급 (정상)</td></tr>
<tr><td>V. (CF−A−B− T/9)</td><td>III − IV >0</td></tr>
<tr><td>VI. 금융부채합계액(T)의 1/9 : (T/9)</td><td>(×××)</td><td rowspan="2">2등급 (우량)</td></tr>
<tr><td>VII. (CF−A−B− 2T/9)</td><td>V − VI >0</td></tr>
<tr><td>VIII. 운전자본의 변동(D)*
• 매출채권의 (증가)/감소 : ×××
• 재고자산의 (증가)/감소 : ×××
• 매입채무의 증가/(감소) : ×××</td><td>×××</td><td rowspan="2">1등급 (최우량)</td></tr>
<tr><td>IX. CF−A−B−C +/− D</td><td>VII+/−VIII>0</td></tr>
<tr><td>현금흐름상태</td><td colspan="2">판 정</td></tr>
</table>

* 금융비용 = (이자비용+매출채권처분손실+지급보증료) − (이자수익+배당금수익)

2) 모형(II)를 개인이 출판 등 지면에 사용할 경우에는 출처를 밝혀 주시고, 금융기관에서 기업부실예측 및 리스크관리에 사용할 경우에는 저자의 동의를 바랍니다.

※ (이자비용+매출채권처분손실+지급보증료)<(이자수익+배당금수익)인 경우에는 금융비용을 Zero로 함(매우 예외적으로 금융채무 보다 금융자산이 큰 경우임).

※ 금융비용이 Zero인 경우에는 매출현금흐름 = KCI CF.

※ T: 금융채무합계(총차입금), T/9: 금융채무합계/9

* D: D가 현금유출이면 VII에서 차감하고, D가 현금유입이면 VII에 가산함.

4. KSI모형(II) 등급의 해설

1) 1등급 – 양호한 현금흐름 (최우량기업)

1년 동안 유입되는 금융비용지급전 판매마진 현금흐름(즉 금융비용지급전 매출현금흐름)으로 배당금지급, 금융비용지급 후에 공장증설 등을 위하여 빌린 총차입금의 2/9을 상환하고, 남은 현금흐름으로 운전자본의 증가(예; 재고자산증가, 매출채권증가 및 매입채무감소 등)에도 지원하고 자금이 남는 자금잉여상태를 의미한다. 1등급의 의미는 최우량기업이다.

한편 총차입금의 2/9를 상환한다는 것은 내용연수가 10년을 상회하는 핵심장기자산(예; 생산시설)에 투자한 투자자금 회수에 불과 4.5년 소요된다는 의미이고, 그 이후부터 내용연수까지는 기업이 무차입경영을 하는 기간에 해당된다.

2) 2등급 – 우량기업

1년 동안 유입되는 금융비용지급전 판매마진 현금흐름(즉 금융비용지급전 매출현금흐름)으로 배당금지급, 금융비용지급 후에 공장증설 등을 위하여 빌린 총차입금의 2/9을 상환하고, 남은 현금흐름으로 운전자본의 증가(예; 재고자산증가, 매출채권증가 및 매입채무감소 등)를 지원하기 에는 자금이 부족한 상태로 운전자금지원을 위해서는 차입금에 의존해야 하는 상태이다. 2등급의 의미는 우량기업이다.

3) 3등급 - 정상기업 (관찰대상)

기업이 차입금으로 공장을 증설하고 투자가 성공하면, 1년 동안 유입되는 금융비용지급전 판매마진 현금흐름(즉 금융비용지급전 매출현금흐름)으로 배당금지급, 금융비용지급 후에 공장증설 등을 위하여 빌린 총차입금의 최소한 1/9은 상환할 수 있는 기업으로 정상기업 혹은 보통기업이라 할 수 있다.

한편 총차입금의 1/9이상을 상환한다는 것은 투자자금회수가 9년 이내 소요된다는 의미이고, 그 이후부터 내용연수까지는 기업이 무차입경영을 하는 기간에 해당된다. 3등급의 의미는 정상기업이지만 부실가능성 기준에서는 관찰대상이다.

4) 4등급 - 요주의기업

1년 동안 유입되는 금융비용지급전 판매마진 현금흐름(즉 금융비용지급전 매출현금흐름)으로 배당금지급, 금융비용지급 후에 공장증설 등을 위하여 빌린 총차입금의 최소한 1/9이하만 상환할 수 있는 상태이다. 총차입금의 1/9이하를 상환한다는 것은 투자자금회수가 9년 이상 소요된다는 의미이다. 만약 4등급이 연속 기록되면 투자실패에 가깝다고 할 수 있다. 4등급은 요주의기업이다.

5) 5등급 - 경계기업

1년 동안 유입되는 금융비용지급전 판매마진 현금흐름(즉 금융비용지급전 매출현금흐름)으로 배당금과 금융비용도 지급할 수 없는 상태 즉, 매출현금흐름이 마이너스(-)를 나타내는 상태이다. 이 상태는 투자한 핵심장기자산이 현금창출능력을 상실한 상태이고, 투자실패를 나타낸다고 평가할 수 있다. 따라서 5등급은 부실가능성이 가장 높은 위험한 상태에 있는 경계기업이다.

5. 중소기업 부실예측모형 – KSI모형(II) 적용사례

1) SWA기업

(2013년 4월 코스닥상장폐지: 자본잠식 사유)

(단위 : 십억원)

연도	회계방법	CF	(A)	(B)	(T/9)	(T/9)	D	등급	자금사정
2011	K-IFRS	0.9	(7.4)	(0)	(12.0)	(12.0)	(0.1)	5-	n/a
2012	K-IFRS	△49.9	(9.6)	(0)	(10.3)	(10.3)	66.0	5-	n/a

※반도체 생산시설부품 제작업

(1) 2011년

매출액(149십억원)에 비하여 금융비용지급전 매출현금흐름(0.9십억원, 0.6%) 규모가 너무 작기 때문에 등급은 가장 위험한 5-로 경계수준을 나타내었다.

(2) 2012년

2012년 매출액(48십억원)이 전기(149십억원)에 비하여 약 67.8%나 하락하였다. 즉, 규모의 경제 미달(참고; 매출원가 94십억원)로 매출총이익이 마이너스(-)를 기록하고, 그 결과 금융비용지급전 매출현금흐름이 마이너스(△49.9)로 나타났고, 등급은 가장 위험한 5-로 경계수준을 나타내었다.

KSI모형(II)와 자금사정분석

KSI 모형(II)에서는 실제로 현금유출이 발생한 유동성장기부채(C/2) 변수 대신에 금융채무의 일부(T/9)를 변수로 교체하고, 부채상환능력을 점검하기 때문에 그해 자금사정 분석에는 한계가 있고, 중소기업부실예측 용도에만 유용하다.

2) AAA기업

(2013년 5월 거래소상장폐지: 감사의견거절 사유)

(단위 : 십억원)

연도	회계방법	CF	(A)	(B)	(T/9)	(T/9)	D	등급
2011	K-IFRS	2.9	(7.9)	(0)	(2.5)	(2.5)	0	5-
2012	K-IFRS	△6.7	(8.3)	(0)	(1.0)	(1.0)	13.8	5-

※ 생명과학 및 바이오업종

(1) 2011년

매출액(52십억원)에 영업손실(△8십억원)을 기록하였다. 그 결과 현금흐름마진이 마이너스 수준인 매출현금흐름이 △5.0십억원을 기록하였기 때문에 금융비용지급전 매출현금흐름 규모(2.9십억원)가 너무 작아서 금융비용도 지급하기 어려운 상태, 즉 등급은 가장 위험한 5-로 경계수준을 나타내었다.

(2) 2012년

전기 대비 매출(41십억원)이 감소하였고, 영업손실(△27십억원)도 확대되었다. 매출감소로 인하여 매출현금흐름도 마이너스 수준이 확대되어 △15.0십억원을 기록하였다. 그 결과 금융비용지급전 매출현금흐름도 마이너스 상태(△6.7)를 나타내어 등급은 가장 위험한 5-로 경계수준을 나타내었다.

3) WKK기업

(2013년 7월 코스닥상장폐지: 감사의견거절 사유)

(단위 : 십억원)

연도	회계방법	CF	(A)	(B)	(T/9)	(T/9)	D	등급
2011	K-IFRS	△1.7	(3.4)	(0)	(3.6)	(3.6)	(11.5)	5-
2012	K-IFRS	4.6	(3.5)	(0)	(3.9)	(3.9)	3.0	4-

※ 철재, 철판가공 및 무역업

(1) 2011년

매출액(29십억원)에 영업손실(△2.7십억원)을 기록하였다. 그 결과 매출현금흐름이 △5.1십억원을 기록하였기 때문에 금융비용지급전 매출현금흐름 규모도 마이너스 상태(△1.7)를 나타내어 등급은 가장 위험한 5-로 경계수준을 나타내었다.

(2) 2012년

전기 대비 매출(45십억원)이 증가하여 영업이익(0.2십억원)이 흑자로 전환하였다. 그러나 매출액 대비 매출현금흐름(1.1십억원, 2.4%)이 너무 작은 결과로 금융비용지급전 매출현금흐름(4.6십억원)은 금융비용만 지급하는 수준, 즉 등급은 4-로 위험을 경고하는 요주의수준을 나타내었다. 등급상승의 주원인은 매출증가에 있고, 규모의 경제실현에는 매출상승이 매우 중요한 시점이다.

4) JNS기업

(2013년 7월 코스닥상장폐지: 자본잠식 사유)

(단위 : 십억원)

연도	회계방법	CF	(A)	(B)	(T/9)	(T/9)	D	등급
2011	K-IFRS	1.1	(2.5)	(0)	(1.2)	(1.2)	0.5	5
2012	K-IFRS	△9.6	(2.5)	(0)	(2.4)	(2.4)	10.4	5-

※ 시스템(솔루션) 개발 및 판매업

(1) 2011년

매출액(20십억원)에 영업손실(△4.3십억원)을 기록하였다. 그 결과 매출현금흐름이 △1.3십억원을 기록하였기 때문에 금융비용지급전 매출현금흐름 규모(1.1십억원)가 너무 작아서 등급은 5로 가장 위험한 경계수준을 나타내었다.

(2) 2012년

2012년 매출액(6십억원)이 전기(20십억원)에 비하여 약 70.0%나 하락하였다. 그 결과 규모의 경제 미달(참고; 매출원가 7.4십억원)로 매출총이익이 마이너스(△1.3십억원)를 기록하였고, 그 결과 금융비용지급전 매출현금흐름이 마이너스(△9.6)로 나타났고, 등급은 5-로 가장 위험한 경계수준을 나타내었다.

기업부실예측모형(KSI모형I & II)과 부실기업의 회생여부

기업부실예측모형과 관련하여 부실기업의 회생여부는 현실적으로 그 기업의 차입능력(예; 부채비율 등, 8장 7절 참조)과 자금조달능력(2장 3절)에 좌우된다. 예를 들어, 모형의 부실예측등급이 당기에 5등급을 기록하고, 차기에도 5등급 수준을 나타내면 그 기업은 영업에서 판매마진을 확보하지 못하고 손실이 발생하는 상태, 즉 매출현금흐름이 마이너스(-) 상태를 의미하고, 만약 그 기업이 향후에도 판매마진을 회복하지 못하면 계속기업으로서 자생력을 상실하여 부실가능성이 매우 높아진다. 그러나 그 부실기업이 상대적으로 차입능력(예; 부채비율이 낮음)과 자금조달능력이 있다면, 예외적으로 그 기업은 직면한 지급불능상태 위기에서 벗어날 수 있는 기회를 갖거나 혹은 지급불능상태 위기를 1년 정도 지연할 수가 있게 된다는 의미이다.

제4절 KSI모형을 적용한 현금흐름분석표

1. KSI현금흐름분석표의 구조와 유용성

현금흐름붐석을 이용한 기업부실예측모형인 KSI모형을 적용한 현금흐름분석표를 만들어 보면 다음 표와 같다.

1) 현금흐름분석표의 작성

① Ⅰ ~ Ⅶ 작성

KSI모형을 적용하여 작성한다.

② Ⅷ ~ Ⅺ 작성

비교분석법을 이용하여 작성한다.

[표 13-6] KSI모형을 적용한 현금흐름분석표

KSI 현금흐름분석표		
Ⅰ. 금융비용지급전 매출현금흐름(CF)*		: 250
1. 당기순이익/(손실)*	: 100	
2. 비현금비용가산	: 130	
3. 비현금수익(차감)	: (30)	
4. 금융비용	: 50	
Ⅱ. 금융비용과 배당금지급(A+B)		: (60)
· 금융비용(A)	: (50)	
· 배당금지급(B)	: (10) -(가정)	
Ⅲ. 금융비용과 배당금지급 후 현금흐름(CF-A-B)		: 190
Ⅳ. 유동성장기부채상환액(C)		: (80)
Ⅴ. 유동성장기부채상환 후 현금흐름(CF-A-B-C)		: 110
Ⅵ. 순운전자본의 변동(D)		: (50)
· 매출채권의 (증가)/감소		
· 매입채무의 증가/(감소) 등		
Ⅶ. 순운전자본지원 후 현금흐름(CF-A-B-C-D)		: 60
Ⅷ. 투자활동으로 인한 현금흐름		:(200)
· 유형자산의 순증가*		
· 유가증권의 순감소* 등		
Ⅸ. 투자활동 후 현금흐름		:(140)
Ⅹ. 재무활동으로 인한 현금흐름		: 180*
· 유상증자		
· 장기차입금의 순증가 등		
Ⅺ. 현금의 증감		: 40
· 기 초 현 금		: 100
· 기 말 현 금		: 140
KSI 모형등급 :		: 1등급

※ · 금융비용지급전 매출현금흐름 = 매출현금흐름 + 금융비용(순이자비용)
· 금융비용 = (이자비용+할인료+지급보증료) - (이자수익+배당금수익) = 50 (가정)
· 유형자산의 순증가 = (유형자산의취득액 - 유형자산의처분액, 취득액>처분액인 경우)
* 180 = 90(현금흐름표 상 재무활동현금흐름 참고) + 80(유동성장기부채) + 10(배당금지급)
※ 상기현금흐름은 KSI모형 1등급에 해당됨

2) KSI현금흐름분석표의 유용성

현금흐름분석표를 사용하면 다음과 같은 유용성을 얻을 수 있다.

① I ~ VII 분석

- 기업부실의 정도
- 과거 자본적지출의 성공여부
- 과거 차입금융의 성공여부
- 현금흐름예측의 용이성

② VIII ~ XI 작성

- 핵심자산에 대한 투자점검
- 기업의 자금조달능력 (차입능력과 주주의 자금능력)
- 자금지원의 적정성 (금융지원의 기본)

③ I ~ XI 분석

- 순운전자본감소 시에 단기차입금 신청에 대한 자금용도
- 종합분석을 통한 장 · 단기 지급능력 평가의 용이성

주의 : (1) 어떤 기업의 현금흐름상태가 지난 2년 동안 4~5단계를 기록했을 때 주주가 유상증자를 실시했다면 그 금액의 크기정도에 따라 영업활동의 부실을 재무활동(주주)의 도움으로 지급불능상태의 위기를 모면함으로써 향 후 1~2년 동안 다시 재기의 기회를 갖게 된다. 그러나 향 후 1~2년 이내에 현금흐름상태가 최소한 2~3단계로 회복하지 못하면 이 기업은 다시 위기에 직면하게 될 것이다. 이와는 달리, (2) 기존사업의 현금흐름상태가 수년 동안 1~2단계를 기록하였더라도 사업확장 혹은 신규사업에 큰 금액을 투자한 이후 2~3년 동안 현금흐름상태가 4~5단계를 기록한다면 이 기업은 예상하지 않은 위기에 직면하게 될 것이다.

그러므로 현금흐름이 보통인 '3등급' 기업의 지속적인 투자활동 및 재무활동의 점검으로 기업의 미래 장 · 단기지급능력을 예측할 수 있다.

2. KSI 현금흐름분석표적용 연구사례 (H 건설사)

[표 13-7] 구분분석법응용의 적용 (H건설사 52기 현금흐름분석)

(단위 : 십억원)

현 금 흐 름 분 석			52기	51기
Ⅰ. 금융비용지급전 매출현금흐름(CF)*		:	40	61
1. 당기순이익/(손실)*		:	17	15
2. 비현금비용가산		:	29	52
3. 비현금수익(차감)		:	(7)	(11)
4. 금융비용		:	1	5
Ⅱ. 금융비용과 배당금지급(A+B)		:	(6)	(10)
· 금융비용(A)		:	(1)	(5)
· 배당금지급(B)		:	(5)	(5)
Ⅲ. 금융비용과 배당금지급후 현금흐름(CF-A-B)		:	34	51
Ⅳ. 유동성장기부채상환액(C)		:	(45)	(45)
Ⅴ. 유동성장기부채상환 후 현금흐름(CF-A-B-C)		:	(11)	6
Ⅵ. 순운전자본의 변동(D)		:	(5)	10
· 매출채권의 (증가)/감소				
· 매입채무의 증가/(감소) 등				
Ⅶ. 순운전자본지원 후 현금흐름(CF-A-B-C-D)		:	(16)	16
Ⅷ. 투자활동으로 인한 현금흐름		:	25	39
· 단기금융상품 순감소	: 41			
· 투자유가증권의 취득	: (32)			
· 유가증권처분	: 17			
· 기타	: (1)			
Ⅸ. 투자활동 후 현금흐름		:	9	55
Ⅹ. 재무활동으로 인한 현금흐름		:	(5)*	(29)*
· 장기차입금 순감소	: (5)			
· 배당금지급	: (5)			
Ⅺ. 현금의 증감		:	4	26
· 기 초 현 금		:	42	16
· 기 말 현 금		:	46	42
※KSI모형 등급 :		:	3+등급	1등급

* 1. 52기 금융비용=(이자비용+할인료+지급보증료)–(이자수익+배당금수익) = 6 – (4 + 1) = 1
 · 51기 금융비용 = 12 – (6 + 1) = 5
2. Ⅷ. 재무활동으로 인한 현금흐름
 · 52기: (5) = (55) + 45(52기 유동성장기부채) + 5(52기 배당금지급)
 · 51기: (29) = (79) + 45(51기 유동성장기부채) + 5(51기 배당금지급)

1) 51기 현금흐름분석

금융비용지급전매출현금흐름 610억원으로 금융비용과 배당금지급에 100억원을 사용하고, 또한 만기도래하는 유동성장기부채상환에 450억원을 지출하고 60억원이 남았으며 운전자본감소로 인한 유입액 100억원을 포함하여 160억원이 남았다. 따라서 KSI모형 등급은 최우량등급인 1등급을 나타내고 있다.

그러므로 투자활동에서 단기금융상품처분 등에서 유입된 390억원을 가산하면 잉여자금은 총550억원으로 증가하였다. 그 자금으로 재무활동에서 금융채무 상환 등에 290억원을 사용하고 최종잉여자금이 260억원 남았다. - 51기는 내부적으로 자금에 여유가 많은 한 해였다.

2) 52기 현금흐름분석

금융비용지급전매출현금흐름 400억원으로 금융비용과 배당금지급에 60억원을 사용하고, 또한 유동성장기부채 450억원을 상환하기에는 110억원이 부족하였고, 운전자본증가로 인한 유출액 50억원을 포함하여 총160억원이 부족하였다. 따라서 KSI모형 등급은 보통등급인 3+등급을 나타내고 있다.

그러므로 투자활동에서 단기금융상품처분 등에서 유입된 250억원을 사용하여 잉여자금은 90억원이 되었고, 그 자금으로 재무활동에서 금융채무 상환 등에 50억원을 사용하고 최종잉여자금이 40억원 남았다. - 52기는 내부적으로 유동성장기부채 상환에 부족한 자금을 주로 단기금융상품처분으로 조달하였다.

▶ 51-52기 현금흐름 공통특징

(1) 단기금융상품을 현금화하여 부족한 자금에 사용(차입금 상환 포함)

(2) 2년 연속 총차입금 감소로 이자비용 하락 및 재무구조개선

(3) 현금성자산을 많이 보유하고 있는 기업

부 록

1. 현금수지분석표와 현금순환표
2. H건설사 재무제표
3. 연결재무제표(K-IFRS)

1. 현금수지분석표와 현금순환표

[표 14-19] 현금수지분석표

(단위 : 금액)

활동구분	주요항목 \ 분석기간	년
영업활동	1. 매출을 통한 현금유입액	
	1-1. 순매출액	
	1-2. 선수금 증가	
	1-3. 매출채권 증가(-)	
	2. 현금지출매출원가	
	2-1. 매출원가	
	2-2. 재고자산 증가	
	2-3. 선급금 증가	
	2-4. 매입채무 증가(-)	
	2-5. 감가상각비(제조원가)(-)	
	3. 현금매출총이익(1-2)	
	4. 현금 일반관리 · 판매비	
	4-1. 일반관리 · 판매비	
	4-2. 선급비용 증가	
	4-3. 미지급비용 증가(-)	
	4-4. 감가상각비(판 · 관비)(-)	
	5. 현금영업이익(3-4)	
	6. 기타 순운용	
	7. 법인세 등 지급	
	8. 영업활동 후 현금이익(5-6-7)	
	9. 자금조달비용 지급	
	9-1. 이자비용	
	9-2. 배당금지급	
	10. 순현금이익	
	11. 유동성장기부채 상환액	
	12. 유동성장기부채 상환후 현금이익(10-11)	
투자활동	13. 비유동자산투자소요액	
	13-1. 유형자산 증가	
	13-2. 투자자산 증가	
	13-3. 무형 및 이연자산 증가	
	14. 외부자금조달전 현금흐름액(12-13)	
재무활동	15. 총외부자금조달액	
	15-1. 단기차입금 증가	
	15-2. 장기금융부채 증가	
	15-3. 유상증자	
	16. 외부자금조달후 현금예상증가(14+15)	
결과	17. 현금예금증가액(No. 16과 동일금액)	

[표 14-20] 현금순환표

(단위 : 금액)

활동구분	주요항목 \ 분석기간	년
영업활동	1. 영업으로부터 원천 합계	
	1-1. 당기순이익(이자비용공제전) 1-2. 감가상각비 1-3. 법인세등	
	2. 영업상 주요운용	
	2-1. 매출채권 증가 2-2. 재고자산 증가 2-3. 선급금 증가 2-4. 선급비용 증가 2-5. 매입채무 증가(-) 2-6. 선수금 증가(-) 2-7. 미지급비용 증가(-)	
	3. 현금영업이익(1-2)	
	4. 기타 순운용	
	5. 법인세등 지급	
	6. 영업활동후 현금이익(3-4-5)	
	7. 자금조달비용 지급	
	7-1. 이자비용 7-2. 배당금지급	
	8. 순현금이익(6-7)	
	9. 유동성장기금융부채 상환액	
	10. 유동성장기금융부채 상환후 현금이익(8-9)	
	11. 비유동자산투자소요액	
투자활동	11-1. 유형자산 증가 11-2. 투자자산 증가 11-3. 무형 및 이연자산 증가	
	12. 외부자금조달전 현금흐름액(10-11)	
재무활동	13. 총외부자금조달액	
	13-1. 단기차입금 증가 13-2. 장기금융부채 증가 13-3. 유상증자	
	14. 외부자금조달후 현금예상증가(12+13)	
결과	15. 현금예금증가액(No. 14과 동일금액)	

2. H건설사 재무제표

H건설사 재무상태표
제52기 (2XX3. 01. 01부터 2XX3. 12. 31까지)
제51기 (2XX2. 01. 01부터 2XX2. 12. 31까지)
제50기 (2XX1. 01. 01부터 2XX1. 12. 31까지)

(단위 : 원)

과 목	제 52 기	제 51 기	제 50 기
자 산			
Ⅰ.유 동 자 산.	286,024,652,658	303,401,544,467	373,149,527,083
(1)당좌자산	234,474,196,516	257,501,902,767	314,212,401,540
1.현금및현금성자산 (주석10,19)	46,469,823,901	42,584,472,765	15,932,619,453
2.단기금융상품(주석3,10)	14,350,116,158	55,036,594,707	123,376,995,685
3.단기투자자산(주석2,4,21)	20,830,995,800	21,734,384,000	11,024,672,905
4.매출채권(주석2,11)	5,244,801,918	2,149,303,182	6,764,305,993
대손충당금	78,398,028	44,410,086	67,643,060
5.공사미수금(주석2,10)	98,112,801,888	90,815,192,297	97,108,511,366
대손충당금	7,095,071,506	1,801,214,114	1,156,409,321
6.분양미수금(주석2)	205,750	1,060,394,844	1,764,435,603
대손충당금	2,058	10,603,948	17,644,356
7.단기대여금(주석10)	16,797,023	84,423,819	120,484,487
8.미수금(주석2,10,11)	19,474,062,495	12,015,313,955	15,710,358,825
대손충당금	2,336,293,583	2,245,152,913	8,032,182,757
9.미수수익	3,250,379,337	4,582,076,752	4,836,244,646
10.선급금(주석2)	10,396,702,487	14,254,760,874	18,643,809,002
대손충당금	956,022,059	-	-
11.선급비용	2,332,468,278	2,674,491,886	2,634,542,202
12.선급공사비	10,034,320,812	5,196,848,298	3,040,582,676

과 목	제 52 기	제 51 기	제 50 기
13.공사유보금(주석10)	9,150,861,415	6,315,783,986	19,892,066,242
14.기타의당좌자산(주석10)	5,275,646,488	3,099,242,463	2,636,651,949
(2)재고자산(주석2)	51,550,456,142	45,899,641,700	58,937,125,543
1.상품	216,257,250	212,876,593	182,825,812
2.완성주택	35,738,498,512	34,134,076,036	48,720,757,754
3.미완성주택	1,338,898,722	707,479,145	941,153,815
4.용지	9,508,488,069	2,959,482,166	2,959,482,166
5.원자재	3,821,616,315	6,686,203,368	4,080,568,347
6.가설재	803,996,184	959,357,241	1,109,751,601
7.저장품	122,701,090	240,167,151	942,586,048
Ⅱ. 비유동자산	371,031,276,217	357,590,048,503	348,555,333,609
(1)투자자산	182,229,751,360	160,683,295,040	144,529,288,359
1.장기금융상품(주석3,21)	2,718,500,000	33,000,000	33,000,000
2.장기투자증권(주석2,5,21)	84,834,163,236	71,698,407,186	107,802,408,682
3.지분법적용투자주식(주석2,6)	57,122,140,418	56,333,712,899	
4.유전개발투자	18,458,604,519	18,419,655,284	17,765,693,200
5.장기대여금(주석11)	19,226,380	15,726,380	3,282,330,940
6.장기성매출채권(주석2)	304,724,939	304,724,939	304,724,939
대손충당금	304,724,939	304,724,939	304,724,939
7.보증금(주석10)	1,713,705,391	809,946,886	711,339,560
8.회원권	489,700,000	489,700,000	489,700,000
9.이연법인세자산(주석2,16)	16,873,711,416	12,883,146,405	14,444,815,977
(2)유형자산(주석2,7,8,20,21)	188,801,524,857	196,906,753,463	204,026,045,250
1.토지	164,943,463,136	171,936,463,136	173,986,972,260
2.건물	30,302,755,574	30,302,755,574	34,317,387,851
감가상각누계액	6,763,362,867	5,602,966,557	4,947,818,818
3.건설용장비	1,695,960,018	1,702,008,018	2,880,587,618
감가상각누계액	1,659,103,376	1,617,802,864	2,549,650,281
4.차량운반구	636,528,486	582,344,897	1,195,512,497
감가상각누계액	564,458,863	534,594,101	1,069,073,157

과 목	제 52 기	제 51 기	제 50 기
5.기타의유형자산	3,491,334,441	3,287,687,041	4,550,774,826
감가상각누계액	3,281,591,692	3,149,141,681	4,338,647,546
자 산 총 계	657,055,928,875	660,991,592,970	721,704,860,692
부 채			
Ⅰ.유 동 부 채	170,035,136,758	192,130,210,836	234,186,382,452
(1)매입채무(주석10)	39,347,407,052	26,457,438,867	28,957,879,087
(2)단기차입금	-	-	29,022,000,000
(3)미지급금(주석10,11)	49,282,777,232	50,542,495,194	37,625,587,881
(4)공사선수금(주석19)	50,620,697,848	39,379,456,225	42,514,682,522
(5)분양선수금	541,582,436	728,894,200	1,345,397,002
(6)예수금(주석10)	639,165,195	512,901,943	785,808,301
(7)부가가치세예수금	3,850,466,200	1,682,871,450	1,271,098,627
(8)예수보증금(주석10)	4,028,692,179	3,644,150,880	10,079,403,280
(9)미지급비용	9,468,493	655,312,656	1,082,407,286
(10)미지급법인세	5,451,623,107	6,633,441,195	12,511,348,730
(11)미지급배당금	-	-	4,735,182,500
(12)유동성사채(주석2,9,19)	-	45,000,000,000	45,000,000,000
사채할인발행차금	-	183,446,450	148,217,948
(13)선수수익	1,378,423,995	1,944,191,771	458,385,800
(14)공사손실충당부채(주석2)	9,739,072,162	9,073,220,557	11,941,406,189
(15)기타의유동부채(주석10)	5,145,760,859	6,059,282,348	7,004,013,195
Ⅱ. 비 유 동 부 채	105,269,008,131	101,637,678,025	134,044,064,474
(1)사채(주석2,7)	-	-	45,000,000,000
사채할인발행차금	-	-	1,888,043,779
(2)장기차입금(주석9,10)	43,110,805,647	47,949,346,436	48,286,034,576
(3)장기공사선수금(주석19)	2,999,639,558	3,931,898,429	11,284,698,030
(4)퇴직급여충당부채(주석2)	20,019,350,976	21,275,695,659	18,434,701,595
퇴직보험예치금	12,637,056,180	13,376,121,352	11,078,928,187
국민연금전환금	745,692,200	965,996,500	1,032,382,100
(5)공사손실충당부채(주석2)	18,815,070,907	20,467,339,265	-

과 목	제 52 기	제 51 기	제 50 기
(6)장기임대보증금	6,262,542,440	7,032,957,120	13,277,455,920
(7)하자보수충당부채	5,604,838,617	3,743,008,968	8,081,178,517
(8)기타의비유동부채(주석23)	21,839,508,366	11,579,550,000	3,679,349,902
부 채 총 계	275,304,144,889	293,767,888,861	368,230,446,926
자 본			
Ⅰ. 자 본 금(주석1,12)	66,377,445,000	66,377,445,000	66,377,445,000
(1)보통주자본금	59,126,475,000	59,126,475,000	59,126,475,000
(2)우선주자본금	7,250,970,000	7,250,970,000	7,250,970,000
Ⅱ. 자 본 잉 여 금	235,981,010,709	235,981,010,709	235,981,010,709
(1)주식발행초과금	89,556,020,656	89,556,020,656	89,556,020,656
(2)기타자본잉여금	430,691,966	430,691,966	430,691,966
(3)재평가적립금(주석14)	145,994,298,087	145,994,298,087	145,994,298,087
Ⅲ. 이 익 잉 여 금(주석2,15)	77,001,329,500	65,205,285,756	50,361,467,438
(1)이익준비금	12,112,000,000	11,570,000,000	11,570,000,000
(2)기업합리화적립금	10,025,000,000	10,025,000,000	10,025,000,000
(3)재무구조개선적립금	5,300,000,000	5,300,000,000	5,300,000,000
(4)별도적립금	31,800,000,000	22,800,000,000	22,800,000,000
(5)차기이월이익잉여금	17,764,329,500	15,510,285,756	666,467,438
Ⅳ. 자본조정 / 기타포괄손익누계액	2,391,998,777	(-)340,037,356	754,490,619
(1)매도가능증권평가이익	(-)8,010,784,538	(-)8,940,391,160	-
(2)지분법자본변동	15,382,189,691	15,302,385,296	7,456,522,111
(3)자기주식(주석13)	(-)4,979,406,376	(-)6,702,031,492	(-)6,702,031,492
자 본 총 계	381,751,783,986	367,223,704,109	353,474,413,766
부채와 자본총계	657,055,928,875	660,991,592,970	721,704,860,692

H건설사 손익계산서
제52기 (2XX3. 01. 01부터 2XX3. 12. 31까지)
제51기 (2XX2. 01. 01부터 2XX2. 12. 31까지)
제50기 (2XX1. 01. 01부터 2XX1. 12. 31까지)

(단위 : 원)

과 목	제 52 기	제 51 기	제 50 기
Ⅰ. 매 출 액(주석2)	435,643,000,312	413,614,531,919	463,526,333,017
1.국내공사수입	359,549,232,338	337,137,255,606	343,728,857,240
2.해외공사수입	49,193,406,437	41,033,663,173	85,725,227,588
3.분양수입	5,336,207,233	14,972,999,792	14,292,138,324
4.해외자원개발수입	11,809,156,500	11,243,851,132	11,791,586,426
5.상품매출	3,295,289,370	3,427,206,116	3,668,747,613
6.임대수입	6,459,708,434	5,799,556,100	4,319,775,826
Ⅱ. 매출원가(주석9)	390,448,885,534	363,848,735,987	413,668,061,881
1.국내공사원가	331,225,322,077	301,019,587,345	294,955,919,257
2.해외공사원가	49,221,087,195	41,703,811,474	95,968,312,756
3.분양원가	4,303,562,317	14,586,681,718	15,637,421,657
4.해외자원개발원가	250,369,771	556,821,335	637,118,059
5.상품매출원가	2,890,596,202	3,023,738,694	3,281,373,038
6.임대관리비	2,557,947,972	2,958,095,421	3,187,917,114
Ⅲ. 매 출 총 이 익	45,194,114,778	49,765,795,932	49,858,271,136
Ⅳ. 판매비와 관리비	28,471,706,491	21,142,142,963	31,868,224,430
1.급여(주석24)	6,407,327,146	6,651,118,380	5,327,393,174
2.상여금(주석24)	2,594,043,893	2,928,028,079	2,165,981,445
3.학자금,포상금(주석24)	204,169,910	185,759,090	170,990,375
4.잡급(주석24)	365,676,831	371,588,671	282,167,760
5.퇴직급여(주석24)	665,905,640	867,861,796	737,165,194
6.수도광열비	339,572,378	354,049,391	319,412,271
7.보관운반비	5,407,329	430,000	8,618,770

과 목	제 52 기	제 51 기	제 50 기
8.감가상각비(주석24)	648,034,603	667,453,693	795,502,063
9.수선비	201,002,033	180,592,819	310,238,961
10.임차료(주석24)	80,115,786	43,954,603	49,567,198
11.차량유지비	53,065,378	60,555,767	50,219,426
12.소모품비	134,426,399	134,467,360	105,509,534
13.사무용품비	6,984,078	9,469,824	8,490,317
14.도서인쇄비	102,137,571	81,277,209	72,978,498
15.세금과공과(주석24)	2,916,313,451	1,997,799,128	1,977,406,624
16.보험료	215,253,719	385,731,565	327,182,996
17.접대비	119,392,134	120,892,494	84,224,926
18.복리후생비(주석24)	755,498,869	674,535,669	616,059,288
19.여비교통비	476,462,395	397,937,745	531,583,927
20.통신비	111,090,050	100,747,265	109,632,639
21.지급수수료	1,078,179,444	981,802,246	1,064,697,825
22.광고선전비	109,311,077	80,106,796	34,195,682
23.수주비	746,028,961	298,329,487	395,322,155
24.기술개발비	389,264,753	389,497,138	731,797,018
25.교육훈련비	10,854,274	28,066,436	69,981,690
26.미분양주택관리비	138,517,145	884,456,947	1,563,271,684
27.대손상각비	6,364,406,173	621,627,036	5,621,140,647
28.하자보수비	3,232,574,311	1,644,006,329	8,335,059,633
29.잡비	690,760	-	2,432,710
Ⅴ. 영업이익	16,722,408,287	28,623,652,969	17,990,046,706
Ⅵ. 영업 외 수익	18,529,576,126	20,709,809,101	40,942,506,362
1.이자수익	4,790,978,569	6,328,158,655	10,051,661,562
2.배당금수익	861,561,856	783,350,599	754,809,264
3.임대료	49,510,916	48,650,685	47,396,432
4.증시안정기금출자이익	-	334,453,029	1,362,391,671
5.단기투자자산평가이익(주석4)	528,946,800	-	-
6.유가증권평가이익	-	-	2,199,659,755

과 목	제 52 기	제 51 기	제 50 기
7. 외환차익	5,934,738,709	6,646,174,188	19,433,087,617
8. 외화환산이익	149,191,241	1,036,522,832	1,234,874,141
9. 유형자산처분이익	4,732,363	2,522,579,179	1,046,103,168
10. 지분법이익(주석6)	708,623,124	296,292,731	611,736,307
11. 유가증권처분이익	21,770	77,141,981	-
12. 법인세환급액	2,186,058,090	-	-
13. 잡이익	3,315,212,688	2,636,485,222	4,200,786,445
Ⅶ. 영업 외 비용	13,859,438,858	29,999,485,471	39,627,493,412
1. 이자비용	5,963,030,424	12,214,327,045	17,508,551,805
2. 재고자산평가손실	-	-	1,027,414,778
3. 유가증권평가손실	-	797,839,720	-
4. 유가증권처분손실	-	-	199,140
5. 투자자산처분손실	255,376,513	95,908,578	1,424,833,709
6. 외환차손	5,121,156,825	9,591,362,350	12,477,683,393
7. 외화환산손실	98,023,387	971,269,876	782,388,655
8. 기부금	52,340,000	5,905,000	2,949,200
9. 유형자산처분손실	499,172	1,339,307,248	660,683,585
10. 지분법손실	-	55,603,303	-
11. 투자주식감액손실	-	3,889,497,290	4,272,800,000
12. 보상비	1,588,381,807	557,219,119	199,849,795
13. 법인세추납액	262,817,891	128,308,849	151,067,295
14. 잡손실	517,812,839	352,937,093	2,146,486,835
VIII. 법인세비용차감전순이익	21,392,545,555	19,333,976,599	19,305,059,656
IX. 법인세비용(주석2,16)	4,229,147,211	4,490,158,281	3,908,428,550
X. 당기순이익(주석17)	17,163,398,344	14,843,818,318	15,396,631,106

H건설사 현금흐름표
제52기 (2XX3. 01. 01부터 2XX3. 12. 31까지)
제51기 (2XX2. 01. 01부터 2XX2. 12. 31까지
제50기 (2XX1. 01. 01부터 2XX1. 12. 31까지

(단위 : 원)

과 목	제 52 기	제 51 기	제 50 기
Ⅰ. 영업활동으로인한 현금흐름	33,915,127,449	65,685,595,206	76,449,728,776
1. 당기순이익	17,163,398,344	14,843,818,318	15,396,631,106
2. 현금유출이없는비용등 가산	29,638,781,582	51,603,303,822	51,579,492,781
1)외화환산손실	98,023,387	971,269,876	782,388,655
2)외환차손	5,121,156,825	9,591,362,350	12,477,683,393
3)유가증권평가손실	-	797,839,720	-
4)유가증권처분손실		-	199,140
5)하자보수충당부채전입액	3,987,155,174	2,959,094,944	11,194,503,072
6)퇴직급여	3,394,622,693	4,097,583,861	3,717,651,520
7)감가상각비	1,390,069,763	1,471,141,683	1,878,702,878
8)유형자산처분손실	499,172	1,339,307,248	660,683,585
9)사채할인발행자금상각	183,446,450	1,852,815,277	3,228,640,640
10)공사손실충당부채전입액	15,208,431,605	24,481,879,692	11,941,406,189
11)투자자산처분손실	255,376,513	95,908,578	1,424,833,709
12)투자주식감액손실	-	3,889,497,290	4,272,800,000
13)지분법평가손실	-	55,603,303	-
3. 현금유입이없는수익등 차감	(-)7,326,232,237	(-)10,836,021,959	25,887,852,659
1)외화환산이익	149,191,241	1,036,522,832	1,234,874,141
2)외환차익	5,934,738,709	6,646,174,188	19,433,087,617
3)유가증권평가이익	528,946,800	-	2,199,659,755
4)유형자산처분이익	4,732,363	2,522,579,179	1,046,103,168
5)지분법평가이익	708,623,124	296,292,731	611,736,307
6)증시안정기금출자금평가이익	-	334,453,029	1,362,391,671

과 목	제 52 기	제 51 기	제 50 기
4. 영업활동으로인한자산부채변동	(−)5,560,820,240	10,074,495,025	35,361,457,548
1)공사미수금의감소(증가)	(−)7,229,819,414	6,885,566,522	29,001,562,766
2)분양미수금의감소(증가)	1,049,587,204	697,000,351	3,670,490,628
3)매출채권의감소(증가)	(−)3,061,510,794	4,591,769,837	8,012,791,621
4)미수금의감소(증가)	(−)7,368,981,633	(−)2,156,842,051	11,023,295,306
5)미수수익의감소(증가)	1,331,697,415	254,167,894	126,491,905
6)재고자산의감소(증가)	(−)5,650,814,442	13,037,483,843	16,805,894,850
7)선급금의감소(증가)	3,858,058,387	4,389,048,128	4,277,651,226
8)선급비용의감소(증가)	342,023,608	(−)39,949,684	(−)1,175,561,551
9)선급공사비의감소(증가)	(−)4,837,472,514	(−)2,156,265,622	1,118,245,029
10)공사유보금의감소(증가)	(−)2,880,228,302	13,084,597,275	(−)4,589,578,475
11)기타의당좌자산의감소(증가)	(−)2,176,599,212	(−)462,590,514	6,089,387,709
12)국민연금전환금의감소	220,304,300	66,385,600	511,340,700
13)이연법인세자산의감소(증가)	(−)3,990,565,011	1,561,669,572	(−)9,921,433,121
14)매입채무의(감소)증가	12,890,672,103	(−)2,485,098,225	(−)7,177,836,143
15)미지급금의증가(감소)증가	(−)1,257,432,852	20,153,993,483	(−)605,384,194
16)공사선수금의(감소)증가	4,735,405,654	(−)8,965,405,346	(−)22,632,314,140
17)분양선수금의(감소)증가	(−)187,311,764	(−)616,502,802	(−)44,343,555
18)예수금의(감소)증가	126,264,815	(−)272,815,311	(−)65,505,481
19)예수보증금의감소(증가)	390,567,520	(−)6,116,447,799	3,455,189,881
20)선수이익의(감소)증가	(−)565,767,776	1,485,805,971	−
21)미지급비용의(감소)증가	(−)645,844,163	(−)427,094,630	(−)293,033,800
22)미지급법인세의(감소)증가	(−)1,181,818,088	(−)5,877,907,535	12,473,754,202
23)공사손실충당부채(감소)증가	986,416,753	(−)17,599,153,633	(−)216,187,754
24)하자보수비사용액(감소)증가	(−)2,125,325,525	(−)7,297,264,493	(−)8,502,653,574
25)부가가치세예수금(감소)증가	2,167,594,750	411,772,823	(−)5,518,203,153
26)기타유동부채(감소)증가	(−)912,074,667	(−)947,919,578	3,410,226,780
27)퇴직금의지급	(−)4,650,967,376	(−)1,256,589,797	(−)9,228,187,421
28)장기공사선수금의(감소)증가	5,573,577,098	(−)1,522,620,552	11,786,221,527
29)장기임대보증금의(감소)증가	(−)770,414,680	(−)6,244,498,800	(−)6,430,864,220

과 목	제 52 기	제 51 기	제 50 기
30)기타의비유동부채의(감소)증가	10,259,958,366	7,900,200,098	-
Ⅱ.투자활동으로인한 현금흐름	25,160,217,877	39,400,406,366	(-)89,578,531,070
1.투자활동으로인한 현금유입액	268,463,215,471	581,483,338,384	416,226,783,627
1)단기금융상품의감소	241,830,781,866	554,102,075,645	378,345,669,647
2)유가증권의처분	17,063,116,185	7,727,019,238	3,159,829,210
3)단기대여금의회수	78,862,368	56,506,076	3,177,097,956
4)장기대여금의회수	-	3,270,104,560	300,000,000
5)장기금융상품의감소	13,000,000	5,000,000	5,000,000
6)투자유가증권의감소	2,617,017,060	2,704,894,985	5,679,009,311
7)유전개발투자의감소	6,085,363,407	6,190,255,785	5,261,555,123
8)보증금의감소	27,315,350	541,841,960	228,762,255
9)단체퇴직보험예치금의 감소	739,065,172	-	17,390,580,211
10)토지의처분	-	1,542,285,320	727,409,927
11)건물의처분	-	3,167,577,888	1,384,383,487
12)건설용장비의처분	3,957,700	769,800,147	557,948,318
13)차량운반구의처분	4,736,363	252,349,396	9,538,182
14)기타의유형자산의처분	-	1,153,627,384	-
2.투자활동으로인한 현금유출액	(-)243,302,997,594	(-)542,082,932,018	505,805,314,697
1)단기금융상품의증가	201,081,615,381	486,101,473,727	471,517,639,352
2)유가증권의취득	-	27,496,915,238	5,230,074,150
3)단기대여금의증가	11,241,532	20,794,367	3,101,965,066
4)장기대여금의증가	3,500,000	3,500,000	4,000,000
5)투자유가증권의취득	32,171,981,814	18,617,361,796	16,643,018,410
6)유전개발투자의증가	6,124,312,642	6,844,217,869	6,227,124,864
7)장기금융상품의증가	2,698,500,000	5,000,000	2,500,000
8)보증금의증가	929,544,196	642,077,756	136,452,330
9)단체퇴직보험예치금의증가	-	-	935,367,147
10)퇴직보험예치금의증가	-	2,297,193,165	-
11)토지의취득	-	-	1,288,491,994
12)건물의취득	-	-	536,018,232

과 목	제 52 기	제 51 기	제 50 기
13)건설용장비의취득	-	6,048,000	-
14)차량운반구의취득	78,654,629	-	41,400,469
15)기타의유형자산의취득	203,647,400	48,350,100	141,262,683
Ⅲ.재무활동으로인한 현금흐름	(-)55,189,994,190	(-)78,434,148,260	(-)22,905,534,130
1.재무활동으로인한 현금유입액	126,177,360,410	140,367,034,240	316,115,793,570
1)단기차입금의차입	96,000,000,000	100,044,000,000	281,044,000,000
2)장기차입금의차입	30,177,360,410	40,323,034,240	35,071,793,570
2.재무활동으로인한 현금유출액	(-)181,367,354,600	(-)218,801,182,500	339,021,327,700
1)단기차입금의상환	96,000,000,000	129,066,000,000	291,044,000,000
2)유동성사채의상환	45,000,000,000	45,000,000,000	45,000,000,000
3)장기차입금의상환	35,000,000,000	40,000,000,000	-
4)배당금의지급	5,367,354,600	4,735,182,500	2,977,327,700
Ⅳ.현금의증가(감소)(Ⅰ+Ⅱ+Ⅲ)	3,885,351,136	26,651,853,312	(-)36,034,336,424
Ⅴ.기초의현금	42,584,472,765	15,932,619,453	51,966,955,877
Ⅵ.기말의현금	46,469,823,901	42,584,472,765	15,932,619,453

제 조 원 가 명 세 서
제52기 (2XX3. 01. 01부터 2XX3. 12. 31까지)
제51기 (2XX2. 01. 01부터 2XX2. 12. 31까지)
제50기 (2XX1. 01. 01부터 2XX1. 12. 31까지)

(단위 : 원)

과 목	제 52 기	제 51 기	제 50 기
Ⅰ.재료비	82,675,006,770	65,644,454,294	93,773,552,097
기초재료재고액	7,389,027,569	1,000,030,371	5,181,083,039
당기재료매입액	79,634,224,867	72,033,451,492	89,592,499,429
계	87,023,252,436	73,033,481,863	94,773,582,468
기말재료재고액	4,348,245,666	7,389,027,569	1,000,030,371
Ⅱ. 외주비	232,507,790,496	204,537,023,050	226,676,261,788
Ⅲ.노무비	25,417,822,463	24,861,759,074	28,476,245,664
급 여	22,457,161,606	21,480,655,069	25,262,056,304
퇴직급여	2,960,660,857	3,381,104,005	3,214,189,360
Ⅳ.경 비	37,929,305,932	36,385,989,548	40,708,727,169
전력.가스,수도료	1,235,650,607	998,416,128	1,207,267,618
운 임	1,377,310,440	1,965,353,362	1,572,158,091
감가상각비	600,169,011	661,812,690	941,733,763
수선비	185,549,859	138,951,437	317,759,070
세금과공과	3,020,423,586	2,878,015,729	2,670,001,333
지급임차료	5,093,548,818	4,654,440,963	7,405,830,168
보험료	4,428,009,565	3,010,466,932	5,789,820,463
복리후생비	3,873,786,794	3,308,977,992	3,406,680,818
여비교통비	274,866,765	302,872,605	281,117,831
차량유지비	739,251,489	590,198,647	526,515,663
접 대 비	60,147,895	53,673,160	82,615,182
기 타	17,040,591,103	17,822,809,903	16,507,227,169
Ⅴ.당기총공사비용	378,529,925,661	331,429,225,966	389,634,786,718

과 목	제 52 기	제 51 기	제 50 기
Ⅵ.공사손실충당부채전입액	15,208,431,605	24,481,879,692	11,941,406,189
Ⅶ.공사손실충당부채환입액	(-)5,144,574,752	(-)6,882,726,059	(-)216,187,754
Ⅷ.당기공사원가	390,448,885,534	363,848,735,987	413,668,061,881

1. 기업개요

주식회사(이하 "당사" 라 함)는 1946년에 설립되어 1973년 9월에 상장한 종합건설업을 주 영업목적으로 하고 있습니다.

2. 5%이상 대주주의 주식소유 현황

[52기 12월 31일현재]

(단위 : 주, %)

순위	성명(명칭)	보통주		우선주		소계	
		주식수	지분율	주식수	지분율	주식수	지분율
1	최OO	764,757	6.47	69,584	4.80	834,341	6.28
2	OO은행	1,496,230	12.65	-	-	1,496,230	11.28
합 계		2,260,987	19.12	69,584	4.80	2,330,571	17.56

3. 시장점유율

당사는 대형 종합건설업체로서 시공능력순위가 52기에 22위, 51기에 20위, 50기에 20위이며, 52기 도급 한도액은 7,507억원입니다.

4. 시장의 특성

당사의 52기 매출액의 구성을 보면 토목 67.1%, 건축 12.3%, 플랜트 14.4%, 분양 1.2%, 해외자원개발 2.7%, 기타(임대 등) 2.3%이며, 국내 86.0%이고, 해외는 14.0% 입니다.

5. 신규사업 등의 내용 및 전망

당사는 기존의 토목건설 위주의 사업에서 탈피하여 원자력, 고속철도, 환경신기술 리모델링 사업으로의 수주영업을 강화하고 있으며, 해외시장 대형공사 정보수집 강화 등을 통해 수주영역 확대에 노력하고 있습니다.

6. 매출현황

(단위 : 백만원, %)

구 분	공사종류	제 52 기		제 51 기		제 50 기		비고
		금 액	비 율	금 액	비 율	금 액	비 율	
국내 도급공사	건 축	53,784	12.35	46,477	11.24	72,177	15.57	
	토 목	242,956	55.77	263,937	63.81	252,087	54.39	
해외 도급공사	건 축	-	-	-	-	-	-	
	토 목	49,193	11.29	41,034	9.92	85,725	18.49	
자체공사		5,336	1.22	14,973	3.62	14,292	3.08	
기 타		84,374	19.37	47,194	11.41	39,245	8.47	
합 계		435,643	100.00	413,615	100.00	463,526	100.00	

7. 연구개발비용

(단위 : 천원)

과 목		제52기	제51기	제50기	비 고
원재료비		5,945,352	4,253,126	5,145,934	
인건비		4,978,415	4,653,342	4,589,128	
감가상각비					
위탁용역비		1,520,694	2,391,430	1,784,960	
기 타		410,527	439,340	419,261	
연구개발비용계		12,854,988	11,737,239	11,939,284	
회계처리	판매비와관리비	-	-	-	
	제조경비	-	-	-	
	개발비(무형자산)	-	-	-	
연구개발비 / 매출액 비율 [연구개발비용계÷당기매출액×100]		2.95%	2.84%	2.58%	

8. 장기차입금 등

현재 장기차입금 등의 내역과 상환계획은 다음과 같습니다.

① 장기차입금

(단위:천원)

차입금종류	차입처	이자율	당 기	전 기	상환방법
운 영 자 금	대한주택보증	2.00%	6,400,000	6,400,000	4년거치 12년 분할상환
〃	외환은행	6.76%	–	20,000,000	만기 일시상환
〃	조흥은행	7.50%	–	15,000,000	〃
〃	신한은행	6.50%	30,000,000	–	〃
합 계			36,400,000	41,400,000	

② 외화장기차입금

(단위:천원, US$1,000)

차입금종류	차입처	이자율	당 기	전 기	상환방법
자원개발자금	한국석유개발	5~7%	US$5,603	US$5,456	8년거치 10년 분할상환
원화환산액			6,710,806	6,549,346	

③ 사 채

(단위:천원)

종 류	발행일	상환일	이자율(%)	당 기	전 기
제110회무보증	49기. 2. 7	52기. 2. 7	9.00	–	45,000,000
합 계				–	45,000,000
유동성 사채				–	(45,000,000)
잔 액				–	–

④ 장기차입금과 사채의 상환계획

(단위:천원)

종 류	당기말잔액	상환금액 54기	55기	56기	57기	58기 이후
장기차입금	36,400,000	533,333	533,333	30,533,333	533,333	4,266,666
외화장기차입금	6,710,806	-	-	-	-	6,710,806
합 계	43,110,806	533,333	533,333	30,533,333	533,333	10,977,472

9. 지급보증

타인에게 제공한 지급보증 내역

현재 타인에게 제공한 지급보증의 내역은 다음과 같습니다.

(단위:천원)

제공받은자	보증금액	보증내용
㈜삼환까뮤外	145,710,657	분 양 보 증 外
서울고속도로㈜	20,000,000	차입보증
장미아파트재건축조합원	3,600,000	〃
장미아파트재건축조합	1,200,000	〃
합 계	170,510,657	

10. 우발채무

(1) 당기말 당사의 차입금 및 지급보증등과 관련하여 다수의 어음 및 수표 (백지어음수표 8매 및 수표 1매의 액면금액 2,000 백만원)가 서울보증 보험 등에 견질로 제공되어 있습니다.

(2) 당사는 손해배상청구외 15건의 재판에 피고로서 계류 중에 있으며 소송금액은 28,607,742천원입니다. 최종 재판결과는 현재로서는 예측할 수 없으며 소송의 결과로 초래될 수 있는 부채 중 12,795,351천원을 기타의 비유동부채로 처리하였습니다.

11. 공사현황

당기 및 전기말의 공사계약잔액 및 주요공사의 내용은 다음과 같습니다.

① 공사 계약 잔액

(단위:천, US$,천원)

구 분	52기		51기	
	국내공사	해외공사	국내공사	해외공사
기초계약잔액	1,303,540,259	US$65,683	1,199,703,128	US$73,566
신규 및 추가계약	425,943,420	15,155	440,974,387	26,300
공사수익계상액	359,549,232	41,070	337,137,256	34,183
		(W49,193,406)		(W41,033,663)
기말계약잔액	1,369,934,447	US$39,768	1,303,540,259	US$65,683
		(W47,634,029)		(W78,845,791)

3. 연결재무제표(K-IFRS)

연결재무제표에 대한 주석은 연결감사보고서(IFRS) 상의 주석을 참고하시길 바랍니다.

연결재무상태표
제 57(당) 기 2009년 12월 31일 현재
제 56(전) 기 2008년 12월 31일 현재

P 주식회사와 그 종속기업

(단위 : 원)

과 목	주석	제 57(당)기말	제 56(전)기말	제 56(전) 기초
자 산				
Ⅰ.비유동자산				
유형자산	5,13	274,497,663,984	274,048,597,094	253,463,241,600
무형자산	6	1,356,577,242	1,895,782,292	1,911,822,928
생물자산	7	3,771,098,569	3,768,698,569	3,746,088,169
관계기업지분증권	8	1,263,384,195	1,811,342,290	2,466,818,667
파생금융자산	12,30	-	3,907,080,611	-
기타금융자산	9,30	5,318,543,308	3,159,334,012	1,159,940,870
비유동자산 계		286,207,267,298	288,590,834,868	262,747,912,234
Ⅱ.유동자산재고자산	10	17,367,976,145	28,078,344,536	12,372,838,781
매출채권및기타채권	11,29	50,693,732,623	40,089,282,258	29,459,804,544
파생금융자산	12,30	2,779,958,981	4,966,257,679	69,219,077
기타금융자산	9,30	60,253,311	1,996,482,248	280,000
기타유동자산		70,735,200	102,655,910	443,277,851
현금및현금성자산	30	6,779,604,965	5,340,460,384	17,270,821,952
유동자산 계		77,752,261,225	80,573,483,015	59,616,242,205
Ⅲ.매각예정비유동자산				
매각예정비유동자산	14	-	-	6,643,625,100
자산총계		363,959,528,523	369,164,317,883	329,007,779,539

과 목	주석	제 57(당)기말	제 56(전)기말	제 56(전) 기초
자 본				
Ⅰ.지배기업주주지분				
자본금	1,15	51,022,580,000	49,880,080,000	49,880,080,000
자본잉여금	15	56,143,877,769	54,598,755,980	54,589,177,564
자기주식	16	(1,330,015,251)	(8,802,014,960)	(6,093,707,560)
기타자본	15,22	697,636,954	1,148,621,808	945,615,085
이익잉여금	15	40,171,102,963	39,180,414,436	47,612,672,787
지배기업주주지분 계		146,705,182,435	136,005,857,264	146,933,837,876
Ⅱ. 비지배지분		1,658,644,189	2,536,982,913	951,150,489
자본총계		148,363,826,624	138,542,840,177	147,884,988,365
부 채				
Ⅰ.비유동부채				
사채	13,19,30	37,500,000,000	77,194,134,398	64,848,236,865
장기차입금	13,19,30	13,602,733,845	28,389,878,936	26,891,298,269
금융리스부채	20	-	355,923,941	729,531,677
파생금융부채	12,30	-	-	389,570,851
퇴직급여부채	21	13,510,306,556	13,265,877,948	16,659,718,987
이연법인세부채	26	7,051,285,158	6,339,616,970	7,482,130,757
기타채무	17	75,604,326	257,658,370	476,621,629
비유동부채 계		71,739,929,885	125,803,090,563	117,477,109,035
Ⅱ. 유동부채단기차입금	13,18,30	62,662,285,862	46,050,917,562	38,752,005,105
유동성장기부채	13,19,30	13,872,574,635	21,436,893,304	-
유동성사채	13,19,30	40,000,000,000	4,975,987,589	-
금융리스부채	20	355,923,941	373,607,736	345,703,137
파생금융부채	12	-	-	343,182,746
매입채무	17,29,30	16,301,391,171	13,710,976,262	14,748,826,054
기타채무	17,30	10,663,596,405	18,270,004,690	9,455,965,097
유동부채 계		143,855,772,014	104,818,387,143	63,645,682,139
부채총계		215,595,701,899	230,621,477,706	181,122,791,174
자본및부채총계		363,959,528,523	369,164,317,883	329,007,779,539

연결포괄손익계산서

제 57(당) 기 2009년 1월 1일부터 2009년 12월 31일까지
제 56(전) 기 2008년 1월 1일부터 2008년 12월 31일까지

P 주식회사와 그 종속기업

(단위 : 원)

과 목	주석	제 56(전)기	제 56(전) 기
Ⅰ. 당기순이익(손실)			
매출액	3,29	210,350,839,265	217,382,324,242
매출원가	29	(167,870,344,640)	(186,778,111,605)
매출총이익		42,480,494,625	30,604,212,637
판매비와관리비	23	(30,582,873,183)	(29,574,875,532)
영업이익	23	11,897,621,442	1,029,337,105
기타수익	24	2,332,910,921	729,387,394
기타비용	24	(654,293,294)	(2,798,997,658)
외환이익		7,783,202,991	3,158,676,726
외환손실		(2,733,272,223)	(12,323,355,143)
금융수익	25	1,341,271,963	10,636,031,620
금융원가	25	(18,202,226,856)	(10,599,944,802)
지분법이익	8	235,257,171	-
관계기업처분손실		-	(4,766,312)
지분법손실	8	(17,375,140)	(18,752,321)
법인세비용차감전순이익(손실)		1,983,096,975	(10,192,383,391)
법인세비용	26	(876,130,077)	(1,535,047,438)
당기순이익(손실)		1,106,966,898	(11,727,430,829)
Ⅱ.기타포괄손익			
매도가능금융자산평가손익		(378,011,856)	30,201,269
현금흐름위험회피평가손익		476,523,505	(277,200,211)
지분법자본변동		-	(43,116,338)
보험수리적손익		(840,712,893)	309,576,142

과 목	주석	제 56(전)기	제 56(전) 기
법인세비용차감후기타포괄이익(손실)		(742,201,244)	19,460,862
Ⅲ. 총포괄손익		364,765,654	(11,707,969,967)
Ⅳ. 당기순이익의 귀속			
지배기업주주지분		1,844,511,847	(10,178,415,790)
비지배주주지분		(737,544,949)	(1,549,015,039)
계		1,106,966,898	(11,727,430,829)
Ⅴ. 총포괄손익의 귀속			
지배기업주주지분		1,102,310,603	(10,163,220,351)
비지배주주지분		(737,544,949)	(1,544,749,616)
계		364,765,654	(11,707,969,967)
Ⅵ. 주당손익			
기본주당순이익(손실)	27	193	(1,080)
희석주당순이익	27	190	-

연결현금흐름표

제 57(당) 기 2009년 1월 1일부터 2009년 12월 31일까지
제 56(전) 기 2008년 1월 1일부터 2008년 12월 31일까지

P 주식회사와 그 종속기업

(단위 : 원)

과 목	제 57(당)기	제 56(전) 기
Ⅰ. 영업활동현금흐름	5,954,801,124	(20,139,759,918)
(1) 영업에서 창출된 현금	16,246,995,977	(11,630,671,972)
가. 당기순이익	1,106,966,898	(11,727,430,829)
나. 조정	18,184,604,947	22,298,141,234
감가상각비	4,812,070,857	5,159,015,374
퇴직급여	2,243,062,897	2,335,496,125

과 목	제 57(당)기	제 56(전) 기
복리후생비	132,240,210	-
주식보상비용	205,467,497	493,122,003
무형자산상각비	227,168,180	412,468,982
대손상각비	347,398,423	1,495,456,766
이자비용	11,187,536,099	9,726,767,903
파생상품평가손실	1,554,020,660	-
관계기업처분손실	-	4,766,312
지분법손실	17,375,140	18,752,321
외화환산손실	420,466,750	9,646,275,765
유형자산처분손실	7,298,570	158,338,794
생물자산처분손실	-	9,000
무형자산손상차손	125,346,760	1,396,826,098
매각예정자산처분손실	-	793,625,100
법인세비용	876,130,077	1,535,047,438
기타영업외비용	-	32,343,525
기타금융자산처분이익	(38,842,583)	(2,588,419)
지분법이익	(235,257,171)	-
파생상품평가이익	-	(9,673,403,436)
외화환산이익	(1,359,982,719)	(419,967,514)
대손충당금환입	-	(474,431)
이자수익	(632,129,380)	(695,638,454)
배당금수익	(6,000,000)	(13,414,000)
재고자산평가손실(환입)	105,195,943	(66,870,437)
무형자산처분이익	-	(5,818,181)
유형자산처분이익	(53,136,356)	(29,416,000)
생물자산처분이익	-	(2,579,400)
무형자산손상차손환입	(213,280,093)	-
종속기업처분이익	(1,537,544,814)	-
다. 자산 및 부채의 증감	(3,044,575,868)	(22,201,382,377)
매출채권및기타채권의감소(증가)	(10,760,100,524)	(6,740,947,580)

과 목	제 57(당)기	제 56(전) 기
재고자산의 감소(증가)	7,672,392,593	(15,493,899,218)
매입채무및미지급금의 증가(감소)	4,943,810,992	4,732,377,767
기타유동부채의 증가(감소)	(1,994,277,852)	720,280,694
퇴직금의 지급	(2,942,481,260)	(5,483,547,269)
퇴직연금운용자산의 감소(증가)	36,080,183	64,353,229
(2) 이자의 수취	446,778,026	799,641,840
(3) 배당금의 수취	90,000,000	13,414,000
(4) 법인세의 환급	9,627,491	277,789,312
(5) 이자의 지급	(10,838,600,370)	(9,599,933,098)
Ⅱ. 투자활동현금흐름	(14,092,082,750)	(19,270,988,638)
기타금융자산의 감소	2,043,514,484	1,234,990,304
단기대여금의 감소	8,397,726,001	2,290,000,000
유형자산의 처분	55,058,182	423,300,473
무형자산의 처분	-	21,818,181
생물자산의 처분	-	10,500,000
관계기업지분의 처분	-	617,920,000
매각예정자산의 처분	-	5,850,000,000
기타금융자산의 증가	(2,948,418,300)	(6,784,384,461)
단기대여금의 증가	(12,381,500,000)	(4,340,000,000)
유형자산의 취득	(8,416,063,117)	(16,639,242,410)
무형자산의 취득	-	(1,807,293,435)
생물자산의 취득	(2,400,000)	(30,540,000)
관계기업지분의 취득	(840,000,000)	(118,057,290)
Ⅲ. 재무활동현금흐름	9,576,426,207	27,480,386,988
파생상품의 감소	5,099,270,097	1,155,153,099
단기차입금의 증가	32,225,001,930	29,539,802,082
사채의 발행	12,500,000,000	19,662,668,920
장기차입금의 증가	2,730,346,226	8,892,000,000
유상증자	1,635,029,010	-
자기주식의 처분	7,784,229,986	-

과 목	제 57(당)기	제 56(전) 기
거래보증금의 증가	100,000,000	10,000,000
파생상품의 증가	–	(1,012,387,311)
단기차입금의 감소	(14,388,404,428)	(23,599,874,656)
사채의 상환	(7,500,000,000)	–
유동성사채의 상환	(10,218,498,000)	(2,500,000,000)
유동성장기부채의 상환	(19,896,940,878)	–
유동성금융리스부채의 상환	(373,607,736)	(343,182,746)
배당금의 지급	(120,000,000)	(1,565,485,000)
자기주식의 취득	–	(2,708,307,400)
거래보증금의 감소	–	(50,000,000)
Ⅳ. 현금및현금성자산의 증가(감소)	1,439,144,581	(11,930,361,568)
Ⅴ. 기초의 현금및현금성자산	5,340,460,384	17,270,821,952
Ⅵ. 기말의 현금및현금성자산	6,779,604,965	5,340,460,384

참고문헌

국내문헌

· 권성일, 『금융기관의 기업금융설계와 위험분석(제2판), 한국금융연수원(2010)pp.50~51

· 대구 · 경북지반 중소기업청, 『중소기업신용평가모형해설』(1996), pp.42~45.

· 곽해선 편역, 『MBA에센스』, 매일경제신문사(2001), pp.307~311.

· 김성기, 『현대중급회계』, 다산출판사(1999), pp.925.

· 김영청, 『재무제표분석』, 삼영사(1998), pp89~122.

· 김지수 · 조홍규 『기업도산예측』, 한국금융연수원(2001), pp138~141.

· 김철중, 『재무분석』, 한국금융연수원(1999), pp71~74.

· 김혁 · 김명철, 『현금흐름분석』, 한국금융연수원(1997), pp.59~71.

· 김선기 · 황석화 · 김건우, 『기업부실화의 원인 · 징후 및 예측』, 한국신용평가(주) (1986), pp75~77

· 김한수 공저, 『국제투자금융』, 국제금융연구원(1992), pp.111.

· 기업은행, 『기은조사월보』, (1996. 1), pp41~65.

· 문창업, 『계간대신』제8권 제1호, 대신경제연구소(1995. 3).

· 박상수 · 박원규, 『핵심재무관리』, 경문사(2001), pp.327~346.

· 변중석, 『국제회계와 신용평가실무』, 조세통감사(1998), pp.488.

· 백운수 · 양지영, 『기업신용위험분석』, 한국금융연수원(2010)

· 손기원, 『기업회계 기준과 실무전략』, 경영베스트(2000. 3), pp.590~594.

· 송인관 · 운순석, 『중급재무회계』, 신영사(1999), pp.462.

· 신현걸, 『연결재무제표의 이해와 활용』, 한국금융연수원(2010)

· 오세민, 『재무제표분석』, 한국금융연수원(1997), pp.53.

· 양남하, 『기업신용분석실무』, 육법사(1998), pp.90~93.

· 양남하, 『현대신용분석』, 육법사(1998), pp.559~561.

· 우춘식, 『핵심재무관리』, 삼영사(2001), pp.405~415.
· 윤석철 · 김병기, 『경영분석론』, 학문사(1998), pp.360~370, pp.402~403.
· 임종화, 『재무제표분식 어떻게 발견하나』, 기린원(1991), pp.51~59.
· 이효익, 『회계학연습』, 무역경영사(1999), pp.37~51, pp.357~359.
· 이용호 · 심충진, 『일반기업회계기준』, 한국금융연수원(2010)
· 전성빈 · 김건우 · 김민철 편역, 『기업의 재무위기와 도산』, 한국신용분석사회 (1998), pp.214~234, pp.375~377.
· 정한규 · 김철중 · 윤평식 공역, 『가치평가론』, 경문사(2001), pp104~107.
· 조영빈 · 김준환, 『현금흐름경영』, 삼성경제연구소(1998), pp.33~39.
· 조지호 · 임익순, 『재무관리』, 박영사(2000), pp.416~424.
· 조선일보, 1992. 2. 14일자.
· 증권감독원, 『증권조사월보』(1995. 8), pp.16.
· 허장식 · 주경상, 『자산재평가실무』, 부동산연구사(1998), pp.16~23.
· 홍성수, 『신용분석』, 한국금융연수원(2001), pp.63~67.
· 한국신용평가(주), 『산업동향분석(상),(하)』(1997. 6).
· 한국신용분석사회, 『산업분석(Ⅰ)~(Ⅳ)』, (2001).
· 한국금융연수원, 『산업별분석방법론』, (2001).
· 한국은행, 『판별분석에 의한 기업평가방법』, 은행감독원 여신관리국 (1982.8), pp.9~15.

국외문헌

- Brian Coyle, "Corporate Credit Analysis." Glenlake Publishing Company Ltd (2000), pp.19~21.
- David J. Collis, Cynthia A. Montgomery, "Corporate Strategy", McGraw-Hill Book Co(1999), pp.17~19, pp.48~54.
- Edward I. Altman, "Corporate Financial Distress", John Wiley & Sons Inc (1983), pp.105~125.
- Eugene F. Brigham, Louis C. Gapenski, Michael C. Ehrhardt "Financial Management Theory and Practice", Ninth Edition, The Dryden Press (1999), pp.792~796, pp.835~840.
- Erich A. Helfert, "Techiniques of Financial Analysis", Ninth Edition, Richard D. IRWIN(1997), pp.274~278.
- Krishna G. Palepu, Paul M. Healy, Victor. L. Bernard, "Business Analysis & Valuation", Second Edition, South~Western College Publishing(2000), Chapter pp.11~20.
- George W. Gallinger, P Basil Healey, "Liquidity Analysis and Management", Fourth Edition, Addison-Wesley Publishing Company Inc.(1991), pp.41~57, pp.170~173.
- Lyn M. Fraser, "Understanding Financial Statements", Second Edition, Prentice~Hall, Inc.(1998), pp.89~103, pp.127~147.
- Philip Kotler, "Marketing Management." Prentice-Gall Inc(2000), pp.76-79
- Robert C. Higgins, "Analysis for Financial Management", Third Edition, Business One Irwin(1996), pp.38~55, pp.99~104.
- Roy Warren, "How to understand and use Company Accounts", Hutchinson Business Limited(1990), pp.21, pp.80~101.
- Roger H. Hale, "Credit Analysis", John Wiley & Sons(SEA) Pte Ltd(1989), pp.127-134.
- Stephen A. Ross, Randolph W. Westerfield, Bradford D. Jordan, "Fundmentals of Corporate Finance", the McGraw~Hill Companies Inc.(1998), pp.4~5, pp.97~100, pp.304~308.
- Stephen A. Ross, Randolph W. Westerfileld, Jeffrey F. Jaffe, "Corporate Finance." McGraw - Hill Book Co(1999), pp.402~403.
- Hongkong & Shanghai, Banking Corporation(HSBC), Credit Analysis 연수 교재.
- Credit Lyonnais, Credit Analysis 연수 교재.
- www.moodys.com/moodys/mdyappr, htm, Rating Approach(1999) by Moody' s Investors Service, 99 Church Street, New York, NY10007.

■ 저자 권 성 일

- 부산대학교 경제학과 졸업
- 부산대학교 경영대학원 졸업(경제학 석사)
- HSBC 서울지점 애널리스트, 여신팀장(1985~1993)
- 크레디리요네은행 서울지점 기업금융담당 이사(1993~2004. 10)
- 성균관대학교 〈Executive 금융MBA과정〉 초빙교수
- 한국금융연수원 실무전문교수(기업금융부문) 역임

■ 저 서

「기업금융컨설팅과 지원전략」, 한국금융연수원
「K-IFRS 재무제표분석과 상장기업분석」, 한국금융연수원
「기업금융실무와 위험분석」, 한국금융연수원
「신용분석3-종합신용평가/통신연수교재」, 한국금융연수원
「기업금융종합마케팅2/통신연수교재」, 공저, 한국금융연수원
「핵심종합신용평가연습」, 한국신용분석사회
「악보없이 치는 드럼노트」, 바로북인쇄소

최신기업신용분석

초 판 1쇄 : 2000년 10월 25일
제10판 1쇄 : 2025년 8월 4일

지은이 : 권성일
펴낸이 : 이준수
펴낸곳 : 한국금융연수원 출판미디어사업부
(03053) 서울특별시 종로구 삼청로 118
전 화 : 02)3700-1500
팩 스 : 02)3700-1530
홈페이지 : www.kbi.or.kr
등 록 : 1990년 4월 20일(제1-1040호)

〈정가 : 24,000원〉 ISBN 978-89-287-8273-4 13320

한국금융연수원 자격검정시험 안내

- 「국가공인자격」은 자격기본법에서 정한 기준과 절차에 따라 국가가 공인한 자격으로 신용분석사, 여신심사역, 국제금융역, 자산관리사(FP), 신용위험분석사(CRA), 외환전문역 I종, 외환전문역 II종 등 7개의 자격이 있습니다.

- 「자체인증자격」은 우리 원이 인정, 수여하는 자격으로 공개시험형 자체자격인 프라이빗 뱅커(CPB), 은행텔러, 영업점 컴플라이언스 오피서(은행)(보험)(증권), KBI 금융DT 테스트, 자금세탁방지 업무능력 검정시험 등 7개 자격이 있습니다.

구분	자 격 명 (공인/등록번호)	응시료	자격소개
국가공인자격	신용분석사 (제2024-1호) (2008-0438)	전과목 : 66,000원 1부 : 28,000원 2부 : 39,000원	금융회사의 여신관련 부서에서 기업에 대한 회계 및 비회계자료 분석을 통하여 종합적인 신용상황을 판단하고 신용등급을 결정하는 등 기업신용 평가업무를 담당하는 금융전문가
	여신심사역 (제2024-2호) (2008-0439)	전과목 : 66,000원 1부 : 28,000원 2부 : 39,000원	금융회사의 여신심사 담당자로서 경제상황과 기업의 재무, 비재무상태 등을 분석, 파악하여 적정한 대출심사 의견서 작성, 대출이율 및 대출기간 결정 등 대출실행 여부를 판단하고 자금의 효율적 운용, 대손 방지를 위한 제반조치, 여신의 법률적 검토, 사후관리업무 등 여신업무와 관련한 종합적인 업무를 수행하는 금융전문가
	국제금융역 (제2021-1호) (2008-0440)	전과목 : 66,000원 1부 : 33,000원 2부 : 33,000원	금융회사의 국제금융 관련 부서에서 국제금융시장의 동향파악, 분석 및 예측 등을 통하여 외화자금의 효율적 조달과 운용업무를 담당하고 이에 따른 리스크관리 등 국제금융 관련 업무를 수행하는 금융전문가
	신용위험분석사(CRA) (제2023-2호) (2008-0442)	1차 : 77,000원 2차 : 88,000원	금융회사 및 기업신용평가기관 등에서 개인과 기업에 대한 신용상태를 조사평가하고 신용위험을 측정 · 관리하는 여신전문가
	자산관리사(FP) (제2020-1호) (2008-0441)	전과목 : 55,000원 1부 : 28,000원 2부 : 28,000원	금융회사 영업부서의 PB(Private Banking) 팀에서 고객의 수입과 지출, 자산 및 부채현황, 가족상황 등 고객에 대한 각종 자료를 수집, 분석하여 고객이 원하는 Life Plan 상의 재무목표를 달성할 수 있도록 종합적인 자산설계에 대한 상담과 실행을 지원하는 금융전문가
	외환전문역 I종 (제2020-1호) (2008-0436)	전과목 : 55,000원	금융회사의 외환업무 중 외국환 거래 법규 및 외환거래실무를 이해하고 고객의 외화 자산에 노출되는 각종 외환 리스크를 최소화시키는 등 주로 개인 외환과 관련된 직무를 담당
	외환전문역II종 (제2020-1호) (2008-0436)	전과목 : 55,000원	금융회사의 외환업무 중 수출입업무 및 이와 관련된 국제무역규칙을 이해하고 외환과 관련된 여신 업무를 수행하는 등 주로 기업 외환과 관련된 직무를 담당
자체인증자격	은행텔러 (2008-0437)	전과목 : 55,000원	창구에서 일어나는 제반업무에 대해 신속하고 친절한 업무수행과 정확한 업무처리로 고객에게 도움을 주고 상담을 통해 문제해결을 하도록 도와주는 금융전문가
	영업점 컴플라이언스 오피서(은행) (2010-0118) (보험, 증권) (2013-0702,0703)	전과목 : 각 44,000원	금융회사의 영업점에서 준법관련 법규와 감독기관의 감독규정이 정한 내용과 취지를 충분히 이해하고 업무 수행과정에서 이를 준수하며, 영업점에서 발생 가능한 금융사고 및 민원사항이 발생하지 않도록 사전적 예방 차원에서 그 준수사항의 이행을 점검하는 금융전문가(은행, 보험, 증권 분야별로 자격이 구분됨)
	프라이빗뱅커 (CPB) (2018-004091)	1차 : 110,000원 2차 : 342,000원 (실무교육)	개인고액자산가의 자산 및 수익증대를 실현하기 위해 금융분야 전반에 걸쳐 종합적인 금융상담과 실행을 지원할 수 있는 최고급 수준의 금융자산설계전문가
	KBI 금융DT 테스트 (2021-001872)	전과목 : 44,000원	금융인 및 예비금융인을 대상으로 디지털금융 전반에 대한 기본지식과 업무활용능력 등 금융DT 관련 기본역량 평가
	자금세탁방지 업무능력 검정시험 (2023-004792)	전과목 : 66,000원	금융시스템을 이용한 자금세탁행위와 공중협박자금조달행위를 적발 및 예방할 수 있는 전문적인 업무역량 평가

소비자 알림사항

- 상기 "프라이빗뱅커(CPB)", "영업점컴플라이언스 오피서(은행)(보험)(증권)", "KBI 금융DT 테스트", "은행텔러", "자금세탁방지 업무능력 검정시험" 자격은 자격기본법 규정에 따라 등록한 민간자격으로, 국가로부터 인정받은 공인자격이 아닙니다.
- 민간자격 등록 및 공인 제도에 대한 상세내용은 민간자격정보서비스 (www.pqi.or.kr)의 '민간자격 소개'란을 참고하여 주십시오.

기타

- 응시료 환불 규정 : 접수기간 중 100%, 접수기간 종료 후 시험일 5일전 18시까지 50% 환불/이후 환불 불가
- 자격 공인번호는 재공인시점에 따라 변경될 수 있으며, 응시료, 환불규정 등은 응시 시점에 따라 변경될 수 있으니 자격시험 응시 전 반드시 한국금융연수원 홈페이지에서 응시하고자 하는 자격시험에 관한 최신 정보를 확인하시기 바랍니다. 자격시험에 관한 자세한 사항은 한국금융연수원 홈페이지를 참조하시기 바랍니다.
- 주소 : 서울특별시 종로구 삼청로 118 / TEL : 02-3700-1500 / 홈페이지 : www.kbi.or.kr